江西师范大学中国社会转型研究书系

陈金凤 著

中古时期蜀赣佛道文化交流之个案研究

中国社会科学出版社

图书在版编目（CIP）数据

中古时期蜀赣佛道文化交流之个案研究/陈金凤著．—北京：中国社会科学出版社，2016.12
ISBN 978 - 7 - 5161 - 9343 - 3

Ⅰ.①中…　Ⅱ.①陈…　Ⅲ.①佛教史—研究—四川—中古②道教史—研究—四川—中古③佛教史—研究—江西—中古④道教史—研究—江西—中古　Ⅳ.①B949.2②B959.2

中国版本图书馆 CIP 数据核字（2016）第 279538 号

出 版 人	赵剑英
责任编辑	宋燕鹏
特约编辑	张　欣
责任校对	石春梅
责任印制	李寡寡

出　　　版	中国社会科学出版社
社　　　址	北京鼓楼西大街甲 158 号
邮　　　编	100720
网　　　址	http://www.csspw.cn
发 行 部	010 - 84083685
门 市 部	010 - 84029450
经　　　销	新华书店及其他书店
印　　　刷	北京明恒达印务有限公司
装　　　订	廊坊市广阳区广增装订厂
版　　　次	2016 年 12 月第 1 版
印　　　次	2016 年 12 月第 1 次印刷
开　　　本	710 × 1000　1/16
印　　　张	19.25
插　　　页	2
字　　　数	316 千字
定　　　价	69.00 元

凡购买中国社会科学出版社图书，如有质量问题请与本社营销中心联系调换
电话：010 - 84083683

目　录

引言 ……………………………………………………………………… 1

第一章　从鹤鸣山到龙虎山
　　——空间地域转移与天师道的演进 ……………………………… 1

　一　张陵鹤鸣山创立天师道的文化意旨 ………………………… 1

　二　张修、张鲁与"五斗米道"的兴盛 ………………………… 14

　三　魏晋军政情势与蜀地天师道的顿挫 ………………………… 23

　四　门阀政治与两晋天师道信仰的异化 ………………………… 30

　五　张盛龙虎山复教及其意义 …………………………………… 37

　六　寇谦之、陆修静道教改革对天师道的影响 ………………… 44

　七　唐代重"老子"与龙虎山天师道的崛起 …………………… 60

　八　宋元道教政治与龙虎山天师道地位的确立 ………………… 69

　九　地域·政治·天师与天师道发展道路的抉择 ……………… 75

第二章　宋元明清蜀赣全真道发展路径之比较 …………………… 81

　一　唐五代蜀赣内丹思想与南宗的形成 ………………………… 81

　二　蜀赣南宗与元代全真道南北合流 …………………………… 95

　三　明代蜀赣地全真道的曲折发展与传播 ……………………… 102

　四　清代蜀赣全真道的兴盛与衰微 ……………………………… 108

　五　地域文化与蜀赣全真道发展的关系 ………………………… 118

第三章　蜀赣道教"造神"之比较
　　　　——以李冰、许逊为中心 ……………………………………… 127

　　一　李冰治水事迹及其神化 ……………………………………… 127
　　二　许逊诛除"蛟害"与治水神迹 ……………………………… 133
　　三　李冰与许逊治水神迹的趋同 ………………………………… 141
　　四　赵昱、二郎与李冰治水"功绩"的弱化 …………………… 146
　　五　蜀赣道教造神与李冰、许逊的命运 ……………………… 161

第四章　文昌帝君信仰与净明道文化 ……………………………… 169

　　一　文昌帝君信仰是蜀地道教造神的产物 …………………… 169
　　二　文昌帝君信仰构建与净明道忠孝文化 …………………… 178
　　三　文昌帝君信仰对净明道文化的弘扬 ……………………… 186
　　四　文昌帝君信仰与净明道结合的文化意义 ………………… 191

第五章　净众—保唐宗与洪州宗异同论 ………………………… 193

　　一　净众—保唐宗与洪州宗禅派发展的异同 ………………… 193
　　二　净众—保唐宗与洪州宗禅法思想的异同 ………………… 204
　　三　净众—保唐宗与洪州宗异同产生的原因 ………………… 223

第六章　马祖洪州宗与蜀地禅学 ………………………………… 232

　　一　马祖洪州禅法与蜀地禅学渊源 …………………………… 232
　　二　马祖返蜀弘法事实的推证 ………………………………… 235
　　三　无住禅法与马祖蜀地弘法失败 …………………………… 238
　　四　马祖洪州宗与蜀地禅学关系疏远析论 …………………… 243

第七章　圆悟克勤与蜀赣禅宗文化交流 ………………………… 250

　　一　圆悟克勤巴蜀学法深受江西禅宗的影响 ………………… 251
　　二　圆悟克勤首次出川主要学习江西禅法 …………………… 255
　　三　圆悟克勤开法江西云居山的禅宗功业 …………………… 260

四　圆悟克勤与江西禅宗关系所见蜀赣禅学交流················ 269

结语··· 272

主要参考文献······································· 280

后记··· 288

引　言

宗教是一种极其复杂的社会意识形态，一种渗透力相当强的社会文化现象。宗教文化①是区域（地区）历史文化的重要组成部分，具有显著的区域性或地域性特征。宗教文化的研究，在相当意义上，就是探索区域宗教（地域宗教）的发展原因、过程、结果、影响、意义。然而，区域宗教的发展不是孤立的、局部的、封闭的、排他的，而是伴随着与其他区域宗教接触、冲撞、交融、并立、竞争、合流……区域宗教的发展总是与不同区域宗教之间的交流相联系的。区域与区域之间的宗教交流，尤其是毗邻区域之间或地理交通联系紧密的区域之间的宗教交流，是中国宗教的显著现象。要真正地认识区域宗教交流，就必须深入地认识区域与区域之间宗教的异同及其相关问题，这就需要进行区域与区域之间宗教的比较研究。

——

当代美国文化学者克莱德·克鲁克洪认为："人类的生态与自然环境为文化的形成提供物质基础，文化正是这一过程的历史凝聚。"② 无论何种社会文化形态都是历史现象，都不能离开一定的时间（时代条

---

① 为叙述方便，本书的宗教主要指佛教和道教，宗教文化主要指佛、道文化。特此说明。

② ［美］克莱德·克鲁克洪等：《文化与个人》，高佳等译，浙江人民出版社 1986 年版，第 6—7 页。

件）和特定的空间（地理环境），宗教作为一种社会文化形态也是如此①。地理环境是一定社会所处的地理位置以及与此相联系的各种自然条件的总和，尽管它不能创造宗教文化，但它在某种程度上影响着人类宗教文化创造发展的趋向，是宗教文化发生发展的前提和因素，也是宗教文化具备特色的基础。这是因为宗教总是以区域（地域）宗教的形式存在，区域的自然环境和社会环境对宗教特征的形成具有特殊的意义。作为一种特殊的意识形态，宗教在社会文化中地位独特而重要，一个地方选择哪种宗教和信仰这种宗教的程度，反映着这一地方人民的精神世界和价值取向。区域宗教研究揭示宗教在不同地域产生、发展、传播及兴衰过程中，所表现出来的"地方特色"。而这种所谓的"地方特色"，是与其他区域比较而显现出来的。

行政区域往往和自然地理区域密切结合，自然环境起着文化现象的地域分异机制的作用，行政区域则对区内的文化现象有着明显的整合作用。在传统中国，国家对地方政治、经济、文化都有相当强的渗透。国家与地方社会不但是彼此互动、相互联结的范畴，更没有绝对的分界，国家存在和国家行为本来就是地方社会及其历史过程中的一个基本要素，而地方社会也必然是国家建构过程中的基本动力。区域与区域之间的宗教文化交流，与中国疆域地理整体下的分区政治分不开。在中国宗教发展史上，区域宗教与全国宗教一直处于贯通与互动之中。区域宗教往往被国家宗教政治改造，纳入全国宗教的体系，全国宗教就是一个个区域宗教之间相互联系相互影响而形成的。所以，区域宗教的研究，除了发现和抽象所谓的"地方特色"（"个性"），还应重视区域宗教的流动性与整体国家宗教的"共性"。只有把握"整体"的中国宗教与"局部"的区域宗教，抓住二者之间的"共性"与"个性"，将二者有机地统一起来，才能真正理解中国宗教、区域宗教。宗教文化的区域性质是区域宗教文化研究赖以成立的基础。在一个中国的大背景下，要深入地研究区域宗教，除了要立足于区域宗教的发生、发展、传播、交流外，

①　方广锠：《试论佛教的发展与文化的汇流——从〈刘师礼文〉谈起》，《华东师范大学学报》2007 年第 1 期。

还应关注它与其他区域宗教的联系、互动、异同以及由此产生的作用和后果等，从而更深刻地了解区域宗教的特色、地位、影响、意义等。因此，区域宗教的比较是宗教研究的应有之义。区域宗教的比较是建立在两个或两个以上不同区域的地理人文基础上的，它们之间应该有宗教文化上的比较密切的联系，如果毫无联系或联系不多，就难以进行比较，即使能够比较也没有多大意义。同时，区域宗教比较必须把比较的区域宗教置于全国的时空范围之内，才可能有合适的比较标准，得到更为准确的结论。地理因素是区域宗教比较的基础，当然必须考察地理环境与宗教的关系。研究者指出："特定的区域，与其被视为历史过程的单位，不如理解为人们历史活动的空间，这种历史空间，一方面为历史人物的活动提供了条件和限制，同时也是人们自己的历史创造，是一种历史时间展开过程的表现。"① 但区域宗教的主体是宗教信仰者、实践者，包括那些高僧、高道、居士、文人、普通信众等，而不是所谓的地域单位，他们的活动构成区域宗教的内容。因此，区域宗教比较研究应该以认识宗教信仰者的活动、精神世界以及他们与宗教环境的互动为中心；着重关注这些宗教信仰者在不同区域的思想内容与活动形式，以深入发掘区域与区域宗教之间思想文化产生异同的实质。

二

中国地域广阔无垠，地形地貌丰富多彩，经济、文化多元，形成了诸多的地理区域（单元）。地理环境的多样性决定了地域文化的多样性，地域文化的多样性又决定了宗教文化的多样性与独特性。中国宗教文化发展的区域性（地域性）相当强，但在"统一"的背景下，区域宗教之间的相互交流乃是不可忽视的重要事实。即使在分裂时期，区域间的宗教交流仍然会显得相当的活跃，形成一道特别的文化风景。同处

① 刘志伟：《引论：区域史研究的人文主义取向》，载姜伯勤《石濂大汕与澳门禅史——清初岭南禅学史研究初编》，学林出版社 1999 年版，"引论"，第 6 页。

于长江流域的四川（蜀）、江西（赣）是中国古代佛教、道教比较发达的地区，在中国佛、道发展历史上有着显著的地位。两地的佛教、道教不仅各自兴盛发展、各显精彩，而且相互之间也展开了较为密切的交流，相互碰撞、相互融合、相互竞争，形成同中有异、异中有同的区域宗教文化，一定程度上形成蜀赣宗教的"一体化"，对两地乃至全国宗教的发展与传播产生了深刻的影响，成为中国宗教史上颇值得关注的文化现象。

《隋书·地理志》描绘的四川地形地貌是："其地四塞，山川重阻。"事实上，四川盆地是一个四周高峻、中间低陷的典型盆地。它东边有巫山；南边有大娄山、大凉山，而又紧邻云贵高原；西边有龙门山、邛崃山、峨眉山，再往西就是横断山；北边有米仓山和大巴山。这在地形上可以视为全封闭型的地区。这种地理特点决定了巴蜀先民与外界联系有极大的困难，其最突出表现，就是"蜀道难"。有关蜀道难的记载不少，但最集中、最为人所熟知的，当推唐代大诗人李白的著名诗篇《蜀道难》："噫吁嚱，危乎高哉！蜀道之难难于上青天！蚕丛及鱼凫，开国何茫然！尔来四万八千岁，不与秦塞通人烟。西当太白有鸟道，可以横绝峨眉巅。地崩山摧壮士死，然后天梯石栈相钩连……"四川盆地封闭型的地理特点决定了巴蜀文化所具有的强烈的地方特点，也出现了自我封闭的可能性。然而，"难于上青天"的蜀道，实际上并没有阻挡经济文化的交流，不过在交流中呈现出封闭的特色而已。蜀人有封闭保守意识，但也有强烈的突破封闭的地理环境而对外开拓的意识。他们通过崎岖的山道（水道）拓通与中原、西域、西南、华南乃至更广泛地区的联系。如蜀地南边接云贵高原，险阻相对较少，又有乌江、赤水河、金沙江、安宁河相通，特别是安宁河谷，是一条很重要的自然通道。盆地东边虽有巫山阻隔，但有长江水运交通线。四川的绝大多数河流注入长江，构成了一个以长江为主干，辅以岷江、沱江、嘉陵江、涪江、渠江、乌江为支干的水道网。虽然水路交通多风波、险阻，但通过长江水路联系荆楚、江南等地，仍是蜀民极其主动的行为。蜀地先民鱼凫氏就是从长江中游地区迁徙到川西的，开明氏也是从荆楚迁川西的。历史上的巴蜀其实是四周文明的汇聚地，巴蜀文化的发展史，其主要特征不是它的封闭性，恰恰相反，而是表现出明显的开放性，是地理上的封闭和经济文化上的开放共存。

"吴头楚尾"的江西地处长江中游南岸，地形地貌多杂以山地丘陵、平原、江河湖泊。它"东通浙闽，南尽大庾，西连荆楚，北至大江"①，"豫章水陆四通，山川特秀，南接五岭，北带九江，咽扼荆淮，翼蔽吴越"②。在地理形势上位于南部中国的相对中心区域，扼中原通往浙、闽、粤等地中转的咽喉，是南方道路交通的重要枢纽。南朝刘宋雷次宗《豫章记》所称豫章"地方千里，水路四通"；初唐王勃《滕王阁序》所言"（洪州）襟三江而带五湖，控蛮荆而引瓯越"，即是江西地理交通的形象写照。先秦时期，江西就因地理交通的相对便利而与中原地区、长江流域等区域有了经济文化的往来。自秦汉以来，江西已日渐成为南来北往、西进东出的基本通道之一，在中国交通地理中处于重要的地位。然而，江西基本上是以赣、抚、信、饶、修五大水系为中心，其间的山脉构成各大水系之间天然的分水岭，形成以流域区分、各自相对独立的地理单元。同时各大水系又以鄱阳湖为联系中枢，通过水道把不同的地貌单元联系在一起，构成了江西全境不规则的环状组合的地貌格局。分布于江西境域周围的山脉，除了一些山隘关口外，呈现相对封闭的地理形势。江西境域本不广阔，又是一个相对封闭的地域，地理形势又具有相对的独立性。这又在很大程度上有利于形成独特的文化区域。

由上所述，四川与江西有相似的地方，同处于长江流域，属于中国南方，可地理环境自成相对封闭的地理单元，经济文化也颇具开放性。然而，两地也有相当大的差别，诸如：四川地域比江西广阔得多，地理环境也比江西复杂得多；江西处于中国相对中心的位置，而四川则偏于西南一隅；江西的道路交通要比四川发达、方便得多。从地缘来说，四川与江西并不相连，空间上无论从哪条路线都隔有一个以上的省区。不过，由于政治因素的影响、经济文化的作用，巴蜀与中原、江南联系在

---

① （清）顾祖禹：《读史方舆纪要》卷八三《江西一》，上海书店出版社 1998 年版。
② （清）顾祖禹：《读史方舆纪要》卷八四《江西二》。

一起，也把江西联系在一起。在古代交通路线中，水路交通极其重要，四川与江西因长江水系的作用，应该说是比较便利的；陆路交通虽辗转曲折，两地也有多条路线方便往来，由此两地形成了交流较为密切之区域。

"地理环境只能是一种必要的或有限的条件……自然毕竟只是一种被动的存在，应该由人类来决定。他们是否打算，并以什么方式来利用它。"① 四川和江西虽均属于长江文化区，但具体而言，一是巴蜀文化区，二是由吴越文化、荆楚文化、岭南文化融合赣地文化而形成的赣鄱文化区，两者之间相似的地方不少，但差异仍然巨大。因而，两地的文化异同特点都相当显著，有进行比较的价值与意义。众所周知，人既是文化创造的主体，又是文化传播的重要媒介。人员流动的广泛、活跃、频繁，是区域文化建设的一个重大推动力。历史上任何宗教活动或宗教现象，归根结底是人的活动，是人的现象。值得注意的是，在地理联系的基础上，无论是道教的天师道、净明道、全真道，还是佛教及其相关的禅宗，两地都有相当密切的联系。拉起这一联系纽带的，主要是虔诚的宗教人士，他们满怀宗教热忱与情怀积极地往来于两地，如张陵到鹤鸣山创道、张盛至龙虎山兴教；如许逊在蜀赣两地宣扬道家"忠孝之道"；如马祖道一从蜀地辗转至赣地创立洪州宗；如圆悟克勤于蜀赣两地发展兴盛临济杨岐宗。也有不少文人士大夫，以自己的文人情怀，在两地之间书写着宗教信仰的传奇，如蜀地的李白、"三苏"（苏洵、苏轼、苏辙）、张商英……就曾在江西地区问道访佛。当然，还有更多的普通信众，有意无意之中担当了蜀赣两地宗教文化交流的使者。这些普通人物，尽管在宗教史上默默无闻，但也是两地宗教比较研究中应予关注的对象。

在中国古代社会中，尽管人们普遍信奉"安土重迁"，但人口区域间的流动和迁徙仍是一种常态。人口流动深受道路交通路线的影响，宗教文化的交流显然也不例外，甚至显得更为活跃，更有力度。受宗教情

---

① ［美］菲利普·巴格比：《文化：历史的投影——比较文明研究》，夏克等译，上海人民出版社1987年版，第175页。

怀所激励的宗教人士，冲破自然、社会的种种阻碍纵横东西驰走南北的"走江湖"式的情形可谓十分流行。蜀赣两大宗教文化区域之间的交流，是长江中游地区与长江上游地区的联系。两地的宗教交流也并不意味着四川只与江西，江西只与四川交流，他们各自都有更广的交流对象。例如，江西是长江中游的核心区域之一，承担了上游与下游之间的宗教文化联系与交流中转地的任务，也承担了南北方宗教文化联系与交流的责任。因此，蜀、赣两地的宗教文化活动，实际上在更大范围内把长江流域乃至整个中国的宗教文化活动联系在一起。两地的宗教文化既有本土创造的，更有两区域之外的宗教文化的影响与渗透。

中国古代的行政区域，受自然地理形势的影响至深，也深刻地影响到区域宗教文化。因此，区域宗教也显现出不同区域的特点。四川、江西的天师道、全真道、佛教禅宗都具有典型的地域特征。虽然它们的"地方性"具有整体的普遍性，但为适应环境的变化而从内容到形式发生变异，使宗教文化处在新的发展阶段之上，因此，宗教出现"蜀化"和"赣化"的现象。

受地理人文因素、社会环境、宗教人物活动、民众信仰等因素的综合影响与作用，历史时期，处于长江中、上游的江西、四川地区作为中国传统宗教的两个重要地区已经形成，宗教文化表现出显著的地域特色。两个地域的宗教文化联系紧密，宗教互动有着典型的代表性，具有比较研究的基础与意义。

三

一直以来，中国内部的区域宗教比较研究是宗教研究中相对薄弱的领域。研究者历来注重中国宗教与他国宗教的交流与比较，也注意到了中国南方与北方、东部与西部的宗教异同。但是，对于两个具体地区（区域）之间的宗教比较，或由于研究者的旨趣和思维，或受制于研究资料，迄今尚未真正展开。前辈时贤对江西与四川两地宗教文化的研究成果丰硕，可谓达到了相当高的层次，但把两地宗教联系起来的论著则难觅见，尽管江西、四川的宗教有比较的必要也可以进行比较。因此，给笔者写作本书留下了极大的操作空间的同时，却也存在诸多的困难——缺乏相关的学术参照。同时，古代江西与四川两地的佛教、道教的资料丰富，前辈时贤研究论著众多，却少见有系统的文献资料，因而仅相关的资料查找与整理就困难重重。而选择两个省区进行区域宗教比较也只是一种研究模式的探索，没有样本可参考，对研究思路与方法又提出了不小的挑战。

本书力图建立在坚实的资料基础之上，在研究思想与方法上有所创新、超越，比较研究历史时期的蜀赣两地宗教，除了研究各自区域发展的状况、在中国宗教史中的地位、作用、影响外，还必须了解蜀、赣宗教文化与其他区域的交流。本书主要围绕以下问题展开：一、把握古代江西、四川两地宗教各自的"特色"，认识两地宗教之间的交流与互动之中发生变异情形；二、比较全面地分析政治、经济、文化、地理等因素对两地宗教的影响，分析两地宗教异同产生的深层原因；三、两地宗教异同与全国宗教之间的关系，了解其他区域宗教对两地宗教的影响与作用，以及两地宗教的差异对全国宗教的影响。

限于笔者的学力，本书选择五个专题进行个案研究，这七个专题分别讨论：天师道与地域转移的关系、蜀地天师道向龙虎天师道转移的过程及其原因；全真道在宋元明清时期蜀赣两地发展传播的同异及其产生同异的原因，兼及两地全真道之间的交流情形；通过李冰与许逊两个"治水"人物的"神迹"演变，说明道教造神的深层原因与蜀赣地域文化的关系；通过文昌帝君信仰与净明道文化的关系，亦在于从较深层面上认识蜀赣两地道教文化的相互作用与影响；通过净众、保唐宗与洪州宗的比较，认识禅宗在不同的地域的发展历程，以马祖道一洪州宗与蜀地禅学、圆悟克勤与蜀赣禅宗文化的关系，探讨蜀赣两地禅宗的发展与宗教者的关系及蜀地禅宗与赣地禅宗异同的深层原因。由此着重揭示：地域人文因素、宗教情势、国家的宗教政治、宗教人士的活动等因素互相作用下的蜀赣宗教发展实质；区域宗教在中国宗教的大背景下，走向地方化的历史过程。

本书之所以不避有泛泛之论的嫌疑，选择历史时期（从东汉中期至晚清）的四川与江西地区的佛教、道教作为研究对象，是基于以下的考虑：东汉中期是佛教、道教开始影响中国文化的历史时期，也是四川、江西两地佛教、道教传播与发展的历史时期。几乎与此同时，两地的佛教、道教即开始了交流的进程。选择东汉作为论题的开始，无疑有其实际意义。而延伸至晚清，则将研究置于长时段的历史发展过程中，有利于整体把握宗教发展与流变，准确地认识两地宗教的异同。因为宗教文化交流后的影响，往往需要一个较长的历史时期才能看得出来。譬如，唐代蜀地禅宗在江西的影响，江西禅宗最终反过来影响蜀地禅宗，直至两宋才有比较明确的反映。

宗教的产生、发展、演变、兴衰有它特定的历史环境。本书将蜀赣两地宗教置于中国宗教的大背景下，突破区域的界限，从而表现其在一个时代和四川、江西特有的空间中所独具的宗教信仰形态与人文精神，有利于更深刻地认识四川、江西两地乃至全国的宗教文化，具有重要的学术意义与价值。通过本课题的研究，无疑可以更为全面和深入地认识蜀赣两地宗教的"蜀化"与"赣化"现象及其实质，并从一个新的层面认识中国宗教。本书主要关注历史时期（东汉至清代）江西、四川两地宗教的历史渊源关系，两地宗教的交流与互动，两地宗教在交流中的流变等问题，力图把握两地宗教相互作用影响之下发展的轨迹，以此揭示历史上中国传统宗教发展的若干规律。

本书是在古代中国范围内首次对两个具体区域的宗教进行比较研究，私下认为对当今宗教文化研究视野的开拓、研究思想与方法都有一定的创新意义。它的完成，或许将直接拓展古代四川、江西两地宗教研究，并在一定程度上推动中国区域宗教的比较研究。当然，由于笔者初涉宗教学研究领域而学力有限，本书的研究内容相当庞杂，跨越的时空广阔，研究方式又比较特别，必然存在诸多的不足与问题。祈请方家教正。

第一章　从鹤鸣山到龙虎山

——空间地域转移与天师道的演进

东汉中期①，张陵（张道陵）于蜀地鹤鸣山（一名"鹄鸣山"，今四川省大邑县境内）创立了中国最早的道教教派——天师道（五斗米道）。其后，天师道历经魏晋南北朝隋唐两宋或瓦解、或分化、或整合、或沉沦、或复兴的曲折发展，至元代终于确立了以赣地龙虎山为中心的正一天师道派。天师道活动的中心从鹤鸣山转移到龙虎山，是蜀、赣地理人文因素与道教演进以及国家宗教政治综合作用的结果，是其发展与传播模式不断探索、抉择后的重大变革，在相当大的程度上影响了蜀、赣两地乃至全国道教的发展趋势与宗教性格，无疑值得特别关注。

一　张陵鹤鸣山创立天师道的文化意旨

据有关张陵的文献资料记载，张陵（34—156），又称张道陵，字辅汉，沛国丰县（今江苏丰县）人，为西汉留侯张良八世孙。张陵少即研读《老子》以及天文、地理、河洛图谶之书，接受了道家的思想。又曾入太学，博通五经，举"贤良方正直言极谏科"，东汉明帝时（58—75）曾为巴郡江州（今重庆市）令，显然也富有儒家治国平天下的思想与实践。因感生命短促，方仙道意识潜滋暗长，遂隐退北邙山

---

① 笔者注意到，一直以来，学术界在叙述张陵创立道教（五斗米道、天师道）的时期，绝大多数言称是"东汉末年"或"东汉晚期"，事实上，这并不符合历史的事实。东汉鼎建于汉光武帝建武元年（25），覆亡于汉献帝延康元年（220）。张陵创立道教的时间为汉顺帝汉安二年（143），此期尚处于东汉中期。

（今河南洛阳北），潜心长生久视之道，修炼三载。建初五年（80），汉章帝征召不起。永元初（89），汉和帝征为太傅冀县侯，三诏不就，而四出游历以求创教之地。先游淮地，居桐柏太平山，又独与弟子王长从淮入鄱阳，登江西乐平雱子峰。又溯流入江西贵溪云锦山炼九天神丹，丹成而龙虎现，即将云锦山改名为龙虎山，以之作为修身养性的基地。其后又转至蜀地修道创教。关于张陵于东汉顺帝年间（126—144）在蜀地鹤鸣山创立天师道教，史籍多有记载。例如，《后汉书》卷七五《刘焉传》说："（张）鲁祖父陵顺帝时客于蜀，学道鹤鸣山中。"东晋常璩《华阳国志》卷二《汉中志》略详："汉末，沛国张陵学道于鹤鸣山，造作道书，自称'太清玄元'，以惑百姓。受其道者辄出五斗米，故谓之米贼。"东晋葛洪《神仙传》卷五《张道陵》增饰为："张陵学道后，闻蜀人多纯厚，易可教化，且多名山，乃与弟子入蜀，住鹤鸣山，著作道书二十四篇……能治病，于是百姓翕然事之以为师，弟子户至数万。"《魏书》卷一一四《释老志》载："及张陵受道于鹄鸣，因传《天官章本》千有二百，弟子相授，其事大行。斋祠跪拜，各有成法。……其书多有禁秘，非其徒也，不得辄观。"

秦汉时期，江淮地域巫风浓郁，神仙方术流行，对于修道创教来说，自有不少有利的因素。然而，江淮地域人文素质相对较高，创教竞争又相当激烈（太平道即以此作为主要区域之一），作为道教理论素养尚不充足、个人宗教影响不高的张陵来说，在此地域创教难度极大。另外，江淮地域自先秦以来一直是统治者较为关注的地区，在国家政权尚处于稳定的东汉中期，创教的政治压力也相当大。张陵长期活动于江淮，又曾进入统治机构（尽管是中下层），自然深知在当地难以有效地展开教务活动。相形之下，巴蜀地区更适合创教弘道。巴蜀自先秦以来古巫术流行，巫鬼风气弥漫。早在商代三星堆古蜀文明时代，以萨满为特征的巫术就已笼罩在巴蜀大地上。东汉时期，巴蜀地区因地处僻远，交通不便，是夷、羌、氐等少数民族的聚居之所，其人文素质自然落后于中原。又由于当地疾疫比较流行，医疗水平低下，民间以为系鬼魅所致，巫鬼之风盛而不衰。《华阳国志》卷三《蜀志》说："民失在徵巫，好鬼妖。"《后汉书》卷八六《西南夷传》说这里人"俗好巫鬼禁忌"。

这一时期，巴蜀也是方术浓厚地区。《后汉书》卷八二《方术传》所列方术之士，就有不少属于巴蜀。例如："任文公，巴郡阆中人也。""杨由字哀侯，蜀郡成都人也。""段翳字元章，广汉新都人也。""折像字伯式，广汉雒人也。""郭玉者，广汉雒人也。"此外，"李郃字孟节，汉中南郑人也。""樊志张者，汉中南郑人也。"当时汉中，实际上也是属于"蜀文化"区域。《华阳国志》载蜀地诸儒通图谶数术者甚多。其中以广汉新都人杨厚、广汉绵竹人任安、广汉梓潼人景鸾等为最。《后汉书》卷八二《方术传》载，杨厚，承家传而善图谶、阴阳之学，安帝、顺帝之时，"朝廷若待神明"。在他们的影响下，蜀中的今文道术之风，极其盛行。方家指出，今文经学乃是儒学的宗教化，它和神仙方术一样，与宗教在本质上已经没有多大的区别，都为道教的形成提供了方便①。而这种学术风气的形成，自然与当地的文化相关，早在道教形成前蜀地已有不少高逸之士隐修，著名的如李八百、严君平、费长房等人，他们后来都被纳入了道教的仙真之列。另外，巴蜀地处西南一隅，离东汉统治的中心区域较远，若在巴蜀创建道教教团，不容易引起统治者的注意②。以上都是张陵创道于巴蜀地域的理由，方家也多已指出。当然，这些理由有的不无可商榷或可补充之处。笔者认为，张陵学道、创道于蜀地，还与他强烈的忧患意识、责任意识，决心以"道"教化巴蜀民族以利于东汉统治密切相关。张陵所认为的"朴易可教化的"淳厚"蜀民"，③不可能是那些已经接受了汉文化的民众，而主要是当地文化水平落后的"夷民"（当然也包括一些汉族民众）。

众所周知，先秦两汉巴蜀虽僻处西南一隅，远离政治统治中心，但民殷物阜，江山险固，具有重要的战略意义。据《汉书》卷一四《诸侯王表》记，汉兴之初，该地区被划为"天子自有"之地，置于中央

---

①　卿希泰：《中国道教思想史纲》第 1 卷，四川人民出版社 1980 年版，第 140—148 页。另，本段内容参考卿希泰先生《有关五斗米道的几个问题》一文，文载《中国哲学》，第 4 辑，1980 年。

②　张泽洪：《青衣羌与瓦屋山道教源流》，文载李后强主编《瓦屋山道教文化》，四川民族出版社 2000 年版。

③　（晋）葛洪撰，胡守为校释：《神仙传校释》卷五《张道陵》，中华书局 2010 年版，第 190 页。

皇朝的直接控制之下。由于民族、历史、地理环境等诸多因素，巴蜀文化与中原文化有较大差异。虽然随着民族融合与文化交流的日益频繁，中原文化对巴蜀文化产生了越来越大的影响，但这一影响不足以导致巴蜀文化的转型，如《文献通考》卷四六《学校》所言："蜀地僻陋，非齐鲁诸儒风声教化之所被"，中原文化尚未曾在这片土地上特别是其少数民族地区广泛传播开来。巴蜀周边环绕着的滇、夜郎、邛都、白马等众多蛮夷，更是文化蒙昧之地。秦汉以来，统治者出于政治的考量，致力于治理西南蛮夷，采取了比较适合的民族政策与措施，加强了当地政治、经济、文化开发，双方关系不断密切。不少儒道知识分子也以化导巴蜀蛮夷为己任，取得了不少成就，西汉景帝末年"文翁化蜀"就是典型的代表。然而，由于文明的层次不一，矛盾冲突频仍，巴蜀地域尤其是其少数民族地域与中原皇朝还有比较大的隔膜，不断地与中原皇朝相对抗。诸如：108 年邓骘为先零羌所败；118 年，永昌、益州、蜀郡、越巂等诸夷并起；145 年巴人服直起事，154 年蜀人李伾祚起事，皆称王称帝。因此欲稳定巴蜀之地，首要是稳定少数民族地区，除了政治、军事、经济手段外，仍需要用汉文化开化当地民众。

张陵早年曾任巴郡江州令，应该比较了解巴蜀地理人情、风俗习惯，对汉政权羁縻少数民族的特别优惠的"自治"政策自然也了然于心。汉顺帝年间，值巴蜀疫病为灾，张陵自称奉老君之命，到蜀中创造、发展、传播天师道教。张陵游历蜀地而首入鹤鸣山，这当与鹤鸣山的地理形势相关。一是与汉朝在蜀地的统治中心成都有比较合适的距离（今成都市大邑县北 25 里处，为汉时临邛县边隅），既不远，也不近，是处江湖与庙堂之间者的良好选择。二是此地位于大山之麓，当川西平原尽头，为林牧与农田交界处，也是汉民与夷民交杂之处。其文明程度既不高，也不低，有利于教务的展开，也符合张陵开化夷民的精神。三是此地环境优美幽胜，适合修炼，秦时即有马成子隐逸修仙于此。张陵"乐蜀之溪岭深秀，遂隐其山，苦节学道"①。

① 《历世真仙体道通鉴》卷一八，《道藏》第 5 册，文物出版社、上海书店、天津古籍出版社 1988 年版，第 200 页。

张陵虽学道、修道、创教于鹤鸣山，但并未仅局限于鹤鸣山一地传道。《元和郡县图志》卷三三《剑南道下》："陵州，因陵井以为名。陵井者，本沛国张道陵所开，故以'陵'为号……张道陵祠，在（仁寿）县西南百步。陵开凿盐井，人得其利，故为立祠。"仁寿属汉犍为郡，二十四治中有六治在犍为郡境。可证张陵曾在此传道。《太平寰宇记》卷一四一"梓潼县"记："兜鍪神，故老相传云，此神昔用牲祭之，不则瘴疾水潦为害，张道陵诫之遂绝。"梓潼县的原始宗教崇拜，被张陵以道教取而代之。《历世真仙体道通鉴》卷十九云："真人王长，不知何许人。从张正一真人学。真人住云锦山，散群弟子。惟王长习天文，通黄老，留待左右。长遂负书行歌，同真人住云锦山，日侍真人，服丹战鬼，积行累功。后于渠亭山，真人一日指长曰：惟尔累世种善，宿有仙骨，可以成就矣。遂得真人九鼎之要，白日飞升。"今泸县东北 60 里有云锦山。渠亭山无考，但据《太平寰宇记》，似应在巴郡境内。张陵传道的最后归宿是巴郡阆中。《太平御览》卷四四引《十道记》载："灵台山，在（阆中）县北，一名天柱山，高四百丈，即张道陵升真之所。"可知张氏后来转入巴郡阆中灵台山传教，并死于此。灵台山为巴蜀名山之一，自然条件优越。《读史方舆纪要》卷六八《四川三》："灵台山，一名天柱山，在县东南三十五里，高四百丈，上方百里，有鱼池，宜五谷。"更重要的是，这里是賨人聚居之地。张陵在蜀地传教后期，开始向巴郡拓展天师道势力，进入巴郡阆中云台山，致力于在賨人中发展信徒。①

汉末巴蜀地区是巫鬼道盛行的地方。《三天内解经》曰："……反至汉世，群邪滋盛，六天气勃，三道交错，疠气纵横，医巫滋彰，皆弃真从伪，弦歌鼓舞，烹杀六畜，酌祭邪鬼，天民夭横，暴死狼藉。"张陵创教的过程中，因风俗从巴蜀夷汉民众现实的需要出发，大力吸收与改造了当地民间巫鬼巫教的思想。例如，葛洪《神仙传》卷五《张道陵》记张陵得受正一盟威之道后，曰："陵又欲以廉耻治人，不喜施刑

---

① 本段文字参考张泽洪《青衣羌与瓦屋山道教源流》一文有关论述，文载李后强主编《瓦屋山道教文化》，四川民族出版社 2000 年版。

罚。乃立条制,使有疾病者,皆疏记生身已来所犯之事,乃手书投水中,与神明共盟约,不得复犯法,当以身死为约。于是百姓计念,邂逅疾病,辄当首过。一则得愈,二使羞惭,不敢重犯,且畏天地而改。从此之后,所违犯者,皆改为善矣。"张陵"手书投水"与神盟约,即源自巴蜀少数民族对天、地、山川的自然崇拜的原始信仰(后发展至道教的"三官信仰")。张陵于鹤鸣山学道,其中当包含着张陵在鹤鸣山研究巴蜀的巫鬼道。南朝萧梁蜀人李膺《蜀记》(《益州记》)称,张陵在创教时,曾避病疟于丘社中,"得咒鬼术书,遂解鬼法"。"咒鬼术书",即是巴蜀长期流传的巫鬼、巫术、方术之书;"鬼法"即是巴蜀巫鬼、巫术、方术的行使方法。这都表明张陵充分吸收了当地的巫鬼法术,并在此基础上化民成俗,以达致人人重廉耻、畏天命、行善举的自觉自治。

张陵传教于巫鬼道流行的地域,自然会与巫鬼道特别是其首领发生激烈冲突。道书记载了张陵在西川以太上老君的剑印和符箓同鬼兵大战的传说,便是这种冲突的典型反映。据传,东汉顺帝汉安二年(143)七月张陵登青城山,山有鬼城鬼市鬼众,分为八部,日为民害,各有鬼帅。天师遂于青城大战众鬼帅,制服外道恶魔,诛绝邪伪。命五方八部六天鬼神,俱会盟于青城山黄帝坛下,使人处阳明,鬼处幽暗,悉破毁其城市。使六天鬼王归于北丰;八部鬼帅窜于西城。于是妖厉衰息,蜀人感化。至今在青城山中仍流传有张天师誓鬼台、羊马(魔)台、鬼界碑等制伏鬼魔的遗迹。关于张陵天师道与巫觋鬼道淫祀作斗争的事实或传说在六朝道书中有普遍的反映。如陆修静《道门科略》云:"太上老君以下古委悆,淳浇朴散,三五失统,人鬼错乱。六天故气,称官上号,构合百精及五伤之鬼。……导从鬼兵,军行帅止,游放天地,擅行威福,责人缯祠,扰乱人民,宰杀三牲,费用万计。倾才(财?)竭产,不蒙其祐,反受其患,枉死横夭,不可称数。"陈鬼道淫祀之害,由是"太上患其若此,故授天师正一盟威之道,令民知好恶",并"诛符伐庙,杀鬼生人",以"荡涤宇宙,明正三五",使"不得复有淫邪之鬼,罢诸禁心,清约治民。教民内修慈孝,外行敬让"。又《渊鉴类函·道部》引《正一经》云:"陵学道于蜀中鹤鸣山,时蜀中人鬼不分，灾疾竟起，感太上老君降正一盟威之法，始分人鬼，置二十四治。"张陵创教前，当地少数民族"人鬼不分"即是处于"家为巫祝""民神杂糅"的原始状态。"分人鬼、置二十四治"，即是吸引少数民族入道，到专门的宗教活动场所参与活动，将民间的巫教提高为组织明确的人为宗教。此段历史，《三天内解经》有更详细的解释：

> 太上以汉顺帝时，选择中使，平正六天之治，分别真伪，显明上三天之气。以汉安元年壬午岁五月一日，老君于蜀郡渠亭山石室中，与道士张道陵，将诣昆仑大治新出太上，太上谓世人不畏真正，而畏邪鬼，因自号为新出老君。即拜张为太玄都正一平气三天之师，付张正一盟威之道，新出老君之制。罢废六天三道时事，平正三天，洗除浮华，纳朴还真，承受太上真经，制科律。积十六年，到（汉桓帝）永寿三年，岁在丁酉，与汉帝朝臣，以白马血为盟，丹书铁券为信，与天地水官太岁将军，共约永用三天正法：不得禁锢天民，民不妄淫祀他鬼神，使鬼不饮食，师不受钱，不得淫盗，治病疗疾，不得饮酒食肉，民人惟听五腊吉日祠家亲宗祖父母，二月八月祠祀社灶，自非三天正法诸天真道，皆为故气，疾病者但令从年七岁有识以来首谢所犯罪过，立诸跪仪章符，救疗久病困疾，因疾医所不能治者，归首则差。立二十四治，置男女官祭酒，统领三天正法，化民受户，以五斗米为信，化户百日万户，人来如云。制作科条，章文万通，付子孙，传世为国师。法事悉定，人鬼安贴，张遂白日升天，亲受天师之任也。天子之子张衡，孙张鲁，夫妇俱尸解升天，故有三师并夫人。①

据这种半神半真、虚实一体的解释，张陵创立道教乃是对蜀地少数民族地区民间散漫的淫祀鬼神的巫鬼之法的一次否定，一次整顿，一次提升。其斗争的焦点似是淫祀与反淫祀、正法与邪法，但实质是去邪伪以合真道，同时也是以汉文化提高当地文化的极大努力。

---

① 《道藏》第 28 册，第 414 页。

张陵于汉安帝时学道修道，奉事黄老道及其异端的《太平经》思想。汉顺帝时张陵在巴蜀创教，因地制宜，吸收与改造了当地民夷的"巫术"，神道设教，对整合统一当地的巫鬼崇拜应起了一定的作用。诚如刘仲宇先生指出："历史上的道教参与过禁淫祀，对民间信仰中那些个被认为是不正、不雅的神祀作过清理，或者在自己的科仪中表明对之批评、否定的态度。"① 张陵创立与神明盟约的上章之法，制定禁科戒律，崇祀"太清玄元"之神。他以清约治民，使民知廉耻，不但救民治病，又断绝淫祀淫盗，整饬社会风气，深得民心。巫觋信仰、鬼神崇拜本是民众的自发行为，基本处于小型和无序的状态，发展至宗教，为它提供了规模和有序运作的可能，极大地提高了信仰的层次。由于天师道的宗教素质远远高于当地的巫鬼道，迫使当地巫鬼道的巫觋改换门庭，当了天师道的祭酒、道民，致使天师道在四川影响深远，连"俗好鬼巫"的少数民族賨人也纷纷信奉天师道。② 张陵为子张衡娶賨人大姓之女子卢（罗）氏，除了张陵有民族平等的意识、以联姻方式以利于宗教发展外，也是天师道教创立与弘传所产生的良好结果。

据前引张陵创教资料，张陵鹤鸣山所创立的天师道已有比较明确的教理、教规及组织。其一是奉老子为教主，以《老子》为主要经典，并作了一些道书，春秋时期的道家学派创始人老子李耳，本来只是世俗的思想家，在西汉建立以来流行的黄老文化的背景之下日渐神化而染上"神仙"的色彩，但被奉为道教之尊祖，则始于张陵天师道；其二是不妄淫祀；其三是师不受钱；其四是有罪首过；其五是符水治病；其六是建立宗教组织，立二十四治，进行活动；其七是收取信米五斗。这其中可能有相当虚饰的内容，但基本反映了张陵创教的实际。以二十四治为例。《云笈七签》卷二十八《二十八治部》载："谨按《张天师二十四治图》云：太上以汉安二年正月七日中时，下二十四治，上八治、中八治、下八治，应天二十四气，合二十八星宿，付天师张道陵奉行布化。"

---

① 刘仲宇：《道教对民间信仰的收容与改造》，《宗教学研究》2000 年第 4 期。

② 胡孚琛、吕锡琛：《道学通论——道家·道教·仙学》，社会科学文献出版社 1999 年版，第 280 页。

其二十四治的名称是，上八治为：阳平、鹿堂山、鹤鸣山、漓沅山、葛璜山、庚除、秦中、真多；中八治为：昌利、隶上、涌泉山、稠粳、北平、本竹、蒙秦、平盖；下八治为：云台山、浕口、后城山、公慕、平冈、主簿山、玉局、北邙山。又云：天师立加冈氏、白石、钟茂、具山四治付嗣师，以备二十八宿，后张衡又立八品配治，张鲁增立八平游治，又有三十六静庐，为道民静修之所。张陵所设立的二十四治，除北邙山治还有争议以外，都在川西北和陕南一带，当时均属巴蜀地区。这些"治"大多建于岷江、沱江、涪江中上游河流沿岸，是汉代巴蜀人口相对密集的地带，张陵所创道教能在这一地带传播发展，当有地方统治者的支持，至少是默许、宽容。二十四治都是以地理人文区域为基础，以阳平、鹿堂、鹤鸣为上三治，阳平一治最为大，《广弘明集》卷八《二教论》说："依张鲁蜀纪，凡有二十四治，而阳平一治最为大者，今道士上章及奏符厌，皆称阳平，重其本故也。"阳平治成为天师道的首治，与其地理位置密切相关。此地边缘于夷汉地带，有利于夷汉文化的接触。另外二上治鹿堂、鹤鸣也是如此，反映出张陵创教的目的在于用汉文化渐次教化少数民族的考虑，也说明张陵传教并未与汉政权产生冲突。值得注意的是，天师道二十四治的治所，在历史上曾经屡有迁徙。如教化青衣羌的平冈治，就是数次迁徙的一个道治。平冈治早期治名灵泉治，始建于芦山之灵泉，此地是青衣羌人的活动中民，随着青衣羌人东进，平冈治迁移到洪雅境内。此后又一度东迁，宋王象之《舆地纪胜》卷一四六："平冈化，在夹江县西十五里，本名平羌山。"最后平冈治迁至新津，《云笈七签》卷二八《二十四治》"平冈治"注："山在蜀州新津县，去成都一百里，昔蜀郡人李阿于此山学道得仙。"从平冈治治所的迁徙东移，反映出五斗米道传教中心逐渐转移的趋势。与道治相配合，张陵初步建立起道官祭酒制度。祭酒为学官名，本是古代主持祀礼宴飨之人，有宗教的含义和性质。《后汉书》卷四四《徐防传》李贤等注引《汉官》曰："太常差选有聪明威重一人为祭酒。"天师道借用其名，除了继承了其宗教性外，还在于表明其汉文化的内涵。二十四治中，每一道治都设有治头大祭酒，或称为主者职治祭酒、主者祭酒。治头大祭酒下辖若干祭酒，这些祭酒直接管理道民从事宗教活动，并对奉道者按治编户著籍——名为道科宅录，以维护宗教组织的功能。陆修静《道门科略》说："天师立治置职，犹阳官郡县城府，治理民物，奉道者皆编户著籍，各有所属。"又说："道科宅录，此是民之副籍，男女口数，悉应著上，守宅之官，以之为正。"道治道官制度，在相当意义上是天师道对现实政治体制的模拟，也反映出张陵用汉文化对奉道夷汉民众施加强力影响的思想。

向达先生指出："张陵在鹤鸣山学道，所学的道即是氐羌族的宗教信仰，以此为中心思想，而缘饰以老子五千文。"① 蒙文通先生亦称："五斗米道，又称天师道……盖原为西南少数民族之宗教。"② 两位学界前辈着重强调的少数因素对张陵创教的意义，是有相当深邃的学术眼光的。但他们把天师道等同于五斗米道，当作少数民族的宗教（关于五斗米道与天师道的异同，详见下节），汉文化只是附属，则似有违事实。众所周知，张陵天师道创立的理论核心和主要依据，乃是《道德经》与《太平经》，而这"两经"正是中原正统"黄老"与齐鲁儒墨两家的结合，是典型的汉族文化。巴蜀文化是道家文化的源流，巴蜀地区有创立道教教派的良好地域人文基础。张陵所创天师道是黄老道与巴蜀地域文化及当地少数民族原始宗教相结合的产物。但巴蜀少数民族地区的文化毕竟落后于中原文化、江淮文化。张陵主动用汉文化改造巴蜀少数民族文化，创道之时已开始将巴蜀（包括当地少数民族）的信仰作"汉化"的准备与努力，将其巫术改造、转化为汉族宗教，其文化正统性的意义不言而喻。王家祐先生指出："张陵的天师道（或正一盟威道）是黄老儒墨在巴蜀（四川）地区土壤上开放的一枝奇花。是吸收了巴（蜀）族的原始巫术（鬼道）与地区传统民俗而创成的。在建成天师正一教的过程中是有团结又有斗争的，这就是对巴人'五斗米道'的融合和改造，张陵在巴蜀巫道基础上改造创立的天师道是真正的'道教'，而五斗米道只是构成汉族大集团中部分人民的（氐羌族系的）原

---

① 向达：《南诏史略论》，载向达著《唐代长安与西域文明》，生活·读书·新知三联书店 1957 年版，第 175 页。

② 蒙文通：《蒙文通文集》（第一卷），巴蜀书社 1987 年版，第 313—316 页。

始宗教（道教的主根）。"① 王氏的论述，当更符合天师道以汉文化为中心，而吸收改造少数民族文化的实际。张陵在巴蜀施行的宗教教化，依照历史文化的功绩观念来讲，与西汉"文翁化蜀"，同样具有文化教育上的价值。道书都记载，张陵字辅汉，学道之前，"本太学书生，博采五经"②，作为传统儒生，为留侯子房（张良）八世孙。又《云笈七签》卷二八《二十八治部》云：张陵受太上老君之命，"当步纲蹑纪，统承三天，佐国扶命，养育群生，整理鬼气，传为国师"。明代龙虎山编纂的《汉天师世家》载，东汉灵帝光和二年（179）正月，嗣师张衡以祖传印、剑付子张鲁，嘱之曰："汝祖以天地为心，生灵为念，诚敬忠孝为本，周行天下除妖孽之害。嗣吾教者，非诚无以得诚，非敬无以立德，非忠无以事国，非孝无以事亲。"这些都暗示着张陵的所作所为，是把道教作为教化少数民族的工具，为东汉统治阶级服务，诚是黄老道家的作为。事实上，张陵在巴蜀地区的活动也是以"辅汉"的形式进行，虽在巴蜀弘道传教，却并无任何叛逆东汉政权的事实。正因为张陵是以文化开发、文化辅汉、文化救世的形象而创教传教的，尚无显著的反政府、反社会的性格，其活动没有遭受政府的限制与破坏。

值得注意的是，张陵采取"受其道者辄出米五斗"的传教模式，特别是张陵之后张修、张鲁时期"五斗米道"之名流行，因此有不少研究者遂认定张陵创教时的道教名称亦为"五斗米道"。考察其实，张陵所创道教的正式名称乃应为"天师道"或与此密不可分的"正一道"③。这是因为张陵在创教时依托先哲老子，自称"天师"，道藏徒就尊他为"天师"，故名"天师道"。"天师"之名，最早出于《庄子·徐无鬼篇》："黄帝再拜稽首，称天师而退。"成书于西汉晚期的《黄帝内经素问》亦云："昔在黄帝而生神异……乃问于天师。"道教以《老》《庄》为经典，以黄帝、老子为始祖，上二书所谓"天师"，及黄帝与

---

① 王家祐：《张陵五斗米道与西南民族》，载王家祐《道教论稿》，巴蜀书社1987年版，第153—154页。

② （晋）葛洪撰，胡守为校释：《神仙传校释》卷5《张道陵》，第190页。

③ 关于张陵创教始名"天师道"的考证，参见陈国符《道藏源流考》上册，中华书局1963年版，第98页。

天师问答的著书形式，为其后道教经书所本。东汉《太平经》就是如此，其中不少篇幅亦以黄帝与天师问答的形式展开。书中不仅屡见"天师"之词，且出现"天师道"一词。《太平经》卷九一云："暗昧之人固固，心结聪明犹不达，不重反覆见晓救者，犹矇矇冥冥，复乱天师道，故敢不反复问之也。"同书卷四十又说："愿得天师道传弟子，付归有德之君能用者。"① 张陵曾借鉴《太平经》，在创教之中，自称天师并称其教为天师道是有所据和自然的。南朝梁李膺《蜀记》云：张陵"入鹤鸣山，自称天师"。"天师"的称呼，不仅符合张陵汉文化思想——如其采取"祭酒"作为道官之名一样，而且有利于提高他的社会影响与政治地位。

南宋王象之《舆地纪胜》卷一四六载：洪雅碑记有"汉灵帝时《张道陵碑》"。明人曹学佺《蜀中名胜记》卷十一在"洪雅县"条下引《碑目》亦有相同的记载。此《张道陵碑》当即《米巫祭酒张普题字碑》，载南宋洪适所撰《隶续》卷三。碑文如下：

> 熹平二年三月一日，天表鬼兵胡九□□，仙历道成，玄施延命，道正一元，布于伯气。定召祭酒张普、萌生、赵广、王盛、黄长、杨奉等，诣受微经十二卷。祭酒约：施天师道法无极耳。

洪适《隶续》按语说此碑"字画放纵，欹斜略无典则，乃群小所书"。洪氏对碑文的考释透露出这样的信息：碑文的书法乃一般民众所为，因此字画放纵无典则，不如汉代文人书法那般典雅。这正符合张陵在蜀中传道的实际情况。张陵主要在下层民众中传道，那些奉道的普通民众，在封建士大夫眼中自然属于"群小"。注文还称碑文是"诸张妖党相传授之约"，明确判定经是三张五斗米道传道的盟誓。这通碑文真实地反映了张陵天师道道法制度。碑文大略反映了这样的历史事实：胡九因皈依天师道而授箓，此人此事在当地或许有特殊的意义，因为祭酒张普与诸盟生立碑纪念。此碑立于东汉熹平二年（173），是张陵去世

---

① 王明：《太平经合校》，中华书局1960年版，第82、357页。

后张衡执掌其教的时期。这里在对初入教的胡某进行传授时，明确说要"祭酒约施天师道法"，可见在张衡之前就称其教为天师道了，否则《米巫祭酒张普题字碑》就不会有这样明确的称呼。另外，据《华阳国志》卷二《汉中志》载，张陵学道于蜀鹤鸣山时，自称"太清玄元"。《后汉书》卷七五《刘焉传》记：张鲁自号"师君"。道教认为，"太清"是"三清"之中的"大赤天"，为道德天尊（太上老君）所治，称太清仙境。"太清玄元"指老子，自称太清玄元，就是老子的化身，替老子传道，即是天师。"师君"即首领，亦类此。因此，张陵创教之际，"天师道"的正式名称当已产生。只不过张陵没有大力鼓吹"天师道"，民间、官方也不承认或不理解。日本著名道教学者窪德忠在其《道教史》中也指出："张陵创立的宗教集团的正式名称不得而知，所谓五斗米道恐怕是俗称。"因为"对该宗教集团不怀好意者便称他为米贼"[1]。笔者以为，作为汉文化代表的张陵不大可能采用少数民族的宗教名称"五斗米道"，称"天师道"可能更符合历史实际。

　　张陵的"天师道"未出名和流行，当与其社会地位及个人影响相关。自西汉末黄老道支流甚多，张陵天师道为其中的一支，但张陵生前影响并不大。曹魏鱼豢《典略》很可能并没有提到过张陵，不然南朝刘宋裴松之用《典略》注释《三国志》时自当引关于张陵的事迹。东汉中后期的其他史籍可能也很少有关于张陵的记载，也导致裴氏注引《三国志》时不能获得相关资料。可以推知张陵在当时是不太知名的，事迹也不大为人所关注。东晋葛洪《神仙传》说张陵为太学生，如果张陵的确是位有影响的儒生兼方士类的名流，《后汉书》卷八二《方术传》就应有名其上，或被《儒林传》所载，但事实上都不见。《后汉书》卷八二《方术传》记载了与张陵同时的好几位蜀地的方士，他们大都隐居家中传授自己的一套术数，在民间很有影响，往往"弟子自远而至"。而张陵巴蜀传教都得身体力行，躬身实践，这证实了张陵的影响在当时并不大，仅限于巴蜀一带。因此，张陵可能只是个会符水、制作道书的下层方士，他用方术为人治病，收米做报酬，并以此作为弘教

---

　　① 转引自《宗教学研究》1983 年第 3 期。

的经济基础。这自然极大地影响了天师道的声名，当时"天师道"名号不显也是情理之中的。

二　张修、张鲁与"五斗米道"的兴盛

东汉桓帝永寿二年（156）张陵死后，子张衡继其业。关于张衡，《云笈七签》卷二八《张天师二十四治图·阳平治》载："嗣师，天师子也，讳衡，字灵真，为人广智，志节高亮，隐习仙业，汉孝灵帝征为郎中，不就。以光和二年（179）正月十五日己巳于山（阳平山）升仙，立治碑一双在门，名曰嗣师治也。"其他的道书、史籍记载也大致类似，《汉天师世家》构建的天师体系中也没有多少说明，略言："居阳平山，以经箓授弟子，彰正一之道。其为人治病，请祷之法，书病人姓名，说服罪之意。作三通：其一，上之天，著山上；其一，埋之地；其一，沉之水，谓之三官手书。"① 值得注意的，这里所言张衡作"三官手书"，一般认为其创作者是张修。据此推测，嗣师张衡只是守成，对天师道的传播发展其实没有多大的贡献。正因为此，张陵死后，巴蜀地域的巫鬼道复兴，天师道教权落入巴郡巫人张修之手。

由于史籍记载缺略，张修的身世不详，其生平事迹与道教功业也颇多争议②，只知他为"巴郡巫人"。又据《后汉书》卷八六《南蛮西南夷传》载，巴郡夷民"事鬼神"。因此，张修大约是张陵在巴郡活动时收纳的颇有能力和影响的巫觋，在学得天师道法之后，独自至汉中传教，融天师道与巫鬼道而创建五斗米道。《后汉书》卷八《孝灵帝纪》注引刘艾《纪》曰："时巴郡巫人张修疗病，愈者雇以米五斗，号为'五斗米师'。"《三国志》卷八《张鲁传》注引《典略》有更为详细的说明：

---

① （清）娄近垣编纂，张炜、汪继东校注：《龙虎山志》卷六《天师世家》，江西人民出版社1996年版，第46页。

② 李刚：《张修在道教史上的地位》，文载李后强主编《瓦屋山道教文化》，四川民族出版社2000年版。

熹平中，妖贼大起，三辅有骆曜。光和中，东方有张角，汉中有张修。骆曜教民缅匿法，角为太平道，修为五斗米道。太平道者，师持九节杖为符祝，教病人叩头思过，因以符水饮之，得病或日浅而愈者，则云此人信道，其或不愈，则为不信道。修法略与角同，加施静室，使病者处其中思过。又使人为奸令祭酒，祭酒主以《老子》五千文，使都习，号为奸令。为鬼吏，主者为病者请祷。请祷之法，书病人姓名，说服罪之意。作三通，其一上之天，著山上，其一埋之地，其一沉之水，谓之三官手书。使病者家出米五斗以为常，故号曰五斗米师。实无益于治病，但为淫妄，然小人昏愚，竞共事之。

由所引材料可知，张修建立的五斗米道宗教组织，继承、发展了张陵的天师道。在这个组织中除了信徒之外，已有神职人员和简单的教阶制，分管不同的教务。这些神职人员计有鬼吏、祭酒、奸令祭酒，等级地位不同。祭酒是一般的小头目；奸令祭酒是大头目，管理的徒众要多，其主要责任是在教徒中宣讲《老子》五千文以弘道。鬼吏是教中的巫师，施行符水疗病的法术。张修则号称为五斗米师，是总首领。显然张修所立五斗米道已是比较严格的融宗教、政治、经济、军事为一体的宗教组织。张陵对巫鬼之法更多地否定，而张修则充分利用巫鬼之法，建立自己的军政势力。这主要是源于两人所处的时代、地域以及传教思想的不同。张陵创天师道时尚处于东汉统治比较稳定的历史时期，其基本的思想意识也主要是为现实的统治阶级服务，对传教的对象乃属于努力争取的阶段。而张修建五斗米道时期却处于东汉统治危机四伏、政权风雨飘摇之际，包括宗教组织在内的各种势力纷纷积蓄力量有意瓜分、争夺国家权力。汉灵帝中平元年（184）黄巾起义爆发，张修率领他的鬼道兵卒予以呼应，寇掠附近郡县，就是其利用宗教力量企图割据一方的显著证明。

史称张修为"巴郡巫人"，推知其汉文化素质自然不如张陵，而更接近于少数民族的水准。又从前引段史料中，张修五斗米道以巫鬼道为信仰基础，规定了以《老子》五千文为五斗米道的基本宗教经典，本人却没有什么道书符书的创造，说明在文化水平与教义创作上逊于张陵。不过，五斗米道的教法内容虽没有张陵天师道的复杂和丰富，却因契理契机而更得文化水准落后的民众欢迎，更为适合传道弘教的需要。因此，张修五斗米道是对张陵天师道的创新发展。李申先生研究指出，五斗米道教义为张修所创，而非张陵①。笔者以为，就五斗米道教义本身、宗教形式而言，此说并无不当。但凭此完全否定张陵创教之义及其对五斗米道创立的作用和影响，则论证也难说是充分。毕竟张陵创立天师道时，已初创了五斗米道形式，造作了一些符书、道书，构建了宗教的组织形式。以其宗教思想实质而言，张修所建道教仍然是以张陵"天师道"为本。因此，更为确切的说法应是：张修在张陵天师道的基础上，正式创建了五斗米道。五斗米道是天师道继承与创新的产物，在相当程度上是对张陵天师道的发展和深化。张陵初创的天师道，尽管已有了经典科教，有教区组织，但都显得相当粗陋，影响也极其有限。张修五斗米道是张陵天师道的重大创新发展，放宽历史的视野，张修在天师道发展史上应有其重要地位。由于张修五斗米道传教的区域在汉中一带，影响压过了张陵原来在巴蜀的天师道传教区域，因此，蜀地的传教中心鹤鸣山转移到了汉中，五斗米道的名声也日渐响亮，影响日渐壮大。顺便提及，五斗米道由于浓厚的巫鬼色彩，因此也被时人称为"米巫""鬼道"。

对于五斗米道的由来，或谓以賨人向汉族统治机构负担贡纳"米"的传统，张陵、张修、张鲁等因地制宜定为缴纳五斗米，作为发展组织、解决宗教活动经费的工具。或谓五斗米道，为道徒入道与治病须纳信米五斗。或谓五斗米道，系崇拜五方斗星得名。另外，王家祐先生《张陵五斗米道与西南民族》称："所谓五斗米道，既不是蜀道，也不是巴道，而是巴蜀族的合道。'米'即'弥羌'之'弥'。"又说："'五斗'初亦族别之称呼。如'五擔'、'五都'、'五荼'，皆夷族名也。"蒙文通先生在《道教史琐谈》一文中引《晋书》又记："五斗叟郝索聚众为乱"说："叟即西南民族之称，知五斗米教原行于西南少数民族。"

----

① 参见李申《道教本论》，上海文化出版社 2001 年版，第76—77 页。

以上诸说，各有其理。笔者认为，张修是以兼汉中地方政权领导者的身份在汉中传教的，在汉中行五斗米制，自与传统的汉制相关。也就是说，五斗米道与少数民族对汉政权的赋役负担有关。然不管如何，"五斗米道"之称都是与巴蜀地域文化密切相关，含有浓厚的少数民族因素，是张陵天师道教地方化发展的产物。

据《龙虎山志》卷六《天师世家》"二代嗣师衡"条载：汉光和二年（179），张衡去世前，将教权托附其长子张鲁，曰"汝祖以天地为心，生灵为念，周行天下，除妖孽之为民害者，是以亲遇圣师，建立大教。嗣我教者，非诚无以得道，非敬无以立德，非忠无以事君，非教无以事亲。汝其遵守成训，忽替引之"。张鲁于是稽首曰："祖师志愿宏博，因家立教，身为法嗣，敢不祗承，用宏元化。"接受了作为嗣教凭证的印、剑。值汉中张修创立五斗米道时，少膺祖训的张衡之子张鲁（？—245或249，字公祺）在巴郡传天师道教，有一定成就。然随着张修五斗米道势力的发展，原天师道的传教中心也已从巴蜀转移至汉中（二十四治的位置或也相应地发生了变化），这自然也是宗教利益的转移。因此，张修和张鲁为了争夺教权利益，双方发生了激烈的矛盾冲突，导致了张修身死而教权转移。

据《三国志》卷三一《刘二牧传》载，汉灵帝中平五年（188），宗室刘焉因汉室衰微，以"益州有天子气"，自请出任益州牧，企图割据蜀地偏霸一隅。在这一政治思维下，刘焉进入益州之后收纳了张修和张鲁。张鲁在巴郡一带有部下，张修在汉中颇有信众，都具有相当的力量。刘焉想把汉廷管辖的汉中据为己有，以确立割据蜀地的军政形势，因此特别注意吸收巴蜀的地方势力，于是委任张修为别部司马、张鲁为督义司马，令他们合兵进攻汉中。刘焉的如此安排是有深意的。据《后汉书》卷七五《刘焉传》载，"沛人张鲁，母有姿色，兼挟鬼道，往来（刘）焉家"；《华阳国志》卷二《汉中志》云：张鲁"以鬼道见信于益州牧刘焉"。因为张鲁母亲以道术养生，有少容，往来刘焉家布道，刘焉悦其姿色，关系特别，所以刘焉比较信任张鲁，而且张鲁之母亲和弟弟也作为人质掌握在他手里。但进攻汉中又不得不利用张修的力量，所以刘焉派张鲁和张修一道去攻打汉中的主要目的是钳制张修，避免张修攻下汉中后独树一帜。张鲁积极支持益州牧刘焉割据蜀地，协同张修攻占汉中，杀汉中太守苏固及汉使，断绝褒斜道。刘焉遂借口"米贼断道，不得复通"为名，脱离了与朝廷的关系，创立出了一个割据一隅的地方独立政权。

张鲁支持刘焉实为壮大自己的宗教力量。不久，张鲁袭杀张修，利用其祖、父两代在教民中的威信，兼并了张修的五斗米部众，直接控制了汉中。当代高道张继禹先生认为：从《典略》记载及张鲁行事作为来看，张鲁不可能去杀已在汉中行道的张修①，似有为祖先饰非之嫌。张鲁、张修都曾在刘焉手下任军职，说明他们走的是宗教军政化的道路。《三国志》卷八《张鲁传》裴注引《典略》说五斗米道是张修之道法，后为张鲁"增饰"。这说明张鲁袭杀张修的原因不在于道法的差异，而在于教派内部争夺教权的尖锐矛盾。张修在汉中创五斗米道，极大地分割了张鲁天师道徒众，严重损害了其宗教利益，因此张鲁必除之而后快。张鲁在夺得张修的传教区域后，经数年的努力经营，利用宗教势力迅速影响乃至控制了巴郡、汉中地区，几成与刘焉分庭抗礼之势。刘焉及其子刘璋要割据巴蜀，自然绝不会允许张鲁宗教势力日渐扩张且游离于政权管理之外。东汉兴平元年（194）刘焉死，其子刘璋继掌益州大权。势力趋于强大的张鲁并不服从刘璋，双方矛盾激化。《三国志》卷八《张鲁传》载，刘璋"尽杀（张）鲁母家室"。《三国志》卷三一《刘二牧传》所载略详："张鲁稍骄于汉中，巴夷杜濩、朴胡、袁约等叛诣鲁，璋怒，杀鲁母、弟。"张鲁遂正式建立汉中政权，公开与刘璋益州政权对立。值得注意的是，刘璋与张鲁爆发的军事对抗，并不是因张鲁宗教信仰的关系——据前引资料刘焉本人也可能是天师道徒，至少信奉天师道——实为其宗教利益严重挑战和损害了刘氏割据益州的利益。张鲁在汉中建立了割据一地的独立王国，刘璋仁弱而无力控制，已极度衰微的东汉朝廷更是力不能及，不得不拜张鲁为镇夷中郎将，领汉宁太守。

张鲁汉中政权得到巴郡、汉中及周边夷、汉民族的支持。《后汉

---

① 张继禹：《天师道史略》，华文出版社 1990 年版，第 21 页。

书》卷七五《刘焉传》曰："民夷信向。"《三国志》卷八《张鲁传》曰："民夷便乐。"时有韩遂、马超之乱，关西民从子午谷奔入者数万家。《华阳国志》卷二《汉中志》曰："巴汉夷民多便之。"《华阳国志》卷一《巴志》云："汉末，张鲁居汉中，以鬼道教百姓，賨人敬信。值天下大乱，自巴西之宕渠移入汉中。"《晋书》卷一二〇《李特载记》亦云："张鲁居汉中，以鬼道教百姓，賨人敬信巫觋，多往奉之。"賨人支持张鲁建立汉中政权，巴郡賨人除奔赴汉中的部分外，留在巴郡的賨人亦依附于张鲁政权。张鲁"部曲多在巴西"，巴郡成为张鲁的后方基地。现存芦山县的《汉故领校巴郡太守樊府君碑》称："季世不祥，米巫凶虐，续蠢青羌，奸狡并起，陷附者众。"① 此碑为"建安十年（205）三月上旬造"，正是张鲁政权统治时期。所谓"米巫凶虐"，当系巴蜀五斗米道的军政、宗教活动；所谓"续蠢青羌，奸狡并起，陷附者众"，正说明五斗米道活动时，青羌等少数族参加者甚众，这可视为对张鲁政权的响应。又据《三国志》卷八《张鲁传》载，汉献帝建安二十年（215）七月，曹操进兵汉中，袭取阳平关。张鲁遂退入巴郡"依杜濩、赴朴胡相拒"。九月，张鲁所依靠的"巴七姓夷王朴胡、宗邑侯杜濩举巴夷、賨民"投降了曹军，根本因之动摇，张鲁见大势已去，遂于十一月也降魏。张鲁降魏后，被封为阆中侯。按汉魏封侯的惯例，亦说明张氏根基在巴郡阆中。

张鲁政权建立后，力行政教合一之制，建立了祭酒制，以天师为首领，下有治官、祭酒分统道民。《三国志》卷八《张鲁传》载：张鲁"以鬼道教民，自号'师君'。其来学道者，初皆名'鬼卒'。受本道已信，号'祭酒'。各领部众，多者为治头大祭酒。……不置长吏，皆以祭酒为治，民夷便乐之。"可见道官祭酒已兼具道师和官吏双重身份，与信徒形成半宗教、半官民的关系，张鲁政权实为政教合一的政权。张鲁五斗米道既沿袭张修旧规，来学道者开始按习惯称为"鬼卒"，受道已信，才可升为张陵教阶中的"祭酒"，可统领道民；统领一方道民者为"治头大祭酒"。为加强道官祭酒与道民的统属关系，天师道制定了

---

① 陈垣：《道家金石略》，文物出版社1988年版，第5页。

三会日、宅录和缴纳命信等制度。"三会日"制度是道官、祭酒联系道民，向道民宣讲科戒，传布教令的重要途径和方法，是体现和不断加强道官、祭酒与道民之间统属关系的重要桥梁。凡三会日，道民必须到本师治所去进行宗教活动，"宅录命籍"，听道官宣布科禁，考校功过。道官凭此向天曹启告，请天神守宅之官保护道民家口安全，禳灾却祸。张鲁道教政权在教区内发行铜质"太平百钱"，背面有水波纹和龟纹，大约是一种宗教性质的货币①。这也说明张鲁的五斗米道，仍奉《太平经》为道教经典。张鲁利用自己在巴郡、汉中的权力与影响，将所辖地区划分为二十四治（此二十四治当与张陵的二十四治有所不同），实际上是汉代郡、县、亭行政管理制度的宗教化，具有政教合一的特点。以治头大祭酒治民，实行建义舍、宽刑、禁杀、禁酒、收租米、编户著籍等项措施。张鲁天师道教已有较严密的宗教组织系统，而且这套组织系统是仿照汉代的国家行政制度建立起来的。三张的道民命籍制度，也是用宗教手段托言神灵保护将汉代户籍制度恢复起来，其收信米五斗是汉代课税制度的宗教化。甚至连令教徒习《老子想尔注》的教规，也是模仿汉制天下诵《孝经》的旧法。在张鲁的努力下，五斗米道组织上有了很大的发展，教规、教仪等制度已趋健全，形成强有力的控制力量，据《三国志》卷八《张鲁传》注引《典略》称"流移寄在其地者，不敢不奉"。张鲁保据汉中 20 余年，辖地人民生活比较安定，宗教的太平思想在此得以充分体现与实践。

天师道"三张"（张陵、张衡、张鲁）时期都崇奉老子，以老子《道德经》"五千文"创教弘道之本。张鲁作《老子想尔注》②时，当是吸收了张陵、张修等前辈的成果，同时吸收了《太平经》和《老子河上公章句》的宗教思想，按道教教义的需要，采取减、增、改字以及

---

① 陈显双：《成都市出土"太平百钱"铜母范——兼谈"太平百钱"的年代》，《文物》1981 年第 10 期。

② 《老子想尔注》，全称《老君道德经想尔注》或《想尔注老子道德经》，简称《想尔训》、《想尔注》或《想尔》。"想尔"本是仙人名，"想尔注"是托名仙人的注解。世传为东汉祖天师张陵撰，或以为是其孙系师张鲁撰。本书关于《老子想尔注》的作者，取学术界的主流认识。

旧意新解等手法，并附会巫术、神仙方术和谶纬迷信，彻底改造《老子》，使其宗教化。一是通过人格化，神格化，神化《老子》之"道"，使"道"成为宰制人世的至上尊神。二是通过解"道"为"一"并进而神化"一"，使"一"与老子（太上老君）联系并等同起来，建立了以"道""一""老子"三位一体为最高精神本体的神学思想体系。三是阐扬长生成仙说，论证彼岸世界的存在。强调世人经过长期刻苦修炼，摄生守诚、守一，可以长生成仙。四是鼓吹道功、道术，清净为本，提出了"保形""炼形"与"食气"等具体办法，指出通向神仙世界的具体途径。五是吸收儒家思想，将《老子》崇尚道德、轻贱忠义的观点改造成肯定仁义忠孝、修道务德，适应组织教民的需要。《老子想尔注》极注意培养教徒的宗教感情，把宣扬"积善功""奉道诚"当作布道的首务。上述《老子想尔注》所包含的道教思想理论，深刻说明了其汉族宗教的基本特征。早期道教主要在社会下层传播，以治病消灾作为现实的教旨和布道手段，仅把长生成仙作为长远的目标和宗教理想。张鲁的《老子想尔注》则反映出神仙道教的思想倾向，这是与张鲁时期掌教者社会地位上升、宗教贵族化的背景分不开的。《老子想尔注》是中国思想史上第一部站在宗教立场上用神学注解《老子》的书，开创了道教系统改造利用道家著作的传统，是道学与长生成仙说及民间道术合流的早期代表作，在早期道教发展史上有着特别重要的意义。

张鲁按张陵的天师道法对张修的五斗米道作了增饰，加强了五斗米道的正统教义，本当复称天师道。但因其体制基本沿袭张修五斗米道，又受时代风气的影响，"五斗米道"之称依然保持，甚至还有按张修时习惯称呼其为"鬼道"的。张鲁掌握了五斗米道的话语权后，出于政教利益的需要，遂尽力排摒张修在教中的影响，重构了天师道发展的道统。张鲁奉其祖张陵为天师，父张衡为嗣师，自号"师君"，又称系师。天师道统遂由张陵—张修—张鲁变成了张陵—张衡—张鲁。张修对五斗米道创立发展的重大贡献也被曲意抹杀而主要附会到了张陵身上。史家后来追记三张及张修事迹未细区分，天师道、五斗米道、鬼道之名也混用，道书又故意神化道教祖师张陵，致使这段史实异词百出。通过张鲁的整理与改造，三张天师道教逐步完成了统一的教主、教义、戒律和初步的宗教仪式，有按道阶组织起来的宗教职业者，具备了伦理型宗教的一般特征，具备了宗教的基本要素。整理后的天师道，更加的规范、系统，也日渐出现了贵族化的气息，有利于向正统宗教过渡。但三张天师道教仍属于早期道教阶段，如在修持方术上，与巫鬼道相融，仍保留有大量驱鬼祈鬼的巫术，还有大量教规科仪和涂炭斋等古朴斋法①，这说明三张道教的宗教形式还处于朴素的状态，它是在汉末乱世的特定历史条件下才得以维持的。其宗教素质有待于日后的提高。

汉中地处关中和益州（四川）之间，北有秦岭山脉自西绵延而东，横贯关中和汉中之间；南有大巴山系，横贯汉中和四川之间，在地理形势上自成一区。汉中的相对独立的地理形势进一步促使张鲁五斗米道向地域化发展。而张鲁政教合一的汉中政权在一定意义上是五斗米道地域化发展的结果。除了是因宗教因素导致其力量大增的结果外，也是当时天下大乱，诸侯争相割据的产物。张鲁不像黄巾起义"太平道"一样有强烈的政治目的，喊出"苍天已死，黄天当立"的口号，欲立"太平道"的"黄天"世界。这既是由天师道的性格所致，天师道一直把自己定位于"师"而不是"君"的位置，也不会是他所追求的，又是由时空所决定的，张鲁政权力量有限，其政权存在只是在国家政治军事的空隙之中，可以盘踞一隅，但争夺天下则实力远远不足。因此，《后汉书》卷七五《刘焉传》载，张鲁在投降前给曹操的信中解释说自己迟迟不投降是因为"本欲归命国家，其意未遂"，以致引发双方军事对抗，当不全是虚语。

---

① 南朝梁僧祐《弘明集·笑道论》说："按三张之术，畏鬼科曰：左佩太极章，右佩昆吾铁，指则停空，拟鬼千里血。又造黄神越章杀鬼，朱章杀人。或为涂炭者，黄土泥面，驴辗泥中，悬头着柱，打拍使熟。"又言道士章语"同俗巫解奏之典。"关于泥炭斋法，《洞玄灵宝五感文》云："法于露天立坛，安栏格。斋人……悉以黄土泥额，被发着栏格，反首缚，口中衔璧，覆卧于地，开两脚，相去三尺，叩头忏谢。"释玄光则说："事起张鲁，氐夷难化，故制斯法。……此法指在边陲，不施华夏。"蓬头泥额，本是巫觋所为，但张鲁施此法，似是针对少数民族地区教民原始而淳厚的特点，所设立的教法。

三　魏晋军政情势与蜀地天师道的顿挫

　　长期以来，对于曹操建安二十年（215）发大军攻灭汉中张鲁政权的原因，宗教学（道教）研究者似乎都比较强调是由于作为民间宗教的道教在东汉末年严重危害了现实统治，统治者将其视为大敌。张鲁汉中五斗米道政权的影响大，而曹操是法家人物，是"反教"的，因此将其破灭；其后又怕他在汉中复教，因此把他们迁徙至曹魏能强力控制的三辅、邺等地。笔者认为，这种认识并不完全符合历史事实。

　　汉中古称"形势之地"，所谓"前控六路之师，后据两川之粟，左通荆襄之财，右出秦陇之马，号令中原必基于此"[①]。汉中盆地在地理上又自成一区，"厥壤沃美，赋贡所出，略侔三蜀"[②]，素为军事家政治家所重视。据《华阳国志》卷二《汉中志》载，秦统一前的战国时代，汉中即"恒成争地"。汉魏之际，军阀割据争霸，因汉中的重要军事地位，无论是居于蜀的刘焉、刘璋势力，还是其后进入蜀地的刘备势力，北方的曹操势力，甚至江东的孙吴势力都想夺而取之。当曹操出兵汉中时，也正是刘备势力占领巴蜀，正企图控制汉中之时。地处益州北部的汉中，就立国益州的政权而言，汉中乃生死存亡之所系。《三国志》卷四一《杨洪传》载杨洪语："汉中则益州咽喉，存亡之机会，若无汉中则无蜀矣。"《三国志》卷四三《黄权传》载："及曹公破张鲁，鲁走入巴中，权进曰：'若失汉中，则三巴不振，此为割蜀之股臂也。'"《三国志》卷一四《刘晔传》载，刘晔于曹操破张鲁之后进言；"今举汉中，蜀人望风，破胆失守，推此而前，蜀可传檄而定。"裴注引《傅子》称曹操既破汉中，"蜀中一日数十惊，（刘）备虽斩之而不能安也。"以证刘晔所言不虚。总之，汉中于蜀汉，是"咽喉"，是"股臂"，是"门

---

　　① （清）李国麒：《兴安府志》，转引自徐印信编著《安康史略》，三秦出版社1988年版，第28页。

　　② （晋）常璩：《华阳国志》卷二《汉中志》，参任乃强校注《华阳国志校补图注》，上海古籍出版社1987年版。

户"，失去汉中，国将不国。反之，只要据有汉中，则如《三国志》卷三七《法正传》中法正所言，"上可以倾覆寇敌，尊奖王室；中可以蚕食雍、凉，广拓境土；下可以固守要害，为持久之计"。因此，当曹操出兵占领汉中时，刘备集团也被迫不遗余力地进行争夺。对于曹魏来说，若占领汉中则扼住了益州的咽喉，攻可以深入益州腹地，守可以阻止益州势力北上。所以曹魏极力想夺之。但魏境广阔，统治中心区远离关中，汉中的地位远不如对刘蜀那样重要。另外，曹操争夺及保据汉中，有其地理形势上的不利因素。《三国志》卷十四《刘晔传》载，建安二十年，"太祖征张鲁……既至汉中，山峻难登，军食颇乏。太祖曰'此妖妄之国耳，何能为有无？吾军少食，不如速还'。"《三国志》卷一《武帝纪》注引《魏书》亦称："（曹）军自武都山行千里，升降险阻，军人劳苦。"曹操善用兵，拟南郑为"天狱"，"察蜀贼栖于山岩"，"挠而避之"，被时人誉为"知难而退"①。曹操如果孤注一掷争汉中，可能陷入进退失据的境地，他以汉中为"鸡肋"即有鉴于此。因此，曹操对于汉中是能取则取，不能取则弃，决不死夺死守。建安二十四年夏侯渊战死后，曹操虽极不甘心，并亲率大军拟收复汉中，但畏于形势，最后还是把所有的军队撤出汉中，也把汉中民尽数迁往魏境。《三国志》卷二三《和洽传》载："太祖克张鲁，洽陈便宜以时拔军徙民，可省置守之费。太祖未纳，其后竟徙民弃汉中。"在争夺汉中的过程中，曹操曾大规模地迁徙武都、汉中民。《三国志》卷二五《杨阜传》载：建安二十三年（218），"及刘备取汉中以逼下辩，太祖以武都孤远，欲移之，恐吏民恋土。（杨）阜威信素著，前后徙民、氐，使居京兆、扶风、天水界者万余户，徙郡小槐里，百姓襁负而随之"。又《三国志》卷一五《张既传》载，建安二十四年（219），曹操在退出汉中之前，又命张既"之武都，徙氐五万余落出居扶风、天水界"。《十六国春秋·蜀录》也说："内徙者亦万余家，散居陇右诸郡及三辅、宏（弘）农。"《三国志》卷二三《杜袭传》：杜袭"随太祖到汉中讨张鲁。太祖还，拜袭驸马都尉，留督汉中军事，绥怀开导，百姓自乐出徙洛、邺

---

① 《三国志》卷一四《刘放传》注引《资别传》。

者，八万余口"。换言之，近十万众的汉中之民，大部也应被曹操迁到关中或其他地区。据《三国志》卷四二《周群传》载，曹操通过大规模徙民，使刘备虽占汉中，"得其地"却不"得其民"，从而在一定程度上达到了如《晋书》卷五六《江统传》所言的"弱寇强国，扞御蜀虏"的政治军事目的。总之，曹操灭张鲁政权，并不是因其实行"五斗米道"政治，而是因为张鲁所据汉中是巴蜀的战略要地。曹操吞并了张鲁所部后，无法控制汉中，也不能阻止刘备集团取汉中的努力。汉末三国之际，战乱频仍，人口流散，对人口的争夺十分激烈。曹操为了削弱汉中乃至蜀地的力量，遂将张鲁及其徒众迁徙出汉中，可能并非如研究者一般所称的只是为了防止天师道东山再起。

正因为曹操破灭张鲁汉中政权的本意并不是针对天师道的宗教信仰，而是军政利益的考量。故张鲁政权被曹操覆灭后，并不意味着天师道的消亡。曹魏对施展天师道众实行宽容与限制结合的政策，汉中五斗米道民移居邺城、洛阳、长安、天水、略阳等地后，虽然没有发展，但依然保持着原来的宗教组织及名称，也有所活动。曹魏末年，天师道后裔发布《大道家令戒》："道使末嗣中分，治民汉中四十余年……至义国殄颠，流移死者以万为数，伤人心志。自从流徙以来，分布天下，道乃往往救汝性命。"[1] 尤其是天师道有教职的中上层道徒仍有较为宽厚的待遇。《三国志》卷八《张鲁传》载，张鲁降后，曹操"拜镇南将军，封阆中侯，邑万户，将还中国，待以客礼。封五子皆为列侯"。《太平御览》卷五一八《南郑城碑》云："（张鲁）位尊上将，位极人臣，五子十室，荣并爵均，童年婴稚，抱拜王人；命婚帝族，或尚妃嫔。""曹氏还通过与张氏家族的'政治联姻'，将天师道纳入其政治、意识形态的轨道，成为统治者控制群众的工具。"[2] 另外，曹操对賨人大姓封赐为列侯、将军者十余人。《晋书》卷四八《阎瓒传》：张鲁功曹阎圃，劝张鲁降曹后，受封为平东乡侯，黄初中又增封爵邑。死后其子阎璞嗣爵。《三国志》卷二《文帝纪》注引《献帝传》：张鲁部将李

---

① 《正一法文天师教戒科经》，《道藏》第 18 册，第 237 页。

② 潘显一、冉昌光主编：《宗教与文明》，四川人民出版社 1999 年版，第 153 页。

伏，降曹后，封左中郎将，延康元年（220），曹丕代汉时，曾积极上表劝进。《三国志》卷九《曹爽传》注引《魏略》：张鲁部下司马李休，"太祖以其劝鲁内附，赐爵关内侯，署散骑侍从。诣邺，至黄初中，仕上党、钜鹿二郡大守"。后其子李胜曾任洛阳令，与大将军曹爽相善，因助爽与司马懿争权，失败后被诛。这些迁至曹魏统治核心区的天师道中上层，或许因形势变化改变了信仰，但曹魏政权其实并没有强制他们不再信仰以前的天师道。《真诰》卷四《运象篇》注云："张系师（张鲁）为镇南将军，建安二十一年亡，葬邺东。"后44年，即甘露四年（259），张鲁墓遇水棺开，尸旁置有"麈尾"。这说明张鲁死亡后是从道教葬仪的。曹魏对天师道中上层的政策，当与曹操将甘始、元放、左慈、华佗等著名的道家方士"聚而禁之"相似。值得注意的是，英雄一世的曹操，充满着对生命的珍重与渴望，极重道术养生，帷幄之中引进了不少方术之士①。天师道也有不少养生术法，但曹操并没有把天师道人纳入为其服务的养生道徒之中，这或许从一个侧面说明，曹操并不以道教方士视张鲁等人，而是以军政人物对待。但是，对包括天师道在内的著名道士这种政策，反而给了他们一个向社会上层传播的机会。天师道北迁后，"中上层人士受到曹魏的宽厚待遇，政治上有了一定的地位，文化上也有一定的素养，这也是天师道能够广泛传播和延续发展的内在因素"②。而在社会下层，大批五斗米道教民迁入中原，与当地原有太平道之类的道民融为一体，形成较为强劲的早期道教势力，也壮大了天师道的力量，并使天师道的影响遍及全国。

以上说明，曹魏并没有专门打击天师道的宗教政策，天师道的生存和发展仍有一定的空间。又因其流动地域的扩大，道众在新地域生产、生活，使其思想更加广泛地展开，以致在上层士大夫中也日渐出现天师道徒。不过，以汉中为活动中心的天师道徒被大量移居中原一带，天师道毕竟失去了可支持其独立的政治力量，天师道的权威体制瓦解，难以

① 关于曹操重道教方术养生的论述，参见李刚《曹操与道教》，《世界宗教研究》2001年第4期。

② 张继禹：《天师道史略》，第40页。

以严密组织的形式生存与发展。曹操、曹丕等曹魏统治者以及随后的司马氏统治时期，严禁祷祝祠祀，以行章符请祷为基本的天师道的宗教活动当然也被限制。这些都使天师道下层在北方处境艰难，发展缓慢而影响有限，远非昔日汉中之时可比。在刘宋天师道编纂的《正一法文天师教戒科经·大道家令戒》中，可以看到，太和五年（231）以降，各地自行地任命作为天师道神官的祭酒等职、教团的秩序混乱等的记载。移居邺城、洛阳一带的众多天师道徒渐次南下，进入三吴地区，后在江南形成庞大教团。这为两晋时期天师道在南方的兴盛奠定了良好的基础。

张鲁汉中政权覆灭后，随着教徒迁移，其推广于巴汉地区的信米五斗、义舍等制度，当因新的地区难以实行而停止。但人们不会因此立即改变其"五斗米道"的称呼，因为缴纳五斗米道等制度虽然不存在了，其固有的教义、教仪、教法等，仍如巴汉时期。当然失去了经济基础，五斗米道已名存实亡，再称五斗米道已不切实际。五斗米道是地域化的结果。因此当地域发生转移，其名称就会发生变化。但名称的变化总有滞后性，这就是天师道在丧失了"五斗米"的性质后，仍被长期称为"五斗米道"的原因。不过，随着天师道深入传播到中原、江南，天师道教名声日渐显著，鬼道及五斗米道之号于是渐不复用。

蜀汉统治时期，为了政权的稳定安全与生存发展，刘备、诸葛亮军事立国，以法理政，大力强化人口和土地的管理，极大地破坏了天师道的生存与发展空间。但蜀地毕竟是道教的发祥地，民众有深厚的道教情结与信仰，天师道教传播不绝如缕。刘备伐吴，就曾请道士李意期预言胜负吉凶之事。刘备死后，少数民族首领高定元及益州大姓雍闿皆曾借五斗米道为号召发动叛乱。蜀汉后期政权衰微之时，巴蜀天师道更趋于活跃。后主刘禅信任鬼道信徒宦官黄皓招亡国之祸，足见刘氏蜀汉政权终究没有摆脱本区道教势力的纠缠。又据葛洪《神仙传》载，汉末三国之际，巴蜀地区有许多李姓方士，如李八百、李阿、李意期等。三张在巴蜀设治传道，颇与此等人物相关。如昌利治（金堂县）据称为李八百修道炼丹、飞升之处，平冈治（新津县）为李阿学道得仙处。可见李家道最初可能是汉末蜀中流传的一个方士集团，对天师道的创立和发展有过影响。到三国后期时，遂有人冒称李八百，至江东传播李家

道。葛洪《抱朴子内篇·道意》记:

> (道人李宽)到吴而蜀语,能祝水治病颇愈。于是远近翕然,
> 谓宽为李阿,因共呼之为李八百,而实非也。自公卿以下,莫不云
> 集其门。后转骄贵,不复得常见,宾客但拜其外门而退,其怪异如
> 此。于是避役之吏民,依宽为弟子者恒近千人。而升堂入室高业先
> 进者,不过得祝水及三部符,导引日月,行炁而已,了无治身之
> 要、服食神药、延年驻命、不死之法也。……吴曾有大疫,死者过
> 半。宽所奉道室,名之为庐,宽亦得瘟病,托言入庐斋戒,遂死于
> 庐中。而事宽者犹复谓之化形尸解之仙,非为真死也。……宽弟子
> 转相教授,布满江表,动有千许。……诸妖道百余种,皆煞生血
> 食,独有李家道无为为小差。然虽不屠宰,每供福食无有限剂,市
> 买所具,务于丰泰,精鲜之物不得不买,或数十人厨,费亦多矣。

李宽传播的道术与天师道大体相同,亦以祷祝、符水为人治病,又
兼导引、行气;设有道庐,有病者入其中斋戒祷告。由此可见,李家道
属天师系统无疑。

司马氏灭蜀之后,为了建立灭江东孙吴的战略基地,同时诱降孙
吴,对蜀实行了比较宽松的柔抚政治,当地天师道活动有所复兴。《华
阳国志》卷八《大同志》载:"咸宁三年(277)春,刺史(王)濬诛
犍为民陈瑞。瑞初以鬼道惑民,其道始用酒一斗,鱼一头,不奉他神。
贵鲜洁,其死丧、产乳者,不百日不得至道治。其为师者曰祭酒。父母
妻子之丧,不得抚殡、入吊,及问乳、病者。后转奢靡,作朱衣、素
带、朱帻、进贤冠,瑞自称天师。徒众以千百数。濬闻,以为不孝,诛
瑞及祭酒袁旌等,焚其传舍。益州民有奉瑞道者,见官二千石长吏、巴
郡太守犍为唐定等,皆免官或除名。"唐释明概《决对傅奕废佛僧事》
也说:"晋武帝咸宁二年(276),有道士陈瑞以左道惑众,自号天师。
徒附数千,积有岁月……"二千石长吏巴郡太守犍为唐定等均为陈瑞门

徒，说明天师道在士族阶层已有传播①，也足见当地天师道势力已较强大。陈瑞自称天师，设治传教，"不复按旧道法"办事，革除了入道者须交信米五斗的陈规，改为酒一斗、鱼一头。表明天师道的统一中心确实早已不存在，五斗米道的组织形式也已破产。西晋为了扑灭宗教组织对政权权威挑战，以稳定在蜀地的统治，予以坚决的镇压。而镇压的理由并不是奉道，而是"不孝"——这是标榜以"孝"立国的司马氏政权镇压各种反对者的重要理由。这次镇压行动进一步促使当地天师道徒向江南地域的转移。下层天师道则更多地继承了传统，在民间流传不息。

西晋末年，李特、李雄父子率略阳、天水等六郡流民入蜀。李特祖辈居本属信奉张鲁五斗米道的巴西宕渠之民。据《华阳国志》卷八《大同志》载，值曹操消灭张鲁的汉中政权以后，其曾祖李虎即与张鲁之教的信奉者杜濩、朴胡、袁约、杨车、李黑等移于略阳北土，复号曰巴氏。因此，李特势力有着天师道的背景。李氏入川的活动得到了青城山天师道道士范长生的大力支持。当李特于新繁战败被杀，李雄所部极度危急，范长生及时挽救这一危机。李雄建成汉政权后，以范长生为相，加号"四时八节天地太师"。据《晋书》卷五八《周抚传》载，范长生即以"国师"身份大张旗鼓地弘扬天师道，"人多事之"。至成汉政权败亡，其子范贲尤能凭其声名号召信徒，"有众一万"，并被推尊为帝。成汉政权颇有天师道的精神，《晋书》卷一二一《李雄载记》说李雄"性宽厚，简刑约法，甚有名称"，"时海内大乱，而蜀独无事"；"为国无威仪，官无禄秩，班序不别，君子小人服章不殊"，颇有道家清净无为之风。他还表白"本无心于帝王"，也是五斗米道的本色。当然，李雄坚持要为父行孝三年，则明显是受儒家思想的影响。因此，李雄的政权，只可以说是带有五斗米道的色彩，还不能说就是五斗米道的政权②。成汉政权是张鲁之后四川出现的又一个延续了四十三年的道教王国，这说明巴蜀天师道在民间的影响力一直很大。东晋穆帝永和三年

---

① 钟国发：《前期天师道史论略》，《中国史研究》1983 年第 2 期。
② 李申：《道教本论》，第 151 页。

（347）三月，大司马桓温为了建立盖世功勋、树立自己的特别权威，为稳定上流形势以准备北伐，派大军攻破了成汉政权。蜀地天师道又一次遭到重挫。

　　综上所述，魏晋统治者对蜀地天师道势力的打击与破坏，并非是直接针对其宗教信仰本身，而是因为其在事实成为了一种脱离王权控制的力量。这也就是为什么在覆灭天师道的军政势力之后，仍维持其宗教活动的根本原因。当然，魏晋统治者的军政策略和行为，极大破坏了蜀地天师道，促使天师道徒不断地流出巴蜀，使蜀地作为创教基地的优势不复存在。

四　门阀政治与两晋天师道信仰的异化

　　魏晋时期，天师道得到比较快速的发展，已在地理空间上，由区域性宗教逐渐转变为全国性宗教；在信仰的阶层上，上下层都有人信奉。一部分道徒受封建统治者的扶植、利用，使道教逐渐上层化并与纲常名教观念相结合；而下层传播的天师道，更多地维持了早期天师道的传统精神，但由于中原、江南的民众的文化素质比蜀地夷汉之民要高，因此其道教素质当更高。这都无疑有利于天师道进一步发展和提升，也意味着早期"三张"天师道面临着变革与转型。

　　以五斗米道祭酒制为例。自从张鲁政权覆灭，祭酒制丧失了存在的基础，同时也意味着道原本行之有效的宗教经济体制的解体，宗教活动成为祭酒牟取私利的手段。曹魏末年张鲁后裔发布《正一法文天师教戒科经》宣称："从建安、黄初元年以来，诸主者祭酒人人称教，各作一治，不复按旧道法。"又说："祭酒主者，男女老壮，各尔愦愦，与俗无别。口是心非，人头虫心，房事不节，纵恣淫情。""但贪荣富、钱财、谷帛、锦绮丝绵，以养妻子为务。掠取他户民赋，敛索其财物，掠使百姓专作民户，修农锻私，以养妻奴。自是非他，欲得功名荣身富己。"《老君音诵戒经》也提到一些道官祭酒任意取人金银财帛，"而治民恐动威逼。教人跪愿匹帛、牛犊、奴婢、衣裳，或有岁输全绢一匹、功薄输丝一两，众病杂说（税）不可称数"。祭酒制度的腐朽败落，就失去了"清约治民"，使"道化宣流，家国太平"的作用。信徒们对祭酒不再尊重，对各种宗教活动尤其是施舍也不再热心，教义、教规都失去相应的效力。当时许多道民在"三会之日"① 不赴师治参加集会，不报户籍，不缴租米命信。尽管天师道高层领导依然谋求恢复旧祭酒制，但实际上已经是不可能了。这一时期天师道在北方的组织虽然还保留着祭酒的旧称，但实际上，由于祭酒与信徒之间的官民关系已不存在，祭酒制日渐演变为师徒制。如上清派创始人魏华存乃天师道祭酒。南朝梁陶弘景《登真隐诀》卷下云："正一真人三天法师张讳告南岳夫人口诀。"原注云："天师于阳洛治教授此诀也。按夫人于时已就研咏洞经，备行众妙。而方便宣告太清之小术，民间之杂事者，云以夫人在世尝为祭酒故也。"据明顾元庆《顾氏文房小说》所收的《南岳魏夫人传》载，魏华存南渡之前的宗教传承很明显是师徒相承的形式："夫人心期幽灵，精诚弥笃。二子粗立，乃离隔室宇，斋于别寝。后众真下降，而清虚真人王君为之师，授以《太上宝文》《八素隐书》《大洞真经》《灵书八道》《紫度炎光》《石精金马》《神虎真文》《高仙羽玄》等经。"据清虚真人王褒的传记，得知其师为西城王君，其云："后隐洛阳山中，感南极夫人、西城真人并降，南极夫人乃指西城曰：'君当为王子登之师，子登亦佳弟子也。'"② 从名号上分析，王褒之师西城王君应该为来自汉中或蜀郡的原天师道教徒。西城如指的是西城郡，那它原属于汉中，直到曹操灭张鲁后才分汉中为西城和汉中二郡。如果西城指西城山的话，那么西城山在益州，《茅山志》卷十云："益州西城山，即西极总真之府。"两地均为天师道活动的重要中心。由此推知，从西

---

① "三会日"为早期道教的重要节日。据陆修静《道门科略》等道教文献记载，三会日为农历正月七日、七月七日、十月五日。此三日为"三官考核（道民）功过"的日子，也是早期正一道（即五斗米道和天师道时期）道民聚会的三个日子。在此三日中，道民须赴本师治所，申报家口录籍，听道官宣讲科戒，接受三官考核功过，以定受箓之等次。此制盛行于张鲁时期，此后由于条件的变化，制度逐渐废弛。南朝刘宋陆修静改革、整顿天师道时，曾经重申科戒，意欲维持三会日制度，但收效甚微。此后，即不再施行。

② 《云笈七签》卷一〇六引《清虚真人王君内传》，《道藏》第 22 册，第 720 页。

城王君与王褒开始，祭酒制已经演变为师徒制了①。

　　三张天师道，本质上乃是适应下层民众宗教祈求的世俗之道。章太炎《黄巾道士缘起说》一文指出："张鲁之伦，其奸令、祭酒，虽主习老子五千言，本非虚无贵胜之道，而亦不事神仙，但为禁解劾治而已。斯乃古之巫师，其术近出墨翟，既非老庄，并非神仙之术也。"② 魏初朝廷对民间巫鬼道教的活动本有禁令，如果"妄为祷祝，违反常禁"，便要治罪。晋代开国，亦下诏禁断淫祀，限制民间道教特别是巫鬼道的活动。这些禁诏并不能真正禁断巫俗，却迫使民间道教普遍地建立起长生成仙的神学信仰。魏晋天师道重要趋向，是门阀士族政治自发地向士族宗教发展。晋王室司马氏信奉天师道，服食养性，修长生术，和天师道徒往来，天师道徒孙秀、张林、步熊等便曾参与晋王室的政治斗争，是八王之乱的中心人物。诸多从北方迁至江南或本居江南的世家大族如琅琊王、义兴周、高平郗、吴郡杜、颍川庾、泰山羊、会稽孔、陈郡殷、吴兴沈、谯国桓、晋陵华、东海鲍、阳夏谢以及丹阳葛、陶、许，还有北方的清河崔、范阳卢、冯翊寇、京兆韦、天水尹等都是著名的信奉天师道世家。天师道家族化，除了因三张天师道本身就有家族化的传统（典型的事例是天师世袭）外，也在于魏晋以来门阀政治发展与成熟，使这个时代的政治经济文化都具备了士族社会的特征，道教当然也不例外。

　　士家大族纷纷信奉天师道，典型的事例有：《晋书》卷八〇《王羲之传》载："王氏世事张氏五斗米道，凝之弥笃。"《晋书》卷八四《殷仲堪传》："仲堪少奉天师道，又精心事神，不吝财贿，而急行仁义，啬于周急，及（桓）玄来攻，犹勤请祷。"《晋书》卷六七《郗鉴传》：郗鉴长子"愔事天师道"，以服符治病。在这些天师道世家中，形式上还保持原来的某些教义和教规。譬如殷仲堪，据《世说新语·文学》载，仍然保持五斗米道"主以《老子》五千文"的传统，"每云三日不

　　① 王青：《汉朝的本土宗教与神话》，（台湾）洪叶文化公司1998年版，第289—292页。另：本段文字的叙述，参考王青《东汉魏晋南北朝时期职业教徒的阶层分析》一文，文载《中国史研究》1997年第1期。
　　② 《检论》卷三附录，《章氏丛书》，浙江图书馆校刊，1917年。

读《道德经》，便觉舌本间强"。《三洞珠囊》卷一称，殷氏"家有疾病，躬为章符，往往有应"。又如，羊欣信奉天师道，"常手自书章，有病不服药，饮符水而已"①。不过，殷仲堪、郗愔、羊欣等，都是把章、符用于自家，宗教家族化十分明显。然而，求仙得道仍是士族信仰的主题。《晋书·王羲之传》载，王氏修道的内容，主要就是服食仙药："（王羲之）又与道士许迈共修服食，采药石不远千里，遍游东中诸郡，穷诸名山，泛沧海，叹曰：我卒当以乐死。"《晋书》将《许迈传》附于《王羲之传》后，除了因二人交往密切外，更主要是二人信仰一致。该传说许迈"初采药于桐庐县之桓山，饵术涉三年，时欲断谷。……常服气，一气千余息"，曾给王羲之写信说："自山阴南至临安，多有金堂玉室，仙人芝草，左元放之徒，汉末诸得道者皆在焉。"许迈曾师事过南海太守、后来隐遁的鲍靖（鲍靓、鲍静）。《晋书》卷九五《艺术传》说："靓尝见仙人阴君，授道诀，百余岁卒。"北朝道安《二教论》说鲍靖造《三皇经》："晋元康中，鲍靖造《三皇经》被诛，事在《晋史》。后人讳之，改为《三洞》。"《三皇经》未必是三洞经书的全部，但把二者并提，则当倾向一致。依道安等人所说，三洞经，则几乎全是内修、服食，以求仙为目的的方术书。鲍氏当初所信也应是天师道，后来则造《三皇经》而推崇方术。他的转变，当是天师道放弃政治理想、转向方术仙道的关键环节。

天师道士族化、家族化，严重地破坏了原来的教规教制，大大瓦解了早期天师道的统一体制与社会基础。更主要的是，世家大族政治性强，常常卷入残酷的政治斗争，导致家族的衰微乃至破灭，这又在相当程度上不利于天师道的生存与发展。另外，上层士族奉道沿袭了天师道的那些上章、祈祷、服符水、读《道德经》等旧道法，多以服食、导引、房中等长生之术为能，仙道内容大增。某些士族道徒，甚至专重个人修炼，追求精神解脱，全是仙道性质。这促使早期天师道日渐丧失了传统精神，而沿着神仙道教的轨道发展。神仙道教继承了战国时期神仙家的传统，是秦汉以来方仙道和黄老道的演变，同时又是对早期道教的

---

① 《宋书》卷六二《羊欣传》。

改变，具有明显的统治阶级意识和士族观念①。它汲取了儒家的伦理纲常作为修仙的条件，尽力将自己和家长制宗法国家的意识形式相融和；它在神学体系和宗教素质上都比民间道教高一个层次，反对巫鬼道的淫祀，对三张天师道也曲折的予以修正乃至排斥。

当然也有某些高门士族仍企图恢复传统的天师道，钱塘杜子恭（杜炅、杜昺）就是典型的代表。杜子恭（杜炅）为东晋天师道著名高道，善于符箓禁咒、跪拜首过之术，能知人善恶贵贱。以道术通灵，江南弟子多奉事之，建立了多达万户的天师道道团。《云笈七签》卷一一一引《洞仙传》：杜昺"早孤，事后母至孝有闻，乡郡三礼命仕，不就。叹曰：'方当人鬼淆乱，非正一之气无一正之。'于是师余杭陈文子，受治为正一弟子，救治有效，百姓咸附焉。"所谓"人鬼淆乱"，指巫觋迷信风行，"正一"即天师道对本派经法的自称。杜昺立志用天师道去克服巫术。《三洞珠囊》卷一引《道学传》，杜炅"为人善治病，人间善恶，皆能预睹。上虞龙稚，钱塘斯神，并为巫觋，嫉炅道王，常相诱毁。人以告炅，炅曰：'非毁正法，寻招冥考。'俄而稚妻暴卒，神抱隐疾，并思过归诚。炅为解谢，应时皆愈。神晚更病，炅语曰：'汝藏鬼物，故气崇耳。'神叩首谢曰：'实藏好衣一箱。'登取于治烧之，豁然都差"。这里，道书对杜昺"孝行""避仕"等的描写，几近于天师道创始人张陵，或具有宗教象征意义，隐喻杜氏道法得自于张陵的真传。杜氏传教有所成就后，便假托张鲁受命，开始以当代天师道首领自居。前引《洞神传》还云："后夜中有神人感云：'我张镇南也，汝应传吾道法，故来相授诸秘要方，典阳平治。'昺每入静烧香，能见百姓三五世祸福，说之了然。章书符水，应手即验，远近道俗归化如云，十年之内操米户数万。"阳平治是天师道的最高治，该职务是道内最高的职务。杜氏甚至能向数万教民征收租米，似乎在一定程度上重建了张鲁时代那种集权主义的教团组织体私法。杜氏的天师道教团，与张鲁教团的阶层基础已有不同。它不仅限于下层群众，在中上层也有了相当的势

---

① 胡孚琛、吕锡琛：《道学通论——道家·道教·仙学》，社会科学文献出版社 1999 年版，第 287 页。

力。《宋书》卷一百《自序》："钱唐人杜子恭通灵有异术，东土豪家及京邑贵望并事之为弟子，执再三之敬。"《南齐书》卷四八《孔稚珪传》："父灵产，泰始中罢晋安太守……东出过钱唐北郭，于舟中遥拜杜子恭墓。自此至都，东向坐不敢背侧。"杜氏后传道法于琅琊孙氏与吴兴沈氏。子恭去世后，教团实权转入其徒孙泰之手。孙泰传教得到了包括社会上层在内的众多徒众。据《晋书》卷一百《孙恩传》载，"愚者敬之如神，皆竭财产，进子女，以祈福庆"。曾被流放到广州，广州刺史让他作郁林太守，"南越亦归之"。后被召还，作徐州主簿，"犹以道术眩惑士庶"。在平定王恭的叛乱中，他"私合义兵，得数千人，为国讨恭"。后来，"（孙）泰见天下兵起，以为晋祚将终，乃煽动百姓，私集徒众，三吴士庶多从之"。这表明孙泰是一个有才能、得民心的政治性宗教领袖人物。孙泰因卷入统治阶级内部的矛盾斗争被杀后，其侄孙恩逃到海上，立志复仇。孙恩一呼百应，最盛时，响应者有数十万人。当时，"吴会承平日久，人不习战，又无器械，故所在多被破亡"。然而，由于孙恩把复仇当作主要目标，使他没有大志大略，并且多行烧杀抢掠，终于遭致失败，于元兴元年（402）兵败赴海自沉。孙恩教团号其徒曰"长生人"，投水而死者称"水仙"，这说明晋代民间天师道亦接受了神仙道教的长生成仙信仰。其后，孙恩妹夫卢循又率众转攻广州。义熙七年（411）卢循、徐道覆率兵北上，后被刘裕击败。这场战事历时十三年，杀死了不少信奉天师道的士族官僚，如王凝之一家，孔道、孔福兄弟，谢邈、谢冲一门。参加起事的一些奉道家族也同归于尽，又有不少的天师道民战死、饿死、自杀等，天师道元气大伤，从此一蹶不振。方家指出：晋末孙恩起兵的失败，是天师道继汉末之后遭受的又一次严重打击。不过这主要打击了鬼神道教团干预现实政治的野心，和天师道那种严密的集权式行政性的教团组织，从而促进了注重个体发展和精神追求的神仙道派的流行，促使鬼神道派进一步向神仙道派靠拢、攀附。这样就为一个性质较纯、层次较高的新道教起到了催生作用。正是在孙恩兵败以后，东晋时新创的一些以神仙思想为主的道经，开始流行起来。《上清经》和《灵宝经》就是其中主要的两大系列。①

魏晋时期国家基本处于分裂的状态，对宗教的控制大为削弱，国家政治一般也不直接干涉宗教事务，分散在全国各地的道首独立布道，各自组织教团，不同教派自由发展。由于天师道形成较早，在群众中有较深厚的基础和较大的影响力，它的创始人张陵成了全国公认的教祖，对道徒有较强的号召力。因此，天师道自张鲁去世后虽失去了统一的教主，但仍能在张天师的旗帜下继续蓬勃发展，其他新兴道派大都和天师道有直接或间接的联系。因政治、地域环境都发生了巨大的变化，两晋天师道发生了变异。流散于关陇一带的天师道众，与秦汉时期原有的黄老道士结合，创立了楼观道派。而南方的天师道徒则纷纷向上清、灵宝派转变。这些新产生的道教派别，一定意义上可以说是扩大了天师道的影响，但毕竟脱离了天师道的发展轨迹，况且其势力与影响也日渐压倒了三张天师道，创立于蜀地的早期天师道也就被大大分化瓦解了。值得注意的是，在早期天师道中，老子是最高神祇。但两晋以来，老子的地位显著下降了。南朝齐梁间的陶弘景总结两晋以来的道教创神成果而作《真灵位业图》，把道教的神灵分为七个等级：第一等以元始天尊为主神，其他是各位天帝、道君、元君；第二等是以玉晨玄皇大道君为主神，配以魏华存、许穆等上清派创始人，这是上清派系的神灵；第三等以太极金阙帝君为主神，配以葛玄等灵宝派创始人，这是灵宝派系的神灵；第四等主神为太清太上老君，配以张道陵等天师道领袖人物，这是天师道的神灵；此下一直到第七等管理鬼魂之神。这一神灵系统的等级，大体上反映了当时道教中各种成分的配比与各自的地位。道教史家曾对此评论道："至东晋中、后期，上清派和灵宝派，不再尊太上老君为最高神，上清派以元始天王或太上大道君地位最尊，灵宝派以元始天尊和太上道君地位最显，这两派的经书中虽也提到太上老君，但往往摆在稍次的地位，有些经书甚至把它作为元始天尊、元始天王和太上大道君的弟子来看待。如上清经书《洞玄灵宝大有妙经》就有老君'上启

---

① 钟国发：《前期天师道史论略》，《中国史研究》1983 年第 2 期。

元始天王'，《智慧消魔真经》有'太上老君侍太上太道君之左'等说法。过去把老子作为'道'的化身，这时有些道书也把'道'的化身转给了元始天尊或元始天王。"① 精辟地阐述了道教在这一时期所发生的重大变化。

这一时期，"天师道"取代"五斗米道"终于成为官方和民间社会认可的称谓。一是由于作为政教合一的政权不存在了，活动地域也发生了巨大的变化，五斗米道已无法施行五斗米制，再称五斗米道就名不副实了。二是五斗米道已由民间走向了官方，教义发生了巨大的变化，并由被镇压打击的对象逐渐变为统治者依赖的思想工具之一。尽管天师道还是个体（家族）信仰的形式，还远不是社会的思想。换言之，魏晋天师道由蜀地扩展至全国，由民间走向上层，养生、长生的仙道思想得到强化，也滋生出新的道派。天师道原有的教义、体制已不适应新的形势，其自身也不断被分化、瓦解和取代。从"五斗米道"回归"天师道"，表面上只是名称的转换，其实质内容却发生了相当大的变化。

五　张盛龙虎山复教及其意义

龙虎山地处今江西贵溪县西南 80 里之上清镇西。其势自仙霞岭逶迤而西，为古象山支脉，由龙、虎二山组成。龙虎山碧水丹山，景色殊丽，风光奇特，环境清幽，远离尘嚣，是道士炼丹修道的理想之地。据《汉天师世家》《历代真仙体道通鉴》等道书记载，东汉和帝永元二年（90），张陵与弟子王长、赵升游历江淮，入江西鄱阳湖，在双鹤的指导下，溯流入云锦山，于此炼九天神丹，因丹成龙虎现，故改山名为龙虎山。张陵又访西仙源碧鲁洞行神虎秘文，感太上授《正一盟威》之道及《太上三五都功》诸品经箓，在龙虎山行医修炼三十余年。后张陵离龙虎山至四川鹤鸣山创天师道，龙虎山道事遂归于沉寂。另外，《古今图书集成·神异典》引《仙女传》云："三天法师张道陵之妻，

---

① 卿希泰主编：《中国道教史》（第 1 卷），四川人民出版社 1988 年版，第 524 页。

同隐龙虎山修三元默朝之道。"这些记述都是出于道教的神仙传说，难以置信。但对于抬高龙虎山天师道教的地位，意义却不小。今之龙虎山，有张天师丹井、丹灶、草堂等遗迹和故事。这或许是后来的龙虎山天师道为了强调其祖庭仙地，而创造出来的传说。卿希泰先生通过细致的研究后断言："张陵根本就没有到过江西的龙虎山，更谈不上在那里创教的问题。"① 龙虎山天师道的兴起实始于张陵之后代。《元史》卷二〇二《释老传》："正一天师者，始自汉张道陵，其后四代曰盛，来居信之龙虎山。"张鲁之子张盛复教龙虎山，则是真实地奠定了龙虎山天师道发展兴盛并成为道派中心的基础。

关于张盛何时从汉中南下渡到龙虎山，学界素有争议。《历代通览辑览》卷七三载：宋真宗大中祥符九年（1016）赐信州龙虎山张正随为贞静先生，"王钦若为奏立授箓院及上清观，蠲其田租，自是凡嗣世者皆赐号"。卿希泰先生据此认为："很可能龙虎宗便是从这个时候开始。至于张盛移居龙虎山为龙虎宗肇始的说法，恐亦系张正随为了提高其地位而造作出来的伪托。"② 但据史料记载，南唐后主曾建张天师庙于信州龙虎山；时为天师 21 代。另外后周学者孙夷中《三洞修道仪序》说："天师之裔，世传一人即信州龙虎山张家也。"可证在唐末五代时期，龙虎宗已确立，南渡当在唐以前，因为孙夷中时代已有信州龙虎山张家为天师世传后裔之说，五代总共只经历了 53 年，则在唐代甚至更早龙虎宗即已世袭相传了。张正随创立龙虎宗的说法难以成立。又据陈国符先生考证，"盖南朝科律，以天师后裔为南朝天师道首领也"③，说明南朝张天师已经南渡。

但具体的南渡时期，学界大多认可是在西晋后期的永嘉年间。元赵道一《历世真仙体道通鉴》卷一九《张滋传》云："（张）盛，字元宗，历奉车尉，散骑侍郎，封都宁侯。尝喟然叹曰：'吾先世教法，常以长子传授；而诸兄皆不娶，可使至此无传乎？'西晋永嘉中，夜望大

---

① 卿希泰：《道教在巴蜀初探》（上），《社会科学研究》2004 年第 5 期。

② 卿希泰：《有关五斗米道的几个问题》，《中国哲学》第 4 辑，1980 年。

③ 陈国符：《道藏源流考》附录四《南北朝天师道考长编·署职第五》，中华书局 1963 年版。

江之东，有瑞气彻天，谓其妻曰：'是可成吾丹矣。'乃弃官南游，至鄱阳郡，望之，曰：'近矣。'即山行五日，至一处，山岭秀丽，登而喜曰'吾得之矣'。山顶有真人丹穴，井灶存焉，乃昔日炼丹修养之地。遂就其井穴左右结庐。居一年，卢氏来寻之。遂与同居此山，得一子。（原注：一云卢氏携一子自蜀来处山之下）居九年，丹成，一日，尸解而去，人呼其龙虎，子孙多居山之北。"明王祎《青岩丛录》：张陵曾孙盛，于西晋永嘉中移居今江西贵溪之龙虎山，为龙虎宗之肇始。另外，唐释玄嶷《甄正论》云："晋武帝平吴之后，道陵经法流至江左。"① 日本道教学者小林正美在《六朝道教史研究》一书中似乎也认为是永嘉南渡②。

　　然而，据清娄近垣《龙虎山志·天师世家》记其事曰："四代天师盛，字元宗，系师第三子，魏太祖授奉车尉散骑侍郎，封都宁侯，不受。携印剑经自汉中还鄱阳龙虎山，修治祖天师元坛及丹灶故址，遂家焉。每岁以三元日登坛传四方，从学者千余人。自是开科范以为常，既化去，逾年复于贺州为广王说法，今临贺丹霞观遗迹存焉，配何氏。"③《汉天师世家》也说魏太祖（曹操）封其为奉车都尉不受，自汉中还鄱阳，入龙虎山，应为汉末南下。《广信府志》及明代史学家都认为是汉末南来的。如明代胡应麟《少室山房笔丛》卷四二《玉壶遐览》："汉第一代天师张道陵为玄教宗。继张鲁，三国时，居汉中，其子盛，魏封都亭侯，复还龙虎山，升坛授箓。"民国吴宗慈《张道陵天师世家》曾质疑：张盛曹魏初期时归龙虎山，"其言绝不可信。彼时三国分疆，信州在孙吴境内，张盛非叛魏奔吴，何能入此乎"？其实，这一质疑根据不足，据前所引，南朝天师后裔为江南天师道首领。不仅如此，如前所述，两晋天师道在江南流传甚广，大族信奉者众多，非一日可成此形势。张盛回龙虎山当在汉末三国初，其时天下大乱。三国即使已成也不可能如今日边界那般严密，教徒百姓南来北往并不必"叛魏奔吴"。而

　　① ［日］高楠顺次郎等编：《大正新修大藏经》第52卷，台北佛陀教育基金出版部1990年版，第561页。

　　② ［日］小林正美：《六朝道教史研究》，李庆译，四川人民出版社2001年版，第180页。

　　③ 吴宗慈：《张道陵天师世家》，收录于《江西文献丛书》甲集之六，1947年印行。

况江南文化本就"俗好巫鬼"，道风浓厚，道教在孙吴的统治下，发展相当迅速。汉末三国之际，中原纷乱，政权体制尚不健全，东南相对安定，很多中原民众迁到江南、巴蜀也有不少人迁往江南，内中有不少道术之士，张盛在汉末三国初年从汉中来江南也不致受阻。再说孙权对宗教活动不像曹魏那么控制严密，孙权本人也相当崇信道术，对道教实行宽容政策。以三国分疆来否认张盛南下是站不住脚的。卿希泰先生指出："据《三国志·张鲁传》的记载，建安二十年（215）张盛投降曹操以后，其五子皆被封为列侯。张盛既为张鲁的第三子，当然也在封侯之列。但从建安二十年到西晋永嘉的时候，其间相隔九十多年，若张盛尚在，当已百岁以上，不可能再由四川跑到江西去。"这种分析是有道理的，但作者由此否定张盛南下的事实，则属推测之辞，它不可能否定张盛在汉末三国初就有可能到龙虎山的理由。据以上分析，笔者认为张盛于曹魏初期至龙虎山复教是更符合逻辑与现实的。

有研究者认为："道教自己有一种说法，宣称张鲁之子张盛永嘉年间移居江西龙虎山，……此说在史学界造成了一些混乱，考之史籍并无根据。"① 并以两大理由，以期证明天师后嗣不在龙虎山。其一，"东晋道书《元始上真众仙记》说到张陵，'治在庐山，三师同宅'。还有《南史》卷四记萧齐代宋前各种祥瑞，其中有一井中所出木简，'长一尺，广二分，上有隐起字曰庐山道人张陵再拜诣阙起居'。从这两条材料看来，在东晋南朝时人们心目中，张陵成仙后墓地在庐山，儿子孙子也在那里，与龙虎山毫无关系"。其实，据《汉天师世家》《后汉书·刘焉传》《三国志·张鲁传》载，张陵死于巴蜀，其孙张鲁从巴蜀入汉中，张陵之墓自然不可能在庐山。张鲁死后，其长子富继其爵，其墓并无南移之说。据《真诰》卷四陶弘景曾注说："张系师（张鲁）为镇南将军，建安二十一年（216）亡，葬邺东。"或许是某些道徒为了抬高自己的地位而没有根据地把张陵之仙位"请"到号称"神仙之庐"的庐山。另外，旧题东晋葛洪撰《元始上真众仙记》，据《四库全书总目提要》谓系后人伪作。检阅其书，以元始天尊为最高神。而《上清经》

---

① 钟国发：《前期天师道史论略》，《中国史研究》1983 年第 2 期。

中始有元始天王之称，还不是最高神。灵宝派乃改为元始天尊，显见其书为南朝作品。因此，所谓张陵"治在庐山"之说，当为南朝时人所杜撰。南朝各地多建有天师馆，梁武帝时，天师第十二世孙立招真馆于海虞县之虞山；陶弘景于茅山立朱阳馆，梁代永嘉有天师治堂。北魏郦道元《水经注》卷一七记沤水"西山上有张天师堂（即张鲁治），于今民事之。"卷三三巴郡平都县，"县有天师治"。可见，天师治在南朝散见各地，天师之教得到广大人民的信奉。庐山所谓"天师治"是道徒为了尊崇天师而于庐山建立之天师治所。刘宋孝武帝时，陆修静曾置馆于庐山，陆氏信奉天师道，并传布灵宝斋法，则在此馆内陆氏当乃行天师道法和灵宝斋法。南朝道馆，已立神仙之位以供奉之。所谓"治在庐山，三师同宅"，可能是有道徒以三张之位立于庐山天师治中，并非三张真的在庐山，其子孙当亦与庐山无关。其二，论者又谓：《全梁文》卷一四简文帝《招真馆碑》及《茅山志》卷一五有普通三年（522）所立《九锡真人三茅君碑》曾记张陵第十二世孙张道裕及九、十世孙等皆不在龙虎山。其实，这些理由只能说明天师后裔不全在龙虎山，并不能推断出天师后裔不在龙虎山的结论，毕竟有天师后裔在他处，与龙虎山有天师后裔并不冲突。张鲁本有五子并女儿，五子都被曹操封以侯爵。张盛只是张鲁第三子，张鲁后裔自当不止张盛一系。另外，天师道法，世传一人，其余子孙虽传有道法，却不是传教继嗣天师。诚如《要修科仪戒律钞》卷一〇引《太真科》所言："天师之孙，受箓不受治。"魏晋以来，天师为了保存自己及道法而"谷隐自保"，归隐深山幽川之中。值南朝时天师道传布江西，龙虎山的某些天师后裔为弘扬道法而四处传教，以致成家立宗于外也不是没有可能的①。

张盛随其父张鲁投降曹操后，被封侯，享有较高的政治地位与社会影响，却选择南下龙虎山复教，自有其原因。如前所述，曹魏对天师道首领的优宠与限制的两面手腕，既想利用宗教的力量，又不敢放任其自由发展。如此一来，天师道人在北方平稳地发展的宗教组织、自由传布天师道信仰几不可能，这应是张盛南下的重要因素之一。同时，天师道

---

① 郭树森：《张盛南下龙虎山考》，收入《道教文化钩沉》，华夏翰林出版社 2005 年版。

在汉魏时期尚未得到官方的许可和信任。在大多数上层阶级人士的心目中，特别是在统治阶级人物内部更多的人则把张鲁的道教及其攻取汉中，杀死太守，建立独立的宗教政权、增饰新法等视为大逆不道，斥张鲁之道为"妖道"，斥张鲁之众为"米贼"。在这种情况下，张鲁投降曹操虽封侯爵，却没有实际的地位，难以得到上层阶级的支持。天师道组织难以正常活动，天师道受到了极大的挫折，在北方传布其教已极其艰难。众所周知，任何一个虔诚的宗教首领或信众，都往往有较为强烈的传道布道的责任意识。因此，为了保存祖辈传下来的宗教信仰，留下张氏的种子，张鲁便派三子张盛带上作为天师继承者象征的阳平治都功印，不远千里南下龙虎山，以"谷隐自保"。《龙虎山志》说，张鲁晚年嘱其子张盛："龙虎山祖师元坛在焉，其地天星照应，地气冲凝，神人所都，丹灶秘文，藏诸岩洞，汝可以印经箓往属其地，修炼累功，广宣吾化，永传于世。"张盛"携印、剑、经、箓，自汉中还鄱阳龙虎山。修治祖天师元坛及丹灶故址，遂家焉。后岁以三元日登坛传箓"[1]。张盛以"正一经"为主要经典，尊张道陵为掌教天师，依托祖先立龙虎宗，正式创立了正一道。《正一经》是张盛及南朝天师对原来比较简单的《正一盟威妙经》《三业六通之诀》和《正一科术要道法文》加以增饰、修改和扩充，从而形成的一部内容包括南朝时期龙虎宗全部教义、教规、教仪和组织制度的经典。它不重修持，崇拜神仙，画符念咒，降神驱鬼，祈福禳灾。《云笈七签》卷二八《二十八治》载，相传张陵创教时，称太上老君授以三天正法，教以正一盟威经，以"伐诛邪伪，与天下万神分付为盟，悉承正一之道也"。为了适应新的社会环境，张盛及其后裔对正一道教义进行改造和变革，他们从儒家思想中吸收了"忠、孝、仁、义"作为修道之本[2]，参用佛教因果报应以充实本教教义，还打起"佐国佑民"的旗号，以寻求统治者的支持与民众的信奉，达到扩大正一道社会影响、光大龙虎宗的目的。但总的来说，魏晋南北

---

① （清）娄近垣：《龙虎山志》，江西人民出版社 1996 年版，第 49 页。
② 天师们一般都重视儒家经典，如《汉天师世家》记载："六代天师讳椒，字德馨，博通儒书。""七代天师讳回，字仲倡。……五岁欲传箓，父曰：'且读儒书。'""九代天师讳符，字德言，端肃明达，凡经、传、子、史，过目成诵。"

朝时期龙虎宗正一道没有造成广泛影响，特别是在上层社会没有得到信奉和支持者。直至隋代，龙虎山道教仍处于沉寂的状态。

张盛兴教于龙虎山，与江西的地域文化密切相关，类似于张陵创教的巴蜀地区，有良好的创教传教条件。一是受楚、越文化的影响，"吴头楚尾"的江西地区有浓厚的巫风巫俗。早在先秦，江西就是巫鬼信仰兴盛之地。《国语·楚语》曰："自公子以下至于庶人，其谁敢不齐肃恭敬致力于神。"正是这一民俗风尚的反映。因之举凡天神、地祇、人鬼乃至自然万物，均系祭祀、膜拜的对象，乃至史书时有此地民间流行的"淫祀"的记载。秦汉之后，"淫祀"民俗仍流行于江西民间。《汉书》卷二八下《地理志下》载：楚人"信巫鬼，重淫祀"。王逸《楚词章句》亦云："楚国地郢之邑，沅湘之间，其俗信鬼而好祀。"《后汉书·栾巴传》载栾巴在豫章："乃悉毁坏房祀，剪理奸巫。"二是江西地域活动着大量的山越等少数族，这些少数族的信仰仍基本处于巫教阶段。三是江西地域受黄老影响，隐逸之风盛行。据《舆地纪胜》卷二六引刘宋雷次宗《豫章记》说：江西地区"人多尚黄老清净之教，重于隐遁"。四是江西地域还有比较宽松的政治环境。统治江南的孙吴政权对道教信仰比较宽容，统治者自身也迷信道教，因而道教在包括江西在内的广大南方得到发展。自西汉以来，江西地区就是道士活动频繁之地，有传播道教的氛围。南昌尉梅福，西汉末年弃官入西山修道。东汉时期，除了《汉天师世家》所载东汉后期张陵与弟子王长等泛游鄱阳至龙虎山炼丹事迹外，江西的道迹还相当多。例如，东汉末年，河南颍川人胡昭，避曹操征辟，携家人渡江南下至上饶灵山后，与侄子胡超百谷峰养真岩结庐隐居，炼丹修身悟道。汉末三国时，灵宝道始祖葛玄于汉建安七年（202）至孙吴赤乌七年（244）年，于阁皂山，结庐筑坛，修道炼丹，采药行医，删集灵宝经诰，撰成多种道教早期文献。他还以阁皂山为中心，先后往返去过江西境内的南昌西山、萍乡武功山、修水幕阜山、铅山葛仙山等名山修道，最终在阁皂山得道，"羽化成仙"。孙吴嘉禾年间（232—238），道士杨仙至庐陵郡河东来苏坊"标竹为坛"，传播道教。孙吴统治时期，赣中道观不断兴建，如永丰的梅溪观、冲虚观、泰和的崇道观、永新的五云观等，说明道教在当地发展较快。

当张鲁政权灭亡，天师道徒进入中原、江南以后，因形势的变化，天师道科律废弛，天师道徒或流散各地，或被逐渐改造而官方化，或演变为其他的道派。寇谦之、陆修静等人改造后的南北天师道，思想、教制、传承方式都不是原来的天师道，可以说与原有的五斗米道没有多大的联系（详下节）。张盛在龙虎山创立了龙虎宗正一道，虽然因时因地制宜，使天师道发生了不少的变异，但基本的精神、核心思想没有大的变化，维持了张氏传统，使天师道统绵延。一个宗教的生长，关键就在于有一个基地。张盛龙虎山复教奠定了天师道发展、壮大的根基。或可以说，如果没有张盛在龙虎山重新复教，天师道将不复存在，也就没有后来的正一大派了。因此，可以说张盛是龙虎山天师道的开拓者和奠基者。张盛在龙虎山复教意义重大，为何不显？笔者认为，主要原因有四点。一是张盛复教属于比较秘密的行为，一直以龙虎山为中心，没有走出山地。地域的小型化与传法的封闭化，虽有利于保留根基，但也限制了对外影响。二是张盛复教后的天师道走的仍是民间路线，政治色彩淡漠，与官府疏远，统治者对其并不重视。江西地区尽管随着政权的统治，日渐加强与深入，但广大的山区仍是统治势力相对薄弱的区域。张盛没有如其他的道教徒一样，或个体修炼，或围绕在孙吴政权周围。这与他的天师道经历是不可分的。天师道是以组织的形式发展，不依赖统治政权，当为世俗政权所忌讳。三是魏晋时期，天师道主流是向神仙道教转移，而龙虎山天师道仍大致维持三张传统，落后于时代发展。四是天师众多后裔在魏晋南北朝时期分散于全国各地，龙虎山尚未完全成为宗派中心。这些因素不仅导致史籍所载张盛复教事迹比较混乱，也导致了龙虎宗与全国其他主要道教派别相比，仍处于低下状态，甚至被忽略。两晋之交的葛洪作《抱朴子》，搜集、总结江南道派道术，即没有提到龙虎山天师道。

六　寇谦之、陆修静道教改革对天师道的影响

从东晋后期到南北朝，一批新道派相继出现，但在社会上影响最大

的道派是天师道。这时天师道教团，组织涣散、纲纪松弛、科仪混乱等问题仍然相当严重，不仅影响了自身的发展，而且不利于整个道教的进一步发展。改造天师道以适应新形势的要求，成为道教界面临的新课题。南北朝前期的寇谦之、陆修静为代表的道教改革家，分别在北方、南方针对天师道的问题进行改革，由此对天师道带来了正反两方面的影响，也在一定程度上影响到了龙虎山天师道的发展。

寇谦之（365—448），字辅真，出身于关中冯翊天师道世家，是北魏初期著名道士。据《魏书》卷一一四《释老志》载，寇谦之早年慕道，修长生术，姚秦时随仙人成公兴入嵩山修炼，隐居石室，服食采药。七年后成公兴尸解飞升，寇仍精修不懈。至姚秦弘始十七年（415），自称感召太上老君降临山顶，授天师之位并赐《云中音诵新科之戒》二十卷，命他"宜宣吾新科，清整道教"。寇氏"新科""清整道教"的主要内容如下。

（一）废除传统天师体制，建立新天师体制。主要措施是：其一，取消蜀土宅治之号，不再设立独立的宗教教区。其二，废除了天师、祭酒官职父死子继的世袭制度，代之以"简贤授明""惟贤是授"的师徒制，既保留了世袭制护教的好处，又避免了因教主、道官子孙的愚劣"使道教不显"的弊端。寇氏托言老君授他天师之位，取代天师后胤。其三，革除租米钱税，避免祭酒道官的贪污腐化和道派自成完全独立于皇朝之外的组织体系。与此同时，建立了士族和朝廷提供资助的道馆，使天师道的经济来源发生变化，向朝廷敕给馆户、设"道正"管理的官方道教过渡。

（二）改革传统的天师道法，提倡以"礼度"为中心新道法。其一，除去男女合气之术。《老君音诵戒经》严厉批评了道官祭酒为谋私利，"妄传陵身所授黄赤房中之术，授人夫妻，淫风大行，损辱道教"。因此"吾《诵戒》断张黄赤，更修清异之法，与道同功。其男女官箓生佩契黄赤者，从今诫之"。其二，反对"服药"成仙的方术。《老君音诵戒经》描述了后世方术的盛行："从今以来，人伪道荒，经书舛错。后人诈伪，仙经图书，人人造法，天下经方，百千万亿，草药万种，万药百数。"① 寇氏借老君之口指出，其实这是无益的，因为成仙的基本途径，只能是奉行教诫，积德行善，最后被上帝派遣仙官来接引。服药，并不是根本途径。其他方术，效果也是一样。其三，提倡"礼度"。"礼度"就是合乎统治者所需要的儒家的政治、伦理秩序规范，即"臣忠子孝，夫信妇贞，兄敬弟顺，内无二心，使可为善得种民矣"②。寇氏宣称："夫上士学道在市朝，下士远处山林。山林者，谓垢秽尚多，未能即诣为静，故远避人世，以自调伏耳。若即世而调伏者，则无待于山林者也。"③ 这显然是玄学家名教即自然的思想。《老君音诵戒经》指出：欲"登太清之阶"，就必须"诵戒"与"建功斋请"。《魏书·释老志》说寇氏提倡："专以礼度为首，而加以服食闭炼。"所谓"建功斋请""诵诫""建功香火"都是提倡斋醮仪式，注重以礼祈神降度。诚如《老君音诵戒经》所说："弟子朝拜之，喻如礼生官位吏礼法等法。"把遵循封建礼法，作为修仙的首要之法。所谓"诵诫"即提倡封建伦理道德，约制人心，使之规范于封建礼法。早期天师道诵习道经本为直诵，寇吸收儒家礼法仪式有音乐伴奏，遂改为"乐诵"。这表现出寇重醮仪，倡礼度，改变了过去以符水疗病及注重炼形的教义。其四，倡轮回报应，以善成仙。寇氏改变只要炼形即可长生成仙之教义，引入佛教的"生死轮回"说，宣扬修持者前世之善恶，影响今身行炎成效；今世之善恶，又影响来世。《老君音诵戒经》说："本得无失，谓前生过去已得上戒，故于今身而无失也。"老君要求祭酒们引导道民按照教诫实行，严格遵守诫约。奉法有功的，其名载入文昌宫中；不奉法诫者，太上老君就要"大恚怒"，就要把他打入地狱，"罪重之者，转生虫畜、猪羊而生，偿罪难毕"④。寇氏描述了神仙所处的昆仑世界的美好，劝诱人们入道。《正一法文天师教戒科经》主张人以积德行善来追求成仙："真人法天无为，故致神仙。道之无所不为，人能修行，执守教诫，善积行者，功德自辅，身与天通。""天师设教施戒，

① 《老君音诵戒经》，《道藏》第18册，第214页。
② 《正一法文天师教戒科经》，《道藏》第18册，第237页。
③ 《太上老君戒经》，《道藏》第18册，第208页。
④ 《老君音诵戒经》，《道藏》第18册，第216页。

奉道明诀。上德者神仙，中德者倍寿，下德者增年，不横夭也。""天道无亲，唯与善人。善人保之，以致神仙，非富贵者求而能得，贫贱者鄙而无与。能专心好乐，精诚思念，修身行善，则与道合。""奉道但当积修功德，谦让行仁义，柔弱行诸善，清正无为，初虽勤苦，终以受福。"其五，将服饵修炼之术与符水禁咒之术合而为一。《资治通鉴·宋纪一》："老庄之书，大指欲同生死，轻去就。而为神仙者，服饵修炼以求轻举，炼草石为金银，其为术正相戾矣；是以刘歆《七略》叙道家为诸子，神仙为方术。其后复有符水、禁咒之术，至谦之遂合而为一，至今循之，其讹甚矣。"又《正统道藏》"光"帙下《谷神篇·序》说："北魏寇谦之尝集道经，为其书少，遂将方技、符水、医药、卜筮、谶纬之书，混而为一。"《魏书》卷一一四《释老志》云：寇谦之"少修张鲁之术，服食饵药，历年无效"。两晋以来，因服药而丧身者为数不少。寇谦之把若干佛教修养之法引入道教，倡导修善事、洁己身、尊礼法、奉朋同、诵经、建香火、修斋功、服气辟谷、炼丹等。如《老君音诵戒经》谓"斋法：素饭菜，一日食米三升，断房室，五辛、生菜、诸肉尽断"。他把道教的长生成仙思想与佛教的轮回观念结合起来，认为前世的作为对后世有影响，人成仙的修炼不只限于今生，可以累积到下一世，可以累世成仙。对于斋醮、禁忌、咒语、符箓等仪式和方法，寇谦之主张进行简化，强调节约，为此他建立"天师道场"，这样可扩大信众参与的人数。

（三）重视《老子》。老子黄老学说是政治性极强的学说，因此也为寇氏所重视，因而北方道教老子依然保持着较高的地位，其改革依然以老子道教而展开，企图建立新的天师道体制和系统。寇氏《老君音诵戒经》要求人们不要接受伪经，而要读真经。真经之中，最重要的是《老子》："欲求生道为，可先读五千文，最是要者。"寇氏恢复了《老子》作为最高经典的地位。当然，寇氏神化老子及其著作显得比较生硬，没有把道教的道与术很好地结合起来。

寇谦之利用社会上流传的太平帝君应运出世之说，宣扬老君一旦出世，"若国王天子治民有功，辄使伏杜如故；若治民失法，明圣代之"①。经过寇氏改革的新天师道的职责是扶国佐命，协助帝王，为其分忧解苦，除去浊心，奉行太上老君所命之职事。值天师道的改革初见成效，泰常八年（423），英武雄才的北魏太武帝拓跋焘即位，欲图入主中原，寇氏于当年十月又假托老君玄孙、牧土上师李谱文降临，授予他《灵图真经》六十卷，命他奉持《真经》，"辅佐北方泰平真君"。这样，他就获得了帝王师和新天师道首领的地位。寇氏在《图录真经》中重新编造了道教神仙的谱系，对诸神的坛位、衣冠、礼拜仪式也作了等级规定，这实际上是将世俗的士族等级制投影到神仙世界，加强了道教的封建伦理化。他还吸收了"劫运"说等佛教思想，制造谶语，推进道教的国教化。寇氏为了推进道教的国教化，达到其"为帝王师"的愿望，次年，他带《灵图真经》进献。寇谦之初见太武帝未受重视，朝野之士对其言亦半信半疑。随之他结交了儒学世家的官僚崔浩，崔浩上疏为寇谦之鼓吹，迎合了太武帝入主中原的野心，遂崇奉寇谦之为天师，起天师道场于京城东南，显扬《图录真经》，依天师新制大兴道教。寇氏借助政治力量，努力把分散于民间、不同系统的道派统一起来，变成皇权服务的官方天师道，并积极为太武帝统一中原的事业出谋划策。当始光二年（425）魏太武帝欲进兵大夏，进行统一北方的战争时，掌兵权的大臣畏难不肯，而寇谦之却替太武帝预测曰"必克"，使太武帝坚定信心率鲜卑铁骑相次剪灭大夏、北燕、北凉、仇池等割据政权。太延五年（439），北魏统一北方，结束了五胡十六国的纷争局面。在战争中崔氏、寇氏随军赞画有功，北魏拓也称本族为黄帝之后，锐意学习汉文化，拉拢世家大族的汉人，遂大力发展天师道。太平真君元年（440），寇谦之在泰山为太武帝祈福，托称"太上冥授帝以太平真君之号"，魏遂改元"太平真君"。太平真君三年（442），太武帝亲自到道坛接受天师道符箓，成为道教信徒。从此之后，天师道在北魏大行，皇帝即位受道教符箓也成定例，并供奉元始天尊和诸仙的神像。天师道在北方上层社会的地位巩固下来。道教的兴盛和崔浩、寇氏的得宠有密切

---

① 《老君音诵戒经》，《道藏》第 18 册，第 212 页。

关系，加之崔氏力图恢复西晋司马氏政权的门阀政治体制的一些政策过急失当，引起了佛教徒和部分信奉佛教的鲜卑贵族的嫉恨和攻击，最终导致太平真君六年（445）太武帝灭佛事件的发生，三年后寇谦之病亡。太平真君十一年（450）崔浩因受鲜卑贵族攻击而被太武帝借故处死。正平二年（452）太武帝被杀身亡，北魏佛教复兴，天师道势力受到削弱，但仍然维持着官方宗教的地位。东魏武定六年（548）北齐文襄王高澄篡魏自立，罢除天师道坛。北齐天保六年（555），在道、佛二教辩论中道教失败，文宣帝下诏废道，令道士剃发为僧。至此，寇谦之创立的新天师道教团散亡。

由上所述，寇谦之"清整"三张道教，其中的关键是废除"三张伪法"中的"租米钱税"之法和"男女合气之术"，提倡"以礼度为首，而加以服食闭炼"，加强了斋醮礼拜等宗教实践活动，规定了详细的礼义程序，从而在相当程度上提高了天师道的宗教素质。其改革具有相当强的政治功利性，改革将天师道的道诫和儒家的伦理规范统一起来，使之成为北魏统治者维护封建秩序的工具。

陆修静（406—477），字元德，吴兴东迁（今浙江吴兴东）人。少宗儒学，博通坟籍，旁究象纬。又性喜道术，精研玉书。及长，入山修道，好方外游。"南诣衡湘、九疑，访南真（魏夫人）之遗迹；西至峨眉、西城，寻清虚（王褒）之高躅。"[①] 于南朝刘宋大明五年（461）至庐山，在东南瀑布岩下营造精庐，隐居修道。宋明帝即位后思弘道教，泰始三年（467）召见于华林园延贤馆。"先生鹿巾谒帝而升，天子肃然增敬，躬自问道，咨求宗极。先生标阐玄门，敷释流统，莫非妙范，帝心悦焉。"[②] 明帝乃于北郊天印山筑崇虚馆以居之。陆氏主持崇虚馆时，深得朝廷敬重。于是他"大敞法门，深弘典奥，朝野注意，道俗归心。道教之兴，于斯为盛"[③]。陆氏的道教改革中，主要包括以下方面。

（一）恢复、重建传统天师道中的有利于道教发展的制度。据《陆

---

① 《道藏》第 18 册，第 118 页。
② 《道藏》第 25 册，第 306 页。
③ 同上。

先生道门科略》载，陆氏为了改变当时"明科正教，废不复宣。法典旧章，于是沦坠。元纲既弛，则万目乱溃"的严重状况，撰写《道门科略》，决心重新建立和健全原天师道中的良好制度。首先，禁止道官、祭酒自行署职，恢复和健全天师道过去依功受箓和按级晋升的制度。陆氏认为，普通民众须有功德，才能受箓为道民；道民受箓之后，有功者才能升迁。从受十将军箓依次升至受五十将军箓，再从箓吏依次晋升散气道士、别治道官、下治道官、配治道官，以及下、中、上八治道官。其最高者，即"能明炼道气，救济一切，消灭鬼气，使万姓归伏"的道师，才能拜署上八治中的阳平、鹿堂、鹤鸣三治道职。强调"采求道官，勿以人负官，勿以官负人"的组织措施。其次，重建"三会日"制度，管理道民的宅禄制度。针对魏晋以来天师道三会日制度废弛状况，陆氏重申，三会日"民各投集本治师，当改治录籍，落死上生，隐实口数，正定名簿。三宣五令，令民知法。其日，天官地神咸会师治，对校文书。师民皆当清静肃然，不得饮酒食肉，喧哗言笑。会竟，民还家，当以闻科禁威仪教敕大小，务共奉行"①。

（二）汲取佛教的宗教形式，制定道教的斋戒科仪。陆氏吸收佛教三世轮回，因果报应之说，强调积德行善、济世度人。《灵宝度人经》等大量道书中，讲因缘业报、轮转五道、天堂地狱，采用了很多佛教用语。其他如《老君说一百八十戒》以及五戒、八戒、二十七戒等，和佛教戒律也甚相似。所不同者，说法者为元始天尊或太上老君，戒律同中国儒家的"三纲五常"等礼教规范相一致。陆氏还模仿佛教的戒律制定了一些新的道教戒律，如"上品十戒"；在修道中，主张效仿僧律，"委绝妻子"，脱落营务，专精教法。由于陆氏以实际行动效法僧律，可能在他之后，道教也逐渐有了断婚娶的戒律。他对斋戒在众多道术中的地位、在人修道、得道中的功用进行了分析，认为："道以斋戒为立德之根本、寻真之门户，学道求神仙之人，祈福希庆祚之家，万不由之。"② 斋戒有很多功能，上可以升天得道，中可以安国宁家，延年

① 《道藏》第24册，第782页。
② 《洞玄灵宝五感文》，《道藏》第32册，第619页。

益寿，保住福禄，下可以消除宿劫，消灾祛病，转出忧苦。因此，陆修
静十分重视道教斋仪的作用，声称："夫感天地，致众神，通仙道，洞
至真，解积世罪，莫过乎斋转经也。夫斋直是求道之本，莫不由斯成
矣。此功德巍巍，无能比者。上可升仙得道，中可安国宁家，延年益
寿，保于福禄，得无为之道。下除宿愆，赦见世过，救厄拔难，消灭灾
病，解脱死人忧苦，度一切物，莫不有宜矣。"① 主张"身为杀盗淫动，
故役之以礼拜；口有恶言，绮妄两舌，故课之以诵经；心有贪欲嗔恚之
念，故使之以思神。用此三法，洗心净行，心行精至，斋之义也"②。
由于把斋视为最重要的求道的术，陆氏极力强调斋的重要性，扩大了斋
的范围，把崇拜活动、诵经与修炼、禁忌与戒律、方术等宗教行为的几
乎所有的方面都可能加以规范化，纳入斋仪之中。早期天师道的修行方
法和斋醮仪式比较粗俗，与儒家礼教差距甚大，难以为社会上层人士接
纳。魏晋以来，斋的种类增多了，功能也更加全面，多适合社会上层人
物的需要。陆氏综合天师道、上清、灵宝诸派斋法，以灵宝斋的经箓、
黄箓、明真、三元、八节、自然等斋法为主，加之以三皇斋、太一斋、
指教斋、涂炭斋等古老的旧斋法和上清斋以无为为宗的坐忘、心斋二
法，称为"九斋十二法"。陆氏编撰了《洞玄灵宝五感文》等有关斋醮
仪式的著作一百多卷，充斥其中的思想主要是安国宁家、恪守礼法、孝
父尊师等儒家的伦理规范。如"一感父母生我育我鞠我养我"之劳苦
重恩，"二感父母为我冠带婚娶……"，以致"落三涂婴罹众难"，三感
"人身身口之累"，四感"太上众尊大圣真人"开化之恩，五感"我师"
之恩③。佛教讲因果，要人们对自己今生和往世的行为负责，陆氏却更
强调人们要对自己的祖辈、亲族和长辈负责，这显然是对佛教思想的中
国化改造。陆氏汲取儒家的封建礼法、道德规范以及佛教的"三业清
净"的思想，从而使道教斋法不仅有了系统的仪式戒科，而且使斋戒仪
范的理论更加完备。从而，道教信徒在追求肉体成仙的过程中，不易与

---

① 《洞玄灵宝斋说光烛戒罚灯祝愿仪》，《道藏》第9册，第822页。
② 《道藏》第9册，第821页。
③ 《洞玄灵宝五感文》，《道藏》第32册，第619—621页。

现实世界、与儒家伦理发生太大的矛盾与冲突。这样，斋仪既成了道士传经受戒，日常修行和宗教节日的功课，又成为他们在社会上作祈禳超度的法事和行道布道等宗教活动的内容。道教宗教活动的规范化显然也是道教成熟的标志之一。

再次，陆修静总括三洞经书，整理道教典籍。魏晋以来，道教经书日益增多，真伪混杂、源流不明、优劣不等的现象相当严重，亟须统一整理。陆氏早年便注意采访搜集道教经典，元嘉十四年（437），即着手刊正《灵宝经》，编撰《灵宝经目》。泰始三年（467）从庐山入京，居崇虚馆，又得朝廷收藏的杨羲、许谧手书上清经真诀。相传由鲍靓所造之《大有三皇经》亦为其所得。于是他总括上清、灵宝、三皇经书，校理卷数目录，首以三洞（洞真、洞玄、洞神部）分类，于泰始七年（471）编出道教第一部堪称完整的经书目录《三洞经书目录》。其首创的以经书来源进行分类的思想成为此后经书编目和经书集藏的基本指导思想。

值得注意的是，陆氏编的《三洞经书目录》，不包括《老子》。以致后来出现"三洞四辅"说时，《老子》就只能作为"四辅"之一，而不能入洞。这从事实上表明老子地位的低落，虽然陆氏本人可能还保留着对老子的崇敬、对《老子》的推崇。《太上洞玄灵宝授度仪》录有"五真人颂"，其中一首是："《灵宝》及《大洞》，至道真经王。如有五千文，高妙筹无双。"天师道曾把《老子》作为经典来诵习，但仙道追求长生，与老子"有身为患"之义相悖，所以道教对老子颇不以为然。南方的道教徒一步步放弃自己的政治目标，转向追求个人长生。随着这个目标的转变，老子和《老子》书在道教中的地位也随之降低。陆氏的道教改革也不能不反映这种现实。

（三）改革和融汇经箓派道教，发展道馆制度。陆修静针对南朝在孙恩起义失败后民间天师道衰落，士族神仙道教的上层天师道发达的事实，结合天师道亦属于符箓道教的特点，利用自己的威望和著述将上层天师道和南方盛传的经箓派道教（三皇、灵宝、上清）融汇到一起，并区分修行次第，形成了一种按道阶修行的统一的经箓派道教。《隋书》卷三五《经籍志四》说，道教"受道之法，初受五千文箓，次受三洞箓，次受洞玄录，次受上清箓"，可见，至迟在隋代，依据陆氏判教体系所建立的箓位制已成为全国道教的通行制度了。另外，陆氏还根据南朝士族天师道设置静室、道馆进行宗教活动的现状，推行道馆制度。这些道馆已不同于旧天师道的道治，经济来源不典型示范向道民征租米，而是依赖官僚贵族的布施，朝廷的敕赐和免役，自己隶属的田产和馆户等，道士按道阶在道馆中进行宗教活动，和佛教的寺院制度相当。这样，都会式的宫观道教便形成了。道馆制度取代了早期天师道祭酒统领道民的教团组织形式，是道教发展的转型。陆氏根据这一新组织形式的特点，为着组织的道士生活制定了种种戒律，建立了比较完备的道馆制度。此外，陆氏还极力主张"正名定簿"，校正道家靖室和法服。《道门科略》强调：道教徒致诚之所的靖室，应"唯置香炉、香灯、章案、书刀四物而已。必其素净，政可堪百余钱耳"。他反对名为靖室，实则"藏家什物"，以致"六畜游处，粪秽没膝"，"鼠犬栖止"。对于道家法服，陆氏认为是别贵贱的标志，"制作长短，条缝多少，各有准式"，若"制作不得法，则鬼神罚人"。他吸收世俗官僚等级制中的服式模式，建立了道士的服式制度，"道家法服犹世朝服，公侯士庶各有品秩，五等之制以别贵贱"①。

总之，陆修静以相当大的精力对道教进行改革和充实，创制道教斋仪，使道教斋醮仪范得以基本完备，并搜集、编纂、充实、校正以及撰写道教典籍，为新型道教的创建工作完成了一项重要任务，使道教向其成熟阶段迈进了一大步，提高了道教在当时的影响力，使道教在宋齐间获得了较大的发展。他不仅是南朝时期天师道变革运动的领袖人物，对早期天师道从形式到内容都进行改革和充实，为灵宝派、上清派以及整个道教的发展作出了重要贡献。

在道教发展的新形势下，无论是北魏寇谦之还是刘宋陆修静，都切实针对天师道的问题，进行道教改革：整顿天师道组织，制定道教科戒制度和斋醮仪式等方面，致力于道教教团生活的正规化、制度化。这些改革使天师道中的一些落后的、不符合封建统治的思想得到了一定涤

---

① 《陆先生道门科略》，《道藏》第24册，第781页。

除，正式宣告废除了"五斗米"制度，从而使天师道进入了一个新发展阶段。适应道教发展的形势，是寇、陆改革的根本。寇氏假托太上老君之命清整道教，改变了天师道早期模仿汉制的古朴组织形式，调整和封建政治的关系，向教会式的宫观道教过渡。南朝的陆氏，先是沿袭天师道的改革，继而总括三洞经书，把灵宝派和上清派发展到较为成熟的教会式宫观道教水平。改革不仅使道教的组织发生转型，而且使道教的理论得到进一步系统化。由于众多门阀士族信仰和推崇，就使魏晋南北朝时期的宗教带有一种明显的贵族化色彩①。寇、陆的改革进一步将天师道引向神仙道教的轨道。教义中劝善度人的社会伦理思想被突出出来，这是中国道教思想的一个大变化，是道教日益成熟的标志。包括天师道教在内的早期道教理论水平不高，经寇谦之、陆修静的改革，初见理论倾向，趋于教会性宗教的道教得以真正建立。"但总起来说，他们的注意力还是在烧炼服食、经书科目、读经斋戒、仙阶谱系上，没有能很好地建立起道教形而上学。"②

寇谦之、陆修静两人都站在时代思想的前沿，以道教为根基，积极吸收儒家、释教的思想，可算得上是中国早期的"三教合一"思想的倡导者和实践者。比较而言，陆氏比寇氏有更多的理论建设。在陆修静之前，道教的信仰、方法、组织手段等，基本上还是一种直观的统一，尚未形成内在的，必然的有机整体。这种情况从陆氏开始发生了根本性的变化，他全面整理经典，精心编纂斋仪，通过教相判释逐渐将道教各派从思想上与组织上融为一体，并争取到朝廷与社会上层的承认与支持，从而建立了一个大体统一的道教。尔后，北方道教在南方道教的影响下，素质有了进一步的提高，社会基础稳固起来，南北方道教融汇之后，道教终于成为全国性的宗教，由此不难明了陆氏在道教史上的地位。就对道教发展而言，陆氏的功绩应远大于寇氏。《广弘明集》卷四载释道宣《叙齐高祖废道法》说："昔金陵道士陆修静者，道门之望。

---

① 张践：《中国宗教与中国文化》卷四《宗教·政治·民族》，中国社会科学出版社2005年版，第27页。
② 李大华、李刚、何建明：《隋唐道家与道教》（上册），广东人民出版社2003年版，第29页。

在宋齐两代，祖述三张，弘衍二葛，郐张之士，闭门受箓。"唐代的诸
多道教斋醮科仪、道教理论也多源于陆氏改革后的道教。

　　寇、陆的道教改革，企望统治者能够接纳、信奉道教，以发展道
教，同时也包含有为现实政治服务的意识，陆氏道教改革目的是"使民
内修慈孝，外行敬让，佐时理化，助国扶命"①，"意在王者遵奉"②。
寇氏天师道改革的其指导思想是："道以冲和为德，以不和相克。是以
天地合和，万物萌生，华英熟成；国家合和，天下太平，万姓安宁；室
家合和，父慈子孝。"③ 因此其改革的用意及影响也不只是关涉宗教。
寇氏对道教的改革，主要调整道教与政治的关系，主要就是为了附和政
治、服务政治，宗教的自由度不足，因而改革的效果受到较大的影响。
寇谦之作为北方传统世家人物，欲进入主中原的拓跋鲜卑族的北魏政治
系统。《魏书》卷一一四《释老志》叙述寇谦之随仙人成公兴学道的过
程，说在最后一关，寇不敢服食那成分全是"毒虫臭恶之物"的仙药，
以致成公兴叹道："先生未便得仙，政可为帝王师耳"。事实表明，寇
谦之正是政治化极强的道士，把道教改革作为当帝王师的基本工具。
《正一法文天师教戒科经》历数黄帝以来政治状况："至于黄帝以来，
民多机巧……皆由不信其道，道乃世世为帝王师，而王者不能尊奉……
道重人命，以周之末世始出奉，道于琅琊以授干吉……"自认为是黄老
传人，干吉后学，又要改变此后教中的不良现象，重新把当帝王师作为
自己的主要目标，是《正一法文天师教戒科经》的宗旨，也是寇谦之
的目的。他以"辅助泰平真君"自任，并且也真正实现了自己的愿望。
魏太武帝开始，北魏君主都要受道教符箓。北魏以来的道教的政治化，
与寇谦之改革不无关系。

　　寇谦之"清整"的天师道，从组织到教义，以及与封建统治者的
关系，都作了较大的修正。教义上吸收儒释思想，提倡礼度及规诫，以
约制信徒身心，使炼形诸术居于辅助地位，使道教与皇权结合，一度成

---

　　① 《陆先生道门科略》，《道藏》第24册，第779页。
　　② 《广弘明集》卷四《叙齐高祖废道法》。
　　③ 《正一法文天师教戒科经》，《道藏》第18册，第232页。

为国教，成为封建统治者维护其统治的工具。通过改革，天师道教摆脱了五斗米钱税及男女合气之术等原始粗俗的风貌，使信徒的生活能够与注重礼法的北方大族的生活融洽起来，使北方道教的行为规范与中国传统文化心理相适应，改变了黄巾大起义给道教留下的与统治者对立的印象，使统治者在心理和思想上均能接纳道教，这是道教迈向成熟的重要一步。这在一定程度上有利于天师道的维持和发展。不过，以"清整"道教为己任的寇谦之，有着强烈的政治功利，使天师道成为政治统治的工具。为使道教符合统治者的政策，因而对三张天师道充满着破坏式的改造。因此他虽然与陆修静一样重视斋醮科仪，但依据的理由并不一样：陆氏强调的是道教的仪式，而寇氏强调的是用封建政治的"礼"来规范。寇氏的改革，在一定意义上说只是一种政治投机，所创建的教会，社会基础并不稳固，这就导致了其所改革的天师道最终一蹶不振。寇谦之主要借助外在的政治权力来推行道教，影响强烈而实肤浅。陆修静则更专注于提高道教的内在素质，使之足以凭自身素质与儒、佛鼎足而立，所以他的影响更为深远。隋唐统一后的道教，主要是继承了陆修静所奠定的南朝道教传统①。

由于当时南北方政治隔绝，交往不多，道教（天师道）在南方北的文化、政治环境中生存与发展，自然也会产生若干的差异。加上两人的个人文化修养与社会素质的不同，也造成了改革的差异。陆氏改革虽得到了官方的认可或支持，其内容却与政治关系不大。或许陆修静与政治保持相对的距离，进退自如，因而宗教改革颇有成效。这反映出南北的政治氛围的差异。自先秦始，中国南北思想即朝着不同的方向发展，北方"重现世贵实行"，南方"治学则尚谈玄，其论道则慕出世"②。汤用彤先生论南北朝佛教，指出南北风尚不同，北朝重在宗教行为，南教重在教义理论③。汤氏所言佛教，其实也适用于道教。就南北朝统治者而言，北魏的文化水准较低，对宗教文化的理解不深，对宗教的政治控

① 钟国发：《试论南朝道教缔造者陆修静》，《魏晋南北朝隋唐史资料》第 11 期，武汉大学出版社 1991 年版。
② 梁启超：《佛教之初输入》，收入《佛学研究十八篇》，天津古籍出版社 2005 年版。
③ 汤用彤：《汉魏两晋南北朝佛教史》，中华书局 1983 年版，第 300、350 页。

制也较严。南方道教发展的政治环境比较宽松，宗教文化氛围也要自由、浓厚得多。陆修静在庐山改革天师道，除了庐山是道士喜爱的山之外，也是多种道教思想的融汇之地。当时，南方道派纷起，南方的道教思想比北方丰富、宗教发展更为自由，这是陆氏改革更为有效的重要原因。就文化素质而言，陆修静可能要远高于寇谦之。自称"三洞弟子"的陆修静不以宗门自囿，广泛地钻研道教的各个方面，可谓是道教学术史上的一个集大成者。《正统道藏》中有《陆先生道门科略》《洞玄灵宝五感文》《太上洞玄灵宝众简文》《太上洞玄灵宝授度仪》《洞玄灵宝斋说光烛戒罚灯祝愿仪》各一卷，《云笈七签》卷四中有《灵宝经目序》，《无上黄箓大斋立成仪》中有《古法宿启建斋仪》，《通典·诸子类·道家略》中著录有《升玄步虚章》《灵宝步虚词》《步虚洞章》《服御五芽道引元精经》等，在唐法琳《辩正论》中还可见到陆氏还著有《必然论》《荣隐论》《遂道论》《归根论》《明法论》《自然因缘论》《五符论》《三门论》等，《破邪论》中还可见到《对沙门记》。此外，他的著作还有《道德经杂义》《陆先生答问道义》《陆先生黄顺之问答》《三洞经书目录》《灵宝道士自修盟真斋立成仪》等。陆氏著作亡佚者不少，现存者虽然以斋戒仪范方面为多，但从上可见，他也是一个哲理意味很强的道教理论家。因此陆氏的宗教改革比寇氏有更多的理论思维与哲学深度。另外，由于政治、军事、民族因素的作用与影响，魏晋以来，有能力的天师道人物纷纷南渡，普通的天师道众多留于北方，也具有更多的保守性，因而道教素质受到极大的影响。与陆修静相比，寇谦之改革缺乏道教的气氛和汉文化的足够支持，本身又重教法实践而轻教理教义，因此在与南方道教的对比中，终究还是处于劣势。如南方以新派道教思想进行改革，已有脱离老子的趋势，创造出了元始天尊作为至上神，太上老君即老子在道教中的地位下降。陆氏新创了三洞经书，《老子》受到轻视。相比之下，北方道教虽然也发生了不少变异，却依然如故地固守"老子"。据《魏书》卷一一四《释老志》载，北魏之初，道士李谱文就自称是老君玄孙。寇谦之改革就是打着老子旗号。《魏书·释老志》强调："道家之原，出于老子。其自言也，先天地生，以资万类。上处玉京，为神王之宗；下在紫微，为飞仙之主。千变万化，有德不德，随感应物，厥迹无常。授轩辕于峨眉，教帝喾于牧德，大禹闻长生之诀，尹喜受道德之旨。至于丹书紫字，升玄飞步之经；玉石金光，妙有灵洞之说。如此之文，不可胜记……"这样北方道教，虽主要是求成仙的道教，但仍把老子作为"道家"之元，当是北朝道教的面貌。老子在南北道教中地位的差异，在一定意义上反映出传统天师道在南北发展、北方道教远不如南方发达的事实。北朝末年，周武帝时代所作的《无上秘要》，就吸收了南方道教的教义，甚至把南方道教的教义作为主流。

《魏书·释老志》载寇谦之自称太上老君对他说："吾此经诚自天地开辟以来，不传于世，今运数应出。汝宣吾《新科》，清整道教。"表明他是以重开道教的身份现世。当然，他对张道陵并无恶感，似乎还以张氏的继承者自居。《老君音诵戒经》云："自从系天师道陵升仙以来，唯经有文在世，解者为是何人？""吾《诵戒》断改黄赤，更修清异之法。"因此，所谓"三张伪法"，当只是三张法中之伪者，并非三张之法的全部。寇谦之仍然承认老子作为道教的创始人的地位，并且自认为是上接张道陵而进行的天师道教。而事实上，寇谦之是自创新的天师道，对传统的天师道法破坏较多。陆修是把天师道作为发展其他道派的基础与工具，是为了完善道教的发展的模式，因而更多是从早期天师道中吸收有利于道教发展的因素，虽属维护式的修正，但本意也并非要发展兴盛天师道。如陆氏对天师道改革，本意却不是发扬光大天师道，而是在张大灵宝派、上清派等道派的势力。如陆修静对灵宝派的发展也作出了巨大的贡献。如他居住在庐山简寂观和建康的崇虚馆时，曾对灵宝派的古经书《真文赤书》《人鸟五符》等进行敷述、阐释，使之得以教授施行。他还考订灵宝经真伪，撰写灵宝斋仪，编制《灵宝经目》，使灵宝之教大行于世，从而大大地推动了灵宝派的发展。促使灵宝派在齐梁时代与上清派平分秋色，甚至略有超过。陆修静的改革几乎是为上清、灵宝派服务。陆氏的经书分类和斋仪的排列，实际上建立了一个道教各宗派的判教体系。在这一体系中，上清派地位最高，其次是灵宝，再次是三皇，天师道排最后。这无疑是对天师道的重大打击。寇、陆改革后的天师道与三张及两晋时期的天师道无论在内容还是形式上都有了较大的进步，没有他们的改革，天师道或许不久将彻底衰微。然而，寇、陆的改革也没有带来天师道繁荣发展的形势，甚至使天师道日渐丧失原本性质。一方面，改革只是在思想上对五斗米道进行批判，只是理论的重建，并没有确立天师道的组织形式，反而大力破除原来的天师道组织体制，形成了只有天师道徒而无天师道派的形势。另一方面，宗教的发展是建立在当时的政治、经济、文化、地理等因素的基础上，并不完全取决于人为的因素。世俗政权不允许有宗教组织对其构成威胁，中原、江南地区也没有传统天师道所依存的经济、文化基础。更主要的是，无论是北方还是南方的改革对天师道本身而言都存在极大的缺陷。寇氏则否认传统天师，而自称天师；陆氏排除天师的考虑，这表明传统的天师道、天师失去了宗教权力。他们对三张天师道的改革，不是为了复兴的传统天师道，改革并非在于破除天师道的弊端，恢复天道教的传统，而是在于维护道教的宗旨，以利于道教在新形势下的生存、发展。更多的是适应宗教自身发展的需要，改革是振兴道教但并非真正有益于天师道的行动。可以说，无论是寇氏，还是陆氏的改革，都没有使天师道得到很好的发展。改革后的天师道已基本丧失了三张天师道的特色与内容。

寇、陆的道教改革，较为沉重地打击了传统的天师道，这极大地疏离了与巴蜀地区的渊源关系。同时，使魏晋以来的龙虎山天师道的意义得以凸显。虽然没有直接材料证明，陆、寇的改革对龙虎山天师道起了什么作用。但以理推测，这场深刻影响南北方道教发展的改革，不可能对龙虎山毫无触动。至少南方各道派以陆修静为核心，以崇虚馆为中心，逐渐向凝聚为一个统一的新道教的方向迈进。这又构成了对龙虎山天师道强大压力，极大地挤压了龙虎山天师道的生存发展空间。龙虎山天师道之所以在南朝时期默默无闻，当也与此相关。不过，在陆改革后的经箓派道教中，天师道按经箓划分属正一派，派内设正一弟子（或盟威弟子）、正一道士、正一法师（即原天师道的祭酒）等道阶，在经箓派道教中品级最低。庶人学道，先作正一弟子，受正一派经箓，依次再升为三皇弟子、灵宝弟子，最后授以最高的上清派经箓。陆氏所修斋仪，也是将正一派的旨教斋、涂炭斋和三皇斋、灵宝斋、上清斋融会在一起，分别品位的。这种融会三洞经箓、统一区分道阶的改革对后世道教影响很大，为唐代的道阶和经箓授受制度乃至明代正一派统一三山符箓开了先河。换言之，陆修静改革强调了正一符箓的基础地位，又为龙虎山天师道在后来的复兴奠定了基础。

七 唐代重"老子"与龙虎山天师道的崛起

隋唐时代，随着国家统一，道教也逐渐走向统一。值南北道教合流之初，南方道教的教义占据上风。《隋书》卷三五《经籍志四》对老子的地位即沿袭南方为主说法。该志在"道经"后言："道经者，云有元始天尊，生于太元之先，禀自然之气，冲虚凝远，莫知其极……天尊之体，常存不灭。每至天地初开，或在玉京之上，或在穷桑之野，授以秘道，谓之开始度人，……所度皆天仙上品，有太上老君，太上丈人，天真皇人，五方天帝及诸仙官……"太上老君成了元始天尊所度的天仙上品之一。当然，撰述者对这种说法似乎不尽苟同，以后的叙述中又说："推寻事迹，汉时诸子，道书之流有三十七家，大旨皆去健羡，处冲虚而已。无上天官符箓之事。其《黄帝四篇》《老子》二篇，最得深旨。"特别强调《黄帝四篇》《老子》二篇才是道经根本的深意是：道教的本源应是老子。《隋书·经籍志·道经序》又云：隋炀帝大业年间，"道士以术进者甚众。其所以讲经，由以《老子》为本，次讲《庄子》及《灵宝》《升玄》之属"。道士讲经以《老子》为本，说明老子至少在隋朝后期又得到重视。《道门经法相承次序》被认为是隋唐之际上清派潘师正的作品。该书着重叙述了神仙的品位，说"自玄教玉京以来，合有三十六天"。道教三十六天说，据《魏书》卷一一四《释老志》，是李谱文的创作，潘师正此说，当是继承北朝道教而来。三十六天之中，"最上一天，名曰大罗天"，"三世天尊治在其内"，太上老君，"即是元始天尊弟子"。老子所作《道德经》，"乃是大乘部摄，正当三辅之经，未入三洞之教"。潘氏批评当时的人们，"学多浮浅。唯诵《道德》，不识真经"，并强调说："道家经诰，非唯五千"。潘氏师承王远知，上接陶弘景，其思想倾向，当反映了南朝道教的基本教义在隋唐之际仍占主导地位的历史情形。但随着李唐皇朝的建立，这种状况得到了巨大的改变。众所周知，李唐皇室原本出身于鲜卑军户，当李渊、李世民父子在隋末起兵争夺天下时，为了抬高其门第，争取上层贵族的支持，攀依被道教徒尊为教祖的老子李耳，宣称自己是神仙苗裔，以此制造"君权神授"的舆论并提高天璜贵胄身份。李氏建唐后，为了巩固和维护大一统的封建统治，继续以老子"神道设教"，大力扶持和推崇与老子紧密相关的道教。

据《太上老君混元圣记》，隋炀帝大业七年（611），终南山楼观道士歧平定对弟子说："天道将改，……当有老君子孙治世，此后吾教大兴。"因而暗示着道教的发展方向。上述大业年间，道士们讲经，"由以《老子》为本"，很可能与这样的预言相关。楼观道士之所以能作出如此的预言，一是对老子道教复兴的期待，二是其处于西北地区，靠近政治风云。李唐代杨隋，证实了道教的谶言。欧阳询、陈叔达撰《大唐宗圣观记》云，"皇帝命世应期，荣镜区宇"，歧平定"精金格之书，究玉笈之文，知来藏往，尽化穷神，豫鉴天休。赞弘景福……""豫鉴天休"显然是指歧平定预言老君子孙将为天子。以此为契机，老子在道教中的地位一步步地升高。唐高祖武德三年（620），尝闻晋州羊角山现白衣老父，老父自言为唐天子之祖上太上老君。高祖李渊下令，在羊角山建太上老君庙，并于武德七年，亲自到楼观拜谒老子，称老子为远祖，下诏改楼观为"宗圣观"，赐予该观土地十顷，米帛若干；封该观道士歧平定以紫金光禄大夫职，其他道士也授以官职。翌年，高祖发布《先老后释诏》："老教孔教，此土先宗；释教后兴，宜崇客礼。令老先、次孔、末后释。"① 提高了道教在社会上、政治上的地位。又据朝鲜《三国史记》和《三国遗事》记载，唐初，高句丽人争奉五斗米道。李渊曾应高句丽国王之请遣道士送天尊像给高句丽，并为国王讲解《道德经》。唐太宗李世民极力推崇老子，曾经命令卢思道校订《老子》，并且刻石，和儒教的五经并列。又令僧人玄奘把《老子》译为梵文，

---

① 《续高僧传·释慧乘传》，收入《唐文拾遗》卷一。

介绍到印度。与推崇《老子》同时，三洞经书则遭到打击。据道宣《集古今佛道论衡》载，唐太宗贞观二十二年（648），吉州有人上表，说"有事天尊者，行三皇斋法，依检其经，乃云：欲为天子欲为皇后者，可读此经"，还说，道士通《三皇经》者，给地三十亩。此事使朝廷大为震怒。清都观道士张惠元辩解道："此处《三皇经》并无此言，不知远州何因有此。"尽管如此，吏部杨纂等人依然认为："依识《三皇经》，今与老子《道德经》义类不同，并不可留，以惑后世。"太宗于是下令："其《三皇经》并收取焚之。其道士通《道德经》者，给地三十亩。"按《三皇经》或是《三洞经》的另称，或是《三洞经》的一部①。在三洞经遭受打击的同时，老子《道德经》的地位又提高了一步。唐高宗乾封元年（666），高宗皇帝泰山封禅后，到亳州谒老君庙，翌年追赠老子为"太上玄元皇帝"，其庙置令、丞各一人，把谷阳县改为真源县，以示这里是皇帝的县。县内李姓者，免除一年的赋税徭役。此后，老子祭祀就由国家官员执行，成为国家祭祀的一部分。据《资治通鉴》卷二〇二"唐高宗上元元年"条载，高宗上元元年（674），皇后武则天又上表，"请令王公以下皆习《老子》，每岁明经，准《孝经》、《论语》策试"。次年，国家考试中正式加试《老子》。仪凤元年（676），令道士隶宗正寺，班在诸王之次，视道士同皇室宗属。武周统治期间，虽抑制道教，但对老子仍不乏尊崇。唐中宗神龙元年（705）更令天下贡举人加试《老子》策。其后的唐玄宗更是著名崇道的帝王，在位期间把朝廷的崇老活动推向了高潮。据《旧唐书·玄宗本纪》载：唐玄宗开元二十一年（733）正月初一，"制令士庶家藏《老子》一本，每年贡举人量减《尚书》《论语》两条策，加《老子》策"；开元二十九（741）年正月，"制两京、诸州各置玄元皇帝庙，并崇玄学，置生徒，令习《老子》《庄子》《列子》《文子》，每年准明经例考试"；天宝元年（742）二月诏令："庄子号为南华真人，文子号为通玄真人，列子号为冲虚真人，庚桑子号为洞虚真人。其四子所著书改为真经。崇玄学置博士、助教各一员，学生一百人。"

① 李申：《道教本论》，第193—194页。

　　伴随着唐统治者对老子的尊崇，道教本身也发生了微妙的变化。唐代势力最大、影响最广的上清道派"茅山宗"，自南朝以来，一直边缘化"老子"，所以隋唐之际的潘师正乃持忽视"老子"的态度。然潘氏弟子司马承祯就积极的附和"老子"。如在应对唐睿宗答问时，说"道经之旨：为道日损；损之又损，以至于无为"。睿宗问治国之道，他说："国犹身也。老子曰：'游心于澹，合气于漠，顺物自然而无私焉，而天下理'……无为之旨，理国之道也。"唐玄宗时，司马承祯又建议把五岳神祠改为上清真人降世的真君祠，玄宗答应了司马氏的请求，同时则命令司马"以三体写《老子》经，因刊正文句，定著五千三百八十言，为真本以奏上之"。和司马氏同师的吴筠，对玄宗说："道法之精，无如五千言。其诸枝词蔓说，徒费纸札耳。"稍后有司马承祯的弟子李含光，据颜真卿《有唐茅山元靖先生广陵李君碑铭》，李"尤精《老》《庄》《周易》之深趣"。又员半千《大唐宗圣观主银青光禄大夫天水尹尊师碑》载，楼观道派领袖人物尹文操，"自识文字，唯诵《老子》及《孝经》"。曾注《黄庭经》的白履忠，号梁丘子，同时也著有《三玄精辩论》和《老子注》。王希夷，"孤贫好道"，他隐于嵩山，拜道士黄颐为师，"尽能传其闭气导养之术"。后来居兖州徂来山，与道士刘玄博为友，"好《易》及《老子》"。《老子》确实已成为唐代道教最主要的经典。

　　李唐统治者的提倡与扶持"老子"，本以"老子"为重的天师道重新引起了统治者的重视。据《佛祖历代通鉴》卷一一载，在唐太宗时期的佛道斗争中，和尚智实，以死护法，在上奏朝廷的《论道士处僧尼前表》中指责道士（道教）："今之道士，不尊其法，所著衣服，并是黄巾之余，本非老君之裔，行三张之秽术，弃五千之妙门，反同张禹，漫行章句。从汉魏以来，常以鬼道化于浮俗，忘托老君之后，实是左道之苗……"这虽为佛徒贬道之言，却在一定程度上说明天师道在当时的正统地位。当时，有不少天师已极其活跃。《历世真仙体道通鉴》卷三〇记，河南淮阳县道士刘道合，曾梦神人授以"三天正一盟威慑召符契"，道法所施无处不验。唐高祖武德中入嵩山，闻其名，令于隐处置太一观以居之，后召入宫中，深尊礼加。高宗将封泰山，曾令道合于仪鸾殿作止雨术，又令道合驰传先上泰山，以祈天神福佑，前所赏赐甚厚。高宗还令道合为其合丹。高宗时，家世居南阳而后移居括苍（今浙江丽水）著名天师道徒叶法善，自曾祖四代皆为道士。法善叔祖靖能，亦有神术，高宗时，入翰林为国子祭酒。法善少传符箓，尤能厌劾鬼神，曾游白马山，石室遇二仙人，授以"正一三五之法"，亦遇青城赵元阳，授《遁甲》，嵩阳韦善后授《八史》，有入室弟子百余人。显庆中（656—660），高宗闻其名，征诣京师，将以爵位，辞而不受。因留同道场，供待甚厚。当时高宗广征诸方道术之士，合炼黄白丹药。叶法善不主张这种做法，在他所注的《真龙虎九仙经》中鲜明地表达了其钟情于内丹的思想倾向。① 高宗、武则天朝，朝廷佛道竞争，互相争宠，叶法善力主排佛，为道教的发展起了很大的作用，赢得了李唐皇室的尊重。唐玄宗有《御制叶真人碑》，唐代宗有《叶法善像赞》。世家南阳张探玄，为张陵后裔，在唐玄宗统治时期活动极为积极。探玄于睿宗文明初（685）度为仙官，隶本郡明山观道士。开元初（713），补西京景龙观"大德"，恩诏供奉，授以谏官。开元十四年（726），朝廷增崇大圣祖玄元庙，择贤才以时禋洁。玄宗亲垂紫书，精选黄褐，张探玄被录用。开元二十一年（733），被召为东都道门威仪使。不久，兼圣真、玄元二观观主。据天宝间宏道观道士蔡玮《唐东京道门威仪使圣真玄元两观主清虚洞府灵都仙台贞元先生张尊师遗烈碑》文称赞张探玄曰："斧绩妙门，光传法印，兴复乃烈，是生贞元。"说明张氏是"兴复"张天师法印的重要人物，声誉卓著。天师道徒们在京师的活动无疑对天师道的复起是有积极作用的，张天师一系开始受到统治者的关注与尊崇。据《全唐文》卷四五，唐肃宗李亨作《张天师赞》曰："德自清虚，圣教之实，或隐或显，是朴是质。静处琼台，焚香玉室，道心不

---

① 唐代是好丹药的时代，天师道人似乎并未迎合宫廷的好丹之风。《旧唐书·刘道合传》载，高宗令刘道合为己还丹，刘氏在咸亨中羽化，众谓尸解，唯高宗闻之不悦，曰："刘师为我合丹，自服仙去，其所进者，亦无异焉。"《旧唐书·方伎传》亦载，高宗广征诸方道术之士，合炼黄白丹药。叶法善不主张这种做法，看到当时鱼目混杂，滥竽充数者甚众，即上言高宗："金丹难就，徒费财物，有亏政理，请核其真伪。"高宗准其奏。由是查出伪诈者90余人。因此，烧炼黄白一事不得已而罢之。但天师道这种不合主流的做法，其发展自然会受到较大的压制。

二，是为正一。"

唐代道教重视经戒、法箓传授。各派道士入道后修持经法须由低到高，依次授经修行，不得逾越。一般先是授予正一，次授洞渊或太玄，次洞神，次升玄，次洞玄，最高为洞真上清。正一为阶箓基础，有地位的道士，都曾受过正一箓。因为天师道是各道派的基础，其道众的人数也最多。唐玄宗时太清观道士张万福整理三洞经戒法箓，使正一法门中符箓的佩带、传授、箓法的品位形成完整的体系，经戒的内容和授受程序也大为改观，在民众中造成很大影响。张天师正一派推重符箓咒术，行斋醮祭炼、消灾除病之法，广收教外男生、女生、弟子入道，成为民间经箓派道教大宗。至五代时杜光庭著《道门科范大全集》，闾丘方远诠释《太平经》，更促进了正一派道教的发展。唐代上清、灵宝、正一这三派中，上清派在社会上层传播，正一派则主要在民间传播，享有广泛的社会基础。例如，《汉天师世家》载：豫章大贾刘迁，素好道，客居金陵时受正一箓，奉行甚谨。后遂入龙虎山为道士。这为龙虎山天师道的复兴奠定了良好的基础。

六朝以来的龙虎山天师道徒，隐于道林，和光同尘，并不彰显。正是在唐统治重"老子"的道教政治的形势下，龙虎山天师道逐渐崛起、兴盛。唐统治者此时开始推崇与扶植天师道，正是因为天师道的政治思想核心"黄老之学"。龙虎山天师道所尊崇的老子与统治者的政治理念一致。唐统治者召见天师后裔及其子弟，其中谈论最多的话题之一就是有关"黄老之学"的问题。龙虎山天师在政治风云中掌握了朝廷的心理，作出恰如其分的回答。如唐高宗召见第十二代天师张恒，问以治国安民之道。张恒便答以"无为则天下治"的政治见解，受到唐高宗的称赞。天师道本来并不倡导无为，但为了弘教需要，调整了自己的策略。唐玄宗当政时，对天师非常尊崇重。自张鲁后，张陵一系的天师道因有关史料甚少，传承不明。据《全唐文》卷三九《加应道尊号大赦文》载，天宝七载（748），唐玄宗感于"后汉张天师，教达元和，德宗太上，正一之道，幽赞生灵"，于是令"有司审定子孙，将有封植，以隆真嗣。天师册为太师"。所谓"审定子孙"，即是审查确定"汉天师"之后，可见天师世系，早已不明，而审定的目的则是"以隆真嗣"，就是对张陵子孙给予扶持，使之流传不绝。天宝七载（748）亲赐第十五代天师张高手书，受天师符；同时召见张高，命其于京师置坛传箓，赐金币，免租税，在京师设立授箓院；又令有关部门审定张天师子孙，将有封植，以隆真嗣。玄宗还亲自册封天师张道陵为太师，赞祖天师"邈矣真仙，孤高节峻。气贯穹冥，元元示诀。落落神仪，亭亭皓月。诛邪斩精，魅驱鬼彻，汉代盟威，流传不绝"①。唐玄宗对张天师大加嘉奖，其后几代皇帝也争相效仿。唐肃宗曾降香币，建醮于龙虎山，赐宸翰以赞天师像，作《祖天师赞》曰："德自清虚，圣教之实，或隐或显，是朴是质。静处琼台，焚香玉室。道心不二，是为正一。"唐武宗好道恶佛，曾在会昌元年（841）召见第二十代张天师谌，将命作官，谌辞而不受，即赐金帛，在龙虎山修建殿宇，并御书额曰："真仙观。"张谌在唐武宗时期著有《养生要集》十卷和《古今鉴铭集》十五卷。咸通中（860—874）年，唐懿宗又命张谌"建金箓大醮，赐金帛还山"。唐僖宗中和四年（884）册封张道陵为"三天扶教辅元大法师"。除了政治上提携龙虎山天师道外，统治者亦从经济上予以大力资助，拨款兴修天师宫、府，赐官田以食道众。《龙虎山志》卷九载：唐玄宗赐第十五代天师张高金帛，并免租税。正一观是正一道教祖庭的象征。正一观最早的名称为"祖天师庙"，是第四代天师张盛自四川回龙虎山"永宣祖教"，为祭祀祖天师而建成的庙宇。每年三元节时，登坛传箓，各地学道者千余人涌入。从此，这里宫观林立，道士云集。唐天宝年间，道士吴筠以一首《龙虎山》对这里的景象进行了生动的描写："道士身披鱼鬐衣，白日忽向青天飞。龙虎山中好明月，玉殿珠楼空翠微。"

天师道以龙虎山张天师世家为正宗，龙虎宗在政治力量的扶持下迅速得到扩展、日趋繁荣。作为符箓道法传授的主体，天师道自魏晋以来一直具有广大的信徒。从晚唐五代杜光庭《道教灵验记》所涉及的情形看，隋唐间，龙虎山已经成为天师道发展的重要基地，至中晚唐时期开始影响全国。《全唐诗外编下》载有元和（806—820）初进士吴武陵

《龙虎山》诗，曰："龙虎山中紫翠烟，青精颜色四时妍。桃枝惯见花成实，瀛岛宜闻海变田。五斗米仙真有道，一神楼药岂无缘。秋风吹绿茂陵草，的的黄金飞上天。"又，徐锴撰《茅山道门威仪邓先生碑》称：茅山道士邓启霞于唐咸通十二年（871）到龙虎山请第十九代天师来"都功正一法箓"。这说明至少在唐代中后期，天师道的传播基地已经从巴蜀的鹤鸣山转移到了龙虎山，并且具有相当突出的影响。尽管如此，相对于同时代的楼观、灵宝、上清和丹鼎道派以及富有哲理的玄学派来说，龙虎宗并不显赫，天师道也少见有影响的人物。历任天师，也未有多少理论发挥及思想著作。

唐代虽然是中国历史上少有的强盛和对外开放的时期，但中国的封建宗法制度和社会传统并没有改变。在君权专制的社会里，政治一直被放在最突出的位置，国家干预科学、文化、艺术的发展是常有之事。宗教如果脱离了君权的支持，也难以在社会上获得适宜的政治、经济条件。因此，来中国布道的宗教家不仅是面向民众，首先是面向君主，要在中国传播某种思想文化都要尽力讨好君主，获得支持。据南朝梁释慧皎《高僧传·释道安传》载，十六国时期的著名佛教徒道安："今遭凶年，不依国主，则法事难立。又教化之本，宜令广布。"为了使佛教在中国站稳和传播，道安派弟子分头游说南北朝君主。隋唐五代，道士为了阐弘道教，也极力争取君主的支持，终于获得成功，促成了道教的国教化。在中国的社会历史条件下，一种宗教在君权的支持下经历一次国教化的阶段，是发展为具有社会历史影响的大教的重要条件。

龙虎山天师道得到皇权的庇护后迅速发展，社会影响也日益扩大。曾经活动于江西的文人士大夫也对龙虎山的道教生长起着作用。据范摅《云溪友议》卷下载，唐宣宗大中五年（851），江西观察使纥干泉，曾经向张天师苦求龙虎丹，前后达5年。待来到江西之后，即大量延请方术之士，交流炼丹修道之术，写出《刘弘传》，雕印数千本，寄赠京师朝中官贵及四海醉心于烧炼的道徒，以使道教的养生修炼之术传而广之。严察与李端、韦应物等人交好，他在吉州刺史任上入道，戎昱在《送吉州阎使君入道二首》诗里说他"金丞封仙骨，灵津咽玉池"，"风过鬼神延受箓，夜深龙虎卫烧丹"。由于统治者的重视与扶植，龙虎山天师道在民间影响较大。敦煌出土的唐中后期人李翔的《涉道诗》，有《献龙虎山张天师》诗："东汉天师直下孙，久依科戒住玄门。寰中有位逢皆拜，世上无人见不尊。三洞吏兵潜稽首，六宫魔幻暗销魂，可能授以与长生箓，浩劫铭肌敢忘恩。"李氏《涉道诗》中表现出唐时对天师道的态度和天师道在世俗中的印象。又唐末五代初，著名道士杜光庭曾为"飞龙唐裔仆射受正一箓"作词。这些都说明天师道在当时仍有很大影响，龙虎山道名远扬。

在唐代皇室的大力扶持下，蜀中道教兴盛，高道辈出，名扬全国。谈玄论道，注释《道德经》的，巴蜀地区就有六家：岷山道士张君相，绵竹道士李荣，剑南道士文如，眉山道士任太玄，成都道士黎元兴、张惠超。他们或注疏，或集解，共阐老子奥义。巴蜀地区仍有不少天师道徒在继续活动。《隋书》卷二九《地理志上》载，汉中之人好祀鬼神，"崇重道教，犹有张鲁之风焉"。如长江三峡沿岸忠州平都山（今丰都）、夔州云安等地有天师翟乾佑一派活动，传习《太上洞玄灵宝素灵真符》《上清镇元策灵经》等符箓，为人治病禳灾，召神伏魔。其符书假托出自葛仙公，由道士宋冲元授翟乾佑。翟乾佑天宝年间被唐玄宗召请入京问道，恩遇隆厚。其符书传弟子舒虚寂、舒传向道荣、向传任可居。唐末杜光庭访平都山，得《素灵真符》而归。洪州西山十二真君之一的周广，就曾游巴蜀云台山，得汉天师驱剪精邪之法。又据《十国春秋》卷五七《后蜀十·申天师》称：申天师为李唐玄宗后裔，"修道青城山，有奇验，广政（938—965）末，后主颇耽情苑囿，天师辄进红栀子种两粒，其花班红六出，香气袭人，后主甚爱重之，绘图写于团扇，绣于衣服。诏赐束帛，天师随手散尽，竟不知其所之。著有《怡神论》若干卷，《服气要诀》一卷"。另外，经过南北清整改造的中原道教回传四川，改变了成都地区传统天师道的格局，形成高道辈出的局面。如赵昱、朱桃椎、王柯、罗公远、玉真公主、傅仙宗、孙思邈、徐佐卿、李班、杜光庭等高道，或隐修于青城山、平冈山，或寄身于成都附近的宫观，传说皆飞身成仙。但这些对四川地区道教发展影响很大的人物，大多已与传统的天师信仰有较大距离，由此分化了天师道的力量。总之，巴蜀天师道虽自东汉中期以来绵绵不断，但其力量在流衍之中显得日渐衰微，作为中国天师道的重心地位已不复存在了。

由于唐统治者重视老子，天师道获得统治者的关注。李唐皇室大力扶植张天师世系，对龙虎山天师大加褒扬，新建天师庙，使之在社会上产生了越来越大的影响。因此，散落于各地天师道徒开始以龙虎山为中心的发展模式逐渐形成。不过，龙虎山天师尚末主动积极地利用政治形势来发展自已，唐统治者也尚未真正把天师道作为统治的工具来对待，龙虎山天师在国家政治中的作用并不明显。唐代"重玄"，以上清派占据主导，龙虎山天师道对"玄"的重视和研究不足，不能不影响到自己的地位。唐代统治者重法术、重服药，进入宫廷作法、炼丹的道士不少（江西地区也有数位），但不见龙虎山道士的活动踪迹。龙虎山本也重法术、丹药烧炼，这或说明以符箓为根基的龙虎宗外丹修炼不如其他道派，或龙虎山天师的政治活动能力有限。以上这些都在一定程度上影响了龙虎宗的地位。由唐代人所规划洞天福地的排名中，作为道教圣地，有"仙灵都会"的龙虎山只列为第 32 福地。这从一个侧面说明了唐代龙虎宗仍处于中下层次。一直到唐末，龙虎山天师道都还没有真正得到兴盛，这可能就是唐末五代人编定洞天福地时，后来声名显著的龙虎山不仅没有排入"十大洞天"，就是"三十六小洞天"的排名也极靠后的重要原因。

八　宋元道教政治与龙虎山天师道地位的确立

五代十国时期，统治江西地区的杨吴、南唐统治者崇佛好道，龙虎山天师道（龙虎宗）得到了重视与扶持。杨吴太祖命茅山道士聂师道设醮于龙虎山。南唐保大八年（950）陈乔撰《新建信州龙虎山张天师庙碑》说："皇帝陛下拯大道之颓纲，维列仙之绝纽，乃眷正一，属之真人，思与神交，遂崇貌天师，道宇所以兴盛于今日也。""中外既理，华夷已清。然而上心犹惑未足，思致人于寿域，每澄虑于大庭。寤寐通仙，阐扬玄教，以为德如可尚，岂隔于古今，道之将行，必先奉于崇奉。乃诏执事，建天师新庙于信州龙虎山。"又说："二十二代孙秉一，体备清和，气凝元寂。钩深致远，所得者金简玉书；吐故纳新，其验者赤筋青骨。许掾之灵风未振，吕恭之道荫弥高。岂徒三世无惭，斯固一言以蔽，再光先构，不亦宜乎。"作者陈乔为南唐先主李昪时的中书舍人，中主李璟时历门下侍郎兼枢秘使，他在碑文中反映了南唐统治者对龙虎山张天师道的尊崇，即"耽味道腴，表扬仙胄，乃圣真祠，宇兹名岫"。而"演兹大教"的目的是要"卫我兴朝"。碑文中提到张陵的二十二代天师张秉一，可见此时龙虎山天世道的世系体系的构造此时也趋于完备。另外，在五代之季，尚有二十三代天师张季文，影响较大，人受其篆者亦众。南唐保大中，龙虎山天师庙赐水田，约有3600亩，遍及周边十几个县。经济实力得到了极大的加强。南唐保大八年（950）时，在传为张道陵炼丹处的正一观建天师庙，翰林学士陈乔奉敕撰碑。而龙虎山之鬼谷山，又名洞原山，在贵溪县南80里，道书第15洞天，周回70里，峰峦险峻，溪壑幽深，传说为鬼谷先生修真之所。南唐保大十一年（953），李璟敕陈希声即山修醮，选道士韦修然、吴宝华结庵于此，并为之建凝真观。这使它在混乱动荡的历史时期，仍然保持唐以来的发展势头。

北宋时期，朝廷借鉴汉唐经验，以黄老思想为治国之策，并效仿李唐尊崇老子的思维模式，编织了"翊圣保德真君"降显的神话，兴起崇道高潮。随着宋朝君王造神运动的深入，以及天师道日渐崛起，统治者对龙虎宗日渐重视。大中祥符五年（1012），宋真宗改龙虎山"真仙观"为"上清观"；翌年，加号道教教祖为"太上老君混元上德皇帝"。大中祥符八年（1015），召见二十四代天师张正随，赐封"真静先生"。还恩准宋钦若的题奏在龙虎山立授录院，并赐币扩建上清观，广为传授正一法箓于江南一带，蠲其田租，准其世袭。真宗如此重视龙虎山天师，主要原因是有宋以来，经济文化重心南移已成定局，江西（江南）的政治、经济、文化地位不断上升，成为宋皇朝的倚重之地，龙虎山历代天师在民众中有很大的声望，有助于"神道设教"。诚如《汉天师世家》载其制曰："尔祖得灵诠于金阙，垂法统于后昆，汝为嫡孙，绍承异学，兹启先天之秋，以诱后觉之民，惟帝鉴观"。宋仁宗天圣八年（1030）五月，赐二十五代天师张乾曜号"澄素先生"。至和二年

（1055），召二十六代张嗣宗赴阙祈祷，赐号"虚白先生"。神宗熙宁年间（1068—1077），召二十八代张敦复，命醮于内殿，赐号"葆光先生"。宋徽宗更是重视天师道，多次向三十代天师张继先问"道要"和"长生之术"，除册封祖天师张陵为"真君"、赐金铸老君及汉天师像外，还拨国帑修上清观，赐额为"上清正一宫"，改祖天师祠为演法观。赐张继先号"虚靖先生"，视秩中散大夫，并赐阳平治都功玉印，俾掌管道教。

南宋历代君主亦对龙虎山天师多加崇奉。高宗赵构时，赐钱开拓山地，扩建上清宫，并诏三十二代天师张守真，咨问道法，其子张伯璟（后为三十三代天师）从行，高宗深异之，赐名景渊。孝宗时，江涛冲决，命张守真建醮内廷，并赐以象简、宝剑、《清静》《阴符》二经，赐号"正应先生"。宁宗赵扩时，三十四代天师张庆先，广传经箓，行慈俭之道，周贫困以济人。同一时期，天师道弟子留用光亦显于朝，据元代道士张天雨《玄品录》卷五所记：留用光为江西贵溪人，曾得汉天师张辅元所授"五雷书"。南宋宁宗庆元间，衢州大旱，郡守沈作砺请祷雨而验，遂上荐于朝，御前赐冠服，赐号"冲靖先生"。宁宗为出内帑，撤上清宫新扩大。理宗亦召，留用光荐以《道德经》治天下。理宗端平年间（1234—1236），累召三十五代张可大，并赐镪经赀以存用。嘉熙三年（1239），钱塘潮决，岁又大旱蝗，命醮太乙宫，赐号"观妙先生"，敕提举三山（龙虎山、茅山、阁皂山）符箓并兼御前诸宫观教门公事，主领龙翔宫，重建真懿观，赐田若干顷，免租税，御书"真风殿""紫微阁""真懿观"，册封祖天师号为"正一静应显佑真君"。如此一来，天师就成了由皇帝诰封的正一道首领了，地位由此始升首位。晚唐五代以来，内丹道兴起，传统的丹鼎派衰落。但内丹道乃属于精英道教，并不能满足全社会对道教的需求。符箓道派因而居社会的主导地位，符箓道派经长期发展形成许多派别，唐宋时有龙虎、茅山、阁皂、神霄、净明、清微等。这些宗派自称源于张陵，或以符箓为主要道术，虽统称为"符箓派"，他门之间却相互独立，无隶属关系。龙虎山天师道（宋时又称龙虎宗）以其独特的道派风格，受到宋廷的格外重视。北宋政和七年（1117），宋徽宗下诏将天下道教分为五派，以张陵为宗师的教派统称为"正一之教"，虽然各道派之间仍各自为政，不能形成核心教派和统一教团。但在国家政治的支持下，原来互不相统的符箓教派在政治力量的强制下不得不逐渐向龙虎宗靠拢，龙虎山天师道终于确立了在江南道教乃至全国道派中的地位，成为融合江南道教"正一道"的核心。自此以后，天师道成为统治者"神道设教"必须借重的道教。就当时的建醮科仪、拔亡清醮中，法师敕告冥司："道言天师传示，不可犯违"①，足见天师的显赫地位和天师道在道门的深远影响。

龙虎山天师道之所以能显著于宋代，并最终取代一直占优势地位的茅山上清派而成为符箓派的领导者，除了宋朝道教政治的需要而扶植龙虎宗、丹鼎派衰退而符箓派当行外，还在于龙虎山天师政治素质的提高，一改魏晋以来被动地应对国家政治而变为主动地与国家政治协调。三十代天师张继先就是典型的代表。龙虎宗自北宋末年第三十代张继先（1092—1127）起，引入钟吕一系内丹术，改造传统的祈禳之术为"正一雷法"，给符箓法术注入了新的活力，使得龙虎宗从北宋末期始受到统治者的重视，逐渐昌盛起来。张继先是历代天师中学识渊博者，善于深刻地阐述了宗教的政治伦理，主张度人与度世相结合。《三十代天师虚靖真君语录》载，张继先曾在回答宋徽宗的提问时说："道本无为而无不为。道，体也。法，用也。体用一原，本无同异。若一者不立，二者强名，何同异之有？"这个道体法用、体用一源的主张，正是天师道转向于积极入世的重要宣言。号称"为人冲淡""渊默寡言"张继先，实际上却极其积极地参与政治。《汉天师世家》载，崇宁三年（1104）张继先赴阙，徽宗问以修丹之术时所对："此野人事，非人主所宜嗜，陛下清静无为，同夫尧舜足矣。"希望徽宗能做一个贤明君主。在问到时政时说："元祐（哲宗）诸臣皆负天下重望，乞圣度从容。"这里继先直接涉及政事，为徽宗出谋划策，足见徽宗对他的信任。《品玄录》卷五《道品》载，崇宁四年（1105），为朝廷"治盐池妖"；崇宁五年（1106）建醮内廷，预知国将有难，密奏"赤马红羊"之兆（即被外族

---

① 《萃珍阁蜀碑录》第二册，转引自张继禹《天师道史略》，华文出版社1990年版，第85页。

破家国的征兆），希望能引起徽宗的注意。大观元年（1107），张继先在朝阙时，作《大道歌》以示徽宗：身外无道，重在修己建德。靖康二年（1127），应钦宗诏赴阙，行至泗州而卒。这一年正值北宋危亡之际，张继先鞠躬尽瘁，无疑有与宋朝政治死而后已的气概。张继先的行为，正是天师道由六朝长期以来和政治保持距离而发生转型的象征，从而使天师道在国家政治的支持下，社会地位和影响得到迅速的提升。

元代，蒙古统治者以武力征服天下，急需精神上统治人民的工具。元统治者虽以佛喇嘛教为其国教，但同时清醒地认识到，道教信奉黄老，其代表汉民族的气质，而道教教理教义中，就带有强烈的民族反抗精神，又有着很大的凝聚力，尤其是在江南初统时期，更需要利用天师道来加强他的统治。同时，蒙古时期，北方全真教教派势力日渐强大，不仅扩大到北方广大地区，而且有南下江南的势头。忽必烈见北方全真势力过盛，首领腐化，也有意扶植天师嫡派龙虎宗，以借助天师道抑制全真道的发展与传播。另外，龙虎山天师的政治追求才是元朝得以实现这一宗教政治目的的关键。

《元史》卷二〇二《释老传》载："相传至三十六代宗演，当至元十三年（1276），世祖已平江南，遣使召之，至则命廷臣郊劳，待以客礼。及见，语之曰：昔岁己未（1259），朕次鄂渚，尝令王一清往访卿父，卿父使报朕曰：后二十年，天下当混一。神仙之言，验于今矣。因命坐，锡宴，特赐玉芙蓉冠、组金无缝服，命主领江南道教。"换言之，早在宋理宗开庆元年（1259），忽必烈为灭南宋，效法成吉思汗当年联络丘处机故事，曾派密使王一清赴江南与龙虎山三十五代天师张可大联系。而张可大也有心附合蒙古贵族，预言二十年后忽必烈将统一天下，其政治热忱由此可见一斑。二十年后，元统一天下，张大可的预言应现，所以元统治者对龙虎宗颇为尊崇。1276 年忽必烈召见张大可之子三十六代天师张宗演，正式承认他的"天师"头衔，命他主领三山符箓统辖江南道教，赐冠服、二品银印。次年又封他为"真人"，让他主持周天大醮于长春宫。自天师道创立以来，历代首领所追求的"天师"地位，终于得以实现。世祖尝命取其祖天师所传玉印、玉剑观之，语侍臣曰："朝代更易已不知其几，而天师剑印传子若孙，尚至今日，其子神明之相矣乎?"此后，整个元代，历代龙虎宗首领都因袭此例享受天师称号，赐封"真人"，统管三山符箓、江南诸路道教，可以推荐任免所管辖地区的道录、道观提点，奏请宫观名额、度牒，有权自己出牒度人为道士。三十八代天师张与材，因劾治潮水之患有功，在成宗大德八年（1304）被封为"正一道主"，主领三山符箓。至大元年（1308），武宗即位后又特授金紫光禄大夫，封留国公，赐金印、"正一教主兼领三山符箓"，以此为标志，正一教正式形成①。在元泰定帝泰定二年（1325）被授予知集贤院事，掌管天下道教。其权力更是非比一般。总之，"在元统治者的优崇和授权下，有元一代的龙虎山历代天师不仅统领江南符箓各派的事务，而且在江南的全真道也受其统辖。……以致到元代中后期，以天师为首的龙虎宗逐渐形成为南方道教的重心，其余各符箓道派逐渐集合到它的周围，最后组成一个大派正一道。"② 龙虎山天师道的崇高地位已是不可动摇。

由此，龙虎山名声大振。据元人陈旅《安雅堂集》卷十载，时四方学道者日集龙虎山，以致无处所安。不得不修"真元宫"以馆四方之士，由龙虎山道士张景真主其宫。又据《龙虎山志》记，元惠宗朝，龙虎山上清正一宫有堂五十以分处其徒众。另外，由于元统治者对天师道的崇奉，特别是对张师道及其天师道著名人物张留孙、吴全节等人的尊崇，使天师道宫观林立，遍布江南各地，甚至向北方传播。天师道统领三山，掌管江南道教事，使天师道在大江南北迅速传布发展，宫观遍及今江西、江苏、浙江、上海、湖南、湖北、广西、福建、四川及其河北、北京等地。宫殿、楼观、门垣务极壮丽。虞集《道园学古录》卷四六《处州路少微山紫虚观记》记："自京师至外郡邑，有为宫观殿堂者，大抵侈国家宗尚赐予之盛。"元代天师道之盛略见一斑。

四川是天师道的发源地，宋元时期当地活动着不少正一法师。宋初，成都地区有人"以鬼道惑人"，仍是"远近走集，争投货财"③。陈

---

① 张正常《汉天师世家》卷三载为大德六年；《元史》卷二二《武宗纪》系于至大元年三月；《元史》卷一九称张与材大德二年正月被授为真人，管领江南道教。

② 唐大潮：《中国道教简史》，宗教文化出版社 2001 年版，第 237 页。

③ 范百禄：《文公墓志铭》，文同：《丹渊集》附录，《四部丛刊》本。

旅《安雅堂集》卷九载，元世祖至元三十一年（1294），龙虎山道士汪集虚以所传正一之秘规，复二十四治以治之，作"贞白庵"于青城山，远近皆知，"蜀人谓汉天师所使来者"，可见天师道在蜀人蜀地的根深蒂固，影响之大。元惠宗至元三年（1337）集虚赴阙，上以"汪君（集虚）能用其道宁蜀人"，而赐号"太无贞白静明玄昊真人，青城诸山正一宗主"。在成都，据元人虞集《成都路正一宫碑》卷四七记："成都守陕摄，度地于城中之西偏，与前守共构室处之，远近之民吏军将商贾，送竹木、瓦石、金币……于是宫广若干亩，制屋为殿者二，一祠天帝，一祠汉正一天师，为堂者几，祠某神……"① 尽管如此，当龙虎山天师道成为正一核心时，蜀地的天师道日渐被边缘化了。另外，随着全真道教进入四川，当地的天师道的空间被挤压。例如，蒙古世祖至元七年（1270）全真道传入四川并逐渐排挤了青城山天师派，于是，一部分天师派转为全真道，另一部分转至山下，成为火居道，导致了青城山天师道教迅速衰落。这更无法与龙虎山天师道相比，而鹤鸣山天师道的中心地位终于烟消云散了。

　　总之，出于神道设教、稳定江南统治秩序的目的，宋元统治者崇奉龙虎山天师道。又由于龙虎宗天师强烈的投效，统治者的神道设教，并不需要高深的道教理论。普通民众的信仰习俗上，天师道更为适应。龙虎山天师从而被统治者树立为南方道教的领袖。伴随龙虎山天师道地位的崇高而蜀地天师道的衰落，龙虎山终于取代了鹤鸣山，成了天师道的中心与祖庭。

九　地域·政治·天师与天师道
发展道路的抉择

　　东汉中期，张陵因时因地创天师道于鹤鸣山，发出"道教先声"②。

---

① 《道图学古录》卷四七《成都路正一碑》，《四都丛刊》景明景泰翻元小学本。
② 钱穆：《蜀中道教先声》，《责善半月刊》第 2 卷第 16 期，齐鲁大学国学研究所，1941 年 11 月。

其后，张修融天师道与巫鬼道于汉中创立了"五斗米道"，成为地域化极强的道教派别。张鲁凭借天师道势力建立了政教合一汉中政权。因军事、政治争夺，张鲁政权为曹魏政权所破灭，导致巴蜀天师道势力大挫。但张盛至龙虎山复教，奠定了龙虎山天师道的根基。由于魏晋统治者的政治、宗教政策，天师道由巴蜀扩展至全国，传播至各阶层。随着地域和政治环境转变，天师道变异、发展，衍生出新的道派，这些新兴道派，一方面有利于天师道思想的发展传播，另一方面，也导致了传统天师道的更加衰微。南北朝前期，寇谦之、陆修静为代表的道教改革家，顺应了道教发展的形势，符合了统治阶级的意愿，改革天师道，对天师道的生存和发展带来了积极与消极并存的影响，使天师道从"领导层次"变成了"群众基础"。随着统治者"老子"政治的实行，龙虎山天师道开始复兴。两宋时期，统治者对江南的重视，利用世俗性较强的天师道成为选择，而龙虎山天师从远离政治到积极参与政治的思想，为龙虎山天师道带来了较大的发展机遇。蒙元时期，龙师山天师加强了与统治者的合作，主动向政权输诚，元统治者为了稳定江南和抑制势力强大的全真道，也大力树立其权威，最终确立了龙虎山天师道在江南乃至全国的领导地位。天师道从东汉到元代历经千余年的发展流变，终于完成了从鹤鸣山到龙虎山的转移，成为道教文化的重要象征。

在中国宗教（道教）产生、发展的历史中，地域因素起着极其重要的作用。一般认为，分裂、动荡的形势，政治统治的腐败，天灾人祸，经济的倒退与凋敝，人民物质生活的极度匮乏，士人精神的严重空虚，是宗教发生发展的温床。然而，天师道的创立主要源于创立者开化落后地域民众的思想，其发展似乎也与"苦难"没有多少密切的联系，而是基于巴蜀地方文化特别是民众的信仰。天师道创立之初，之所以由天师而发展为五斗米道，就是宗教地方化发展的结果。两晋以来，社会上已开始讳言五斗米道，不只因为五斗米道走入了上层，更由于地域发生变化，导致了"五斗米"的制度无法维持，因而再言五斗米道就名不副实了。南北朝起，通过道教改革，最终完成了天师道的"正名"。从"五斗米道"到"天师道"不仅是名称的改变，而且包含着地域文化因素的改变。伴随着地域的转移，天师道的思想、组织形式、传播方式、发展模式都不断的发生变化。转移至中原、江南的天师道不得不受新地域文化的洗礼，适应新的形势，吸收了新地域的道教文化而成新的天师道，或演变为其他道派。

宗教（道教）在一定意义上本是地域文化的产物。地域的转移可能导致宗教的衰亡，也可能成为宗教进一步发展、兴盛的契机。这取决于新地域是否还有宗教生存发展的空间，转移后的宗教领袖是否还有创新发展的能力。天师道首领在一次次的地域转移中，基本上维持了较强的宗教信念，不断的创新以适应新的地域，并在新的地域上，发展和壮大。其实，宗教在地域中能产生、发展，但要成为影响很大的宗教，必须突破地域的局限。天师道由鹤鸣山到龙虎山，这里既有偶然的因素，也有必然的因素。巴蜀地域特点及其文化环境，使之成为前期天师道创教、兴教之地区，也有利于天师道发展延续。天师道自东汉创立，至宋元以来在巴蜀仍有较大的影响，充分说明巴蜀地域有适宜天师道生存发展的空间。但仅从相对封闭的地理形势而言，巴蜀、汉中就并不适合建立一个全国性的宗教。汉中因为处于地区重要的政治、军事争斗中心，在中国专制政治模式下，不可能成为宗教统治的中心。只有突破巴蜀地域文化，天师道才能成为全国性的道教。巴蜀天师道向中原、江南转移，虽然总的来说是被迫的，但也有自觉的成分。就江西地域相比而言，更容易成就全国性的宗教。

诚如《元史·释老传》所云："释老之教，行乎中国也千数百年，而且盛衰，每系乎时君之好恶。"政治因素是决定宗教兴衰的极其重要的因素。总的来说，从东汉至元朝的国家宗教政策是有利于天师道发展的。东汉三张天师道的创立、发展，都没有来自统治者的政治干预和压迫，魏晋南北朝统治者，基本上都对道教（天师道）实行比较宽松的政策。隋唐五代特别是唐代，统治者重视道教，保护和扶持道教的发展，道教形如国教。宋元时期，天师活跃，天师道大显于世。这一方面是由于道教是中国文化发展的成果，对当时"侵入"中国文化的佛教有相当的抵制作用，符合民族心理。另一方面，道教在实际中反政治的色彩较为淡薄，事实上也有利于统治者的"神道设教"。尽管"道家（也指道教）是不依赖于政权和国家的，所以它反而可以在没有国家的环境下更具创造力。基本上，道家从根源上讲就是反国家的"①。当然，国家政治不允许道教（天师道）逾越界限，即形成道教（天师道）自己的政治系统，从而破坏统治秩序，对政权构成威胁。从汉到元，正是在"江湖"与"庙堂"之间，天师道实践了几个发展模式。一是"张陵模式"。自觉地承担起"神道设教"的责任，但又力图避开世俗政治，但这一矛盾的传教模式，尽管能得到统治者的默许，天师道因而得以创立并臻于兴盛，最终只能局促于统治者军政控制薄弱之地，对道派的发展形成限制。二是"张鲁模式"，或者说"五斗米道"模式。在宗教力量基础上，建立政教合一的政权，通过政权力量发展宗教。这种模式在统治政权衰微、社会动荡之际，有存在发展甚至兴盛的可能，而且事实上带来了天师道的短暂兴盛。但它在封建统治正常时期根本不可能，所以"张鲁模式"最后被封建政权打击而几乎一蹶不振；三是"张盛模式"。逃避政治，封闭式发展，保持了天师道的独立、平稳，但影响有限，只能成为小区域范围内的宗教道派；四是"张继先模式"。努力保持自己相对的独立性，但积极依托政权，这一模式使天师道迅速成为全国有影响的宗教，并在社会上影响很大，但其独立的宗教最终会受到伤害。在这四种发展模式中，是天师道在不同时期、不同地域的选择，各有其合理性。然而，道家追求修身治国，最终只能修身而不可能治国，道教欲独立于国家政治之外，最终还是受到国家政治的强力控制。政教合一的宗教发展模式也不适合中国，这是"普天之下莫非王土，率土之滨莫非王臣"的国家体制决定的。归根结底，只有依赖政权，与政权保持相互利用的关系，才有天师道存在和发展的空间。天师道最终成为皇权的附属，成为国家体制下的宗教，是历史的必然归宿。天师道从与世俗社会抗争，到淡出世俗社会而追求神仙道，最后又与世俗社会合流、与世俗政治的妥协。当然，在这一主流的掩饰下，天师道也尽量保持着自己的独立宗教性格，否则就没有天师道存在和成为全国宗教大派的可能了。

宗教的发展与兴盛，往往得益于国家政治的支持，但国家政治的不

---

① 许倬云：《中国文化与世界文化》，贵州人民出版社 1991 年版，第 233 页。

稳定性，又常常使宗教陷于危机之中。天师道在巴蜀、汉中发展过快，宗教理论严重滞后，而政治的因素占据上风，导致它以政治的姿态登上汉末历史舞台。张鲁由宗教力量发展而有政治企求，以政治护佑宗教的发展，政权中充满浓厚的宗教色彩。天师道在巴蜀地区不能很好的生存发展，是在混乱的年代，过分地介入了政治。另外，天师道自从张鲁去世，处于自然发展状态，从而形成了一股较为强大的游离于国家权力之外的社会力量。经过寇谦之、陆修静为代表的道教改革家的"清整"，天师道一步步完成了民间与官方结合的历史性转变。虽然使天师道得到暂时的兴盛，但是官方化层面的天师道却最终失去了活力，而进一步异化成其他道派，最终失去了传统的天师道性格。与此相对的事实是，龙虎山因远离政治、军事斗争区域，不与政治、军事斗争结合在一起，所以能远避政治风雨，能自我维护生存与发展。宗教的基础在民间，如果没有民间的基础，宗教既不可能产生，产生了也不可能持续生存下去。天师道来自民间，发展的根基也在民间，天师道从东汉后期创建起，作为道教最早的组织之一，主要活动于民间。《续资治通鉴》卷二八《宋纪·真宗》："时罕习道教，惟江西、剑南人素重。"这显然与当地道教氛围密切相关，而这一氛围的形成，正是天师道长期以来对蜀、赣两地民间社会的深刻影响。龙虎山天师道正是在这一影响的背景下，成为中国道教的领导核心之一。

　　早期天师道作为一种鬼神道派，它组织能力较强，但思想肤浅，形态粗俗，比较容易投合动乱时代群众的精神饥渴状态，而不大适应统治阶级的思想要求。形势迫使它逐步向方仙道靠拢，最终消融在以仙道为中心的南北朝新道的统一体中。隋唐是道教的极盛期，茅山派和楼观派是当时道教的正宗，上清经代表最高的道教理论形态，而传统天师道实行的鬼神派符箓，仍作为道教入门的初级功课，神仙学说的补充。唐末五代，中国历史又一次进入大动乱时期，于是天师道重新从统一的道教组织中分化出去，独立成派，向茅山派和楼观派的地位挑战。此时，清高的仙道派别反过来向平民化的鬼神道靠拢，延至金元，茅山派完全符箓化，沦为天师道的附庸。从这一事实推测，中国的传统宗教不需要高深的理论，需要的是适合大众的平民化思想。但我们不能因此否定天师道的理论基础。若说中国文化的根底是道教，那么老子是道教的根底。汉代黄老学的流行，是道教（天师道）产生的一个社会背景及其思想的主要来源。天师道自创立起，老子《道德经》是天师道的基本经典。魏晋南北朝时，尽管老子退出政治领域，但在思想领域仍占有重要的地位，是玄学思想的来源之一，因而在一定程度上维持着道教的发展。隋唐时期，老子的地位日渐上升并得到巩固，最终使天师道获得重新崛起的时机。天师道深深扎根于中国传统文化之中，这是天师道历经千余年波劫，仍具有坚强的生命力的基本因素。

如果说龙虎山道教的鼎盛外在受惠于帝王的崇道政策，那么其内在发展主要得力于历代高道大德的不懈努力。天师道的兴衰，与天师的思想及其活动能力密切相关。张陵的创教勇气，张修、张鲁等人的发扬光大，张盛南下龙虎山"谷隐自保""度人救世"以复教……都使天师道在当时历史情境下得到了发展，壮大了天师道的根基。尽管天师的才能有高有低，形式是世袭体制，但这保全了天师道绵绵不息的生命，更关键的是其中的一代代天师不懈的继承与发扬道教传统，前赴后继地弘扬天师道，从而使天师道能持续不断地适应社会的变化，与时俱进，才终于使天师道蔚为道教大派。历代高道的不懈努力是天师道能够持续发展并最终成为中国道教代表的重要原因。此外，还有诸多不计其数的天师道徒及其信众，成为天师道复兴的重要群众基础。关于这一点，尽管由于文献资料的局限，而难以进行考察、讨论，但事实存在应是无可置疑的。

第二章　宋元明清蜀赣全真道发展路径之比较

　　宋元明清时期，中古后期兴起的全真道（全真教、全真派）虽然主要流行于北方地区，但在南方地区也有一定的传播与发展，道教文化底蕴深厚的四川、江西两地在其中又成为较为重要地区。这一时期蜀、赣全真道的传播与发展，既与封建国家的宗教政治、道教的文化生态密切相关，也与两地的地理人文因素密不可分，呈现出鲜明的时代性与地域性特色。伴随着南北宗教（道教）文化交流的进程，蜀赣两地宗教（道教）交流也比较紧密，相互产生较为深刻的影响，成为全真道发展史上值得关注的一大现实。长期以来，研究者虽在相关的论著中屡屡提及宋元明清时期的四川、江西全真道，却因研究的旨趣，或仅限于资料的列举，或流于泛泛之论，至今尚未见专文予以系统的论述，更谈不上对两地全真道进行比较研究。本章阐述宋元明清时期四川、江西全真道传播与发展的轨迹和状况，着力探讨四川、江西全真道与地域文化的关系，尝试揭示四川、江西乃至南方全真道传播发展的模式及其产生的原因。

一　唐五代蜀赣内丹思想与南宗的形成

　　包括四川、江西在内的广大南方地区的全真道的发展与传播，除了北方全真道比较积极的南下外，还奠基于道教南宗，而内丹道是道教南宗的基础。隋唐以来，中国道教的发展开始呈现出一种新的趋势，当时某些具有敏锐观察力和改革意识的道士已开始厌烦无望的炉火之事，借用佛教禅学的修心理论，转而对道教传统的炼气术、存思术重新思考，在经过创造性诠释以后，从中开辟一条新的证道之途——内丹修炼之道。内丹道以修身养性而得道为诉求，即炼养精、气、神，抱元、守一，纯化心志、炼精化神，最终达到与道合一。中唐五代，随着道教发展的转型，加上社会日益动荡而隐逸之士大增，内丹道日渐兴盛，影响日著。

　　唐朝前期，四川地区在深厚的道家文化底蕴的熏陶下，内丹思想兴起、流传。早在唐高宗、唐玄宗年间，临邛（今四川省邛崃县）刘知古（字先玄），隐于岷山一带，为太清观三洞道士，行上清大法，同时又得汉魏之际魏伯阳著作《周易参同契》，将其与以外丹为主兼行内丹的丹鼎理论用于指导内修，结合成丹体验，撰《日月玄枢篇》，阐述丹道秘法，可谓开风气之先①。大抵早期内丹家多兼修内外丹。例如，罗公远，一名思远，《道枢》又称为"永元真人"，彭州九陇县人（一说鄂州人）。自幼习道术，曾修道于漓沅化，常住青城山。罗公远擅长外丹修炼，《道藏》载有《真龙虎九仙经注》，另《大还丹照鉴》录有"罗公远真人口诀"，专论外丹。卢肇《逸史》称其撰《三峰歌》八首呈献唐玄宗，"其大旨乃玄素黄赤之术，还婴溯流之事。玄宗行之逾年，而神逸气旺，春秋愈高，而精力不惫"。推测此《三峰歌》似系演述房中之道。值得注意的是，罗公远在习外丹的同时，也修持内丹之道。据《逸史》载，唐玄宗曾向罗公远求长生之术，罗公远回答说："经之有焉，我命在我，匪由于他。当先内求而外得也。刳心灭智，草衣木食，非至尊所能。"罗氏此语述长生之道当于内求。又同书述其语云："圣上延我于别殿，遽以灵药为索，我告以人间腑脏，荤血充积，三田未虚，六气未洁，请俟他日以授之，以十年为限。"此认为服食外药须先修洁五脏，这一看法与唐宋内丹道的内外兼修的观点相同，表明外丹道派已开始退却，转而包容内丹修炼，这是内外丹道力图融合的表现。《道枢》卷三一《九仙篇》载有罗公远有关内丹的言论，又明万历刻本

---

　　① 张广保先生指出：研究内丹者常以清代《古今图书集成》引《罗浮山志》为据，认为青霞子苏元朗首倡内丹。可是据《新唐书》等记载，苏氏为中唐以后人，晚于刘知古，而且此人与外丹关系更密。参见张广保《唐宋内丹道教》，上海文化出版社 2001 年版，第 6—9 页。

《金丹正理大全群仙珠玉集成》卷三收录《罗公远真人神丹诀》、罗公
远真人《神丹歌》，均为内丹法诀。

　　唐末五代时期蜀地内丹道更趋兴盛。陈朴是其中的关键人物。《道
藏》"太玄部"收载《陈先生内丹诀》卷首序文曰："先生名朴，字冲
用，唐末五代初人也。五代离乱，避世入蜀，隐居青城大面山，受道于
钟离先生，与吕洞宾同师也。先生才质奇伟，德行高妙，积年累功，今
不知其几百岁。"据此，陈朴从内丹大家钟离权学道乃在西蜀，由此可
知钟离权的活动足迹亦曾深入巴蜀地区。陈朴得内丹道术。著有《陈先
生内丹诀》（又名《九转金丹秘诀》）一卷，为论述九转金丹修炼方法
的重要著作。其内丹丹法系统完整有序，行持共分九转（一转降丹，二
转交媾，三转养阳，四转养阴，五转换骨，六转换肉，七转换五脏六
腑，八转育火，九转飞升），每转均详述下手功夫，质朴平实，简单易
行。陈朴的传道活动，据《陈先生内丹诀》序文的载录，一直延续到
北宋神宗元丰年间（1078—1085），其弟子有淮南野叟："元丰戊午年
间，游南都，宋城张方平官保以其年高，传接气之术，延寿一纪。盘桓
南都，不啻半载，携一无底土罐游于世，人少有识诸。淮南野叟敬信尊
崇，或师事之，先生怜其至诚，授以丹诀，因以记之。"至五代宋初，
内丹道在蜀地已十分活跃，出现了一些知名全国的道士。例如，彭晓
（？—954），字秀川，别号真一子，西蜀永康（今四川崇庆县）人。彭
氏善修炼养生之道，尝辑魏伯阳《周易参同契》为九十章而注之，以
应火候九转，且为图八环，谓之《明镜图》，有《参同契分章通真义》
三卷行世。所撰《还丹内象金钥匙火龙水虎论》已佚，《云笈七签》卷
七〇有节录，含《黑铅水虎论》《红铅火龙论》两部分，核心内容为倡
炼白日飞升上道的"金液还丹""性命双修"，对后来道教内丹学的发
展影响很大。又普州崇龛（今四川安岳县）人陈抟[①]（871—989，字图
南，号扶摇子，赐号"白云先生""希夷先生"），精于相法，又以擅长
"睡功"闻名于世。陈抟著有《无极图》《指玄篇》《观空篇》《太极

图》《先天图》《易龙图》《正易心法注》等内丹派著述，把儒、释、道三家学说融合于易学之中，创先天易学，主张先性后命修炼，对道教南、北二宗，特别是全真派有重要影响。五代宋初，蜀地著名的内丹代表作还有无名氏所撰《大还丹照鉴》一卷，这亦从一个侧面说明，这一时期蜀地内丹学之兴盛。由上述可知，唐五代以来，蜀地内丹思想已极其活跃，形成了内丹传统。

与四川地区相较，以符箓咒术为基本特征、外丹道风气浓厚的江西地区，内丹道兴起与传播要晚些，但至迟中晚唐已开始流行。号称"神仙之庐"的庐山，因其深厚的道教文化底蕴，此期日渐成为内丹的重地。唐德宗建中元年至贞元五年（780—789），上清派第十五代宗师黄洞元，寓居于庐山紫霄峰下得石坛庵炼气修道，时号"三洞法师"，唐德宗召见，赐号"洞真先生"。符载作《黄仙师瞿童述》云：黄洞元居庐山时，"古坛石室，高驾颢气"。又，唐后期吕岩（字洞宾，号纯阳子，山西永乐人）修内丹于庐山更是道教内丹史上的大事。据南宋绍兴年间陈葆光所编《三洞群仙录》卷五引《丹诀》云："吕洞宾举进士，两至礼部皆不利，曰：'既不利人间举，当修天上举。'唐末因游庐山，遇钟离先生，得其道。"秦志安《金莲正宗记》卷一也认为钟吕二人的相遇是在庐山，其云："后任五峰庐山县令，因暇日游庐山胜迹，偶与正阳先生相遇，一话一言之间，心与心契，密受大道天遁剑法，龙虎金丹秘文，赐号纯阳子。"按秦志安撰吕洞宾传记，乃是本于《岳州青羊宫石壁记》。另外，宋代范致明《岳阳风土记》也认为吕洞宾游庐山，遇异人得道。其虽然未明言此异人为谁，但据相关背景材料，可知其为钟离权。《历世真仙体道通鉴》卷三一"钟离权"载："后有唐进士吕绍先，屡举不第，乃纵游天下。首于庐山遇火龙真人传剑法，后于长安道中遇真人题壁间云：坐卧常将酒一壶，不教双眼看东部，乾坤世界无名胜，疏散人间大丈夫……"这里提到吕洞宾于庐山遇火龙真人，并从其受剑法。又据《桑疏》：吕洞宾"咸通中，举进士不第，去游庐山。遇五龙君传剑术"。《全唐诗》录吕岩之诗有一首名"得火龙真人剑法"。按：吕洞宾除在内丹修炼方面卓有成就外，还曾以剑术著名于世。《宋史·隐逸传·陈抟传》云："关西逸人吕洞宾有剑术，百余岁而童颜，步履轻疾，顷刻数百里，世以为神仙，皆数来拄斋中，人咸异之。"
吕岩练剑，实际上与练气有密切相关，练剑是练气的外在形式，通过练
剑的动感来调节和加速"真气"在体内的运行，增加人体对气的吞吐
量，是为内丹修炼的一大方法。据目前所见文献资料，与吕洞宾庐山活
动相关并得道的道士有数位。金朝袁从义《有唐纯阳吕真人祠堂记》：
"（吕洞宾）于是谢绝尘累，遂结茅于庐山，与巨鹿魏子明，楚人梁伯
真为方外友，同进隐学，俱登仙位。"《历世真仙体道通鉴》卷五〇记：
"道士胡用琼，号冲真子，幼脱俗缘，留心修炼，隶籍于庐山太平兴国
宫。宋神宗熙宁中，遇吕洞宾得道，有《胡公遇仙传》载旧记。"这些
史料都说明，在唐末五代时，全真五祖之一吕洞宾修道于庐山，江西地
区也有内丹思想传播。

五代宋初的内丹大家陈抟似也与庐山有一定关系。《桑疏》记：
"陈抟尝游庐山，今白鹤（观）、简寂（观）俱有诗。"陈抟"受易经
心法于庐山异人"，融贯诸家学说，改外丹黄白术为内丹修炼之道，启
宋元道教内丹派，并独创"先天易学"理论。他的这一理论得到了长
期在庐山活动的弟子陈景元和再传弟子周敦颐的继承和发扬。五代时期
的许坚也是庐山道教中的传奇人物。《建昌县志》载，陈抟经常去庐山
白鹤观、简寂观，"受易经心法于庐山异人，或曰异人即许坚也"。据此
传说许坚或是陈抟的师父。《建昌县志》谈到许坚时又云"唐末导简寂
观，得大鱼即全体烹而啗之，后卒于金陵，至景德中，兵部侍郎陈靖游
庐山，（许）坚出谒于洪井山，谈甚洽，及靖还金陵，乃知其死已久"。
当时在庐山修道的炼气派人物除了前述的黄洞源外，出名的还有浔阳人
丁元贞。丁元贞得道能役鬼神，尝游庐山康王谷。传说谷中有王莽时铜
马，久而为妖，土人庙祀之，其妖愈炽，元贞以三洞法徙其庙于涧西，
妖遂息。另外，五代时期的谭峭也是曾活动于庐山的著名道士。谭峭，
字景升，泉州人。少时涉猎经史，喜黄老之学。因不愿习科举业，乃离
家出游，遍历名山，师事嵩山道士十余年，得辟谷养气之术，道家称之
为"紫霄真人"，又号"洞玄天师"。闽康宗王昶好巫，尊他为师，称
"正一先生"。闽亡，谭氏隐居庐山"栖隐洞"，有弟子百余人。南唐中
主李璟闻其名，召谭氏至金陵，赐号"金门羽客"，又赐以官阶，谭氏

辞而不受。南唐亡，又返庐山栖隐洞，终年百余岁。其著作留传下的有《化书》，包含着丰富的道教哲理和社会批判思想，在道家思想发展史上具有重要地位。

而遁隐庐山栖隐洞的谭紫霄撰写《化书》六卷，分道、术、法、仁、食、俭六化，运用道教哲学思想和儒家伦理观念，以类比的手法，从事物的变化中阐述修道成仙的思想。这一理论在社会历史观、哲学思想及内丹理论发展史上均占一定地位。从北宋陈抟开始，直至元全真道十方丛林之规制，均把《化书》作为必读经书。

此外，陈抟徒孙丹功派南五祖之一的白玉蟾来庐山弘扬南派丹功理论，从庐山道士陈元晤学《易》的闾丘方远节录《太平经钞》十部，传播《太平经》思想，使之"声名播于江淮间"。

另外，南昌西山在晚唐五代时期，也成为一个内丹修炼的重地。中唐时期主内丹的施肩吾，字希圣，号栖真子，睦州（今浙江桐庐）人，长于诗文，于宪宗元和十年（815）进士及第，不得除授即东归，诗人张籍称其为"烟霞客"。张籍《送施肩吾东归》诗曰："知君本是烟霞客，被荐因来城阙间。世业偏临七里濑，仙游多在四明山……"描写他热衷于求仙访道的风标。穆宗长庆年间（821—824），隐于洪州（今江西南昌）之西山学仙。尝贻书徐凝曰："仆虽幸忝成名，自知命薄，遂栖心玄门，养性林壑，赖仙圣扶持，虽年迫迟暮，幸免龙钟。"说明其林壑养性收益非小，内功厚实。《述灵响词序》记载施肩吾于开成三年（838）专习"小静关"克期百日，"神光照目""精爽不昧"。《正统道藏》收其《养生辩疑诀》一卷。该书继承传统的气一元论观点，坚持形神一体，形住神留以至长生的思想，反对滥用金石草木药物。[①] 施肩吾在《养生辩疑诀》中说："……且神由形住，形以神留，神苟外迁，形亦难保。抑又服饵草木金石，以固其形。而不知草木金石之性，不究四时逆顺之宜，久而服之，反伤和气。远不出中年之内，疾害俱生……吾自童年至于暮齿，见学道之人已千数矣。服气绝粒者，驱役考召者，清静无欲者，修仙炼形者，如斯之流，未有不闻其死者也……"这反映

---

① 赵宗诚：《玄门探珠》，巴蜀书社 2007 年版，第 156 页。

的是当时正在流行起来的内丹观念。但他也并不完全否定丹药。《洗丹砂词》："千淘万洗紫光攒，夜火荧荧照玉盘。恐是麻姑残米粒，不曾将与世人看。"《自述》："箧贮灵砂日日看，欲成仙法脱身难。不知谁向交州去，为谢罗浮葛长官。"这里的"葛长官"是指作《抱朴子》的葛洪，《抱朴子内篇》卷四《金丹》是主张金丹为"仙道之极"。友人徐凝有赠诗说："紫河车里丹成也，皂荚枝头早晚飞。料得仙宫列仙籍，如君进士出身稀。"这也说明施肩吾热衷丹药并且是亲自实践过的。

五代宋初，亦有知名道士施肩吾，同样隐于洪州西山，但号华阳子（道教史常常将他与中唐的栖真子施肩吾相混淆），江西九江（一说溢浦）人。华阳子施肩吾生卒年不详。少年习佛，博学经史，工词章。后转而学道，隐居西山（在今江西南昌）。据李竦作于大中祥符七年（1014）之后的《指元（玄）图序》中有"仆游江南，于南京应天府遇华阳施真人肩吾希圣者"之句，仁宗时好道之士晃迥曾引及华阳子施肩吾的《三住铭》，而其本人所作《西山群仙会真记》不避"玄"字（真宗称宋室圣祖赵玄朗之讳），又当在大中祥符六年之前。由此推知其活动时代为 10 世纪下半叶至 11 世纪上半叶的北宋初中期。据赵道一《历世真仙体道通鉴》与苗善时《纯阳帝君神化妙通纪》记载，华阳子施肩吾初得一托名晋代道士许逊者授其五种内丹诀及神丹诸方，后再遇吕洞宾传授内炼金液还丹大道，于是隐居西山。道成之日，作诗曰："重重道气结成神，玉阙金堂逐日新。若记西山学道者，连余即是十三人。"白玉蟾跋《施华阳文集》云："李真多以太乙刀圭火符之诀传之钟离权，钟离权传之吕洞宾，吕即施之师也。施有上足李文英。昔施君授李一十六字，世罕知者：'一灵妙有，法界圆通，离种种边，允执阙中。'予偶得之，故并以告胡栖真，使补其遗云。"华阳子施肩吾著有《西山群仙会真记》，又整理了《钟吕传道集》，两书着力阐发内丹之道，为宋元道教内丹派的形成奠定了理论上的基础。其中，《西山群仙会真记》一书中论及性命之学说："从道受生谓之性，自一禀形谓之命，所以托物谓之心，心有所忆谓之意，意有所思谓之志，事无不周谓之智，智周万物谓之虑，……气来入身谓之生，气去于形谓之死，所以通生谓之道。道教有而无形，无而有精。"给"性"与"命"的定义已开后来理学家的先河，而"道""气"的说法更为理学家所袭取。华阳子特别指出养生应以养形为基础，然后补益体内的精、气、神，形全气壮方可修炼内丹以图长生。另外，他还着重提出了炼形化气、炼气成神、炼神合道等"五炼"之说，这些理论使内丹功法提高了一个层次。《钟吕传道集》从内丹帝角度阐发《参同契》，以天人合一思想为理论基础，以阴阳五行学说为炼养的依据，形成较为完备的内丹道体系。《钟吕传道集》在早期内丹家苏元朗所主张的"性命双修"的原则上，又正式提出心肾交媾、抽铅填汞的原理和炼形炼神的基本步骤，内丹学于是初步形成。其后，经五代宋初道士陈抟到北宋道士张伯端，内丹道更为系统发达，逐步成为道教发展的主流，道教人士视之为最高妙深奥的修仙之法。据《道藏精华录百种提要》称，这部书"深达道妙，凡仙家不传之秘，于此尽情掬示，纤悉无隐。循此参修，始无歧识之弊，能入真仙之境"。从《钟吕传道集》看，钟汉离、吕洞宾二人确是改外丹烧炼为内丹的关键人物，是他们创造性地建立了内丹道的系统理论与方法。而华阳子施肩吾的《钟吕传道集》，可以代表这一时期内丹道的理论水平。

正是因为南方地区如蜀、赣一样的内丹道的兴起、流行，张伯端所创造的金丹南宗才有了坚实的社会基础。一般认为，北宋以来南方地区即有金丹南宗之流传。南宗创始人为紫阳真人张伯端（983—1082）。张氏主张在性命双修的前提下，先修命功，后修性功，并以性命之说融合儒释的修炼理论，形成统一的内丹学。张氏著有《悟真篇》《青华秘文》《金丹四百字》等阐发内丹理论，其中《悟真篇》继承《道德经》《阴符经》《参同契》及钟吕、陈抟的丹法思想而自成一系，是内丹学中里程碑式的著作。张伯端《悟真篇序》自述于宋神宗熙宁二年（1069），在成都遇"真人"授丹法而得道。这里并未具体指明这位"真人"的姓名。薛道光《悟真篇注》则称："仙翁（指张伯端）游成都，遇青城丈人，得金液还丹之妙道。"翁葆光在为《紫阳真人〈悟真篇〉注疏》所作序中亦明确说："（张）晚年遇青城丈人于成都，尽得金丹妙旨，洞晓阴阳颠倒互用之机，天地返覆生成之理。"陆思成《悟真篇记》中，认为张伯端于成都遭逢的异人乃系刘海蟾。他说："复序其所从来得之成都异人者，岂非海蟾耶！"《历世真仙体道通鉴》卷四九《张用成传》则直谓"遇刘海蟾，授以金液还丹之道"。《天台山志》《大清一统志》等亦言：张伯端入成都，遇刘海蟾，得金丹术，著秘诀八十一首，号《悟真篇》。不管这位授法于张伯端的"真人"是为青城丈人还是刘海蟾①，但张氏南宗思想渊源于蜀地内丹思想则是无可置疑的。

　　张伯端丹法有三个传授系统：石泰—薛道光—陈楠—白玉蟾；翁葆光—刘永年；赵缘督—陈致虚②。张伯端传授系统表明，四川人、江西人已是南宗的骨干力量，两地至迟在南宋时期已是南宗传播的重要地区。薛道光，阆中人。初为僧，后转为道士。宋徽宗崇宁五年（1106）得石泰传授金丹口诀和秘修真要，以金丹导养术著称于世，成为南五祖第三代。著有《还丹复命篇》《丹髓歌》流传于世，并与陆墅等人注释张伯端著作。陆墅，为金丹派南宗阴阳丹法传人，被称为西蜀陆真人，著有《紫阳真人〈悟真篇〉注》传于世。其弟子林自然，宋理宗朝人，所撰《长生指要篇》序中自称因读《清净经》而发深省，乃辞家云游访道，几半天下，终遇陆墅授以金丹秘诀。

　　道教修炼始终以长寿为宗旨，追求"长生不死"，甚至"羽化成仙"的超越生死境界。魏晋以来，道教追求长生和成仙的修炼途径，逐渐分为以吐纳导引、存想坐忘、无欲清净的内丹和以铅汞丹砂、鼎炉火候、阴阳坎离为主的外丹等两大法门。晋代葛洪曾力主外丹修炼。从汉魏至隋唐，外丹说极为盛行。然而自唐以后，由于有不少皇帝、大臣、富商和名流服食外丹丧生，炼丹术遂受指责，从此一蹶不振。内丹学说是代之而起的新式修炼法门。所谓内丹，是相对于外丹而言的，特指借助炼丹术语表达的性命修炼学说及其操作技术。内丹以人体自身的精、气、神为"三品上药"，用严密的功法进行修炼，经过若干心身变化，凝结成所谓"丹"。这种内丹具有延年益寿的养生功效。道教的内丹

---

　　① 　关于张伯端成都遇师的考辨，参见张广保《唐宋内丹道教》，上海文化出版社2001年版，第285—290页。

　　② 　刘宁：《刘一明修道思想研究》，巴蜀书社2001年版，第7页。

说，最早由东汉魏伯阳揭开端绪，随后由唐末钟、吕等人进行艰难探索。北宋以降，内丹道法蔚为大观，成为道教修炼的基本学说和主流功法。金丹派是最早形成的道教内丹派系。它与北方的全真道相对，活动于南宋江南一带，故称"南宗"。该派祖述唐末道士钟、吕，称其丹法传自钟、吕一系，以北宋张伯端为开派宗师，以《悟真篇》为内丹修炼指南，提出了张伯端—石泰—薛道光—陈楠—白玉蟾等南宗五祖的传法谱系。从金丹派南宗的内丹学说和性命双修的思想看，源于钟吕一系的说法是完全可信的，不过张氏未必得到吕氏的亲授嫡传。在上述谱系中，白玉蟾以前的四传皆为丹诀单传，既无教团组织，又非职业道士，更无固定宫观，其性质更似方术流派，尚未形成道派。传到白玉蟾时，才有了众多弟子，有了自己的教团和仪轨，成为名副其实的道教派系。

张伯端虽然提出了系统的金丹理论，但他并没有创建真正的道教宗派。金丹派南宗的实际创立者是南宋后期的白玉蟾。白玉蟾（？—1229），字如晦，号海琼子、海南道人、琼山老人、武夷散人，出生于海南琼州。本姓葛，名长庚。少年时因行侠杀人，亡命于福建武夷山。白氏早年曾入广东罗浮山学道，拜泥丸真人陈翠虚为师，"学其太乙刀圭之妙，九鼎金丹之书，长生久视之术，紫霄啸命风霆之文，出入有无飞升隐显之术"[1]。后云游四方，收授学徒，并以武夷山为中心建立观庵、组织教团，尊张伯端为初祖、《悟真篇》为祖经，成为金丹南宗的实际创始人，后被称为南宗五祖。诏封"紫清明道真人"，世称"紫清先生"。白玉蟾著有《玉隆集》《上清集》《武夷集》（后由弟子彭耜编为《海琼玉蟾先生文集》）此外，还有谢显道所编的《海琼真人语录》《道德宝章》和《海琼词》，以及彭耜所编的《海琼问道集》等。白玉蟾作为南宗第五代传人，"身通三教，学贯九流"，善于融摄佛家禅宗与儒教理论的心性思想，并用易学术语阐述金丹大法，其内丹学说仍以精、气、神为基本修炼范畴，掺揉禅学止观法门。他也主张性命双修，但与张氏的先命后性不同，修炼改为先性后命，更加突出明心见性在丹道修炼中的首要地位。他师承陈楠的内丹学说及雷法，又兼通大洞法

---

① 《逍遥山万寿宫志》卷五《玉隆正书白真人传》，《藏外道书》第 20 册，第 735 页。

箓、斋醮科仪，尤以神霄雷法著称。其丹法风格，也与前辈张伯端有所不同。张氏以顿悟圆通解释内丹的还虚原理，白氏则以"至道在心，即心是道"为修炼指针，纯粹用禅悟修道。白玉蟾的内丹学说理论，奉南宗传统，主张独身精修，寓内丹于雷法之中，使南宗修持具有"内炼成丹，外用成法"的综合特点，白氏还认为，在雷法及符咒的应用上，灵验与否并不取决于符箓和法术本身，而主要随施法者内丹功法的高下而定。这些丹道思想和实践，对五代以后的道教修炼方术有较大的影响。白玉蟾在游历天下后隐居著述，致力于传播丹道。他游历传道期间曾多次往来江西。其作《云游歌》曰："福建出来到龙虎，上清宫中谒宫主。"说明他与江西龙虎山正一道有过接触。他又于南宋嘉定年间在洪州玉隆宫主持过国醮。据光绪《江西通志》卷一八〇记载，丰城县始丰山、南昌府白仙岭、安福县武功山等地，都有白玉蟾云游的踪迹。其中丰城县始丰山石壁上还存有白玉蟾像及手书"江右福地，始丰名山"八字。白氏在自己文集中提到的众多弟子中，有江西庐山太平兴国宫道士洪知常、陈知白等人。白氏最后卒于江西盱江。白玉蟾在江西频繁活动，奠定了南宗在江西传播与发展的基础，其功当居首。

两宋时期，是江西内丹道发展的重要时期，内丹道士活动相当活跃。例如，北宋高道黄知微。《历世真仙体道通鉴》卷五〇载："黄知微，字明道，庐山太平兴国宫道士也。禀性冲淡，赋形丰伟。宋神宗元丰年间充知殿，奉香火。一日，潜山体道先生崔君来访，因语泥丸万神刀圭一粒之妙，遂授一九谷神之道，金液沦景之旨。从此若佯若蹶，散涎靡常，时人呼为黄风子。"此述道士黄知微于宋神宗元丰年间从体道先生崔某受内丹法诀。这位崔先生显然谙于内丹修炼之道，其生活、证道年代当与张伯端大体同时甚或略早。又如，高道张无梦授法于陈景元。张无梦，字灵隐，号鸿蒙子，生于五代后期，卒于宋仁宗晚年，是陈抟的弟子，著有《琼台诗集》《还元篇》，后者以《老子》《周易》为纲，以内丹为用。陈景元（1024—1094），字太初，号碧虚子，建昌南城人，张无梦弟子。陈景元博学多闻，著述很多。主要有《道德真经藏室纂微篇》《道经》（《道德注》）《南华真经章句音义》《南华总章》《章句余事》《高士传》《大洞经音义》《集注灵宝度人经》《西升经集注》《碧虚子亲传直指》等。他的思想是重玄学在宋代的发展。陈氏著作中，《道德真经藏室纂微篇》为一相当重要的道教解《老》著作。他认为，《道德经》以重玄为宗，自然为体，道德为用，阐述治身治国的道理的著作。陈景元把道分为"常道""可道"，认为常道是道之体，可道是道之作。常道是不可言说的，可道是可以言说的。万物产生之前，常道、可道为一，万物产生之后，二者分开。儒家的"仁、义、礼、智、信"就属于可道的范围，是道之用。常道还是"虚静之本""性命之原"。修身就是在虚静的状态之下"独悟""自悟"常道。治国也如是，要贯彻清净无为的方针。陈景元的道教思想与实践，在相当意义上推动了宋代道教教理的探讨，对二程的思想影响较大。又如，南宋袁州（江西宜春）人李简易，号玉溪子，幼习儒业而不遂志，于道佛经典、星算医卜，靡不究心。尤爱金丹诀，遂参访江湖，自称曾两遇纯阳真人，后又遇刘海蟾蓝养素授，著《玉溪子丹经指要》三卷。再如南宋庐山高道刘烈。《历世真仙体道通鉴》卷五一载："（刘烈）肄业于庐山太平兴国宫，交游不杂。王公大人叹其貌有太古淳风，必异日之道器也。宋高宗绍兴六年创草庵，扁曰真一，每日端然检阅《道藏》，经一览随记，士大夫愿纳交焉。如晦庵朱文公与谈易，论还丹之旨，留诗云：'细读还丹一百篇，先生信笔亦多年，元机漫向经书觅，至理端于目睫存。二马果能为我驭，玉芽应自长家园，明朝驾鹤登山去，此话更从谁与论？'张于、胡孝祥一见，赠诗云：'福地中藏小洞天，洞天幽处炼神仙，个中得趣惟虚谷，火候参同妙自然。"刘烈有著作流行后世。据赵道一载述，他曾于孝宗隆兴年间注解《周易》，又撰《六壬总括机要》一部，《历代君臣括要图》。至于内丹著述，刘烈亦有《还丹百篇》及杂著诗文，而且对《周易》及六壬数术都有研究。《还丹百篇》，《道枢》卷一九《返真篇》有摘录。《道枢》载云："（刘烈）著《还丹虚谷百篇》，今取十四篇，表而出之。"其中第四篇着重论述内丹修炼之事，其云："摆脱尘劳涤寸心，不教时事等闲侵，澄澄固坐调真气，默默忘情养圣金。歧路两条通巨海，银河千派泻高峰，此中关键吾家事，二八回还踵息深。"此诗显然是描述内丹修炼转河车时，内气在任督二脉运行的内景。又如，南宋洪迈《夷坚志》专门载述民间的一些神怪传奇，于南宋士庶修道活动多有载述。《夷坚志·三志》壬卷第一《南城毛道人》述毛道人之修行，与内丹相关。文曰：

> 南城毛道人者，不得其名，少年不娶。父母既终，翩然远引。三十年后方还乡，眸子炯然，往来寄宿他舍，全不事生业，亦无所长。每为人慢易。盖有信而师之者，其诲受之诀，不过熊经鸟伸之术而已。寡言笑，人待以饮膳，无论多少辄尽。饮酒至斗，略无宿酲。屡同客夜坐，一伸欠则光自其口出。富家慕道者往造之，杳无一言。与之善者，怪而问焉，应曰："吾藜苋之肠，何能陪膏粱之腹，与读书人掉书语哉？"其意乃深拒之耳。庆元四年正月九日，坐亡于南丰逆旅。迨焚化时，骨皆连环不断，仍得一物如钱大，色白如玉雪，坚而莹，隐然通明，有人形跏趺而坐，旋空于县蟠龙冈。老吏余生，宝藏其骨，全类舍利，扁如棋子，而辉采铄人。生时自言，因到济北，遇异人授制雄黄其成汁之法，炼为丹，可疗传尸痨瘵。

毛道人修炼内修术既能功及于骨，结成舍利，则其内修之功匪浅。

或许正是由于江西内丹道兴盛发展，南宋中后期，北方全真道逐渐南传江西。有明确文献资料记载的最早在江西传播的全真道或系章哲所创的全真道支派广慧派（又称玄门广慧派）。章哲（1197—?），字权孙，道号广惠，生于宋宁宗庆元三年（1197）二月十九日，世居江西武宁仙潭坳。章哲自幼好神仙之学，常于屋后石板上修真炼气。至27岁时，好道之心益切，遂游名山，访名师，择良友，参玄修道。忽一日遥想武当玄武大帝，一路游访，至浔阳（江西九江）石板江，闻有一石公善士，且有修道秘奥，遂前去叩问并拜其为义父。然后至湖北武当山，修炼三载，尽得玄武秘奥。遂能辟谷吞丹，餐松啖柏，授药传符，利世救人，产生了一定的影响。宋理宗绍定六年（1233），36岁的章哲辞别武当回到家乡武宁，经由回头山进入丝罗山修炼传道。据《太平山志》载，章哲复游湖北广济县回武宁后，采药太平山三仙坡，遇内丹南宗祖师吕洞宾，低身下拜，求传秘诀。吕洞宾曰："心为天君，与吾同尊。群仙来往，诸佛盈延。邪魔回避，不敢现形。调和元气，万物归根。端居不动，法雨遍施，护国佑民。"并嘱书云："后当坐武邑丝罗山，开创基业，护国佑民，此玄天之诏命，亦天赐之道场也。"后又得授吕洞宾"离壳解脱"之真传秘诀。章哲因此以自己的学道心得，依托吕祖，招收弟子，修建宫观，创立广慧派。章哲所传弟子中，今留其名者有郑巡、邓九、石九模。其中邓九帮助章哲建成"天乙佑圣宫"。宋理宗二十六年（1250），章哲浔阳石板江端坐仙逝，其徒遵其遗留药方将遗体处理后送回丝罗山建龛供奉，尊称"祖师章真人"。章哲羽化后，其弟子石九模又重修佑圣宫，增建"万福""万禄""万寿"三宫，并续招徒众，影响进一步扩大。宋理宗封章哲为"天乙佑圣宫自然灵应真君"。此后，每年农历八月为"朝仙月"，山下各地群众斋戒沐浴，上山进香，不绝于途。特别是八月初一称为"头炉香火月"，赣北、鄂东南香客云涌。元成宗闻石九模之事迹，钦赐五品提点知理宫事，加封"救世真人"之号。相传，元仁宗皇庆二年（1313），章哲化身医太后疾愈，帝感其德，又敕封为"天乙佑圣宫自然广惠真君"，加封其父母为"圣父圣母元君"。钦赐金钟，以镇名山。明成化三年（1467），又因真君显圣"助战有功"，宪宗钦书"通真宝殿"匾额，加封为"仁天教主、太平护国天尊"，并将丝罗山赐名为太平山。另外，据北京白云观藏《诸真宗派总簿》载有广慧派的 60 字传承宗派，又据 2003 年版《江西省宗教志》，广慧派至今已绵绵传承 40 字辈。广慧派源自湖北武当山，又托称是吕祖真传，理论上当属于全真道派。但它与传统的全真南北二宗并无直接关系，当是全真道另外独立的一支。这或许说明南宋时期大江南北的各地道人纷纷创建新的内丹道派，作为道派创立重要区域的江西自然不例外。广慧派基本上只以武宁太平山相传承，时断时续，影响并不很大，但它在江西道教发展史上却有着特别的意义，它是江西的第一个全真道派，是江西全真道传播发展的重要标志。此时，尚未见北方全真道传入四川的史实。

由上所述，唐五代以来，四川、江西地区已有内丹思想的兴起与传播，为两宋时期南宗的兴起奠定了良好的基础。南宋时期四川、江西已成为南宗传播的重要地区。这为以后的南北宗的合流和全真道在两地的传播发展奠定了良好的基础。得注意的是，北方全真道开始进入江西地区，尽管传播范围狭小、影响极其有限，但道徒们在江西的活动，揭开了全真道在江西传播与发展的序幕。顺便提及，某些研究者所说的江西地区在入元以后才有全真道传播的踪迹，当与历史事实不符。

二　蜀赣南宗与元代全真道南北合流

道教内丹南宗最后的发展趋势是融入全真道。全真道为金代北方兴起的新道派，由陕西咸阳人王喆（王重阳，1112—1170）在山东地区创立。全真道的教派特色浓厚：一是融合儒道释三教思想内容，主张柔弱清净、心遣欲、明心见性，特别推崇孝德；二是在成仙信仰和修炼理论上，出世思想十分浓厚，一反旧道派肉身不死、即身成仙的追求，只追求"阳神""真性"不死，精神解脱；三是继承钟吕金丹派丹法，在修炼方法上，主内丹修炼，不尚符箓、斋醮和科仪，形成独具特色的内丹理论；四是在教制教规上，规定道士必须出家住宫观清修，不许蓄妻室，并制定各项清规戒律约束道士言行。总之，全真道与传统的道教有很大的不同，是"用禅宗心性哲学变革了的新道教"[①]。事实上，全真道与当时南方流行的天师、上清、清微、神霄、净明等符箓道派亦有明显的区别。全真道在金代的发展很有限，至蒙元前期，以成吉思汗之召见、宠遇山东栖霞名道丘处机（又作邱处机，字通密，号长春子，1148—1227）为契机，在丘处机及其他全真弟子的推动下，发展臻于鼎盛。其后，全真教虽几经曲折顿挫，仍保持兴盛之势，几乎与天师正一道形成鼎峙局面。

元朝一统中国后，隔绝百余年的南北道教文化开始交流，值南方正一道士张留孙、吴全节、黄元吉、徐异、张守清、胡道玄等北上传行其道，以全真教为代表的北方新道教亦积极南下弘扬其说。在三派新道教中，太乙道以河南卫州（今河南汲县）为中心，南传盖不过亳州；真

---

① 麻天祥：《中国思想史钩沉》，大象出版社 2014 年版，第 75 页。

大道的宫观据《许州天宝宫碑》碑阴所刻，最南止于河南桐柏山。唯全真一派，入元后即渐越江淮至江南。推其原因，全真道乃北方新道教中唯一的丹鼎炼养派，代表传统道教中与符箓对立的一系，"在儒释道三教融合的大趋势下，道教内部的南北二宗也开始求同存异，寻求会通"①；全真道宣扬出尘离俗、隐居潜修以求个人解脱成仙，对一些南宋遗民及文人隐士尤具吸引力；南宋以来南方已开始流行全真道思想相近似的南宗，有良好的信仰基础；特别是全真道为北方新兴道教中势力最大、最受元室尊崇者，教首多任知集贤院道教事，素得政治势力的支持。另外，全真道也日渐感受到元廷限制与打击的压力，须在南方寻求新的力量支持。

就目前史料所知，最早进入黄河以南传道的全真道人是陕西郃阳（今合阳）吉志通。志通师乔潜道及潘清容，为马钰（马丹阳）之再传弟子，在全真道中享有较高地位。大约于元宪宗时（1251—1259），志通弘教于武当山，稍晚又有鲁大宥和汪真常在武当山弘教。各地学道之人纷至沓来，武当山遂成为全真道的重要据点、向南方传法的中心点。受其影响，邻境江西也有人赴武当山学全真道，其中著名者为李明良。李明良（1286—?），号浩然子，安成（吉安安福）人。自幼聪慧有奇才，不事产业而有烟霞之志，游历名山大川。元大德年间（1297—1307），李明良至武当山入道，拜全真龙岩子林道富为师。林道富是元代五龙观首任提点，为开山祖师的汪真常之徒，所以李明良成为五龙宫全真派第三代嫡传。李明良居易处俭，清心守一，常住华阳洞修行十数年。元英宗至治二年（1322），玄教大师吴全节知任集贤院道教事，总管江淮荆襄等处道教，因李明良之名望，遂奏请朝廷任命其为五龙宫提点。李明良对五龙宫颇有修缮，晚年又精通《易经》，道德文章俱佳。元惠宗至元三年（1337）赐其号"教门高士通玄灵应明德"。

继武当山之后，全真道南传至苏、浙、闽、赣、蜀等地区。在这一情势下，江西融汇南北宗思想的全真道传播由此出现一个高潮。元初活动于江西地区有金志扬、桂心渊，以及李珏至陈致虚一系等。其中，金

---

① 张广保：《元后期江南全真道心性论研究》，《道家文化研究》第 5 辑，1994 年。

志扬对江西全真道的发展影响极大。金志扬（1276—1336），或作金志阳，号野庵，人称"金蓬头"，温州永嘉人。明张宇初《岘泉集·金野庵传》谓金志扬所师李月溪乃白玉蟾之徒，《历世真仙体道通鉴续编·金蓬头传》谓李月溪为全真道士李志常之徒，则李月溪盖南宗人而又师事李志常者，并命其徒金志扬北上参拜李志常。李月溪相当器重金志扬，命其游学燕赵齐楚一带，以求正于先德。金氏行经袁州（今江西宜春）时，遇状貌奇伟的守城校尉颠军子，异而师之，在其门下盘桓多时后，益有所得。其后，金氏初隐龙虎山先天观，后于"元统癸酉（1333）复隐武夷山，居（白）玉蟾之止止庵"，人称"真仙"。金氏修道武夷山，积极弘教，门徒甚众，武夷山因此成为当时江南全真道的重要传播中心。武夷山地接江西，加上金氏又曾在江西活动，故对江西的全真道发展产生较大的影响。

此外，金志扬徒裔劳养素、郭处常、李西来、方壶子等活动于江西南昌、九江、上饶、萍乡一带，均以道法闻名于世，有一定的作为。这里仅以方壶子为例略作分析。方壶子，又称方方壶，名从义，字无隅，本龙虎山道士，后从学于金志扬。《说学斋稿》卷二危素《山庵图序》曰："方壶子者，早弃尘世，深求性命之学，从先生（金志扬）最久。先生既去人世，方壶子稍出而游观天下名山，至于京师。曾未旬日，即思南还，与之交游之素者，争挽留之。"余阙《青阳集》卷二称："（方壶子）其气泊然，其貌充然。人与之谈当世之事，则俯而不答。独其性好画，人以礼求之，始为出其一二，皆萧散，非世人所能及。"方壶子工画。《江西通志》卷一〇六称"其画冠绝一时，尤精于竹，张宇初称为壶仙。尝于高石徐氏画青山白云图，学士虞集题句"。宋濂《宋文宪公集》卷三一《题方方壶画钟山隐居图》诗有"飘飘方壶子，本是仙者伦，固多幻化术，笔下生白云"之赞叹，张宇初则有《题方壶真人奇峰雪霁图歌》《题方壶晋云烟图歌》《题方壶真人墨竹歌》《题方壶真人淇篆堂墨竹行》等诗对方壶画技予以颂扬。

金氏再传弟子方邱生曾居武夷山，亦与江西有着交结。光绪《江西通志》卷一二五《寺观五》云："有蒲衣道者曰方邱生，早游临川吴文正（吴澄）之门，既而师事李西来于武夷山，学全真之学。西来者，故金蓬头之高弟也。久而去之，居龙虎圣井山之天瑞庵。又去之，浮游江湖。见东鲁能仁叟参相性命一致之要，其说与金契。复历丛林，究竟宗旨，后得安成之武功山，筑室其巅，若将终身焉。一日忽弃之去。……而之豫章，又将历崆峒，逾梅岭，登罗浮，以绝于南海。"然至江西吉安兴国时，为县尹陈文彬留止，遂居于兴国长春道院，最终于此羽化。由此可见，方邱生在江西活动比较频繁而深入。

与金志扬同时名世的江西全真人物是桂心渊。据危素《危太朴集续集》卷二《桂先生碑》载，桂心渊（？—1336），名义方，字心渊，家世江西贵溪。先从学于龙虎山上清宫熊尊师，元成宗元贞元年（1295），从天师张与材朝京师，授蕲州道官。后周游名山，至江西庐山隐居。又宋濂《宋文宪公全集》卷一一《太上上清正一万寿宫住持提点张公碑铭》曰："时桂心渊隐匡庐，金志扬居武夷，二人者世号真仙翁，修丹之士依之者成市。"《古今图书集成》卷二五五引《九江县志》称："（桂心渊）隐居飞云洞，人谓之桂风子，后尸解去。"

另外，据明《徽州府志》卷十《仙释》载，本为南宗而以北宗自许的著名内丹道士李道纯（字元素，号清庵，别号莹蟾子，活动于元世祖至元年间）培育的弟子赵道可，曾在江西地区有所活动。元成宗大德二年（1298），赵道可来到江西婺源募缘，"江桂坡先生舍环村地八亩，建中和精舍以居之"。

大约在1270年全真道传入四川并逐渐排挤了青城山天师派（正一道）。于是，有相当一部分天师派转为全真道。元廷对蜀地的全真道流也有所关注。据《金石萃编未刻稿》卷中《孙德彧道行碑》，孙德彧（1243—1321），字用章，四川眉山人。幼孤，从穆真人学道，十一岁着道士服，师天乐真人李道谦。后"英誉日驰，遂为京兆路经师"。元成宗大德三年（1299），成宗加玺书授陕西五路西蜀四川道教提点。元仁宗延祐元年（1314）孙氏为全真掌教，朝廷赐其衔为"特授神仙演道大宗师、玄门掌教、辅道体仁文粹开玄真人、领管诸路道教所、知集贤院道教事"。孙氏于四川道教的管理活动及其意义，史书记载不详。但他以全真道徒身份出管四川道教乃至全国道教，当对蜀地全真道产生积极的影响，对南北全真的合流当亦有一定作用。

　　在南北道教积极交流、融会的氛围下，四川、江西南宗道士不仅进一步加强了两地的宗教联系，而且自觉而积极地参与南北内丹思想的交流。据陈致虚《金丹大要列仙志》载，生于南宋末的李珏，字双玉，崇庆府（今四川崇庆县）人，师事丘处机弟子宋德方，得黄房公金丹之道，改名栖真，号太虚，即往武夷潜修内丹，复至真州（今江苏仪征）玉虚庵结圜，末入青城山。李珏显然是合流南北丹法思想的著名道人。李珏传法于饶州德兴（江西德兴）人张楷（字君范，号紫琼真人），张楷传饶州德兴人宋宗室子赵友钦。赵友钦（？—1368），字缘督，本宋宗室，因乱而为江西饶郡人。赵氏精于天文经纬地理术数，从张楷得金丹大道，又搜群书经传力扬"三教一家"之旨，著有《仙佛同源》《金丹问难》等丹书行世，成为内丹北宗重要传人。赵氏于元文宗天历二年（1329）秋寓衡阳，付法江西庐陵上阳子陈致虚。陈致虚（1290—？），庐陵（江西吉安）人，于天历二年（1329）从赵友钦学道，得马丹阳一系丹诀，又自称遇青城老仙，受金丹火候之秘，遂通二家之秘奥。陈氏得法后首授田侯至阳子，遍游夜郎、邛水、沅芷、辰阳、荆南、二鄂、长沙、庐阜、江之东西，凡授百余人，其门徒之众堪称江南全真道士之魁。陈氏著述甚丰，主要有《金丹大要》十六卷、《金丹大要图》一卷、《金丹大要列仙志》一卷、《度人上品妙经注》三卷及《周易参同契注》《悟真篇注》等。这些著作继承张伯端一系的南宗丹法，发挥全真"道释同阐，仙佛合证"的思想传统，深入而全面地论述了性命双修的内炼之道，提出了系统而完整的丹道学说体系。陈氏在《〈悟真篇〉三注》序言中自称"首闻赵老师之旨，未敢自足，后遇青城老仙之秘，方知阴阳造化、顺则人逆则仙之理"。陈致虚师承李珏一系，并吸收青城山老仙秘法，著内丹名作《金丹大要》，积极倡导南北全真合流，成为合流南北全真的领军人物。或可以说，陈致虚若没有蜀地道教思想背景，就不可能主导南北思想合流。

　　北方全真道的南传，使原来同源于钟吕金丹派却相互隔绝、各自发展的南北二宗增加了交流的机会。由此经过接触，彼此认同，基于发展的需要，逐渐产生了合为一宗的要求。特别是组织松散、势力弱小、未受社会重视的南宗，愿望尤为强烈。在全真道的合流过程中，陈致虚是积极的倡导者与践行者。研究者指出，陈致虚的丹法属道教南宗阴阳双修派，与全真道的清修思想迥异。但他为了标榜自己为全真道之嫡传，在《金丹大要列仙志》等书中宣称己派传自全真名道宋德方。正因为陈致虚出身南宗，而又以全真嫡传自居，故成为元代中后期二宗合并的积极推动者，并在二宗合并时，极力抬高全真道祖师的地位而压低南宗祖师的地位。① 鉴于南北合宗必须调整二宗原来各自尊祀的祖师系统，陈致虚根据二宗已有的成说，在所著《金丹大要》和《金丹大要列仙志》中，提出了以北宗五祖王玄甫、钟离权、吕岩、刘海蟾、王喆为依据的全真祖师系统，将南宗始祖张伯端与丘处机并列于王喆之下，作为南方"七真"之首，祀典中代表南宗。这一系统显然是扬北抑南，但在当时元室已封王玄甫等5人为"真君""帝君"，且北方全真处于强势的情势下，无疑是合乎时宜的安排，故终被双方所接受。元代中后期，以南宗并入北宗完成了全真道的合并。合并后的全真道遂成为更大的道派，进而又合并了真大道、楼观道和部分净明道，成为唯一丹鼎大派。至此，全真道遍传南北，臻于鼎盛。

然而，元统一中国以来，统治者因全真道的政治功能减弱，又深感其社会影响过于强大，转而重点扶植张陵后嗣主领的正一龙虎宗，对全真道采取限制、打击的政策。元成宗大德八年（1304）敕命张天师为正一教主，统领三山（龙虎山、茅山、阁皂山）符箓，从此形成龙虎山张天师统领江南道教的格局。这不能不极大地影响全真道在南方的传播与发展。元代南方各地虽均有全真教徒活动，但除武当山外，各地全真道经济基础薄弱，道院为数不多、规模狭小且多为新建，这与正一诸派之经济力量雄厚，宫观林立、规模宏大不可同日而语。四川、江西全真道徒多借助于正一道的宫观道宇，少见独立的全真道院②；道徒多以个体活动为形式，少有相应的团体或组织。即使如陈致虚那样的传道大家，其江西弟子也是不多的。全真道士在蜀地的活动，使蜀地全真道得

---

① 卿希泰主编：《中国道教史》第 3 卷，四川人民出版社 1996 年版，第 375 页。
② 郭武先生曾称，"宋元时期西山所在的南昌府曾有百余所道教宫观，而其中并不乏全真道之宫观"，然考察其研究，似只有进贤县的"崇真观"才是全真道观。参见郭武《〈净明忠孝全书〉研究》，中国社会科学出版社 2005 年版，第 65、94 页。

到初步的发展。不过，源于蜀地天师正一道根基深厚，全真道传播力度不大，全真道士人数极微，有影响者更是几乎不见，史籍记载也缺乏。

尽管如此，元代江西全真道徒还是颇有作为。除上述陈致虚外，还有数位成就也较大。虞集《道园学古录》卷五〇《非非子幽室志》记江西全真道士余希圣事。希圣字岫云，号非非子，华盖山南谷人，15岁辞亲学道于宜黄县南华山昭福观，遍游南北而归于临川，于崇仁仙游山建仙游观以居之，吴澄为之记。其弟子彭致中编有道教诗词集《鸣鹤余音》，所收多全真祖师之作。元末王道渊，号混然子，南昌修江人。明张宇初序《还真集》称其"以故性博学，学通至大得秘授，犹勤于论著"。王氏著作有《还真集》三卷、《通玄集》一卷、《崔公入药镜注解》一卷、《黄帝阴行经夹颂解说》三卷、《黄帝阴行经注》一卷、《青天歌注释》、《消灾护命妙经注》、《常清静经注》等。王氏思想会通儒释道三家、以南宗为基础融合北宗，并把道与德的关系融入性命关系的理解中。王氏论述内丹性命关系颇有见地，《还真集·性命混融说》曰："日用之间，应万事者系乎性，为百事者属乎身。性所以能发机变，命所以能化阴阳。性应物时命乃为体，性乃为用；命运化时性乃为体，命乃为用。体用一源，显微无间，方可谓之道，缺一不可也。"这把性命关系从单一的体用说推进到互为体用的新阶段。王氏以性命混融为内丹修炼的核心，主张修丹应该混融性命、阴阳。对修炼的一些具体原则，王氏也有不少精辟的见解。如认为惩忿是阻止心火上炎，性天云蔽，窒欲则是阻止阳精下降转化为爱欲，导致自身精气神耗损，这对惩忿窒欲作出了新的解释。此外，王道渊还提出以鼎器、药物、火候为三要，借《周易》卦象来说明火候进退的时机。

有元一代，道教各派接触频繁，彼此交融广泛、深入，其中全真内丹思想特为诸派所重视、所吸收。在宗派众多的江西地区表现得尤其显著。如创立于北宋之末江西地区的神霄派，以融合内丹与符箓为特征，其内丹法渊源于张伯端南宗，强调内炼外用都须以本性元神为主，以内炼为体，以符箓为用。到元代，该派因受全真道和儒学的影响，渐渐重视宗教道德实践，守持戒法，并以忠孝为先。又如玄教吴全节既向陈可复学雷法，又向东华派首领林灵真学道法，还向南宗道士赵淇学内丹。

又《净明道全书》卷一《丹扃道人事实》记：净明道徐慧曾往长春宫参蓝真人，"得全真无为之旨"。江西安福人赵宜真（？—1382，号元阳），更是综合诸道的代表人物，尤与全真关系密切。赵氏先学正一法，次师全真张广济，得长春丘真人北派之传，又师南昌李玄一，得玉蟾白真人南派之学。正因为如此，清代罗浮酥醪洞主陈教友将赵宜真列为全真法嗣①。《长春道教源流》卷七《赵元阳传》说赵氏"于正一天心雷奥、全真还丹之旨，多所发挥"。赵氏所论丹法，大体与全真北派一致。《原阳子法语·还丹金液歌》序云："自性法身本来具足，不假于外，自然之真；其进修则摄情归性，摄性还元，有为之为出于无为，无证之证所以实证。"《真道归一偈》总括内丹大要，称："摄情还性归一元，元一并忘忘亦去，囊括三界入虚空，粉碎虚空绝伦伍。"这说明赵宜真深受全真道的影响。赵宜真最后学净明忠孝之道，被尊为净明道第 4 祖，但其净明道法中无疑染上全真道思想。随着南北全真的合流，全真道在南方获得新的发展，与正一道为中心道派交流也日渐加强。江西、四川两地的交流自然而生。如元末兵兴之际，集全真、清微、净明诸派于一身的江西道士赵宜真，携弟子西游蜀地，就是典型的全真思想与他派思想融合的范例。这一范例无疑会对蜀地全真道人产生某些影响。

三　明代蜀赣地全真道的曲折发展与传播

明立国以来实行严格管理、限制宗教的政策。明太祖正式把道教派别划分为全真道、正一道两大派，置道录司总管道教。在国家宗教生活中，对道教正一派有所崇奉，对全真道则实行压制。明廷召见的道士大多是正一天师及其门徒，道录司各级道官也大都以他们充任。全真道之

---

① 日本道教学者秋月观暎据《历世真仙体道通鉴续编》卷五《金志扬传》，金志扬师从全真道士李月溪，李月溪师从南派白玉蟾，同时又是北派丘长春的高弟，而金志扬又是张广济、李玄一之师，亦得出赵宜真得全真南派、北派之传的结论。参见秋月观暎《中国近世道教的形成——净明道的基础研究》，东京创文社 1978 年版，第 156—157 页。

所以受明廷压制，一是全真道与元关系密切，代元而起的明朝视它为"大元遗老"，不予青睐。二是全真教重视个体修炼，其伦理教义对维护大一统的作用不大，自然为把宗教视作思想统治工具的明廷所轻视。全真道被明廷疏远冷落，政治地位低下，教团发展受极大限制。金元时期形成的以北京白云观为基地统一领导核心顿然解体，群龙无首而分解成诸多小支派，逐渐失去了与正一道分庭抗礼的实力。宋元以来全真道的发展受挫。偏于西南一隅的四川地区，在全国政治一统的形势下，全真道也应受到了影响。不过，蜀地全真道却因某些特殊机缘仍然得到一定程度的发展，与南方其他地区相较，显得特别突出。

宋元以来道教合流成为大势，明代更是喧嚣鼎沸，不仅儒、释、道三教大倡合流，道教全真与正一也相互影响、融摄。明初由于统治者政治的需要，大营武当宫观，以奉真武大帝。武当道教兴盛，各派道士云集武当，武当全真道士地位低下，故率多兼学正一，赖以自存。但是，明初继承陈抟、白玉蟾、陈致虚丹法的武当山全真道士张三丰颇受朝廷重视。据《明史》卷二九九《方伎传·张三丰》，隐逸自重的张三丰为了避朝廷征召，"乃游四川，见蜀献王（朱椿）"，宣讲"大修武当，以神治天下"的治国方略，要求其扶持全真道的发展。张三丰遍游巴山蜀水、修法不已。曾在道教发源地鹤鸣山追思张道陵；又至太和山玉虚庵，结庐独居修法，又在瓦屋山创立"屋山派"。时明统治者为达到征辟张三丰的目的，将瓦屋山诬为"妖山"，逼其出山。此外，张三丰还与峨眉山、成都等地的佛、道人士密切交往。康熙《峨眉山志》卷八云：三丰在明初与夔府开元寺僧广海善，临别留诗云："深入浮屠断世情，奢摩他行恰相应。天花隐隐呈微瑞，风叶琅琅咏大乘。"留草鞋一双、沉香三片而去。后来广海献其诗与遗物于朝廷，永乐帝以一玉环千佛袈裟答之。又张三丰《留青羊宫四题》曰："炼黍米须要有法财两件，心腹事须要托二三为伴，怎得个张环卫共谈玄，马半州同修炼。薛道光曾把俗还，王重阳曾遇良缘，伯端翁访友在扶风县，达摩祖了道在丽春院。才晓得花街柳巷也正好参禅。再休提清净无为空坐闲。访道须要访先天，先天是神仙亲口传神仙，神仙只在花里眠。"表明其性命双修的全真思想。张三丰著述，《明史·艺文志》著录有《金丹直指》

《金丹秘诀》各一卷,明胡广录呈张三丰文集名《捷要篇》,这些著作主要从隐修的角度阐述全真内丹理论,有一定的理论创新意义。张三丰在蜀地的活动,虽然深受政治的限制乃至打击,但其传播的全真思想却留下了深刻的印记,尊张三丰为祖师的隐仙派在蜀地或明或暗地活动,不断显现其影响力。

由于明廷实行抑制全真道的政策,众多全真道士选择隐逸之道。四川地区既有比较封闭复杂的地理形势,又是传统的道教基地,一些全真道宗派大师纷纷入川隐逸。较早传入蜀地的全真宗派是传为谭处端创立的南无派。胡玄宗(1397—?),字范质,号昭元子,直隶顺天府邯郸县人。《南无派宗谱》下卷曰:"(胡玄宗)幼精地理经术,中年立儒肆,会三家之一览,方明心性弗离于命。"后至青城山,遇杨理信于河神庙,得授至道并口诀,成为南无派第六代宗师。说明南无派人物早已在四川地区进行活动。

全真嫡派最有势力的是传为丘处机创立的龙门派。早期的龙门派道人游方不定,居无定所,却与四川地区产生了较为密切的联系。第三代传人陈通微,号冲夷子,山东东昌人,本学正一道法,后来至华山师事龙门律宗第二代传人张德纯,终隐于青城山。洪武二十年(1387)传戒法于西安农人出身的周玄朴(号大拙),是为龙门律宗第四代。《金盖心灯》卷一《周大拙律师传》云:"是时玄门零落,有志之士,皆全身避咎。师隐青城,不履尘世五十余年。面壁内观,不以教相有为之事累心。弟子数人,皆不以阐教为事。律门几至湮没!住世一百一十年,始得天台道者张宗仁,承当法戒。……于景泰庚午岁(1450)十月望日他适,不知所终。"周玄朴传戒法于张静定、沈静圆,为龙门第五代律师。张静定,号无我子,余杭人,居天台桐柏观,于嘉靖七年(1528)传戒法于赵真嵩,为龙门第六代。赵号复阳子,山东琅琊人,长期隐居王屋山潜修,成为重要的内丹家,崇祯元年(1628)传戒法于山西潞安人王常月,是为龙门派第七代。而正是王常月,使得龙门派在清初中兴。沈静圆,号顿空子,江苏句容人,成化元年(1465)以戒法传嘉兴石门人卫真定。可见在明中期前,历代律师多隐遁山林,不积极弘教,至第五代仍然没有形成教团,沉寂不振。但青城山曾为全真龙门派三、四、五代传人的隐居之地，成为沉寂时代的弘法点，不绝如缕地保持了全真一脉，一定意义上奠定龙门在明末清初复兴的基础。由此而言，龙门律宗一系与其说首创于赵道坚，毋宁说是托名于赵道坚、首创于张德纯和陈通微，方合乎情理①。某些研究者所称的龙门派直至清初才传入四川地区，也似乎不确。

尽管受政治环境的深刻影响，明代四川地区全真道与全国其他地区一样受到了较大的限制，发展曲折艰难，全真道士少且影响有限，但因缘于蜀地地理形势和众多的道教名山道观，成为全真道徒重要的隐逸、活动之地，极大地积蓄了全真道的力量。后来全真龙门复兴实赖于青城山的龙门一脉，青城山成为全真道名山与此密切相关。不过，由于社会形势剧变，明朝统治者抑制全真道政策的趋于废弛，当广大南方区域的全真道渐呈"中兴"气象之时，偏于一隅的四川，似乎感受不到这一氛围，当地全真道仍然维持原有相对沉寂的情形，滞后于长江中下游地区的发展。至明清更代之际，因连绵不断的兵燹之灾的沉重打击，包括全真道在内的蜀地道教几至一蹶不振。

与四川的全真道相比，江西地区的全真道这一时期有自己明显的特色，就是更多地与政治环境相适应，加强了与本区正一道的联系。张三丰弟子湖北光华人卢秋云（？—1410），初从终南山重阳万寿宫出家，拜高道学全真道之理法，成为全真派弟子，后游历江右，入龙虎山，谒天师于上清宫，佩领教符，于是又身兼正一派。再归武当道门，任五龙宫住持多年。刘渊然（1351—1432），江西赣县人。少为道士，受符法于"胡、张二师"，复师赵宜真，被授以玉清宗教玉宸黄箓。应受赵全真思想的影响，刘氏也兼修内丹之学。《龙泉观长春真人祠记》称其能"呼召风雷，役治鬼物，济拔幽显，立有应验。既而又受金火返还大丹之诀，栖神炼气，玄悟超然"。洪武二十六年（1393），刘应召至阙下，试以法术得验，赐号高道，建西山道院于朝天宫以居之。旋受命乘驿传游庐山、武当等地，还后擢任道录司右正一。永乐初年，随驾至北京，迁左正一。未几，谪置龙虎山，寻移滇南龙泉观而创长春派。洪熙改元

---

① 樊光春：《长安·终南山道教史略》，陕西人民出版社1998年版，第293页。

（1425），召命还京，赐号"冲虚至道玄妙无为光范演教长春真人"，寻加"庄静普济"四字，给二品银印，与正一真人等，领天下道教。宣德元年（1426），召至内庭，赐法衣、宝剑，进大真人。宣德七年（1432）二月，以老乞归朝天宫西山道院，半年后卒。刘氏为长春派创始人，后又被净明道尊为第6代祖师。然从其经历看，刘受全真影响是相当深刻的，其本人也以全真后裔自居。《长春道教源流》卷七《刘渊然传》称刘"仍守全真之学，正一之术，系所兼习，非以是为宗主者"，当是站在全真教系的立场而言。不过，刘渊然与其师赵宜真一样，兼学全真的事实，却反映出明代全真道向江西渗透并影响日渐深入的历史趋势。又据《明史》卷二九九《方伎传·张宇初》载，第43代天师张宇初曾受全真道法于长春真人刘渊然。张氏受全真思想影响后，认为"金石草木徒杀身取祸"，"寇、杜、葛、陆之徒"所行的符箓祈禳是邪门歪道，为此必须正本清源，遂以黄老清净无为为本，对道教进行整顿。张宇初著《道门十规》，倡导全真教性命双修的宗旨和"百日立基，十月圆胎，三年圆毕"的渐进丹法，提出道士应该遵守的十条戒规，试图规范道教。不过，明代江西全真教受正一道的压制，不得不依附于正一道派，借助于正一的力量，而颇为艰难曲折地向前发展。处于弱势的全真道在合流中明显处于不利地位，这从正一道派积极吸收全真思想而丰富、发展自己，全真道却少见吸收正一思想而壮大自己，反而渐失自己特色，可以略见一斑。

明中前期，全真道受政治因素的影响，加上社会力量与经济力量微弱，决定了它不可能在当时的历史舞台上活跃。然"虽时当晦迹，先圣一脉，不可不续"①，一些全真教徒仍在各处进行小范围的活动，或借助正一教的外衣，弘传着全真教的精神。明廷也采取实用主义态度，对全真道偶有眷顾。如在江西地区，明成化三年（1467），因章真君（章哲）显圣"助战有功"，宪宗钦书"通真宝殿"匾额，加封为"仁天教主，太平护国天尊"，并将丝罗山赐名为太平山，相沿至今。江西全真道也与南方其他地区一样，或明或暗地活动，发展不绝如缕。综观这一

―――――――――

① 《金盖心灯》卷一《张无我律师传》，《藏外道书》本，巴蜀书社1992—1994年版。

时期江西的全真道，因不仅受朝廷道教政策的严重压制，而且还直接受正一道压制，呈向正一附合的趋势，自我发展应相当艰难。江西地区依然少有全真道弘法的基地，也缺乏著名的全真道人物，学道者多外流他域。然明中期以来，随着统治者对道教方术的迷恋，至世宗朝，崇道之风鼎盛，开国以来严格管理道教政策、规章制度不断被破坏。虽然世宗崇信重用的仍大多是正一道士，但全真道的活动已由"密传"而公开。世宗以后，内忧外患，朝廷对全真道的管理和约束更是趋于废弛，全真道日渐趋于活跃。而一直受朝廷重视的正一道，漠视教理、教义的发展，又加上教首教徒宗教素质差、腐化堕落，明中期以后，正一道日渐衰落。即使在法术的灵验方面，正一道似乎也大不如前。所谓"张氏自正常以来，无他神异，专恃符箓祈雨驱鬼，间有小验。顾历代相传袭，阅世既久，卒莫废去云"①，就是这一事实的写照。相反，全真道在明代地位低下，生活艰苦，"戒行精严"，故能于明末挺然而出，一扫淫靡之气，使人耳目一新，吸引大批的信徒。这些因素无疑有利于全真道的复兴。

明晚期，统治腐朽，社会动荡，尖锐的民族矛盾和阶级矛盾交织。以龙门派为代表的全真道开始积极活动，影响日广。全真道自元代以来，七真门下各自开派，形成7个支派，其中丘处机所创龙门派势力最强。该派传至明代，出现以戒律密传的"龙门律宗"。此宗以丘处机门人赵道坚为第1代律师，龙门律宗传至第7代大师王常月时，值明晚期得以大扬其教。受其影响，江西全真道龙门派亦得以呈复兴迹象。南昌人曹还阳，道号常然，自幼好武，明万历丁亥年得李祖全诀全法，为本支脉龙门派第7代祖师，并为白云观传戒律师。明末龙门派道士孔常桂，长期居南昌西山修道，传有弟子多人，后形成龙门一支派。江西全真道复兴的重要标志是内丹大家伍守阳的出现及其思想的传播。伍守阳（1565—1644），字端阳，自号冲虚子，江西南昌人。伍氏"幼精性理，明佛三昧"②，持身高洁，好性命之学，志在成仙。自谓于万历二十一

① 《明史》卷二九九《方伎传》。
② 《金盖心灯》卷二《伍冲虚律师传》，《藏外道书》本，巴蜀书社 1992—1994 年版。

年（1593）师事曹还阳，得"仙佛合宗全旨"；后又师事李泥丸，得授《东老遗书》并"五雷法"，兼习内外丹。后赵真嵩劝其至王屋山谒龙门派七祖王常月，据称一见契合，并受三大戒。伍氏遂成为龙门第8代宗师，并为白云观传戒律师。伍氏著有《天仙正理直论》《仙佛合宗语录》等内丹理论著作。伍守阳注重三教圆融，将佛学引入仙学，再以佛证仙，仙佛互释，阐发仙宗秘旨；继承前代性命双修理论，以心性锻炼为主旨，并与行持戒律相结合；强调内丹功法，"仙道"秘在"神、气"修炼，等等。这些思想影响当时，并为清初伍柳派的形成奠定了思想理论基础。此外，伍守阳在《仙佛合宗语录》中主张重整道教戒律，认为戒文"世同法律"，"若不持戒，道无由得"。这在道教受到压抑、戒律松弛的情况下，对道教的发展极有利，对王常月重整龙门律宗无疑也具有启发的意义。伍守阳弟子有柳华阳、伍太虚、伍太初、李羲人、朱太和、朱星垣等，其中尤以柳华阳在清前期名扬一时。

由上所述，明代江西全真道总的来说进入一个衰落时期，至明后期才因社会形势的变化而有所改观，与四川地区相比，似在理论建设上略胜一筹。

四 清代蜀赣全真道的兴盛与衰微

清初，随着社会环境的转变，以龙门派为主的全真道在清廷的扶植下出现复兴的景象。清朝初年，民族矛盾极其尖锐，明朝遗民不断酝酿反清复明的斗争。如四川在明朝覆亡后，自清顺治三年（1646）大军进攻西南地区始，至康熙三年（1664）最后镇压夔东十三家义军止，抗清斗争前后持续近二十年，成为抗清相当坚决的地区与重要基地。初主中原的清朝统治者为了稳定社会，对道教实行宽容政策。全真教与明廷关系疏远，又在清入关时积极投靠，特别是教主王常月调整传教策略与传教内容，使之合乎统治者要求，得到清统治者的认可。如其传教的内容是：劝人严持戒律，修道以持戒为首要功行，叫人皈依三宝，收拾心意，忍辱降心，保命延生，阐教弘道，了悟生死，自度度人，最后功德圆满①。王常月为代表的全真教劝人忍辱降心，保命延生，正符合清朝统治者的需要。另外，抗清失败与剃发易服之辱，清初大批抗清志士和明末遗民遁迹黄冠。正如闵一得所云："国朝顺治间，多隐君子，百工技艺中，往往隐有奇人。"② 他们大多本出身儒门，或托籍仕版，而一旦国破家亡，遂绝意进取，希图在宗教的幻想王国中寻求精神寄托，所谓"英雄闲，乃神仙"③。值此前后，正一道道流素质低落，上层腐化堕落，对教理、制度缺乏创新与建树，加上由于正一道与明廷的传统关系，统治者疏远冷落，在上层社会的地位日渐衰落，社会影响也减弱，组织发展陷于停滞。蜀地的正一道教已形如散沙，几处衰绝。相反，全真道恰恰因为在明代地位低下，生活艰苦，从而形成了"戒行精严"的宗风，故龙门派能于明末清初挺然而出，一扫淫靡之气，使人耳目一新，吸引了大批的教徒。源于清统治者对正一道的限制，大多数遁道者不得不选择全真道，江西遗民也有不少入全真道者。南昌人上官长明，尝为武弁，居天津天妃宫为道士；南昌人周德风，曾列仕版，明亡，弃官入道，自号古月。在清廷的扶植下，王常月在顺治年间建立了以北京白云观为弘教中心。据《白云观志》收载完颜崇实《昆阳王真人道行碑》载，顺治十三年（1656），王常月"奉旨主讲白云观，赐紫衣，凡三次登坛说戒，度弟子千余人"，一时南北道流纷纷来京受戒，皈依王常月门下。北京白云观成为全国全真道徒向往之地，江西、四川也有人不远万里趋之，如雍正年间的罗公，即至白云观学法，羽化后就葬于白云观，被敕封为"恬淡守真人"。蜀中儒生陶靖庵，明亡后曾北游五年，欲举大事未果，最终栖身全真道。康熙二年（1663）王常月又奉旨率弟子南下传教，在南京、杭州、湖州、武当等地开坛说法，遂致全真戒子满天下，其代表的龙门教团也因此大兴。

四川地区的龙门派因此机缘，得到快速而深入的发展，其突出表现就是陈清觉创建全真道龙门支派碧洞宗。据《龙门正宗碧洞堂上支谱》

①　王志忠：《明清全真教论稿》，巴蜀书社 2000 年版，第 67 页。
②　《金盖心灯》卷二《黄虚堂律师传》，收入《藏外道书》第 31 册。
③　《金盖心灯》卷三《孙则阳律师传》，收入《藏外道书》第 31 册。

载，陈清觉（1606—1705），号赛松、烟霞，湖北武昌人。少年为进士，入庶常。后因看破宦途险恶，顿悟生死机关，辞官弃职，隐姓埋名，至武当山太子坡拜龙门第九代道士詹太林为师，为龙门派第十代弟子。清康熙八年（1669）陈氏与道友张清湖、张清云、穆清风、张清夜、张清仕相偕入川，至青城山天师洞，修葺殿宇，潜心修道，天师洞转为龙门派正嗣。康熙二十六年（1687），将教务交道友张清湖经理，去成都青羊宫养静。康熙三十四年（1695），臬宪赵良璧遇之，事以师礼，领受微言。发心于青羊宫旁捐修建二仙庵，置买良田五百余亩，请公住持，开堂接众，大阐真风。越次年，赵公升任两广，进京引见，将公之事奏闻，蒙恩召见。康熙四十一年（1702），康熙帝赐封"碧洞真人"号，并钦赐"碧洞丹台"匾额、"赤龙黑虎"诗章、珊瑚树、金杯等。陈氏传有弟子多人，多为蜀地各宫观的主持人。计有：陈一庆，称弘道真人，曾住持青城山天师洞；吉一法，住持成都二仙庵；刘一贞，称含玄真人，住持青城山朝阳洞；孟一贵，开建住持大邑县龙凤场云台山观音寺；石一含，开建住持茂县欧阳观；龙一泉，开建住持三台云台观。

协助陈清觉传教创派的有其师兄弟，除张清湖接替陈清觉任青城山天师洞住持外，张清云曾往三台县云台观任住持；张清仁曾任青城山文昌宫住持。他们亦各传有弟子多人。这些弟子再递相传授，逐渐形成一个拥有较多徒众颇有气象的龙门支派，遂尊陈清觉为开派祖师，以其碧洞真人号之"碧洞"二字名宗，称碧洞宗。碧洞宗仍据龙门派所订"道德通玄静，真常守太清，一阳来复本，合教永圆明"字辈谱系进行传代。其开祖陈清觉为第十代，传至清嘉、道间，大约至第十六、十七代，至近代易心莹时已是第二十二代。《龙门正宗碧洞堂上支谱》载有第十一代到二十三代的名单，第十一代有陈一庆等28人；第十二代有王阳炳等37人，第十三代有吴来辉等43人，第十四代有万复证等55人，第十五代有万本园等100人，第十六代有第合邦等128人（以下所记略）。以上《支谱》所记并不完全，如光绪年间经手重刊《道藏辑要》的阎永和，是当时二仙庵的方丈，二仙庵是陈清觉创教之地，又一直是该派的主要基地之一，作为方丈的阎氏，无疑是碧洞宗道士。这或反映出碧洞宗的组织并不十分严密，与其他全真派的区别不是特别明显。

碧洞宗以成都二仙庵、青城山天师洞为传播中心，逐渐扩展到四川其他州县，甚至云南、贵州、重庆等地均有传承，其影响绵延至今，奠定了今天四川道教的基本格局。当时四川许多州县的宫观都有该宗道士住持，据上引《支谱》记，该宗道士作过住持的地区和宫观如下：成都二仙庵，成都小北门太清宫，成都太清宫，成都三圣祠，成都东御街敬佛堂，成都外北报恩堂；青城山天师洞，青城山文昌宫，青城山朝阳洞，青城山郭家庵；灌县二王庙，灌县三台山东岳庙，灌县太平场药王山；华阳县白家场高桥文昌宫，双流县天成宫，温江县东岳庙、温江县盘龙寺；郫县寿尊寺；汉州老君观（后改名汉州元妙观），汉州小汉镇陕西馆；崇庆州毛郎镇千佛山，崇庆州南华宫，崇庆州邹家庵，崇庆州丹凤山南岳庙，崇庆州娘娘冈龙驹寺，崇庆州菩萨场；大邑县鹤鸣山文昌宫，大邑县龙凤场观音寺，大邑县老君观；彭县三教寺，彭县三圣寺，彭县九尺铺禹王宫，彭县楠木场真武宫，彭县敖家场五显庙；潼川云台观，潼川宝河观，潼川东岳庙，潼川三圣宫，潼川川主庙，潼川河嘴文昌宫，潼川云台场文昌宫，潼川金村川主宫，潼川广利井真武宫；中江县普兴场三圣宫；绵竹县东岳庙，绵竹县五都山严仙观；眉山县重瞳观；蒲江县九仙山；邛州慈云寺；资阳县玉皇观；乐至县川主庙；富顺县某某宫；茂州欧阳观；汶川县娘子岭；天全州大川村毗罗寺，天全州冷村围塔大朋寺；雷波厅雷神庙[①]。以上碧洞宗所主道场，几遍布四川全境，足见其传播之广泛。碧洞宗能在不长的时期内扩张自己的势力，除了碧洞宗道人的努力外，还在于以成都为中心的四川道教长期以来基本处于自然发展的状态，道派虽众多，组织却较为松散，明末以来已处于极度衰微状态。明以来蜀地即有龙门派宗师的活动，奠定了一定的弘法基础；经王常月改革的龙门派宗教力量生机勃发，又得到了统治者的积极支持而势头强劲，因而在四川地区迅速发展壮大。碧洞宗产生后，渐有压倒与取代他派的趋势。青城山和成都青羊宫已成为碧洞宗道

---

① 参见卿希泰主编《中国道教史》第 4 卷，四川人民出版社 1996 年版，第 137—138 页。

士所在地，并以此为中心，向四川各地不断传播发展，根植于深厚的道家文化土壤之中。

碧洞宗大致走的是平民化而非精英化的发展路线，虽拥有众多道士和宫观，但道教理论建设并不突出，其徒众中于道教学术有造诣者凤毛麟角。不过，碧洞宗在长期发展中，也曾出现一些杰出道士。如第十三代王来通，号自明道人，乾隆间为灌县二王庙住持。他努力修饬庙规，培修道路，广植树木，颇有成就。又布施药物，岁以为常，而自奉甚俭。他很关心地方水利工程，发起新修横山的长同堰，造福于地方。并立志要把都江堰的治水经验加以推广，主持刊印了《灌江备考》《灌江定考》《汇集实录》等三书，这是现存都江堰治水经验总结最早的专书，有一定的科学价值。第十四代陈复慧，号仲远，青城山道士，住持温江盘龙寺。博学能文，有《雅宜集》行世。对道教斋醮音乐颇有造诣，曾校正《广成仪制》数十种传世。他所创作编曲的道教醮乐曲以"细腻含蓄"著称，被称为"广成韵"或"南韵"，成为后来四川两个民间坛门之一"广成坛"之祖①。另外，道教音乐是神圣的，不得随意改动，全真道音乐拥有统一性和相对稳定性的特征。不过，全真道音乐历代少有记录，见诸文字记载的资料也较少。唯有在清代后期由成都二仙庵雕版印刷的《重刊道藏辑要·全真正韵》，为目前所见最完整的一部全真道乐谱辑。四川全真道人在全真道史的贡献由此略见一斑。

除了龙门碧洞宗外，在全真龙门派中兴的影响下，蜀地其他全真道派也在积极活动，大弘全真教法。穆清风，号玉房子，四川忠县人。中年入道，苦志参学。游学吴越之间，康熙四十八年（1709）受龙门第九代詹太林之传，为龙门第十代传戒律师。康熙五十三年（1714），始来成都梓潼宫，修建养济堂院，传演律宗衣钵，三次开坛传戒，收取弟子。雍正四年（1726），回家乡景福山，创玄都律坛。雍正七年（1729）复还川西，退隐青城山白云观，兼主眉州重瞳观。穆氏在成都梓潼宫收的弟子中，以朱一和、袁举清最为著名。朱一和，字自明，号怀阳子，扶风人。绝俗出家为道士，游至西蜀梓潼宫，开修接待常住，

① 参见王纯五、甘绍成《中国道教音乐》，西南交通大学出版社1993年版，第60—61页。

建立养疾病院。康熙五十三年（1714），穆清风因见朱氏道德真纯、言行卓绝，遂授其三戒，得传道脉，是为成门第十一代传戒律师。袁清举，法名阳举，号九阳，凤翔人。于景福山（陕西陇县境内）出家修道，积功累行十数年，复游终南山、老君山，又游成都，隐居青城，朝诵心印，暮礼斗真建功。康熙五十三年（1714），缘遇穆清风于梓潼宫建律坛，开化人天，遂受穆氏所传戒律。至第十一代朱一和去世时（1717），又承继其大法，是为第十二代传戒律师。至雍正八年（1730），再传法与第十三代王来怀。龙门派律师是龙门戒法的传授者，龙门法统的承担人和体现者，穆氏既是其一代传人，又是其后两代律师的导师，在龙门派发展史上的地位可见一斑。《太上律脉》载其事迹，民国年间北京白云观老律堂中供奉其牌位。

青城山上皇观，从康熙年间起，即为龙门第九代李太浩一系所住持。清郑翊清《上元宫碑》云："（青城山）上元宫，创自明万历间，曰天台寺，为浮屠所居。国朝康熙五十年（1711），始易名本洪庵，殿宇倾颓，仅一僧名自埃，难于维持，有首道士李太浩者，给资接收。……庵后循定江而上，度岭十余里，有上皇观，建自明正德间，历久荒芜，太浩于康熙五十八年，与谢清元师徒协办增修殿宇。"① 另据徐昱《青城山金华宫记》，至"光绪初，有匪徒诱胁道士据为窟穴，（光绪）戊子（1889）、乙丑（1890）后，道士李焕章携其弟子唐复初，由上元宫入居之，匪始他去"。② 又清城山天真观，在乾隆年间为刘阳春一系所住持。民国《灌县志》卷一二载："刘阳春，湖南长沙人。性质朴而勤敏。清乾隆初，入秦中马尾庵为道士。云游至蜀，爱青城之胜，遂居天真观。与其徒何来诚刻苦经营，顿起衰废，年九十卒。"

成都青羊宫，康熙年间由龙门第九代牛太安住持，乾隆以后，则由龙门第十代张清夜一系所住持。《金盖心灯》卷三《樊初阳律师传》载，康熙三十八年（1699），"巴蜀青阳宫住持牛太安慕师（樊太初）名，逾山越水，历三月至冠山（在苏州）。太安善导引吐纳之功，时年

---

① 民国《灌县志》附《灌县文征》卷二，线装本。
② 民国《灌县志》附《灌县文征》卷五，线装本。

七十有六，而貌如三十许人"。后樊太初与牛太安"偕游楚蜀间，从者
如云"。乾隆以后，青羊宫又为张清夜一系所住持。张清夜（1676—
1763），初名尊本，字子还，号自牧道人，江南长洲（今江苏苏州市）
人。少为诸生，博学工诗，善书法。尝游历四方，决意出家，至武当山
太子坡，从佘太源为道士。雍正元年（1723），溯江入蜀，遍览峨眉、
青城诸胜，先后居成都临江寺、惜字宫。一琴一榻，悠然自得。蜀抚宪
德重其文才，尝请出仕，坚持不就。雍正七年（1729），移住武侯祠，
谢尘俗，习清虚，日夕唯研读《阴符经》。乾隆八年（1743），华阳令
安洪德、成都令夏绍新，请其住持已经重修的青羊宫，清夜以老辞，荐
其徒汪一萃任之。而他本人常往来于青羊宫、武侯祠之间。越 10 年规
划，于青羊宫创悬钟板，接待十方，一时道众云集，俨然为一大丛林。
为"敷扬道要"，劝戒道士修德慎行，于乾隆十一年（1746）作《玄门
戒白》。张清夜认为，近世以来，道教内部风气日坏，道德沦丧，不利
于道士的修行而难于成仙。为了扭转这种局势，张氏提出以崇尚儒家的
伦理纲常来扶正道士之德行的"正纲常"主张，因为纲常德行是道士
立身和修道的根本，只有先修道德品行，学道施法才可望成功，升仙也
才有望。张清夜提出要学道有得，还须匡正学术，专心致志。即所学
者，不是异端邪说，而是先圣所传的真正之学。只有脚踏实地去做，才
能功到自然成。《玄门戒白》反映出张清夜与其他龙门宗师一样，欲以
新科戒纠正衰败道风的拳拳之心。《阴符经》是重要的内丹理论著作，
为阐释《阴符经》之秘，张清夜于乾隆十九年（1754）作成《阴符发
秘》。张清夜在该书自序中，极力推崇《阴符经》之博大精深，谓其
"乃崆峒授受之文，为坟典丘索三教百家经书文字之鼻祖。以天地幽明
而原始要终，明夫人未生之前有生之后，其所以生所以死之故，盖天地
与人参三才而一理，是以指天道而明人道，言简而理赅，义深而行
易"①。认为该书所阐明的道理，可以为万事万理之指导。张氏是从道
教养生修炼角度去阐发《阴符经》的，因此人们可以从其文中看到他
对道教内丹修炼的融汇儒释独取其精的某些观点。一是用"伏藏"之

---

① 张清夜：《阴符发秘·自序》，见蒙文通《道书辑校十种》，巴蜀书社 2001 年版。

法制残贼人性命的"色、声、臭、味、触"五贼，谨守"耳、目、舌"三要。二是知动知时，克服物欲邪念。三是明方辨器，修真成圣。《阴符发秘》是张清夜阐发内丹思想的重要著作，对道教修炼术虽无理论上之发明，但他不事浮言而务求实际，颇受道徒的称赞和重视。

随着社会政治、经济、文化生态的演变，龙门派复兴势头并没有能够长期维持，清中期以来，全真道与正一道一样步入了衰落的历史时期。全真道的其他宗派也在四川地区活动。有清以来，伴随着全真道的传播与发展，蜀地张三丰影响亦不断深入。武当宫观普遍，以宜宾翠屏山的真武观最为著名。雍正时，剑南观察汪锡龄将所见张三丰丹经二卷、诗文若干篇，及附记张三丰显迹三十余则编辑成《三丰祖师全集》家藏。道光二十四年（1844）李西月从汪锡龄六世孙汪昙家得雍正时所编的《三丰祖师全集》，只存十之七八，于是又采诸书补辑，编成《张三丰先生全集》八卷。李西月是清中期蜀地宗承张三丰的代表人物。李西月（1806—1856），四川乐山人，初名元植，字平泉，入道后更名西月，改字涵虚，号长乙山人、圆峤外史、紫霞洞主人、卷石主人、树下先生等，这些异名别号，不仅体现出他的个性特征，也反映了他的思想渊源。李氏著有《太上十三经注解》《大洞老仙经发明》《二注无根树》，合册称"道言十五种"，又名"守身切要"；又有《九层炼心》、《后天串述》，俱刊行于世。李还编辑有《海山奇遇》《三丰全集》；另外尚有《圆峤内篇》《三车秘旨》《道窍谈》三书，李在世时均未刊行。他在内丹修炼方面，建立了一套渊源张三丰又独树一帜的理论体系，被称为内丹派别的"西派"，在蜀地有相当的影响。

以傅金铨为代表的全真东派是清中后期蜀地的重要道派。傅金铨，字鼎云，号济一子，江西金溪人，生活于清嘉庆、道光年间。阿应麟为傅金铨《杯溪录》作序时，曾叙及他的事迹。其中有云：济一道人"以孝行闻乡里，居善亲，与善邻"；并"自言受训于纯阳吕祖，应八百之谶，首先忠孝，若尧舜禹文周孔，道统相承。为君止仁，为臣止敬，为父止慈，为子止孝。各止至善，即各证厥修矣。……其平居训俗，多功德之谈"。其所著《道海津梁》中，认为"欲学神仙，先为君子。人道不修，仙道远矣。人道是仙道之阶，仙道是人道之极。不有人道，安求仙道！正心修身，徙义崇德，此庸行也；孝弟忠信，忍让慈惠，此庸德也。庸德之行，庸言之谨，真学志士，必自此始"；"出世必基于入世，欲求出世之功，先讲入世之道，儒其大宗矣"。以上说法，表明傅金铨不仅为净明道流裔，也是清代阴阳双修内丹派的代表人物之一，被称为清代东派内丹家。傅金铨于嘉庆二十二年（1817）寄居四川巴县，设坛传教。据民国《巴县志》卷五载，傅金铨曾游历江西、江苏、湖南、四川等地，门下从游者众，"最知名者，有临川纪大奎，时官合州（今四川合川县）知州"。傅氏著作甚多，有《入药镜注》《天仙正理读法点睛》《道书试金石》《道书一贯真机易简录》《新刻道书椎阳经附集》《鼎器歌》《吕祖沁园春注》《真经歌》《采金歌》《心学》《赤水吟》《杯溪集》《性天正鹄》《新刻道书五篇注》《丹经示读》《金丹真传顶批》《康节邵子诗注》等。这其中既有阐述净明教义与会合三教理论的篇章，又有阐述内丹旨义的专文，还有少数诗词，是研究清代道教思想的重要资料。此外，全真中派思想也在蜀地传播。其代表人物是江西丰城人黄裳（字元吉）。道光、咸丰之交，黄裳曾在四川富顺乐育堂讲授内丹法诀。著有《道德经注释》，其门人将其讲道内容编为《乐育堂语录》《道门语要》，为"中派"正宗丹法，影响蜀地一时。

相比之下，清代全真龙门派在江西地区的传播却不是那么热闹，传教成就要小得多。但就其对龙门派发展的影响和作用而论，其地位庶几不低于四川。除了王常月弟子程谔山隐于庐山、徐守诚居南昌西山修炼弘法外，更有柳华阳以精于内丹学，创建伍柳派著称于世。柳华阳（1736—?），道号太常，南昌人。本为儒生，翰林及第，后入佛门，因虔诚求道，遇伍守阳授全诀全法，为本支龙门丹道第九代祖师。柳著《慧命经》《金仙证论》，与伍守阳著作合称为《伍柳仙宗》，尽传伍法并予以发展，故后人称伍柳派。伍柳派提倡以仙道为宗，仙佛合宗，以金丹释禅宗，主张内丹性命兼修。以"仙道简易，只神炁二者而已"，修长生之主是神，然神必须得炁为定基。强调修丹只用先天，忌用后天，尤重"一点真阳"之先天祖气的炼养。柳华阳还以道德体用观指导修炼，强调"培德体道"。《金仙证论》详细记载了炼丹的次序和各个步骤，对炼己、药物、鼎器、火候、效验、任督、防危，以及伏气、胎息、真意、大小周天等均作详细指点，为学修伍柳派内丹功法提供了翔实的理论基础。伍柳丹法比较烦琐，但理论浅近，较之北宗传统丹法，援佛入道之处更为突出，从而使伍柳派成为丹法道派的代表与主流，对后代影响很大。如道号清禅的了然，本为禅门高僧，清乾隆年间得柳华阳相授全诀全法，后住镇江金山寺修炼，成为本支龙门派丹道第十代祖师。全真南无派第二十代道士刘名瑞，遇柳华阳得龙门丹法，即著《道源精微歌》《滺燧易考》《敲蹻洞章》等。

除了龙门派之外，全真中派在江西地区也有传扬。江西全真中派渊源于元代李道纯，李提倡守"中"，为中派学说奠定了一定的理论基础，其弟子赵道可隐修江西婺源。明初尹真人高弟著《性命圭旨》，以"中"为体，阐扬了李道纯的内丹思想。清末江西丰城人内丹家黄裳（字元吉）着力弘扬中派思想。黄氏其生平事迹不详。就目前史料，可知黄氏曾于咸丰、道光年间云游至四川，在富顺县为当地好道之士所挽留，遂设乐育堂讲授内丹诀法，十余年后解馆离去，不知所终。黄氏撰写了《乐育堂语录》《道德经注释》等著作，把中派的思想作了集大成的阐发，中派至此成型。黄氏的丹法核心是理气合而生万物，明心见性而性命双修，修炼授受而概主清净，"玄关一窍"而中黄直透，不用循身后的督脉升而顺身前的任脉降，不讲开合，不用面壁功夫，即可飞升。黄氏丹法以儒道融通为特征，深入浅出，成为清末影响较大的内丹思想，也颇受当代学者重视。

清代道教各派大率已多互相融合，彼此间区别不大，江西全真教表现尤为显著。这一时期江西的全真道与正一道中合流的情形依然，尽管此时正一道派已经衰落，但其基础与社会影响依然很大，在一定程度上仍处于强势地位。龙门派第八代嗣法弟子徐守诚（1632—1692），于清顺治九年（1652）居南昌西山修炼，并兴修万寿宫。徐氏参礼西山净明道士孔玄微，兼传净明道，其徒亦是全真、净明兼习，不仅在传播全真教上有成就，而且也成为当时净明道的重要传人。门下传有谭太智、张太玄、熊太岸等弟子，亦是全真、净明兼修。康熙年间有江西青云谱净明道居士胡之玫辑成《净明宗教录》十卷，所收除宋元净明派故籍外，尚有原出茅山派的导引法，十六字诀，十段锦，及有取于全真戒律的《净明初真戒经》《净明女真戒经》《净明在家奉持戒仪》，有取于全真内丹学的《净明法藏图》等。胡之玫序其书说：净明许逊之学本于婴母，婴母之教授于兰公，绍其学者为吕纯阳，再绍其学者为白玉蟾。其早晚课诵科仪中所朝礼的祖师，包括正一派及全真南北派诸祖，可见该派与正一、全真融合之况。另外，此时各地全真派龙门道士，大都兼行祈禳斋醮，以香火收入为谋生之一途，与正一在宗教行持方面渐无多大区别。这说明全真道与正一道相互融合的程度已相当深入，且全真也渐失自己的特色了。

有清以来，全真龙门派宗师辈出，人才济济，修有所成者不可胜数，故有"龙门、临济半天下"之说。清代前期，由于社会形势的变化，统治者政治的需要，蜀地全真道在外入全真道人的积极推动下，进入全面兴盛发展的时期，创立了影响很大的全真龙门新派碧洞宗，使成都成为与北京、终南山齐名的全国三大传戒中心之一。江西地区也出现了数位龙门大师，全真道出现了新的气象。但这不过是全真道发展的回光返照而已。全真派别纷起，形式上是全真道的兴盛，实际上却是全真道趋于衰微的反映。随着时间的推移与社会环境的变化，无论蜀地还是赣地，全真道人有真功、真行者日少，宗教理论上多总结少创新。至清末，全真派道士也多行斋醮祈禳之事，与正一道在行持方面没有多大的区别，也和正一道一样走向没落。只是因为蜀地相对封闭以及某些全真道人的努力抗争，其没落的过程似乎比南方（江西）其他地域要缓慢一些，而且其全真道精神一直保持良好。

五　地域文化与蜀赣全真道发展的关系

自东汉张道陵鹤鸣山创教以来，四川、江西地区以天师正一道为中心的道派绵延发展，一枝独秀至宋代。唐五代以来，蜀地、赣地内丹道的兴起和流传，成为宋元南宗思想以及其后全真道传播发展的重要基础。随着南北全真道的合流，在外来全真道人活动的积极影响下，两地开始了全真道的传播。明代全真道受到政治压抑，发展几陷停顿，蜀地全真道却不绝如缕地传播发展着，成为衰绝时期的重要一脉。赣地的全真道则在明前期几无发展，直到中后期随着统治者对全真道控制的放松，才出现兴盛的趋势。清前期，全真龙门派在蜀地得到兴盛，创建了深刻影响蜀地全真道的碧洞宗，其他全真道派也得到不同程度的发展，最终使本区从传统的正一道基地变为全真道的重要地区，并在事实上最终超越了正一道，成为南方道教中的特别现象，在全真道史上产生了较大的影响。相形之下，江西的传播与发展虽然借着龙门复兴的时机，亦呈兴盛局面，内丹理论建设成绩突出，为全真道的发展作出了较大的贡献，在全真道历史上具有重要的地位。但总的来说成绩要比蜀地小得多。这种情形的出现，与宋元明清时期全真道所受的政治环境密切相关，也与两地的地理人文因素密不可分。

政治环境是影响宗教发展的重要因素。中国宗教历来从属于国家政治，虽然国家政治不能最终决定宗教的兴亡，但是统治者对宗教的态度和所执行的政策，深刻影响宗教的存在形式和发展趋向。宋元明清正是封建专制主义中央集权步步强化的历史时期，政权对宗教的干预也是越来越强。全真教是在民族矛盾尖锐化的环境下产生的新兴道教派别，这种与生俱来的胎记在很大程度上对全真教的命运和前途产生了影响，它的传播和影响不是通过在封建社会传统文化中的深厚根基而实现的，所以，它必须倚重政治力量①。全真道本是政治化较强的道派，其发展与兴盛，得益于统治者的扶持；其顿挫与沉寂，也与统治者的压抑密切相关。由于统治者的需要，全真道在元代兴盛发展，几与正一道半分天下。然自明立国伊始，全真道因受政治压制，一直处于艰难而缓慢发展的状态。直至明末清初，这一情形才有较大改观。不过，源于道教日渐衰微的形势，全真道也在清后期处于衰微境地。就宋元明清大部分时期而言，统治者重正一，轻全真。南方全真道基础薄弱，与政治素为疏远，未能引起上层统治者的重视。本来依附政权较强的全真道，不仅得不到政权有力的支持，反而受政权支持的正一道压制，致使南方全真道力量远逊于北方全真道，与本区正一道派相较也明显处于劣势。

---

　　① 王志忠：《明清全真教论稿》，巴蜀书社 2000 年版，第 68 页。

　　如上所述，在明代统治者压抑全真道的政治环境下，尽管有不少全真高道游历、隐逸于四川，但他们弘教受到了极大的限制，当地全真教基本处于缓慢发展的状态。清前期，当统治者扶植全真道时，蜀地全真道亦兴盛一时。但随后即走向衰落。江西内丹思想至迟已在唐末五代时期出现，至南宋时期已开始在一定区域内流传，并在此基础上开始有了全真道的传播。元统一后，随着全真道成规模地弘传南方，江西迅速成为全真道传播的重要地区，并在很大程度上促成了全真南北宗的合流。明代全国全真道发展步入低谷，江西的全真道借助正一道派，弘传全真思想，艰难地向前发展，从而奠定了明末清初复兴的基础。清前期江西全真道虽得到某种程度的复兴，最后仍不得不随着清皇朝的衰败而走向衰微。另外，四川地区偏于西南一隅，离宋元明清皇朝政治统治中心较远，是统治力量相对薄弱的地区，统治者的宗教政策措施在施行过程中往往会不同程度地发生变异。所以当统治者致力于抑制全真道时，四川地区却成为全真道徒选择的活动区域，尽管曲折艰难，但仍维持着全真道生存与发展的一脉。而江西地区则在政治地理上处于皇朝控制比较严厉的地区，因此全真道的发展更受皇朝政治的影响，显得比四川地区更为艰难。总体来说，宋元明清时期四川、江西全真道发展有历史的延续性，其兴起、繁荣与衰落，大致与中国封建皇朝衰微同步，并呈现出相似的历史特征。

　　除了受全国性的政治、经济、文化等因素的影响外，区域宗教的发展与传播有它特定的地理人文环境。江西、四川地区的全真道发展与传播就是典型的案例。汉魏六朝以来，江西地区已形成相对宽松的宗教人文环境，有利于各种宗教的发展与传播。但江西向为正一道的根据地，正一道在中国南方广大地区已经传播了1400多年，在群众中有着深厚的基础和影响。特别是宋元明以来历朝统治者都对其尊崇有加，即使是在清廷对正一道大加限制时，对龙虎山的正一道士还是不得不予以眷顾，予以相当的特权。正一道对本区道教的影响深入而全面，这无疑对全真道的传播与发展起了抵制的作用。宋元明清时期的江西全真道，是在传统的正一道的地盘上分割势力，作为外来的全真道，自然难以撼动本区正一的传统地位。所以，江西地区的全真道遇到的困难可能比其他地区要大得多，发展与传播的空间狭小。实际上，江西全真道没有形成有影响的地区中心，也无本山，难以建立弘法基地；宫观基本是借助于正一道的，也难以建立有影响的教派；吸引的民众也不会太多，不少人不得不赴其他地方学全真道。如清代江西正一道衰微之时，活动于江西的全真道人不懈努力地弘道扬法，但江西的正一道派依然稳固地掌握了道教的主动权，迫使全真道始终处于屈从的地位，不得不向正一道依附。这些都充分说明江西全真道受本区正一道的压制是比较严重的，发展极其有限。尽管如此，江西的全真道仍在这一时期积极发展，传播全境，并与传统的正一道派相竞争，取得了一定的成就，如元明以来赣南原有正一道、净明道许多道观，全真道士慕名前来修道，并逐渐分据其中许多道观。就南方地区而言，全真道在江西比较活跃。从道徒而言，信仰者多是职业的宗教人士，传法弟子不多但素质却相对较高，往往都是较有作为的人物，影响较大。综观宋元明清时期江西地区成长为南方全真道的重要地区，应是一个相当不凡的成就。与江西地区相较，蜀地是天师正一道的发祥之地，汉魏以来是天师道派传统的活动区域，至唐五代仍是道教主流派。如杜光庭所著《道门科范大全》，汇集了天师道和茅山道的斋醮仪式，就是蜀地天师道派仍较强盛的产物和反映。但与此同时，蜀地的内丹思想发展兴盛，极大地涣散了天师道派的势力。随着宋元以来江西龙虎山天师道的崛起与兴盛，其地的正一道逐渐被边缘化，已不构成正宗的权威，为全真道派逐渐渗透到自己的势力且影响日益张大。当明清时期全国正一道日渐衰落时，四川正一道更是衰杇不堪，不仅不能形成强大的势力来抵制全真道的发展与兴盛，反而希望借助新的道派来兴盛川地道教，这就愈加造成了当地正一的衰微和全真的崛起。因此，四川地区全真道传播和发展的成绩远远大于江西地区，在广阔的南方也处于显著的地位。

从上面的叙述中，四川、江西两地全真道在发展过程中，两地之间的宗教交流也相当频繁、有深度。白玉蟾、李珏、陈致虚、傅金铨、黄元吉等高道，都曾积极活动于江西、四川两地，在全真教发展史上产生了重要的影响。由于道教发展阶段的时空差异性，前期更多的是四川向江西地区输出，因为四川的内丹思想要比江西产生早且更为丰富；后期更多是江西人进入四川，主要是因为江西地区全真的活动与生存的空间比四川地区狭小得多。清代时，四川地区后期的全真道已占优势，至少与正一道平分秋色。而江西的全真道受到正一道的严重排挤掠夺，其生存、发展的空间相当有限。

四川地区地理形势相对封闭，对外文化交往受到极大的限制。但它却是传统道教重心所在，道教各宗派传播发展与交流融合之地。在四川全真道的成长发展过程中，与长江中下游地区内丹思想的交流不绝，武当山成为向蜀地输入全真道的重心所在，青城山则在全真道沉寂时期成为全国传播龙门派思想的基地。或可以说，四川全真道发展的历史就是不断与外界交流的历史。宋元以来，全真道适应新的形势，与正一道在对抗与调适中交流发展。蜀地是正一道传播与发展的传统地区，享有广泛和深厚的地域文化基础。若如南方广大地域的一般情形，后来的且势力相对弱小的全真道，一方面与正一道相互吸收、融合，另一方面又不得不在一定程度上附合于原有道派。蜀地全真道虽然在与正一道交流中，吸收了正一道的某些思想，但四川全真道总的来说与正一道的交流、融合的成分较小，保留了较强的独立性，相比起南方其他地区的全真道，属于比较纯粹的道派。所以它没有像南方大多数地区的全真道一样，在与正一道派的相互吸收、融合中，不断失去了全真道本身的特色，变成虽有全真道之名而无全真道之实，实更近乎于正一道的道派。四川全真道却是以自己的全真思想为中心，吸收他派思想作为养料，从而较好地发展充实了自己，最终在很大程度上取代了当地的正一道。

宋元明清时期的江西全真道与道教各派之间，相互交流、融摄。不仅体现在包括与四川地区的比较广泛的交流上，在江西内部也颇有交流。一方面，正一道派的净明道、灵宝派、正一道的祖庭都在江西境内，并各自有较大的发展，从宗教地域文化传播的角度来说，江西全真道不能不受道教大宗灵宝派、净明派、正一道的影响，并与之密切的交往。江西全真道派与正一道派力量相差悬殊，又不得不与正一道派妥协，亲近正一道派，否则就难以有立足之地。另一方面，道教各宗派的界限本不十分严格，更无其他宗教那样激烈尖锐的宗派斗争，相互之间吸收、融合是道教发展的重要方式。在道教思想融合方面，江西地区有得天独厚的条件和良好的传统，汉魏六朝以来，江西道教活跃、兴盛，创立出数个著名宗派，宗派之间一直在相互竞争、相互融摄中发展。宋元明清时期江西全真道与正一道及其相关的各道派长期处于共同的地域，一开始即呈现出相互交流、吸收与融合的形势，并在发展的过程中得到不断加强。江西全真教与本区的其他道教宗派的交流、融合极其主动，尤其是与正一道中的净明派结合紧密。这是由于全真道强调"孝"与净明道的"忠孝"思想接近，有相互认同的基础①。全真道与净明道的交往，也是欲借助其力以弘教。全真道在江西，遇到的处于强势主导状态的正一道派，全真道欲发展、强大，不得不借助于正一道派。净明道是江西重要的道教宗派，并且在思想上与全真道有较多的兼容性，全真道借助净明道而发展，这是道教历史发展的客观形势所致，不失为适应道教新形势的明智举措。值得注意的是，元与明前期，主要是净明道向全真道依附，而明中期与清朝时期，则是全真道向净明道依附。从早期净明趋附全真，至后来全真趋附于净明，从一个层面说明江西全真道的发展日益地方化，地域文化对于外来文化往往最终起决定性的作用。要指出的是，江西全真道地方化的发展，虽暂时有利于其生存与发展，但从长远来看，则是以丧失全真性格为代价的。江西全真道尽管一直努力保持了自己的宗教理念而自我延续，但在与正一道派不断的交流、融合过程中，逐步丧失了自己的宗教特色。全真道士与正一道士交往密切，以致身份常常混淆。前述的赵宜真、徐守诚等人就是代表。江西地区龙门派在发展中与正一道相融合，渗透到世俗生活中，走上正一符箓化的轨道。这种实用主义的态度，自然影响到其信仰的虔诚，而最终丧失自己的宗教本色，或化为正一道派，或成为正一道派色彩浓厚的全真道。这诚然与江西全真道处于弱势地位相关，也与全真道发展的思想有关。另外，江西地区的正一道派，其吸收全真思想，并不是为了发展全真，而是为了壮大本派，这无疑又对全真形成更大的限制。尽管他们在吸收全真思想的同时，也在一定程度上宣扬了全真思想，也对全真的发

---

① 关于净明道与全真道的关系，参见张泽洪《净明道在江南的传播及其影响》，《中国史研究》2002 年第 3 期。

展产生了一定的积极作用，但这种作用显然是不能和前者相提并论的。

宋元明清时期的江西全真道相当注重内丹理论建设。受政治、经济、文化以及地理环境的影响，江西自六朝以来已是儒释道文化较为发达的地区，宋元以来"三教合一"在本区也颇为兴盛。江西全真道徒尽管人数不大，素质却较高，其中有许多儒释文化素养的人士加入教门，使本区的全真道呈现出比其他大多数地区更多的文化氛围。其突出表现就是江西全真道人吸取了本区正一道不重视理论建设而衰微的教训，重视内丹思想理论建设。江西道教内丹丹法流派，融汇各派理论，主张兼通三教，趋向中和。尽管北派的思想输入，南派合并于北派之中，但江西的全真道以南派思想为核心，这自然是地域因素所决定的。江西地区的全真道徒注重理论思维，不仅使本区的全真道发展有较好的理论支持，极大地丰富了江西地区的道教思想文化，也对其他地区的全真发展产生很大的影响。江西全真道人的理论发展与创新往往是适应时代潮流而产生。元中后期，有陈致虚内丹思想致力于全真南北合流。明末清初期，值龙门派思想旺盛之时，又有深刻影响全真道的伍柳派。至清后期，当内丹思想趋于沦落，又有黄元吉举旗而起。总之，在内丹理论的继承与发展上，江西全真道人作出了突出的贡献。如果没有江西全真道人的理论建构，也许就没有全真道在南方地区的广泛传播与发展。一部全真道的南方传播发展史，在一定意义上可以说是江西内丹理论的发展史。相比之下，四川地区尽管在唐五代时期，内丹思想远比江西丰富，但在发展与传播的过程中，并没有与时俱进，全真内丹思想基本是外地输入的，本地的内丹思想创新不多。

没有宗教的本土化（在一个国家范围内称"地方化"），就不会有宗教的独立性发展与强盛。四川、江西地区的全真道，经过宋元明清时期持续不断的发展，开始走上了地方化道路。但由于两地所受的政治、经济、文化等影响和作用的差异，其地方化程度亦有相当大的差异。四川全真道的兴起是本地内丹思想与外界交流的产物，其传播与发展是一个地方化的历程。适应道教时代发展的要求，蜀地在唐五代时期渐成为内丹思想活跃流行之地，哺育了宋元南宗内丹道派，并成为明清以来蜀地全真道绵延发展和兴盛的深层原因。可以说，正是基于蜀地深厚的内丹思想，全真道才能在四川地区不断地发展壮大。蜀地虽然有活跃的内丹思想，但真正的全真道则是由外输入。作为外来的全真道派能够在蜀地反客为主，主要原因在于蜀地地域文化的影响。宗教的地方化发展表现为宗教组织、宗教人员、宗教思想的地方化。蜀地全真道在长期的传播发展中，在蜀地地域文化的作用下，最后走上了本土化的道路，创造出碧洞宗。碧洞宗是全真龙门思想与四川道教发展实际相结合的产物。其他的全真道派虽然没有在蜀地创造出本土化的新宗派，却也在不同程度上根植于蜀地地方文化的土壤之中，这是全真道在四川地区最终成为重要道派的根本原因。全真道之所以能够在四川地区得到传播与发展，最终实现本土化，至为关键的是拥有如青城山、青羊宫之类的传统道教圣地作为活动基点。全真道进入蜀地伊始，即借助于它们的作用与影响，在蜀地吸引全真道信徒，建立起全真道的组织系统，从而极大地加快了全真道的传播与发展，确立自己在当地道教中的中心地位。与此同时，一地道教只有与时俱进，不断地适应新形势，才能更好地生存和发展自己。四川道教就是一个因形势而不断调适的道教，青城山就是这方面的典型。青城山道教两千多年的存在和发展，历经风云变幻，一直作为道家祖山，贯穿其中的是青城山道法在历代高道的主持下一直处于不断进取的状态。东汉顺帝汉安二年（143），张陵于青城山赤城崖传播天师道以来，天师道经过张陵及其子孙历代天师的创建和发展，逐渐扩展到全国。晋隋时期，青城山传改良后的南天师道正一教派，成为南天师道中心之一。至唐末，著名道士杜光庭来青城山，天师道传统乃与上清道结合，极大地提升了天师道的境界。到南宋时，青城山道士李少微等人创清微派，以行雷法为能事，将内丹术与符箓咒术相结合，影响极大，元廷封他为"雷渊广福真人"。当时信徒很多，青城山一度兴旺。明清时期，随着正一道派的逐渐衰落，全真道不断传播与发展，青城山又成为全真道活动的基地，由蜀天师正一道重心变为全真道的重心。青城山道教演变的历史使它成为包容道教各道派的道教圣山，全真道能在道家祖山青城山渗入和建立自己的势力范围，在一定意义上说明道教文化的包容性和不断吸收新生力量的精神。这也正是青城山道教香火绵延不绝的基本内涵。相比之下，江西地区的全真道最终不成气候，既没有代表性的宫观，更没有发展起来的全真道派，几成正一道的附庸，发展与传播一直处于比较低落的状态。

　　总之，唐五代以来，蜀地、赣地内丹道的兴起和流传，成为宋元南宗思想以及其后全真道传播发展的重要基础。随着南北全真道的合流，在外来全真道人活动的积极影响下，蜀地、赣地的全真道的传播与发展进入了一个新的历史时期。明代全真道受到政治压抑，江西发展几陷停顿，蜀地全真道却不绝如缕地传播发展着，成为衰绝时期的重要一脉。清前期，全真龙门派在蜀地、赣地都得到兴盛。蜀地不仅创建了深刻影响蜀地全真道的碧洞宗，其他全真道派也得到不同程度的发展，最终使本区从传统的正一道基地变为全真道的重要地区。而赣地的全真道在清初仅经历短暂的复兴时期，即迅速走向衰落。两地全真道传播与发展的历史，深刻说明了中国宗教（全真道）不仅与国家政治密切相关，而且与地理形势、地域文化密不可分。

第三章　蜀赣道教"造神"之比较

——以李冰、许逊为中心

从一定意义而言，以农业为本的中国古代社会是"治水社会"。洪水灾害自古以来一直是民众居住生存、生活生产的最大威胁之一，治理水患不仅与民生息息相关，而且往往与地区发展、国家兴衰紧密相连。中国历史上有不少因"治水"而名垂青史的人物，战国时期的李冰和两晋时期的许逊即是其中的典型代表。在历史的实际中，李冰有诸多真实而具体的治水事迹——当然也有不少附会的成分，许逊治水则多见于屠蛟镇龙之类的虚虚实实的故事，李冰治水的功绩在事实上可能远远大于许逊。然而，在中国民间社会中，许逊治水的地位和社会影响却远高于李冰。这其中的缘故，很大程度上与蜀、赣两地的地域文化相关，特别是与两地的道教造神活动相关。而在塑造这两位影响中国文化的水神运动中，两地道教又相互借鉴，形成一道比较特别的文化现象。

一　李冰治水事迹及其神化

秦惠王更元九年（前316），派丞相张仪、将军司马错入川灭蜀。经过较长期的斗争，秦国终于平定了巴蜀境内各种反抗势力后，为了建立稳固的后方基地，秦国便在蜀地开始了以治水为中心的大规模建设。因为蜀地水害严重，素为民患，治水不仅关系当地农业生产的发展，为秦统一战争提供更多的物资支援，也直接关系到秦在蜀地的统治能否进一步巩固。李冰由此与蜀地水利文化密切结合。李冰（约前302—前235），籍贯、早期经历均不详。李冰是秦在蜀郡治（今成都市）继司马错、张若之后的第三任郡守，就任、离任时间不详①，大约在秦昭王三十年至秦孝王之间（前 277—前 250）。李冰任蜀郡守的时间较长，其间组织、领导了许多蜀地的建设工程，其中最重要的就是，针对川西平原无良好的水利工程而易遭受严重水灾的岷江综合治理水利工程（即现在被称之为"都江堰"的水利工程）②。李冰所修建的岷江水利工程大体由鱼嘴、飞沙堰和宝瓶口及渠道网构成。关于这一工程，古代文献中多有记载，但显得简略。如西汉司马迁《史记》卷二九《河渠书》曰："蜀守冰凿离堆，辟沫水之害，穿二江成都之中。此渠皆可行舟，有余则用溉浸，百姓飨其利。至于所过，往往引其水，益用溉田畴之渠，以万亿计，然莫足数也。"东汉班固《汉书》卷二九《沟洫志》基本沿袭这段文字，但在表名的"冰"前加了表姓的"李"字。约西晋太康四年（283）左思《蜀都赋》中提到"西逾金堤"，刘逵注"金堤在岷山都安县西，堤有左右口"；并说"李冰于湔山下，造大堋以壅江水，分散其流，溉灌平地"。东晋常璩《华阳国志》卷三《蜀志》曰："（李）冰乃壅江作堋，穿郫江、检江，别支流双过郡下，以行舟船。岷山多梓、柏、大竹，颓随水流，坐致材木，功省用饶；又溉灌三郡（即汉之蜀、广汉、犍为），开稻田。于是蜀沃野千里，号为陆海。旱则引水浸润，雨则杜塞水门，故记曰：水旱从人，不知饥馑，时无荒年，天下谓之'天府'也。"总之，李冰所修的这一水利工程，不仅在当时产生了巨大的经济效益，而且绵绵泽被后代，汉代时川西平原被誉为"天府"，其原因之一就是都江堰功效的不断发挥。

此外，李冰任蜀守时还主持了一些其他较大型水利灌溉工程。《华阳国志》卷三《蜀志》载："（李冰）乃自湔堰上分穿羊摩江，灌江西。于玉女房下白沙、邮作三石人，立水中。与江神要：水竭不至足，盛不

---

① 关于李冰任蜀守的年代，史书主要有两种记载：《水经注·江水》引《风俗通》云："秦昭王使李冰为蜀守"；《华阳国志·蜀志》云："秦孝文王以李冰为蜀守"。参见罗开玉《李冰研究五题》，文载四川省水利电力厅、都江堰管理局编《都江堰史研究》，四川省社会科学院出版社 1987 年版。

② 关于李冰主持修建的都江堰水利工程的构成，参见童恩正《古代的巴蜀》，四川人民出版社 1979 年版，第 155—156 页。

没肩。""时青衣有沫水，出蒙山下，伏行地中，会江南安，触山胁溷崖；水脉漂疾，破害舟船，历代患之。冰发卒凿平溷崖，通正水道。或曰：冰凿崖时，水神怒，冰乃操刀入水中，与神斗。""冰又作笮道文井江，径临邛，与蒙溪分水白木江，会武阳天社山下合江。又导洛通山洛水，或出瀑口，经什邡、雒，别江会新都大渡。又有绵水，出紫岩山，经绵竹入洛，东流过资中，会江江阳，皆溉灌稻田，膏润稼穑。是以蜀人称郫、繁膏腴，绵、洛为浸沃也。"① 这表明李冰主持开凿羊摩江引水灌溉、疏导文井江、洛水以及治理绵水等工程，也取得了良好的经济效益与社会效益，对后来秦灭楚而统一天下意义较大。

然而，上述所言李冰的治水事迹中，还是有些疑问的。古代的"沫水"，或指今大渡河，或指今青衣江上游的宝兴河②，都和都江堰无关。所以有研究者认为，李冰所凿的离堆不是今都江堰玉垒山前的离堆，而应是大渡河、青衣江口今乐山城外的江边大悬崖，即《水经注》卷三三《江水》中所谓的"垒坻"。至于都江堰由谁首创，实不易考证。《尚书·禹贡》有"岷山导江，东别为沱"一句，似乎岷江分流入沱江的工程，应是大禹之功。不过，此功记在开明身上也不无道理。《华阳国志》卷三《蜀志》说东周时蜀王杜宇称帝（"望帝"）时，"其相开明决玉垒山以除水害。帝遂委以政事，法尧、舜禅授之义，遂禅位于开明，帝升西山隐焉。时适二月，子鹃鸟鸣，故蜀人悲子鹃鸟鸣也"。这一传说即是古蜀的最后一个王朝的开明氏，因为成功地治理了当时川西平原的大洪水而从蜀王朝杜宇氏手中夺得了政权。另外，《水经注》卷三三《江水》也说："江水又东别为沱，开明之所凿也。"清末游辅国《离堆歌》云："杜宇治水命鳖灵，胡为见遗任萧瑟？开明故都咫尺近，民化为鱼宁为恤……"这样看来，都江堰现有三大工程之中，离堆引水口（宝瓶口）工程形成最早。作为主体工程的鱼嘴分水堤，可能晚一些，《史记》《汉书》都未曾提及。直到东晋常璩作《华阳国志》才说到李冰"壅江作堋"之事。这或许表明都江堰其实至汉代都还没有最

① 参见任乃强《华阳国志校补图注》，上海古籍出版社1987年版，第133页。
② 刘琳：《华阳国志校注》，巴蜀书社1984年版，第207—209页。

后修成。李冰大兴水利涉及的地方也有好几处，但关于他在都安"壅江作堋"的说法，可信度十分有限。鱼嘴分水堤可能是对宝瓶口外岷江内外分流处自然形成的沙石滩的加工和维护，飞沙堰溢洪道也很可能是对内江自然漫溢水道的加工和维护，因此这两者的起源可能是基层水利实践者朦胧探索的逐渐自觉化，所以难于认定首创的人物和时间；但随着这一主一辅两大设施的逐渐形成，就大大提高了人们对内外两江分水量的控制水平，鱼嘴分水堤的意义也就逐渐超过了宝瓶口。发生这个转折的时间可能不早于东汉。三国时期，蜀汉政权开始在堤堰旁设置都安县，其后此堰遂得名"都安大堰"，《水经注》卷三三《江水》说它"亦曰湔堰，又谓之金堤"；并说："诸葛亮北征，以此堰农本，国之所资，以征丁千二百人主护之，有堰官。"据此则至迟到三国蜀汉时期，以堤堰为主体的都安堰工程已经得到官方的高度重视了。据清乾隆《灌县志》（都江堰市原名灌县）载："疏江亭"，又名导江亭，在治西二里。相传大禹导江于此，后人有碑尚存。明代杨升庵《游疏江亭观修都江堰诗》写道："井居需养非秦政，作堰淘滩是禹神"，明确将修都江堰的功劳，归之古蜀大禹，而非秦李冰的政绩。清咸丰年间，二王庙内镌刻《尚书·禹贡》上歌颂大禹治水的名句"蔡蒙旅平，和夷底绩"，或也表明人们将治都江堰的功绩归之大禹。又清人胡渭《禹贡锥指》中，明确否认"秦守李冰"穿成都二江，而将其事归之大禹。因此，有研究者指出：都江堰与其说是李冰主持修的，不如说是当地官民在长期的历史过程中不断积累经验、改进技术、调整结构、逐渐完善的。也许最初只是为解决洪水排泄问题而开凿宝瓶口，由东周早期开明主持修建的可能性很大①。因此，《史记》《汉书》《华阳国志》等史籍有关李冰治水功绩的记载，或是集众人之功于李冰一人之身。这种"箭垛式"创造英雄的模式，在史书记载中也是常见之事。值得特别一提的是，李冰治水之所以能取得成效，与道家的"道法自然""天人合一"思想有暗合之处。

　　受生产力水平及其科学思维的限制，中国古代民众（包括统治阶

---

　　① 段渝：《四川通史》（第一册），四川大学出版社1993年版，第97—102页。

级）对作有大功绩迹的英雄人物往往神化。依传统的祭祀原则，凡有功德于民者，都可以、而且应该祀为"神"。古籍元典《礼记》"祀典"曰："夫圣王之制祀也，功施于民则祀之，以劳定国则祀之，能救大灾则祀之。"这也是中国古代"造神"以及祭祀的基本原则。《华阳国志》卷三《蜀志》又谓李冰"于玉女房下白沙、邮作三石人，立水中。与江神要：水竭不至足，盛不没肩"。这一记载得到了考古发现的印证，1974 年 3 月 3 日在修建都江堰外江水闸时，于鱼嘴附近江底挖出两石人，其一胸刻"故蜀郡守李府君讳冰"，此李冰石像左右两袖各刻一行字，合为"建宁元年闰月戊申朔廿五日，都水掾尹龙、长陈壹造三神石人珎水万世焉"。按：建宁元年即汉灵帝元年（168）；"都水掾""都水长"系管理水利的官员；"珎"即"珍"，读为"镇"，"珍水"就是镇水①。这座李冰石像"头上戴冠，冠带系至颈下，面部肌肉丰满，微带笑容，神态自然。身穿长衣，腰间束带。两手袖在胸前，衣袖宽大下垂，双脚前部露出在外②。这就是东汉时代人们心目中的镇治水患、造福民众、亦人亦神的李冰。由此证明，李冰至迟在东汉中晚期已被当作神人崇奉，而且这种崇奉已有官方人士负责操作的痕迹。但是这种崇奉档次不高，只是代表民众利益与江神盟誓立约的神性使者，放入水中，并未立祠供奉，似乎当时民众通过水利技术造成"竭不至足，盛不没肩"的调控效果后，仍不自信，希望得到江神的恩准，因而要借重传说中善于与江神打交道的先贤李冰。另外，唐代大诗人杜甫《石犀行》云："君不见秦时蜀太守，刻石立作三犀牛。自古虽有厌胜法，天生江水向东流。蜀人矜夸一千载，泛溢不近张仪楼。"也是在一定意义上说明李冰治水的神异色彩。

马克思主义指出："一切神话都是在想像中和通过想像以征服自然力，支配自然力，把自然力形象化；因此，随着自然力在实际上被支配，神话也就消失了。"③ 随着社会生产力水平的不断提高，民众对修

---

① 王文才：《东汉李冰石像与都江堰"水则"》，《文物》1974 年第 7 期。
② 四川省灌县文教局：《都江堰出土东汉李冰石像》，《文物》1974 年第 7 期。
③ 马克思：《导言》，《马克思恩格斯全集》第 12 卷，人民出版社 2002 年版，第 761 页。

堰治水的能力加强、信心增高，遂愈加推重李冰，而冷落江神，径直祭祀李冰了。《灌县乡土志》："西路古有望帝祠，旧址在今崇德庙，祀李公"；《岷阳古帝墓祠后志》："蜀人祀李冰，考其遗迹，则灌口之李冰庙即杜宇之故址；齐建武中，自灌徙郫。"① 据此，二王庙现址早先本是祭祀古蜀君主杜宇氏的"望帝祠"，南齐明帝建武（494—498）时在郫县修建了更为宏大的"望丛祠"，原"望帝祠"才被改为祭祀李冰的祠庙。这可能意味着李冰修建都江堰的说法至此时已是深入人心，而望帝及其相开明原有的修治水利工程的荣誉，就再也无法维持了。这一为李冰立祠，无疑是官方的行为。到唐代，蜀中已有李冰祠三处，分别建在导江县、什邡县和成都。五代十国时期，成都割据政权的前后蜀国大力张扬地方文化，推崇本地神祇，相继加封李冰为"大安王"（前蜀）、"应圣灵感王"（后蜀），大大提高了李冰在儒教体制中的地位。北宋开宝五年（972），太祖赵匡胤下诏给李冰立庙，在望帝祠旧址上兴建"崇德祠"。开宝七年（974）改封之为"广济王"，每年举行一次官祭；元朝文宗至顺元年（1330）加封为"圣德广裕英惠王"，改一祀为春秋二祭；清雍正五年（1727）改封"敷泽兴济通佑王"，后又改为"通佑显惠襄护王"。清乾隆十三年（1748），皇帝亲自题匾。清光绪三年（1877）加尊号为"通佑显英王"，翌年又加为"通佑显惠襄护王"。由此，李冰的王号长到一口气难以念完的程度，表明官府对李冰的崇重已是无以复加。

总之，李冰治水，是对整个川西平原水利的全面治理，使川西获得了巨大的经济、政治效益。李冰是当之无愧的治水英雄，被后世尊为"水神"也名副其实。尽管都江堰及其他的一些水利工程，并不完全是李冰主持完成的，但至少在西汉时期人们认为是李冰开都江堰，其治水的功绩也有随着时间的推移越来越多的趋势。东汉以来，强调李冰治水的能力和功勋的事迹（神迹）不断得到增长，历代修造川西都江堰及其他一些水利工程的功劳，就自然地越来越多转移到李冰的名下。这当

---

① 此二条转引自四川省文化厅文物处、都江堰市编纂委员会、都江堰市文物局编：《都江堰文物志》（内部资料），1997年版。

是民间信仰崇拜和官方政治的需要，事迹（神迹）不断附会和强化的结果。

二　许逊诛除"蛟害"与治水神迹

在李冰川西平原治水 600 年后，在赣江流域也产生了一位著名的治水英雄人物许逊。许逊（239—374），字敬之，本家汝南，因迁居豫章南昌，遂为南昌人。许逊自幼聪颖好学，博通经史及天文地理、阴阳五行之学，尤其酷爱修炼成仙的道术。据道书记载，许逊之所以得道，最重要的一点就在于他的"忠孝"之道。许逊少以射猎为业，一日入山射鹿，鹿胎堕地，母鹿舔其崽而死。许逊怆然感悟，折弩而归，始栖托豫章西山（今南昌市新建区境内）金氏之宅修道。闻豫章（南昌，泛指江西）人吴猛得术士丁义神方，乃拜吴猛为师，得传三清法要。后举孝廉，于晋武帝太康年间曾任旌阳（今湖北枝江县北，一说四川德阳）县令，故又称许旌阳。据说政绩卓著，吏民悦服。因见晋室纷乱，又弃官回江西继续修道。先后拜曲阜兰公、豫章谌母为师，求得太上灵宝净明忠孝之法。遂著书立说，创"太上灵宝净明法"，收曾亨、时荷、施岑、甘战、黄仁览、彭伉、陈勋、周广、钟离嘉、盱烈为徒，加上他自己和吴猛，号为十二真君。十二真君以西山为中心，设坛传教。许逊本以儒转道，又继承了《太平经》《老子想尔注》《抱朴子》等道教思想，遂以"孝"立教，主张依道家和儒家的道德修炼，行善积德来达到神仙境界。另外，传说著有《灵剑子》《灵剑子引导子午记》二书，对道家养生修炼颇有见解。传说东晋宁康二年（374）八月十五日，许逊携全家 42 口在西山升天成仙。北宋尊他为"神功妙济真君"，因而又称为"许真君"。宋元时期创立的道教净明道奉之为教派始祖。不过，在江西地区，许逊的神奇功绩似乎更多地体现在"治水"上。

就目前笔者所见的文献资料，许逊治水事迹是与"斩蛟镇龙"密切联系在一起的。《太平寰宇记》卷一〇七引南齐刘澄之《鄱阳记》言信州贵溪县有馨香岩，并说"昔术士许旌阳斩蛟于此岩下，缘此名焉"。可证至迟在南北朝时已有许逊斩蛟之说。历隋唐五代至宋元，经数百年的积累，许逊斩蛟治水故事已特别丰富。元代《净明忠孝全书》卷一《净明道师旌阳许真君传》中，收录有多则许逊斩蛟杀蛇的故事，涉及艾城、西安、海昏、长沙、豫章诸地。①许逊尝炼神丹于艾城之黄龙山，有蛟魅辄作洪水，欲漂丹室，真君遣神兵擒之，钉于石壁。②许逊过西安一小庙，庙神迎告曰："此子蛟孽害民，知仙君来，故往鄂渚，后将复还。"真君蹑迹追至桥侧，敕吏兵驱出，诛之。③真君闻新吴有蛟为孽，因往捕之，蛟惧入溪穴，乃以巨石书符以禁之。④海昏上辽有巨蛇据山为穴，吐气成云，亘四十里，人触在其气中者，即被蚕吸，江湖舟船亦遭覆溺，大为民害。真君乃集弟子，将往诛之。初入其界，远近居民竞来告恳，真君曰："世运周流，当斯厄会，吾之此来，当为汝曹除之，誓不与此蛇俱生也。"于是，卓剑于地，默祷于天，良久，飞泉涌出，有赤乌飞过，遂前至蛇所，蛇惧入穴，乃飞符召海昏社伯，驱之不能出，复召南昌社公助之，蛇出，举头高十余丈，目若火炬，吐毒冲天，乃啸命风雷、指呼兵吏以摄伏之。吴君乃飞步踏其首，以剑劈其颡，施君、甘君引剑裂其腹，有小蛇自腹中出，长数丈，奔行六七里，闻鼓噪声，犹返顾母。弟子请追戮之，真君曰："彼未为害，不可妄诛。五百年后，若为民害，吾当复出诛之；以吾坛前松柏为验，其枝拂地乃其时也。"又预谶云："吾仙去后一千二百四十年间，五陵之内当出弟子八百人，其师出于豫章，大扬吾教。郡江心忽生洲，掩过沙井口者，是其时也。"⑤真君归豫章，周览城邑。有一少年，美风度，衣冠甚伟，通谒，自称姓慎，礼貌甚恭，应对敏给；遽告去，真君谓弟子曰："适者非人，老蛟之精来见试也。吾故愚之，庶尽得其丑类。"迹其所之，乃化为黄牛，卧于砂碛之上。真君乃剪纸化黑牛，往斗之；令施岑持剑，俟其斗酣即挥之，中其股，牛奔入城南井中。真君遣符吏寻其踪，乃知真至长沙，于贾谊井中出化为人，即入贾玉史君之家。……真君乃为医士谒玉，至其堂叱曰："江湖蛟精，害物非一，吾寻踪至此，岂容逃遁？速出速出。"蛟精计穷，乃见本形，为吏兵所诛。⑥真君复还豫章，蛟之余党心不自安，乃化为人，访真君弟子曰："闻贤师有神剑，愿闻其功。"弟子曰："吾师神剑，指天天裂，指地地坼，指星辰则失度，指江湖则逆流，万邪莫敢当，神圣之宝也。"曰："亦有不能伤者乎？"弟子戏之曰："唯不能伤冬瓜葫芦耳。"蛟以为诚然，尽化其属为冬瓜葫芦，浮泛满江，妖气甚盛。乃使施岑履水斩之。真君曰："此地蛟螭所居，不有镇之，后且为患。"乃役鬼神于城南井铸铁为柱，下施八索钩锁地脉，祝之曰："铁柱若亚，其妖再兴，吾当复出。"由是水妖摒斥，城邑无虞。⑦昭峣山顶有蛟湖三所，其孔穴透大江、通饶信，真君诛其蛟，立玉阳靖以镇之，又铸铁符镇鄱阳湖口，杜绝蛟魅出入之路，铸铁盖覆庐陵元潭，制其渊薮，仍以铁符镇之，留一剑在焉。明年，复游长沙郴衡诸郡，所至为民害，凡立靖七十余所。以上所录故事，基本源于南宋白玉蟾《玉隆集》中《旌阳许真君传》，如第四则中，与白玉蟾《旌阳许真君传》描写许逊及其弟子斩蛇的场面极其相似："遂前至蛇所，仗剑布气，蛇惧入穴，乃飞符召海昏社伯趋之。不能出，复召南昌社公助之。蛇出穴举首，高十余丈，目若火炬，吐毒冲天。乡民咸鼓噪相助。是时真君啸命风雷，指呼神兵，以摄服之使不得动。吴君乃飞步踏其首，以剑劈其颡，蛇始低伏。弟子施岑、甘战等引剑挥之。"值得注意的是，白玉蟾《旌阳许真君传》所作许逊斩蛟故事虽多新造，但素材则又源于南朝至唐代民间流传的故事。如第五则故事，仍是袭《太平广记》卷一四所引唐代《十二真君传》而来。除了以上的记述，其实在民间还有更多的许真君斩蛟镇蛟的故事。例如，江西奉新会埠乡故县有一座挂榜山，相传许逊追逐蛟龙到这里，折芦为矛，剪茨为镞，以抵御蛟龙，后人就将此山改称"芦茨山"；宋埠镇锁石村的得名，也与许逊有关。相传许逊追蛟到这里，锁此石以镇蛟龙。另外，传说中许逊以剑驱邪斩蛟，遂使其剑也神灵起来，明张宇初《白鹤观志序》评价说："许君积功江汉间，若其图松御怪，斩蛟螭，祛地孽，以三尺剑致功，可益万世，其名迹垂之无穷，必然矣。"唐朝戴孚《广异记》"武胜之"条曰："唐开元末，太原武胜之为宣州司士，知静江事。忽于滩中见雷公践微云逐小黄蛇，盘绕滩上。静江夫戏投以石，中蛇，铿然作金声。雷公乃飞去，使人往视，得一铜剑。上有篆'许旌阳斩蛟第三剑'云。"奉新赤田乡大泽村有一口"剑井"，相传玉皇大帝派女童在柏林观送了两把神剑给许逊，许逊得剑后来到大泽村，在此

"试剑透石，迸泉为井"，"剑井"由此而来；奉新城西 80 里处有一"试剑石"，相传许逊得剑后又到此试剑，一剑下去，巨石从中裂开，平整如镜。

许逊斩蛟镇龙治水的故事，在江西及周边地区产生相当大的影响。唐末五代杜光庭《道教灵验记》卷二《洪州铁柱验》说："许真君其师吴君，得正一斩邪、三五飞步之术，制御万精。"① 洪州蛟井铁柱，是许氏斩邪遗留之灵迹。南宋吴曾《许旌阳作铁柱镇蛟》云："晋许真君为旌阳令，时江西有蛟为害，旌阳与其徒吴猛仗剑杀之，遂作大铁柱，以镇压其处。今豫章有铁柱观，而柱犹存也。"② 后人在蛟潭旁建铁柱宫。历代文士游铁柱宫，睹许旌阳真仙灵迹，往往有感而赋诗作文。明代王洪《铁柱仙踪》："豫章城中旌阳宫，铁柱下与沧溟通。九泉深锁地脉静，万古不共长江东。风云颒洞蛟下蛰，雷电晦冥降神工，异哉灵迹不可测，可洛因之思禹功。"③ 元代柳贯《云从山崇真观记》说："介豫章江山间，多古神仙窟宅，而许旌阳之迹最显著。……铁柱延真宫是其处也。地胜故法隆，而其徒亦滋以胜。"④ 许逊在江西斩蛟并不止一处，据北宋乐史《太平寰宇记》载，信州贵溪县馨香岩、吉州吉水县悬潭、洪州奉新县冯水、兴国军大冶县，都有许斩蛟的遗迹。元代揭傒斯《庐陵玄潭观旧藏许旌阳斩蛟剑与兴国有一道士过庐陵窃之至于京师以献吴真人邀予赋诗遣还本观》诗曰："吴公念念旌阳令，未说斩蛟心已敬。尚忆提携典午间，一扫长江如镜净。……此时吴公按剑怒，誓斩长蛟献明主。剑光耿耿天不语，掷与玄潭镇千古。"⑤ 元代净明道创始人刘玉曾评说此剑："今庐陵玄潭观所藏之剑，非铁非石，长不逾尺，实智锷慧锋之渣滓也。"⑥ 甚至在武昌东湖，也有许逊斩蛟的遗迹，元郑元祐《伏蛟台记》载："至正四年，秋君舣舟东湖，夜睹光怪赫然出

① 《道藏》第 10 册，第 805 页。
② 《能改斋漫录》卷一一，上海古籍出版社 1960 年版，第 314 页。
③ 《毅斋集》卷四，文渊阁《四库全书》第 1237 册，第 314 页。
④ 《待制集》卷一四，文渊阁《四库全书》第 1210 册，第 414 页。
⑤ （元）揭傒斯：《揭傒斯全集》，上海古籍出版社 1985 年版，第 58 页。
⑥ （元）黄元吉：《净明忠孝全书》卷四，《道藏》第 24 册，第 644 页。

堤南，即其地得铁券一块，上有盟告之词，则都仙斩蛟之埋铭也。要与铁柱相表里，可信不诬。"① 元成廷珪《胡道元隐东湖得许旌阳铁符延瘗旧名伏蛟台道元由广陵入京赋此以别》诗曰："许令宫前旧卜邻，铁符传得尚如新。一弹指内三千仞，八百仙中勾几人。"② 由此可见，铜符铁券之说，似乎有文物的实证。许逊法术中的灵剑斩蛇，是江南广为流传的佳话。唐段成式《酉阳杂俎》卷二《玉格》："晋许旌阳，吴弟子也。当时江东多蛇祸，猛将除之，选徒百余人，至高安，令具炭百斤，乃度尺而断之，置诸坛上。一夕，悉化为玉女，惑其徒。至晓，吴猛悉命弟子，无不涅其衣者，唯许君独无，乃与许至辽江。及遇巨蛇，吴猛年衰，力不能制，许遂禹步敕剑登其首，斩之。"③ 有关许逊的诸仙传皆记此事。不过褒许贬吴的色彩更多。在南宋白玉蟾《修真十书·玉隆集》卷三三《旌阳许真君传》中，白氏浓墨重彩渲染许斩蛟驱邪诸事，刻画出栩栩如生的剑仙形象。关于行以灵剑驱邪，明张宇初《白鹤观志序》关于许逊所传金丹实经，确有相关的记载以佐证此事④。

中国古代蛟龙起水传说，由来已久。《山海经·中山经》载："翼望之山……贶水出焉，东注于汉，其中少蛟。"注曰：蛟"似蛇而四脚，头细，颈如白瘿，大者数十围，卵如一二瓮，能吞人"。《吕氏春秋·季夏》："命渔师代蛟。"高诱注："蛟鱼属，有鳞甲，能害人。"古人认为蛟或龙，不仅能吞食人畜，一旦得水，还能兴云作雾，腾跃太空。《管子·形势》：蛟龙"能为水虫之神者也，乘于水则神立，失于水则神废。故曰蛟龙得水，而神可立也"。蛟还有变化特性，《说文》云："蛟，龙属，鱼满三千六百年，蛟为之长，率鱼而飞去。"《述异记》云："虺蜥变化为蛟，蛟千年化为龙。"水中还有蜃，是一种利害的蛟属，其状似蛟而大，有角如龙，是亦可名蜃龙。蛟蜃不仅能兴云起水，还能变化成人，危害人类社会。蛟蜃虽然凶恶善变，但中国历史上敢于与蛟搏斗，斩蛟除害的英雄人物，代不乏人。《太平广记》卷四六

① （元）郑元祐：《侨吴集》卷九，文渊阁《四库全书》第 1216 册，第 537 页。
② （元）成廷珪：《居竹轩诗集》卷二，文渊阁《四库全书》第 1216 册，第 307 页。
③ 《笔记小说大观》第三编第二册，新兴书局 1983 年版，第 1082 页。
④ （明）张宇初：《岘泉集》卷二，《道藏》第 33 册，第 209 页。

九《李汤》记：大禹曾在淮涡捕捉到"青驱白首颈伸百尺"，形若猿猴的水怪无支祁。《史记》卷六七《仲尼弟子列传》集解记载：孔子弟子澹台灭明（字子羽），貌丑而行端，曾携文璧渡河突然波浪大作，两条蛟龙游向其舟，子羽曰："吾可以义求，不可以威劫。"于是，操剑斩之，蛟死波息。《吕氏春秋·知分》载：荆有次非者，得宝剑于干遂，还反涉江，至于中流，有两蛟夹绕其船。次非攘臂祛衣，拔宝剑曰："此江中腐肉朽骨也。"于是赴江刺蛟，杀而后上船。在中国古代传说中，有人还能驯蛟，供人驾驭。汉安帝时校书郎，后为侍中的王逸，在《楚辞·九思·宋志》中便有以下描述："摅羽翮兮而超俗，游陶遨兮养神，乘六蛟兮蜿蝉，遂驰骋兮升云。"另外，据伪托唐人柳宗龙著的《龙城录》卷下"贾宣伯有治三虫之药"条载："贾宣伯有神药能治三虫，止熬黄药以热酒沃之别无他味。一日过松江得巨鱼置于水罟中，因投小刀圭药鱼引吸中即死，取视则见八足若爪利焉。后吴江有怪，土人谓蛟为害，宣伯以数刀圭投潭中，明旦老蛟死浮于水而水虫莫知数，皆为药死。"又据清人法式善《陶庐杂录》载："蛟似蛇而四足细颈。蛟畏金鼓及火。山中久雨，夜立高竿挂一灯，可以辟蛟。夏月，田间作金鼓声以督农，则蛟不起。即起而作波，但叠鼓鸣钲，多发火光以拒之，水势必退。以上诸说，皆得之经历之故老，凿凿有据者也。"① 这也在一定意义上反映了人们治蛟以治水患的思想。

许逊利剑斩蛟，或铸铁柱铁符镇蛟、以铁索缚蛟龙等诸事，实际上乃是其平治水患实践的一种宗教化象征，反映的是当时江西及其周边诸多地方遭水患而民众盼英雄治水的情结。豫章（江西）地处江湖之滨，向来洪水为患。鄱阳湖古称彭蠡泽，该泽在战国以前只是位于长江以北的一个小湖泊，处今湖北黄梅、广济以东，安徽望江、宿松以西，而今江西省北部在当时尚为一片陆地平原。由于江北地壳上升，长江主道南移，汉代以后，彭蠡泽逐渐向南延伸而淹没赣北大片陆地（海昏、枭阳等古城被湖水淹没），长江主道至两晋时也随着该地区地壳下沉变慢、中国东部海岸上升而南移，更令豫章地区洪水灾害加剧；加上豫章春夏

---

① （清）法式善：《陶庐杂录》，中华书局 1959 年版，第 149 页。

多暴雨，鄱阳湖因受湖口长江水位顶托而难以渲泄，遂常令境地洪水泛滥；赣北地区则因地势平坦、山脉峙夹，故很容易形成"风洞"而导致江湖大风大浪，给航行带来危险。同时，湖边常有蛇蟒出没，危害人命。特别是发洪水时，大量蛇蟒、鳄鱼之类的动物随波逐流，上岸伤人，更让先民恐怖异常。先民缺乏科学知识，以为蛟有种种超自然的神异力量，是发生水灾的根源，具有极大的破坏力。另外，我国古代南方巫觋之风盛行，人们对蛟精的畏惧，同他们相信山川草木有神相联系，源于古山越族人"万物有灵"的原始宗教信仰，在整个南方包括两湖、吴越以至两广都是如此，而强化这种信仰的则是历代的巫觋，尤其是那些装神弄鬼、以祈祷祭祀为名，行敲诈勒索之实民间神巫。《旌阳许真君传》载：许逊过西安（今江西修水）途经县城西小庙，有近告者曰："此有蛟孽害民，知仙君来，往鄂渚避矣，后将复还，愿为斯民除之。"真君知其为庙神也，如其言，蹑迹追至鄂渚，路逢三老人，惊顾悚惕，见真君至，皆趋相谒云：蛟伏前桥下，请君亟图之。真君至桥侧，斩于上流。这三个惊慌失措的老者，无疑是变现小蛟的神巫。据载：其神姓毛，兄弟三人，其中定有其昆仲，他们慑于许真君的威力，不敢不将蛟孽的去向，如实相告，悔过自新，以求宽大，受到许真君的赞许。相反当时西安社伯（城隍庙神）不尽职守，知情不报，真君禁锢其祠门，止民享祀，令祀小庙。从此奸巫不敢乱动，蛟患遂寝。不难推测，当时自称慎郎的"老蛟"，由豫章出现，至长沙被诛，与其说老蛟化人形，不如说是奸巫现形。此人可能活动于湘赣一带，具有相当巫术本领，并与官府勾结的奸巫头目，是制造蛟蜃谣言的总指挥。他不但能用巫术变出蜃蛟，而且善于用隐身术和遁术，隐匿自己，使人不识其本来面目，以为真的是老蛟出世，蛊惑人心。[①] 在生产力有限、科技不发达的古代，豫章人受楚越文化影响较深，加上被奸巫迷惑，无疑会陷于深深的水患恐惧之中。恐惧制造神，崇敬也会制造神。恐惧令水患成了水怪，崇敬则令治水人物变成了水神。人们怀着宗教与世俗的目的，赋予治水人物以斩蛟英雄的形象。英雄们的"斩蛟镇龙"，其共同主题是隐喻着

---

① 章文焕：《中华人杰许真君》，台北文芳印刷事务有限公司1995年版，第28页。

人类对水的支配和胜利，是通过水神水怪的被杀而取得再生的契机。人们在许逊之类的人物身上赋予不可思议的超自然力量，不断神化，使他们成为高居于凡人之上的神。上述许逊所活动的艾城、西安、海昏、长沙、豫章诸地以及鄱阳湖口、庐陵元潭、郴衡诸郡等地，皆属江湖纵横、洪水泛滥之地，其地易产生出许逊式的治水英雄并不难理解①。如传说汉武帝曾追蛟到九江，在湖口县留有射蛟浦遗迹。晋代张鉴《寻阳记》载，在九江寻阳（按：唐代以前，"浔阳"一般写作"寻阳"）城东门大桥，常有一蛟兴风作浪，为害居民。孙吴道士董奉闻知此事，置一丹符于水中，不久蛟死浮出，似乎真为灵验。不过，这期间上述地区曾出现的诸多领导民众治水患的英雄人物，其事后来不断被民间传说附会到了许逊一人的身上。白玉蟾《旌阳许真君传》所收上述故事多属新造，即表明这些故事的主人公原型应不会是晋代的许逊，其所反映的乃是唐以后这些地方的水患不断被平治的事实。由水患的不断被平治，以及功绩多被民间传说附会到许逊"斩蛟"之上，而令许逊的形象不断显得高大，也使许逊崇拜不断得到了加强②。据各地府县志，湖北大治、蕲州、武昌、崇阳，湖南岳阳、醴陵、鄞县以至福建延平、崇安一带均有许逊逐蛟、镇蛟遗迹。而这些地区，同样是水患相当严重。

许逊只有斩蛟除怪的"事迹"，并没有兴修水利工程的记载。但人们却热衷于创作、宣扬许逊有功于水利的事迹。如 1980 年江西人民出版社出版的《南昌史话》说许逊曾"想方设法，兴修水利工程，制止水患"。有的书籍说许真君组织百姓考察水源，兴修堤坝，抗击洪水。还有研究者称，许逊的最大的功德，就是对江西及三江上游水利的开发与建设，的确留有极大的功劳。这些说法，自然是长期以来关于许逊治水事迹流传的产物。不过，就笔者所知，所谓许逊设法兴修水利工程以防止水患的事迹，难以找到相当坚实的资料予以证明。遍查地方史籍，除了立靖施符以外，找不出许逊任何兴修水利的工程遗迹的记载。其实，诚如许逊研究专家章文焕先生所指出：许逊治水的功绩在于他以道

① 参见章文焕《中华人杰许真君》，第21页。
② 郭武：《〈净明忠孝全书〉研究》，中国社会科学出版社 2005 年版，第 145 页。

教方术，打破了历史上压在豫章以至两湖民众身上的蛟害传说，使他们敢于治水通航，开发水利资源，或者说他继承了东汉栾巴的功业，以道术摧毁了那些借蛟蜃恐吓、骗取钱财、阻碍水利建设的奸巫势力，为科学治水、通航，开辟了道路。因此，"杀蛟"是先民面对水患无力时求生存的重要企求，许逊斩蛟镇蛟而治水的"英雄事迹"，除了民间的创作外，也是江西道教积极创造发展而来（详后）。

　　总之，由于科学与生产力的限制，古人往往认为洪水灾患是因为蛟龙作乱的结果，因此许逊治水事迹就是传奇式的"斩蛟镇龙"。在这并不具科学性的"治水"活动的背后，可能包含了如下"治水"方式：一是真正斩杀那些危害人类的"蛟"；二是以道法治巫，破除人们对"蛟"的迷信，树立战胜水患的信心；三是或许引导民众修建了一些治水工程。许逊治水的作为及其传说，毕竟有利于江西及周边地方社会，也寄托了民众对治水英雄的崇拜情结，自然得到了当地人民的爱戴和纪念。正如北宋王安石在元丰三年（1080）作《重建旌阳祠记》云：许逊有功于洪州，洪州人民祭祀他，既虔诚，又持久。值得注意的是，唐宋时期许逊治水传说特别兴盛，当与这一时期江西地区正处于农业经济大开发、掀起水利建设高潮的形势是分不开的。

三　李冰与许逊治水神迹的趋同

　　从历史事实而言，李冰治水与许逊治水显然具有相当大的不同：李冰以官府的权威并依靠民众和治水技术，实实在在的治水；许逊治水则是所谓诛灭、降服带来水害的"蛟蜃"，颇多神异色彩。然而，至迟到唐宋，李冰、许逊两人的治理水害的事迹却日渐呈现出相似性，因为李冰治水也开始演化出化形神牛斩蛟、镇锁孽龙之类的神异。

　　李冰化神牛斗江神的传说，当是由《华阳国志》卷三《蜀志》的"或曰（李）冰凿崖时，水神怒，冰乃操刀入水中与神斗"的传说发展而来，最早见于东汉应劭的《风俗通义》，但今通行本失载，见于多种古籍所征引，据《水经注》卷三三《江水》引文，曰：

秦昭王使李冰为蜀守，开成都两江，溉田万顷。江神岁取童女二人为妇。冰以其女与神为婚，径至神祠，劝神酒，酒杯恒淡淡。冰厉声以责之，因忽不见。良久，有两牛斗于江岸旁。有间，冰还，流汗，谓官属曰："吾斗疲极，当相助也。南向腰中正白者，我绶也。"主簿刺杀北面者，江神遂死。蜀人慕其气决，凡壮健者，因名冰儿也。

在这个神话中，李冰化为苍牛与残害百姓的江神相斗，最后斗杀江神，民不复受害①。又《太平广记》卷二九一"李冰"条引《成都记》：

李冰为蜀郡守，有蛟岁暴，漂垫相望。冰乃入水截蛟，己为牛形，江神龙跃，冰不胜，及出，选卒之勇者数百，持强弓大箭。约曰："吾前者为牛，今江神必亦为牛矣。我以太白练自束以辨，汝当杀其无记者。"遂吼呼而入。须臾雷风大起，天地一色。稍定，有二牛斗于江上，公练甚长白。武士乃齐射其神，遂毙。从此蜀人不复为水所病。至今大浪冲涛，欲及公之祠，皆弥弥而去。故春冬设有斗牛之戏，未必不由此也。祠南数千家，边江低圯，虽甚秋潦，亦不移适。有石牛，在庙庭下。唐大和五年，洪水惊溃，冰神为龙，复与龙斗于灌口，犹以白练为志。水遂漂下，左绵梓潼，皆浮川溢峡，伤数十郡，唯西蜀无害。

由于李冰治水除害的大功大德，由此演绎的"李冰斗杀江神"的神话故事流传很广。以至于都江堰地区的民间遂出现了李冰斗牛的戏剧。《太平广记》卷二九一《李冰》条引《成都记》记李冰化牛入水戮

_____

① 还有一种说法是，李冰化白牛斗杀由江神变成的苍牛，使江神屈服。后来，李冰塑造了三个大石人放在江心，并与江神约定：水枯的时候不能低于石人的脚背，水涨的时候不能超过石人的肩头。另外，李冰还刻了五头石牛作为自己的化身，沿江放置石牛，来镇守江面，不让江中的妖怪作恶。

蛟斗江神事后，曰："故春冬设有斗牛之戏，未必不由此也。"笔记小说《成都记》为唐人卢求所撰，早佚，所记当为前代或当代之事，则李冰"斗牛"之戏应是产生于晋唐间。这出戏以后在历代都有，只是李冰或演变为李冰之子李二郎，如唐代有《灌口神》，宋代官本杂剧有《二郎神变二郎神》，孤本元明杂剧中有《灌口二郎斩健蛟》，近代川剧有《拿孽龙》，等等。

与此相应的是，凡涉及许逊故事的唐宋道书一般都有这样的记载：许逊在随兰公、谌姆（谌母）、吴猛等学神仙之术后，遇上圣真人传授太上灵宝净明法，有斩邪擒妖之道法。不久游历豫章，遇一少年名慎郎，乃蛟蜃精所化，数兴洪水危害江西，遂化为黑牛，率弟子杀之，为江西翦除水患。明代小说家冯梦龙《警世通言》卷四○《旌阳宫铁树镇妖》关于许逊化身黑牛斗杀黄牛（蛟）的故事叙述，更是形象而生动。

水为人类不可或缺的资源，然而水既可以为人类造福，也可以给人类制造恐怖的灾难。先民不得其解，遂归因于冥冥之中的"水神"。中国大江大河大湖很多，但中国古代的水神神话还是比较贫乏的，水神并不太多，"牛"经常作为水神面目出现。古代祭河，以牛、马、圭璧玉器或女子为祭祀河神的牺牲品。为了祈雨和丰年，祭仪中所用的祭品，以牛为多。如早在殷商时代，《卜辞》所见"沉十牛""沉五牛"等祭河仪礼。《史记·封禅书》："牲牛犊牛"，是说以小牛犊作为祭河的牺牲品。另外，《山海经·大荒东经》所见的"河伯仆牛"的故事，也反映了牛是供献水神的神圣牺牲品。《水经注·湿水》记，山西省东北祈夷有青牛渊，有潜龙出没，其状如青牛。之所以用牛祭河，源于以牛为水神的信仰，这是中国传统的农耕文明中由于牛与大地、农耕、雨水之间的关联而产生的神话思维。农神炎帝神农，其神容是"人身牛首"，已经明白地表示了牛与农耕的关系。在反映古代信仰的《山海经》书中，也很清楚地看到了以牛为水神的信仰痕迹。《山海经·大荒东经》："东海中有流波山，入海七千里，其上有兽，状如牛，苍身而无角，一足，出入水则必风雨，其声如雷，其名曰夔……"《山海经·东山经》："空桑之山……有兽焉，其状如牛而虎文。其音如钦，其名曰軨軨，其鸣自叫，见则天下大水。"牛能入水，牛鸣如雷，而打雷是下雨的前兆，所以古代人认为如雷的牛吼，是牛在呼风唤雨，圣牛出现，则天下大水，都是以牛为水神原相的祭祀信仰。《太平御览》卷一一《雨》引顾微《广州记》有一则石牛和雨水相关的记载："郁林郡山东南有一池，池边有一石牛，人祀之。若旱，百姓杀牛祈雨，以牛血和泥，涂石牛背，礼毕则天雨大注；洗牛背，泥尽则晴。"此记载包括了乞雨与止雨两种仪式，池边的石牛，即是雨神的象征。以上例子多少可以说明水神与牛在信仰上的相互关联。此外，因为牛在农耕文化中所起的重大作用，推动了人类文明的发展，人类感谢和自己共同创造文明史的伙伴，因此牛崇拜由来已久，蜀地三星堆文明中有明显牛崇拜。江南在东汉以来也开始推广牛耕，成为南方水稻耕作技术的革命。牛与水都与农业经济密切相关，丑牛治水以求风调雨顺成为中国古代农业社会固定追求模式。因此，李冰、许逊都化牛与另一牛搏斗的情形，正是农业社会的产物。当然依道教史迹的推理，李冰化牛斗杀蛟蛇之故事，或是参照了许逊的神迹故事。

有关许逊的道书差不多都记载这样的故事，许逊在捕获"蛟"之后，曾与吴猛商议：豫章城是一个浮洲，给蛟孽以隐藏之隙，若不加以镇住，后患无穷。于是役鬼神于牙城南井，铸铁为柱，下施八索；勾钻地脉，祝告说："铁柱若斜，其妖再兴，我当复出；铁柱若正，其妖永除。"又忧虑后世奸雄妄为，因铁柱以为谶记："天下大乱，此地无忧；天下大旱，此地薄收。纵有奸谋者，终须不到头。"这种约定与李冰和江神的约定有几分相似，这或表明并不单纯是李冰附合趋同于许逊，许逊事迹也可能吸收了李冰的因素。唐末五代以来，类似于许逊治水的"以铁柱锁孽龙"之事迹，也附会在李冰的身上。宋张唐英《蜀梼杌》说后蜀广政十五年（952），灌口江水大涨，锁孽龙处，铁柱频撼。宋曾敏行《独醒杂志》卷五说："（李）太守名冰，秦时人，尝守其地，有龙为孽，太守捕之，锁孽龙。"宋范成大《离堆行》诗有"潭渊油油无敢唾，下有狂龙踜铁锁"之句。晋朝开始出现的李冰化牛与龙同江神相斗传说，得宋朝范成大给予具体化，指称冰擒神锁镇于伏龙观。《灌县志·撼馀纪》引杜光庭《治水记》：蜀守父子拴健鼋于离堆之趾，谓之伏龙潭。《灌县乡土志》说离堆下有深潭，父老相传为锁孽龙处。另有“飞龙鼎”等，也是这类神物。① 如前所述，在古人心目中，破坏水利、引起水灾的重要原因往往就是江河湖泊中的龙、蛟的兴风作浪。因此治水害，自然是缚龙斩蛟之类。李冰由现实的治水人物向神灵人物转变，自然面对的治水任务之一就是缚龙、除蛟之害了。

李冰与许逊治水神迹的趋近，或与许逊神迹在蜀地的彰显、蜀民崇敬有关。晋太康元年（280），许逊举为孝廉，时年四十二岁，拜荆州旌阳县令②。从政期间，公正廉明，造福当地，吏民悦服而感恩德，遂立祠供奉其像，人们都亲切地称他为许旌阳。在道教的创造与附会下，许逊任县令的地点由湖北转移至了四川。一般的文献资料都指明许逊县令任职地为蜀郡旌阳县，创造了诸多许逊与蜀郡旌阳县的“事迹”。元代虞集在为德阳许旌阳祠堂撰写的《许旌阳祠堂记》中说许逊“晋太康元年征为旌阳令，今德阳也……《神仙传》曰：君之在旌阳，连岁值饥，民困于税，多所流亡，君悉其力救之……自是蜀人祠而祀之。”虞集是元代江西享誉全国的文人士大夫，曾讲学成都，颇受蜀人尊重，故蜀人特请虞集作此记。关于许旌阳祠堂的修建，虞集在《许旌阳祠堂记》中说：元顺帝至元年间（1335－1340），道士许尚谦游蜀，至于德阳，请大治许逊祠，“而蜀人罕知许君遗事者”③。可知由道士许尚谦主持修建的许旌阳祠堂立于至元间。实际虞集所述许逊事迹，皆采撷于南宋名道白玉蟾的《玉隆集》，但虞氏此记将《玉隆集》的记载转化为德阳民间的许逊信仰，却起了重要作用。明代曹学佺出任四川右参政、按察使，撰《蜀中广记》亦沿袭虞说，更扩大了影响。有明一代，德阳县有了旌阳丹井、旌阳古鼎、旌阳瘗金圃、铄金台等许逊遗迹。实则皆仿南昌西山，西山有旌阳丹井，则德阳亦有之。对此，清嘉庆《德阳县

---

① 本段的相关资料，参考罗开玉《中国科学神话宗教的协合——以李冰为中心》，巴蜀书社 1989 年版，第 208 页。不过，罗先生曾强调“铁柱锁孽龙”之事，始见于宋人文献，似与他所引资料不甚相符，故笔者修正为“唐末五代”。

② 据张泽洪先生考证，许逊任县令之地“旌阳”，为荆州南郡之旌阳（在湖北地），非蜀之德阳。参见张泽洪《许逊与吴猛》，《世界宗教研究》1990 年第 1 期。

③ （清）同治《德阳县志》卷三八《艺文志》。

志》说：“炼丹金鼎之说……未可知也”，“或相传之讹也”。后来，德阳城南门称旌阳门，城东驿站称旌阳驿，诸如“旌阳课士”“旌阳作家”之类的名称也接踵出现。明洪武初，德阳县编户六里，旌阳为六里之一，至今德阳城郊仍有旌阳镇。另外，据清光绪《逍遥山万寿宫志》等江西地方志记载，许逊辞职蜀郡旌阳县令后，有不少蜀地民众追随之，辗转而至豫章西山（在今江西南昌市新建区境）一带。许真君门下的十二大弟子中，陈勋是来自蜀地。而当许逊飞升之后，又有蜀地民众赶至豫章西山，如《正统道藏》“洞玄部谱录”类《孝道吴、许真君传》载：“（许真君得道飞升后，官府奉敕纪念许真君的宅、观）其蜀郡百姓闻之，不远数千里而来，躬亲求视，特为造仙坛，为报恩德。”又《逍遥山万寿宫志》卷七“宫殿”类下“游帷观”条载，“游帷观，即逍遥山故宅。初，真君回自旌阳，奉蜀锦为传道，质而信于谌母，制以为帷，施以黄堂。及仙云，锦帷飞还周回旋绕于故宅之上。南北朝改祠为观，遂名游帷”。这里所言“蜀锦”与“游帷观”的关系，也在一定程度上言明了许逊与蜀地特别关系。以上这些把许逊蜀地化的做法，其斩蛟锁龙的治水方式与传说，自然影响到了蜀地，李冰父子身上有此神迹也就不以为怪了。

总之，许逊“治水”的主要成就是驱除蛟害而使民众安居乐业，其神迹又在蜀地多有传说，这自然也影响到对李冰治水方式的塑造。还有更重要的，就是下文将谈到的道教的塑造治水英雄人物的一致性的作用与影响的结果。李冰治水神迹与许逊治水神迹，有诸多的相似性，甚至有重合之处，或可认为是对许逊治水神迹的模拟。两人治水神迹的趋近，源于中国古人对水害产生原因及治水方式的认识，也与道家神学化改造有关。

四　赵昱、二郎与李冰治水“功绩”的弱化

自西汉以来，随着社会经济文化的发展进步，李冰的治水“功绩”不断上升，赋予不少神异色彩，形象越来越高大。然而，自晚唐五代开

始，李冰的治水"功绩"也逐渐被分化、抑制、消解甚至包括李冰治水事实本身也在不断弱化。其基本原因：蜀地道教有意压制李冰上升的势头，创造出"赵昱"、"二郎"两位治水人物（神物），分割了李冰的"功绩"。

都江堰渠首所在地附近的青城山，与道教发源地鹤鸣山毗邻，从两晋时期始，发展成为巴蜀最重要的道教中心地。从现有资料看，两晋至隋唐间，青城山道教与山下的都江堰还没有发生明显的联系。五代前蜀时（907—925），蜀地道教首领杜光庭甚得蜀帝王建、王衍的宠信，被王建封为光禄大夫、尚书户部侍郎、上柱国、蔡国公，赐号"广成先生"；王衍封其为传真天师、崇真馆大学士。杜光庭是有作为的杰出道教人物，振兴光大青城山道教的欲望极其强烈，中年时代已经常出没于青城山，晚年则常居青城山白云溪。大概在这一时期，祭祀李冰的崇德庙也被纳入了杜光庭管辖的寺庙之中。杜光庭对都江堰水利工程甚为关注，在他的著作如《录异记》《治水记》中，不止一次地谈到都江堰，并利用人们对早期治理都江堰人物认识的不确定性，开始构建道教系统下的"治水英雄"。《治水记》说："杨磨有神术，于大皂江侧决水壅田，与龙为誓者，磨辅李守，江得是名，嘉阙绩也。"杨磨即羊摩，李冰曾"穿羊摩江，灌江西"。这位辅助李冰治水、并有神术的杨磨，在此之前，不见于任何文献记载。杜光庭此说的资料来源，大概是源于当地土著民族的传说。两晋隋唐，川西氐人以杨姓为大姓。西晋张华《博物志》卷三说："蜀山南高山上有物，如猕猴，长七尺，能人行健走，名曰猴玃，一名化，或曰猳玃，同行道，妇女有好者，辄盗之以去……为室家……有子者，辄俱送还其家，产子，皆如人……及长，与人无异，皆以杨为姓，故今蜀中西界多谓杨，率皆猳玃化之子孙，时有玃爪者也。"唐代李泰《括地志》说："陇右成州、武州，皆白马氐，其豪族杨氏，居成州仇池山上。"秦汉时期，成都平原氐人众多，与汉人混杂、交往日增。魏晋隋唐时期，留居平原上的氐人普遍汉化，杨姓为大族。《华阳国志》卷三《蜀志》载成都大姓有杨氏，武阳大姓多达七杨，郫县有杨伯侯，什邡大姓有杨氏，新都有名士杨厚等。杨磨、杨二郎的故事原型，都首先与他们相关。古代氐人多以羊为图腾，羊摩或为氐人首领。从传说看，从李冰开凿的人工河渠中有"羊摩江"看，羊摩可能曾率领氐人辅助李冰治水，特别是在开凿羊摩江中起了重要作用。《朱子语类》卷三《鬼神》载，南宋时，灌口二郎神香火极盛：逐年人户赛祭，杀数万来头羊，庙前积骨如山，州府亦得此一项税钱。利路又有梓潼神极灵，今二个神似乎割据了两川。当时民间祭祀灌口二郎神超大规模地用羊，而后来民间又或将灌口二郎神称作"杨二郎"，那么"杨"与"羊"之间，当不无关系。杨磨经道家的改造渲染，分占了李冰"穿羊摩江"和"与江神为誓"二功。唯杨磨本型在土著中印象太深，难以自由发展，还不能也不敢用他去夺占李冰的主要功绩。道家想要排挤李冰，还得另外创造人物。于是，相传为隋代嘉州太守、道家仙人的赵昱，又应运而生。

赵昱治水的故事，据《古今图书集成·神异典》卷三九引《龙城录》载：赵昱，"字仲明，与兄冕俱隐青城山，事道士李珏，（隋）炀帝知其贤，征召不起，督让益州太守强起。昱至京师，縻以上爵，不就，乞为蜀太守。帝从之，拜嘉州太守。时犍为潭中有老蛟为害日久，人患之。"赵昱莅政之后，即"持刀没水，顷刻江水尽赤，石岸半崩，吼声如雷，昱左手持蛟首，右手持刀，奋波而出，州人事为神明。隋末大乱，以隐去，不知所终。（唐）太宗时，嘉陵涨溢，水势汹然，蜀人思昱。顷之，见昱青雾中，骑白马，从数猎者，见于波面。眉山太守上章，赐封神勇大将军，庙食灌江口，岁时民疾病祷之，无不应。上皇幸蜀，加封赤城王，又封显应侯。昱斩蛟时，年二十六"。青城山乃西蜀道家圣地，赵昱隐于青城山，后为除害而入波涛中斩老蛟，皆为道家创造的故事。但晚唐五代蜀中道教首领、常居青城山、著述极多的杜光庭，却从未言及此人。可见当时赵昱故事尚未兴起。据学人考证，《龙城录》乃两宋时人王铚托名唐柳宗元而撰，有关赵昱入江斩蛟的事迹，应在五代北宋时已经流传。赵昱故事活动的中心，从表面上看似乎在嘉州，但强调他修道于青城山，庙食灌江口，才是其实质所在。灌江口此前主祠李冰，另外还可能供奉有"灌口神"（或为杨磨），现在又增加一个赵昱，从此庙食被分（实质即治水功绩被分）。赵昱在嘉州治水，却庙食灌江口，违反我国古代庙食制度的一般原则，显系道家强行编造所致。只不过由于道教势力控制着二王庙、伏龙观，这个编造的神话最终被实现，为官方、民间所认可。北宋时有一"赵公山"，相传就是当年赵昱隐居之地。赵昱的故事后来又有许多改变。《三教源流搜神大全》卷三《清原妙道真君》记：

> 清源妙道真君，姓赵名昱，从道士李珏隐青城山。隋炀帝知其贤，起为嘉州太守。郡左昔有冷源二河，内有犍为老蛟，春夏为害，水汛涨，漂淹伤民。昱大怒。时五月间，设舟七百艘，甲士千余人，民万余人，夹江鼓噪，声振天地。昱持刃入水。有顷，其水赤，石崖奔怒如雷，昱右手持刃，左手持蛟首，奋波而出。时有佐昱入水者七人，即七圣是也。公斩蛟时，年二十六岁。隋末天下大乱，弃官隐去，不知所终。后因嘉州江水涨溢，蜀人见青雾中乘白马，引数人，鹰犬弹弓，猎者波面而过，乃昱也。民感其德，立庙于灌江口奉祀焉。俗曰灌口二郎。太宗封为神勇大将军，明皇幸蜀，加封赤城王。宋真宗朝，益州大乱，帝遣张乖崖入蜀治之。公诣祠下求助于神灵，克之，奉请于朝，追尊圣号曰清源妙道真君。[1]

如所周知，伪造越晚的故事越详，越丰富、生动、细致，这是中国道教编造神话的一条基本规律。与《龙城录》相比，这个故事有以下几处明显的变化。其一，受道家影响、编改的痕迹更加显著。《三教源流搜神大全》本是以道教思维为中心，专收儒释道三教圣贤及世奉众神的故事、画像的专书。赵昱形象，不可能列入儒释二教，只能是道士。与他一起"俱隐青城山"的人物，也由"与兄"变成了"道士李珏"；一个"从"字，清楚地说明了赵昱是道家的弟子。赵昱功成身隐，也符合道家的行为举止。赵昱一人兼具郡守、道仙两重身份，反映了唐宋士大夫喜从道士游的社会风尚。其二，斩蛟的场面描述更加形象，《龙城录》本是赵昱一人入水斩蛟，现在却有"舟七百艘，甲士千余人，

---

[1] 《三教源流搜神大全》，撰者不详，元代已有刻本。转引自上揭罗开玉书第249页。

民万余人，夹江鼓噪"，这与五代、宋典籍载李冰于唐、五代、宋三次斗江神的故事极其相似。赵昱新添了七人辅佐，同入水斩蛟遇害。其三，赵昱的形象与宋元时期的李二郎（或杨二郎）的形象趋于一致化。赵昱有七人辅佐入水斩蛟，李二郎（或杨二郎）同样有"七圣"辅佐，同样"乘白马、引数人、鹰犬弹弓"而猎。赵昱与二郎的关系，应该是相互糅合；赵昱的故事，本是二郎故事兴起的若干来源之一；但赵昱的形象，或许即是根据当时已经定型的二郎形象而来①。另外，据上引《三教源流搜神大全》文，在唐太宗封神以前，当地民众感戴赵昱的恩德已为赵昱立庙于灌江口，俗曰"灌口二郎"。据《古今图书集成》之《博物汇编·神异典》卷三九《杂鬼神部汇考一》引《八闽通志》所载，宋真宗时，益州大乱，张泳（张乖崖）奉旨入蜀平乱，得到当地神灵二郎神的帮助。事后张泳奏请追封川主赵昱为"清源妙道真君"。从此，这位"二郎神"声望日隆，宋元时代小说戏曲及民间传说中的二郎神，基本上就是这位赵二郎的形象和"神迹"，其后又对明代《西游记》《封神演义》等神魔小说中二郎神形象的塑造产生了重要影响。至清代，个别地区甚至以赵昱代表李冰，表明道教的攻势取得了很大的成功。"川主"原本是李冰的称号，《灌县文征》卷五《李公父子治水记》就有"因其（李冰）治蜀治水，益州始为天府，故世称曰川主"。现在又称赵昱为川主。对于这传说中出现两个"川主"一事，光绪《彭水县志》解释道："川主庙祀秦蜀郡太守李冰父子，或谓当祀赵昱者。考赵与李皆以治水立功于蜀，并具有川主之称。然李先而赵后；且李所治为全蜀上源，赵则仅在嘉州而已。又李之淘滩作堰，功在生民，不徒以异迹见称；若赵但以道术免一时之灾，不能使千载后民食其利也。"这虽是折中之说，却道出了两个传说的先后和异同。当然，努力维护李冰形象的儒家（官府）并不认同这种造作，也利用已有的传说强化李冰"事迹"，如《龙城录》载唐太宗封赵昱为神勇大将军、唐玄

---

① 罗开玉：《中国科学神话宗教的协合——以李冰为中心》，巴蜀书社1989年版，第250页。

宗封其为赤城王，以后又被《灌江定稿》附会到了李冰身上①。

在赵昱治水故事的基础之上，又创造出了二郎治水神话。蜀中民间传说，在修建都江堰这个浩大的工程中，李冰次子"二郎"亦勤勤恳恳，有协助父亲凿离堆、开二江的大功，因而被民众作为神灵奉祀。此类传说见于文字记载的时间，似始于北宋。南宋词人杨无咎《逃禅词》之《二郎神·清源生辰》词谈到二郎神。词曰：

> 炎光欲谢，更几日，薰风吹雨。共说是天公，亦嘉神贶，特作澄清海宇。灌口擒龙，离堆平水，休问功超前古。当中兴，护我边陲，重使四方安堵。　　新府，祠庭占得，山川佳处，看晓汲双泉，晚除百病，奔走千门万户。岁岁生朝，勤勤称颂，可但民无灾苦。□□□愿得地久天长，协佐皇都。

杨无咎词中明显已是夺李冰"灌口擒龙，离堆平水"之功予二郎了。但对此说法，早有人表示怀疑。宋曾敏行《独醒杂志》卷五记：

> 有方外士，为言蜀道永康军城外崇德庙，乃祠李太守父子也。太守名冰，秦朝人，尝守其地。有龙为孽，太守捕之，且凿崖中断，分江水，一派入永康，锁孽龙于离堆之下，有功于蜀，人至今德之，祠祭甚盛。每岁用羊至四万余，凡买羊以祭，偶产羔者亦不敢留，永康借羊税以充郡计。江乡人今亦祠之，号曰："灌口二郎，每祭但烹一膻，不设他物，盖有自也。"

这里，斗龙治水全是李冰一人之功，而二郎只是因为享父荫才得薄祀。后来，清袁枚《随园随笔》卷一一引《成都志》说："冰为郡守，化牛形入水戮蛟，斗不胜，见梦于其子；子乃入水助父杀蛟。"这里，戮蛟的主角还是李冰，二郎只是协助而已。明代范时儆在《重修灌口二郎神祠碑》中说："秦蜀守李冰凿离堆，然后沃野千里，号称陆海；考

---

① 罗开玉：《中国科学神话宗教的协合——以李冰为中心》，第249页。

厥成功，实其子二郎以神力佐之也。"这里也只是说二郎相"佐"。然明代高韶《都江堰铁牛记碑》则曰："灌有都江堰，自秦蜀守李冰命其子二郎凿离堆山创筑之，以障二江之水。受作三石人、五石犀以镇江水以压水怪，以灌溉川西南数十州邑之田。"这里则变成了全是二郎的功劳。1929 年《重修什邡县志》卷八载《万历碑》说：李冰"遣子二郎董治其事，因地势而利导之，先凿离堆以避沫水之害，三十六江以次而沛其流，西南十数州县高者得种，低者可耕，蜀中沃壤千里，号称陆海，万民利之。"《万历碑》之说，乃是据当时发现的一方宋熙宁碑写成。这是用二郎来取代李冰的主要功绩。1931 年《富川县志》卷四载荣天龙《大觉寺川主辨》说：二郎佐李冰著六言以治堰，铭二语以誓水，沉石犀五、石人三以压水怪、镇江流。这是除《史记》李冰凿离堆、穿二江事外，把建都江堰的其他功劳悉归二郎。1924 年续修《江津县志》卷四《新川主庙》载彭维铭记说："秦蜀守李冰使其子二郎除水怪，凿离堆，穿内外二江，灌溉十四州县田亩，沃野千里，号称陆海。"《益州记》载都江堰有三石人、五石犀以压水，与神誓曰："涸不及足，涨不及肩"，所造"深淘滩，低作堰"六字，垂为万世法，相传皆二郎力也。这里把李冰所有功绩，统统归于二郎。综观从唐代迄清初的传说资料，总趋势是二郎治水的业绩越传越大，不断拔高，到明代时已基本压倒了李冰。

五代十国时期，成都割据政权对灌口二郎神也封以王爵。这位灌口二郎的来源没有明确记载，以其腰弓挟弹、驾鹰使犬、血食羊祭的形象特征，似乎与边外民族游猎习俗有关。宋朝统一后，神道设教，特别重视重整道教秩序，把道教的神灵体系规范化、系统化、政治化，对蜀人推崇的二郎神不无顾忌，曾去其王号；因其祭赛形式十分繁费，又比较狂热，鬼巫妖诞之气甚重，地方官吏甚至一度申令禁止。实在无法禁止，官方又试图对二郎神崇拜加以引导，提升其伦理品格。一度将二郎神认定为隋末官僚、道士合一的治水济民的赵昱，宋真宗封之为"清源妙道真君"，然而在蜀地民众中的认同程度似乎不高。据《宋会要·礼二十》"郎君神祠"条云：宋仁宗嘉祐八年（1063）对"二郎神"又重新认定："诏永康军广济王庙郎君神，特封惠灵侯，差官祭告。神即李冰次子，川人号护国灵应王，开宝七年命去王号；至是军民上言，神尝赞助其父除水患，故有是命。"此后数十年间，又陆续加封为"灵惠应感公""昭惠灵显王"，力崇道教的宋徽宗于政和八年（1118）八月改封之为"昭惠显灵真人"，南宋时仍复王号，一庙奉二王，后来遂有"二王庙"之名。灌口二郎庙的香火日甚，"二郎神"的名声也越来越大却是事实，甚至在北宋著名词人柳永的作品中也有了以"二郎神"为名的词牌。南宋范成大曾任四川制置使，大概曾去瞻仰过这位"郎君神"，其《吴船录》称："崇德庙在（永康）军（今灌口镇）城西门外山上，秦太守李冰父子庙食处也。"元朝至顺元年（1330）"二郎"加封为"英烈昭惠灵显仁佑王"，封号比李冰还崇高。《清朝文献通考·群祀考二》载，清雍正五年（1727）改封"承绩广惠显英王"，当四川地方官上疏雍正帝给二郎加封号时，礼部认为封儿子而不封父亲，似不妥当，所以雍正帝同时给李冰加封"敷泽兴济通佑王"。这就是灌口二郎庙由原名崇德祠改为现名二王庙的由来。"二王庙"一名始见于清雍正五年（1727）四川巡抚宪德的《禀捐春秋祭典碑》。这显然不是官方祀典的正式名称，但因其简明扼要，远比官方繁文缛节的赐名深入人心，故能沿用至今成为正号。因为治水的"伟业"，李冰与李二郎在四川民间都享有"川主"之号。不过，这位虚构的李二郎，显然比实在的李冰更具神话魅力，由于小说、戏曲、民间传说的深入人心的影响，后来灌口李二郎的形象也与《封神榜》《西游记》中宣扬的三眼二郎神杨戬的形象混合起来。至迟在清朝，灌口二王庙中占据前殿的二郎神的塑像已是三眼，成了庙中主角，李冰只能屈居后殿。虽有儒教卫士对此深为不满，如清同治时期的四川将军崇实在《重建蜀郡守李公庙碑》中斥之为"数典忘祖，子掩其父"，却也难拂民意和已成事实，只得在离堆上的伏龙观重修大殿，专祀李冰，此后官方祭典皆先至伏龙观祭李冰，然后往二王庙祭二郎。然而，晚清"二郎"又改"显英普济照福王"，名声似乎又比其父响亮。

在《史记》《汉书》《风俗通义》《华阳国志》等较早的汉晋文献资料中，均未提及李冰有子，李冰是否真的有子"二郎"也无可稽考。所以这位李二郎与大多数神一样，也不过是人们想象与神化的产物。在重视家庭伦理的古代中国宗法社会，神而有子乃是民间的造神习惯。李冰既然已是个香火很盛的神，那么再给他创造个儿子也在情理之中。就目前所见文献资料，至迟从唐代开始，人们就已给李二郎立庙，称为"二郎庙"。另外，从事实上推理，李冰治水，艰苦卓绝，计划周密，科技水平不凡，成效显著，但绝非一人之功，必有不少的襄助者。就是在上面所引《成都记》李冰化牛斗江神的传说中，也说有武士们持箭相助。《灌县文征》卷五《李公父子治水记》说："公治水非一处、襄之者亦非一人，若南安、荣经等处，皆尝及之。故离堆之事伪传，而同时若竹氏、毛郎亦替厥勋，二郎其尤著也。二郎固有道者，承公家学，而年正英韶，犹喜驰猎之事。奉父命而斩蛟。其友七人实助之，世传梅山七圣，谓其有功于民，故称圣人。"又《蜀中名胜记》卷六引《古今集记》亦载："李冰使其子二郎作三石人以镇其江、五石犀以厌水怪，凿离堆山以避沫水之害，穿三十六江，溉概川西南十数州县稻田。自禹治水之后，冰能因其旧迹而疏广之。今县西三十三键尾堰索桥有李冰祠。"清李调元《井蛙杂记》卷九："离堆上有伏龙观，下有深谭，传闻二郎锁孽龙于其中。霜降水落，或时见其锁。"李冰父子治水，有功于蜀，蜀人十分怀念他们，于是修祠立庙，常年祀祭，李冰被尊为"川主"，其子被尊为"二郎神"。李冰自汉代以来被过分的神异化与儒教的理性风格不尽融洽。因此李冰被纳入儒教祀典以后，他在民间传说中的神异性较浓的方面就逐渐异化为另一神格，以他儿子的身份的出现。这大约不会早于唐代后期，因为佛教输入的印度神"毗沙门天王"在唐代经密宗宣扬而深入人心，其子二郎独健也红极一时；受其影响，民间出现了几个汉化的"二郎神"。"唐大曲有《二郎神》，见《教坊记》，即演其事。蜀教坊之《灌口神队》以舞队为水斗伏龙之戏，下及宋元杂剧院本，俱有《二郎神》目，亦演此戏。"[1]至今流传的二郎神形象，大约是民间依据本土传说的李冰父子、赵昱、张仙、杨戬及外来的二郎独健等角色逐渐归并混融而成的。

五代时期，赵昱"庙食灌江口"，直接入庙与李冰争夺庙食祭祀的

---

① 王文才等：《蜀梼杌校笺》，巴蜀出版社 1999 年版，第 388 页。

传说，反映了当时青城山道教下山接管二王庙、伏龙观的这一历史情景。赵昱之所以能比较轻易地入庙受祀，主要与青城山道教控制这些庙宇有关。但赵昱毕竟是晚起的神话式人物，其"斩蛟"式的治水活动，又在嘉州犍为，不可能触及李冰治水业绩的根本，虽可分李冰庙食，却不能取代李冰；因此，道教必须另安排一个与李冰同时的，又在李冰治水之地治过水的人物，才能完成弱化李冰的大任。值"二郎"传说兴起传扬，道家又把他纳入道教神仙的体系。道家既可塑造二郎，也可直接全面改造李冰形象，使其为道仙。但无奈李冰活动的时期颇早，当时道教还未产生；其事迹影响太大，屡见于史籍，历代政府对他尊敬有加，民众对他的印象也相当深刻，很难彻底完成改造。二郎，虽传说是李冰之子，但其事迹却不见于宋代以前的古籍，人民不了解，正可按道家意图重新着力塑造。另外，在佛道两家素来争夺激烈的唐宋，改造"二郎"，或许还有道家力图压制佛家的含义。在重宗法、重家庭的中国古代，二郎作为李冰之子的身份、辅助父亲的事迹，自在于情理之中，易为人们所接受，也不会为官府反对，借用他来暗中排挤、分割李冰的功绩最为理想。"二郎"出现后，历元明至清，其形象与影响基本上压过了李冰。

　　五代北宋时期，是道教势力开始接受崇德庙、伏龙观的第一阶段，也是道士试图把李冰从此二祠庙中挤出去，但又限于民情、官府的压力，无能为力的阶段。故道教又力图将李冰直接转化为道教神仙，纳入自己的文化体系之中，这集中体现在伏龙观的演变中。伏龙观的前身是"李公祠"，约始建于五代后蜀，至北宋初开宝五年（972），仍称"李公祠"，开宝七年封李冰为广济王后，又称"广济王李公祠"①。大约此后不久，"李公祠"改名"伏龙观"。冯伉于北宋景德年间（1004—1007）任永康军事，其间他下令将离堆上的伏龙观另迁一个位置，并作《移建离堆山伏龙观铭并序》一通。其中谈到他感于旧史记载李冰的事迹，见旧观低洼狭小，因而"命芟草以广其址，积石以增其注。迁旧宇

---

① （宋）黄休复：《茅亭客话》卷一《蜀无大水》，《四库全书》第1042册。

之翳荟，即孤山之显敞。……故灵基立其左……故仙亭峙其右"①。旧
伏龙观的道教风味已较浓厚，设有"灵基"、"仙亭"和"宝室之穴"。
新迁伏龙观中，有"太上之殿""朝真之坛"，即供奉有太上老君（神
话传说中此人与二郎关系极密），筑有通往道家仙境、与仙人往来的朝
真坛。李冰、二郎和老君一起享受人间香火，自然都是仙道了。南宋范
成大《吴船录》说：怀古亭有道观曰"伏龙"，观有录太古画李氏父子
像。可见伏龙观是正式的"道观"，李冰和二郎已被道士收纳进道班。
李冰死葬什邡，但唐宋时流行的传说却说他在什邡遇羽衣人，飞升成仙
而去，人们还在李冰墓前筑了升仙台。清乾隆《什邡县志》记载："大
郎庙在（什邡）治北五十里大蓬山之阳，蜀太守李冰神祠。""升仙台
在治北五十二里，即大安王升仙处，岩西镌'李公升仙之处'。""后城
治，在旧雒县城之后，或以为李公治水之后，成仙于此，上有古寺。"
什邡出土的《宋熙宁大安王碑记》《明万历大安王庙记》都记有李冰升
仙之事："（李）冰一日循视水道，至广汉溯江干而上，因有马沿河之
名。""至后城山，遇羽衣人谓冰曰：'公之德入于民深，名注天府久
矣，上帝有诏，命予来迎。'遂挟之飞升而去。今祠岭西即后城治，上
有礼斗峰、升仙台，或亦其事。"② 毫无疑问，道教对有关李冰传说的
影响，渗透到他生与死的全过程。综观这一时期有关李冰的传说，以青
城山为中心的西蜀道教势力，为了下山占住二王庙、伏龙观这个阵地，
为了适应当地的官情民意，为了与其他宗教（如佛教）势力作斗争
（主要是争夺庙宇和香客），对李冰展开了"分""挤""拉"的战略③。
"分"，表现在用新的道教传说人物，如杨磨、二郎来分李冰治水之功；
"挤"，表现在用道教传说人物赵昱、二郎来争夺、顶替李冰的庙食，
排挤李冰在治水、庙食、传说中的地位；"拉"，表现在暂时无力彻底
排挤李冰时，用道教观念新创李冰传说，用道教名仙、神佛来陪伴、烘

---

① 文载龙显昭、黄海德主编《巴蜀道教碑文集成》，四川大学出版社 1997 年版。

② 转引自冯正肃、马骏《李冰的升仙遗址》，文载四川省水利电力厅、都江堰管理局编
《都江堰研究》，四川省社会科学院出版社 1987 年版。

③ 罗开玉：《中国科学神话宗教的协合——以李冰为中心》，巴蜀书社 1989 年版，第
204 页。

托李冰，把李冰改造为道教神仙。总之，要把二王庙、伏龙观改造成名正言顺的道家庙观，赢得更为旺盛的香火。

与李冰治水事迹（神迹）被不断分割、弱化相对照的是，许逊的治水神迹却自晋以来不断增加、强化，这增加、强化的源头就是把他人的"治水"斩蛟之事附会、累积于其身。当然，直至唐代，许逊的诸多功绩还没有离开其师父吴猛。如唐段成式《酉阳杂俎》卷二《玉格》载："晋许旌阳，吴猛弟子也。当时江东多蛇祸，猛将除之，乃与许至辽江。及遇巨蛇，吴年衰，力不能制，许遂禹步敕剑登其首，斩之。"因此，《净明道师旌阳许真君传》所录第四则许逊率吴君、施君、甘君诸弟子追杀巨蛇之事，据张泽洪先生《许逊与吴猛》一文考证，是由唐后期佚名《孝道吴、许二真君传》所载吴猛、许逊共同杀蛇之事改编而来，而《孝道吴、许二真君传》之说则是从刘宋雷次宗撰《豫章记》所记"道士吴猛与弟子杀蛇"事演变而来。对于这种改编与演变，其结果是"夺吴猛之功归之于许逊"[1]。由于张先生已在《许逊与吴猛》一文中有精辟的论述，笔者在此只略作结论性的转述：许逊本是吴猛之弟子，但唐宋以来许逊却转变成了吴猛的师傅。其基本原因，在于豫章西山道教的造神意识与行为。吴猛死后，因无继嗣，许逊家族控制了教团；许逊死后，西山道教亦由许氏世代传承；唐代胡慧超重振西山道教后，编写西山道教史时，曲笔作《孝道吴、许二真君传》，将本为吴猛弟子的许逊，以"教权神授"的方式，来个师徒移位，许逊从此成了西山孝道派的祖师。宋元净明道兴起后，又进一步成为净明道祖师。

在制造神学依据的同时，在述及吴、许传教活动时，道教更是夺吴猛之功归之于许逊。试举几例：《太平广记》卷四五六引刘宋豫章人雷次宗撰《豫章记》载："永嘉末，豫章有大蛇长十余丈，断道，经过者蛇辄吸取之，吞噬已百数，道士吴猛与弟子杀蛇。"而唐后期《孝道吴、许二真君传》却载为："（吴猛）乃邀许君，二人同往，去蛇十里，吴君挺特而前，蛇纵其万毒，嘘吸云雾……吴君当斯之时，心有忌惮，我许君名继仙录，道应玄元……遂拽裾叱咤，挺刃而杀之。"两相对照，

---

① 张泽洪：《许逊与吴猛》，《世界宗教研究》1990 年第 1 期。

后者以吴猛之怯弱来衬托许逊之神武，褒许贬吴跃然纸上。到南宋白玉蟾《玉隆集》中，更进一步喧宾夺主，将《豫章记》之吴猛率弟子杀蛇改为许逊率吴猛等群弟子杀蛇了。又如，晋张僧鉴撰《寻阳记》载："王敦诛术士，吴猛附船日行千里，追者但见龙附其船。猛令船人闭目，人闻曳拨林木之声，惧而开目，龙知人见，遂委舟山顶。"《太平广记》卷一三八引《豫章记》亦载此事，而《十二真君传》改为许逊以神术驾船，《孝道吴、许二真君传》则记为吴、许二人同乘："（许逊）乃使二龙负船腾空而去……（船主）看之，见有二龙负船，见人惊散，许君乘龙而去，吴君步水而归。"然至南宋白玉蟾的《玉隆集》中则更神奇：

> 真君曰："尔等但瞑目安坐，切勿觇视，吾自为尔驾之。"乃召二龙挟舟而行……俄过庐山顶，至紫霄峰金阙洞，二君欲游洞中，故其舟稍低，抹林梢戛戛有声，舟人不能忍，乃窃觇之，龙即舍舟于层岫之上，拆桅于深洞之下。真君谓舟人曰："汝不听吾言，将何所归乎？"舟人拜求济度，真君教以服饵灵草，遂得辟谷不死，尽隐于此山。

白玉蟾还加注释，说庐山留下了铁船峰、紫霄峰等遗迹，仿佛真有其事。王敦诛术士事，指东晋太宁二年（324）王敦在武昌策划再次进兵建康，任职记室的著名术士郭璞筮王敦此行"无成"，敦怒而诛璞。王敦欲诛吴猛事，《晋书》《通鉴》不载，见于《太平广记》卷一三七引南朝宋刘义庆《幽明录》和《云笈七签·吴猛真人传》以及上引《寻阳记》。此事与许逊无关，但吴猛、郭璞二人事迹，后世许逊亦必加入，吴猛在王敦座上以术隐身，出逃时驾船之神术，亦皆记之于许逊头上。再如，唐代《三洞珠囊》卷一引《道学传》第四云："属大疫疠，竞造吴猛乞水。猛患其烦，乃纂江水方百步，随意取之，病者得水皆愈也。"北宋《云笈七签》载此事为吴猛见王敦后所为，且成为王敦欲诛吴猛之缘由。而南宋白玉蟾的《玉隆集》却将此事写入许逊传中："属岁大疫，死者十七八……他郡病民相继而至者，日且千计，于是标竹于郭外十里之江，置符水于其中，俾就竹饮之，皆瘥。"这里文字上虽有改动，但江水治病事相同，是取吴猛事归于许逊的又一例证。在许逊被神化过程中，唐代二传肇其始，南宋白玉蟾踵其后，集褒许贬吴之大成，最终完成了许逊的神化。在白氏《玉隆集》中，吴猛沦为许逊十一弟子之列，彻底改变了唐代吴、许并提，吴在许前的格局。白玉蟾还将许逊飞升成仙安排在吴猛之前，《玉隆集》卷三五《吴君》载："宁康二年，（许）真君上升，世云复还西安，是年十月十五日，上帝命真人周广捧诏召世云，遂乘白鹿车与弟子四人白昼冲升。"为了神化许逊，白氏可谓用心良苦。特别是，宋代许逊的民间信仰形成，许逊亦得宋朝皇帝的敕封，而吴猛却鲜为人知了。许逊、吴猛之间师承关系的变化，许逊成为净明教祖，是许逊治水事迹张大的基本原因。

中国传统社会是讲究"门第"的社会，道教在神化许逊之时，也着力提高许逊的出身、社会地位。据初唐欧阳询《艺文类聚》卷二一录《许逊别传》：

> 逊年七岁，无父。躬耕负薪以养母，尽孝敬之道。与寡嫂共田桑，推让好者，自取荒者，不营荣利，母常谴之："如此，当乞食，无处居。"逊笑应母曰："但愿母老寿尔。"

又，《太平御览》卷五一九引《幽明录》："许逊少孤，不识祖墓。"清光绪《江西通志》卷一七八《仙释》录《真仙通鉴》引《西山十二真君传》载："逊少孤，躬耕负薪养母，敬事寡嫂。"北宋张君房《云笈七签》平实地叙许逊出身曰："许逊，字敬之，南昌人也，少以射猎为业，一旦入山射鹿，鹿胎从弩箭疮中出堕地，鹿母舔其子，未竟而死，逊怆然感悟，折弩而归。"从以上记载可知，魏晋时期的许逊原本是一介寒士，出身低微，毫无门第可言。可是唐初豫章西山高道胡慧超为了构建许逊"孝道派"系统，创作的《西山十二真君传·许真君》，不仅明言许逊籍贯为汝南，并造作其信道世家的谱系为"祖琰、父肃，世慕至道，东晋尚书郎迈，散骑常侍护军长史穆，皆真君之族子也。"众所周知，汝南许氏汉魏以来素为高门。东汉后期汝南许靖、许劭兄弟主持"月旦评"，品评人物，左右世风，为一代名流。汉末大乱，许靖投益州依附刘璋。刘备建蜀汉政权后，曾任丞相之职。汝南之说，是攀汝南二许以相标榜。许迈、许穆为丹阳句容许氏，信奉天师道，是道教上清派人物，以许迈、许穆为族子，显系攀江东士族许氏以抬高许逊门第，同时也有利于将许逊与道教正统联系起来。《孝道吴、许二真君传》又说许逊"望本高阳，随晋过江"。高阳许氏，亦是魏晋名门。魏晋嬗变的"高平陵事件"中，司马懿派侍中许允劝说曹爽放弃抵抗，促成了司马氏政变成功。后文帝马司昭杀许允，据《晋书》卷三《武帝纪》载："高阳许允既为文帝所杀，允子奇为太常丞。帝将有事于太庙，朝议以奇受害之门，不欲接近左右，请出为长史。帝乃追述允夙望，称奇之才，擢为祠部郎，时论称其夷旷。"高阳许氏永嘉后过江与否史无记载。按：《魏书》卷四六《许彦传》记载了高阳另一许氏许彦家族三世为宦的情况，许彦诸孙中有一人亦名许逊，字仲让，东魏、北齐时，任过东阳平太守、平原太守，此许逊与净明道荣誉创始人许逊显非一人。可知无论魏晋，还是北朝，皆有高阳许氏，为一代名门，这就是记许逊"望本高阳"依据，其真实意图在于突出许逊出身于名门望族的高贵身份①。至于白玉蟾《玉隆集》载许逊"世为许昌人，高节不仕，颖阳由之后也，父汉末避地于豫章之南昌，因家焉"。更是任意为之，不可为据。经过这一番修饰，南昌寒士许逊与汝南、高阳等名门挂上了钩。于是在《玉隆集》中，许逊不仅有了高级的门第，而且也有了良好的文化修养，他"博通经史，明天文、地理、历律、五行、谶纬之书"。有文化修养无著述行世亦是不足，宋代有了托名许逊的《灵剑子》一书的出世，许逊神化已臻于完成。② 这种社会地位的提高，对许逊与李冰相提并论也颇有积极的意义，毕竟李冰的秦太守身份就不再占有优势了。

---

① 黄小石：《净明道研究》，巴蜀书社 1999 年版，第 35—36 页。

② 本段参考张泽洪《许逊与吴猛》（《世界宗教研究》1990 年第 1 期）一文有关论述。

五　蜀赣道教造神与李冰、许逊的命运

四川、江西同处长江流域，境内大江大河纵横，江河湖泊众多，在古代社会中，两地都有严重的洪水问题。治理水患是两地的共同主题，李冰、许逊是两地治水人物的代表。治水的时间，李冰要比许逊早600多年；就治水的具体功绩而言，李冰要比许逊大得多；而在国家政治中的地位，李冰也要高于许逊。然而，在道教造神活动的影响下，两人的地位却似乎相反，许逊大大高于李冰：治水的法术、神迹，许逊强于李冰；在民间社会里，许逊的影响无疑也要比李冰大得多。这种情形的出现，是道教根据需要对两人治水"功绩"与社会地位重新认定的必然结果。

在造神活动中，道教有意识地把历史上的功勋人物纳入道教神仙系统。这不仅是宗教信仰的需要，而且还包含世俗的政治、经济利益。四川和江西都是道教相当发达的地域，因此把本地有影响的人物李冰、许逊道教化是相当自然的选择。道教造神的基本方式与目的是：把历史上著名人物、民间崇拜的人物塑造为道教神仙，利用与改造原有的神迹，以符合宗教的利益。因此，道教尽管把李冰、许逊都努力纳入神仙体系，但要根据宗教的需要重新赋予他们相应的功勋，在治水功绩问题上采取了几乎相反的策略。对李冰，予以贬低，而对许逊则大大加以强化。这当然与李冰治水的功绩太大，而与许逊治水的功绩太小（至少少见其治水事实）有关。但更主要是，这是道教出于自己的利益考虑的结果。如前所述，唐宋时期，道教在神仙化李冰的潮流中起了推波助澜的作用。同时，青城山道教徒为了利用李冰而作出了三种改造李冰神迹的策略，从而削弱了李冰的神迹地位。蜀地道教改造李冰是分割儒家神灵，而重新塑造。目的是把原有较大影响的李冰及其相关的庙宇控制于自己的门庭之下，自然在一定程度上要压低其作用和影响。青城山道教本来影响极大，但也惧怕李冰形象压倒它，因此有意压低李冰神迹，使其附属于自己。赵昱是一个后起的传说人物，是道教对李冰采取分功

绩、挤庙食攻势的产物，而二郎神则更是道教神灵压倒儒家神灵的产物。

李冰所作都江堰，是中国古代最大的水利工程之一，它的建设对蜀地社会经济产生了深远的历史影响。李冰水神的地位，实由民众推动而得到官府确认。由于在中国小农经济社会，风调雨顺是基本的追求，各地都有相关的水神（或龙神），在儒家的神系之中，全国性的水神已有大禹。李冰的地位和影响与大禹相去甚远，自然不可能树立成一个与大禹并肩的神灵。李冰作为川西地区的治水英雄，也不能代替全国各地区的水神，自然无法普遍化而全国化，只能局促于川西地域性的神。即使是在蜀地，也有开明氏之类的治水人物在分割其影响。几乎与此相反的是，许逊的治水事迹（神迹）却在道教的创造下不断增长。许逊的治水行为，一开始就与道教密切相关。凡涉及许逊的道书几乎都有这样的记载：晋室纷乱，任职旌阳令的许逊弃官东归，遨迹江湖，寻求至道，得神仙术。后又遇上圣真人传授太上灵宝净明法，获得斩邪擒妖之道法，遂开始了在江西及周边地斩蛟治水的活动。六朝时期，许逊在江西地区只是一个儒道结合以道为主的人物，社会地位与社会影响并不十分高。随着唐宋以来，许逊崇拜的增长，特别是元代净明道的形成，重构许逊形象成为江西地区道教徒和民间社会努力的目标。而许逊本来的影响并不大，要扩大其影响，自然必须提高其社会作用。除了大打儒家的"孝道"牌外，还极力鼓吹其"治水"功绩，把他塑造成有功于社稷、有益于当地的人物。由于许逊治水的具体事迹难寻，因此，就把民间传说的斩蛟镇蛟之类的似真非真的事迹大肆宣扬，同时把其师吴猛改造成弟子，把吴猛斩蛟治水的事迹都改造成了许逊个人的功绩，从而使许逊的治水神迹不断地增加和丰富。研究者指出，唐人"夺吴猛之功归之于许逊"的改编，对于推动许逊崇拜的意义却是巨大的，它不仅借用"斩蛟镇龙"这种中国古人所喜冠诸英雄异人的方式抬高了许逊的地位，而且通过种种夸张的细致描述凸显了许逊的神通①。随着元代以许逊为核心的净明道派的形成，许逊的治水神迹则愈加成为事实了。

---

① 郭武：《〈净明忠孝全书〉研究》，中国社会科学出版社 2005 年版，第 145 页。

把人树立为神，就必须有神迹，而要强化神迹，就必须把现实的事物虚化。许逊身世隐约，事迹神异，远比李冰更适合宗教造神，撑起道教的门面。许逊是以水神为基础，成功地转化为净明道主，功能逐渐扩大。净明道诸仙传皆记载许逊符水治病的法术，对此《太平寰宇记》卷一〇六"江南西道四"载称：

> 筠州高安县本豫章建成县，蜀水在县北三里。……耆老传云：仙人许逊为蜀旌阳令，具奇术。晋末人皆疾疠，多往蜀诣逊请救。逊与器投水入上流，疾者饮之，无不愈也。邑人敬其神异，故以名水。

符水治病在张陵时期极为盛行，是早期正一道常行法术，宋张秉《玉皇召许真君升天诏碑跋》："许旌阳平昔刻意仙道，尤长于符法。逮乎出宰是邑，愈□□前原滋拯济生民，积有日矣。彼苍记录，颁诏赐丹，显迹当时，盖夫奉行太上法箓，致有是哉。"[1] 清赵翼《檐曝杂记》卷六："晏公庙，昔人以为江中棕绳，许旌阳以法印击之，遂称为正神云。"[2] 说明许逊还曾对民间俗神进行改造。许逊以法术济世度人，这对西山道教的传播，民间许逊信仰的形成，都有不容忽视的作用。北宋苏辙《筠州圣寿院法堂记》曰："昔东晋太宁之间，道士许逊与其徒十有二人，散居山，能以术救民疾苦，民尊而化之。至今道士比他州为多。至于妇人孺子，亦喜为道士服。"[3] 如此，许逊成为全能性的神，治水仅仅成为其道行的小部分了。这表面上弱化了水神的形象，实际上是扩大了许逊水神的影响，因为由地方神灵变为了全国性的、崇拜的神灵，这更有利于许逊治水神迹的宣扬。与此相较，李冰由于功能单一，仍是以蜀地治水的形象存在，导致其本身神迹难以全面塑造，从而无法走出地方神的界限，因而一直局限于巴蜀地区，反倒是"二郎神"在

---

① （清）张金吾编：《金文最》卷四七，中华书局1990年版，第679页。
② （清）赵翼：《檐曝杂记》，中华书局1982版，第116页。
③ （宋）苏辙：《栾城集》卷二三，文渊阁《四库全书》第1112册，第251页。

道教的大力塑造下功能更齐备而走向全国。李冰崇拜大体未超出四川地区，二郎神崇拜却遍及全国。当然，四川之外，二郎神不一定被认为是李二郎，例如两宋帝都都有清源真君二郎神庙，所奉显为赵昱；湖北、浙江等地有庙奉邓遐为二郎神。张政烺先生指出：宋元明人小说戏曲中没有说灌口二郎是李冰次子的。元明杂剧《二郎神醉射锁魔镜》《二郎神锁齐天大圣》《灌口二郎斩健蛟》所演的都是赵昱。① 而这又从另一层次减弱了李冰神迹的影响。总之，道教道神完全是以自己的宗教利益为转移的，而不同区域的道教有各自不同的利益追求，造神的方式方法自然不同，产生的后果也自然不同。唐宋以来，虽然四川地区的道教发展依然强劲，但与江西地区相比，则属于落后了。江西不仅形成了以龙虎山为中心而影响全国天师正一道，而且以南昌西山为中心以许逊为形象创立了净明忠孝道派，这使江西在树立许逊为中心的神仙事迹上处于极其有利的地位。南昌西山号称"神仙之会府""江汉湖海之士远道而来"②。五代宋初徐铉作《洪州西山重建应圣宫碑铭》称：西山是荆楚重镇；雄姿与衡山和巫山对峙，披靡绵亘，蔚为峥嵘；气象清虚，气候温和，动物繁多，植物茂盛；足为隐士秘密修行之所。西山道教又是与许逊信仰密不可分。道教传说中，曾任蜀郡旌阳县令许逊曾有德于当地，当地蜀民为了感谢其恩德，立生祠而祀之。不久，因感世道衰乱，许逊弃官东归。蜀民感念其德化，于许逊起行之日，多赢粮而送，有的甚至跟随到了江西南昌，改其姓为许，故而形成了"许家营"。人们对许逊的信仰久而久之发展成一种宗教情感，许逊因此不断被神化，其神迹在四川、江西一带广为流传。在造神运动中，江西道教人士及其宗派极力塑造许真君形象，一心一意抬高和维护其地位。而蜀地青城山道教不仅不把李冰作为着力塑造的对象，反而有意地压制其社会影响，分化其神迹。这无疑使李冰的形象最终落后于许逊。

儒家文化无疑是一种上层文化、精英文化，也是一种统治文化。无论是李冰还是许逊，其形象的崇高，也与儒家倡导与扶持有莫大的关

① 张政烺：《〈封神演义〉漫谈》，《世界宗教研究》1982 年第 4 期。
② 《玉隆宫会仙阁记》，收入《道藏》"洞真部·方法类"。

系。儒家或曰儒教极力主张"神道设教",本来也有较为强大的造神机制,重视利用历史上的著名人物来为现实政治服务。尽管李冰不是生在儒家为主流的年代,但在历代封建统治者眼中,他无疑是"立功立言立德"的代表人物之一,因而不断予以神化。李冰在不同的历史时期都得到了政权的封敕就是明证。值得注意的是,统治者则出于自己的政治目的,在神化李冰的同时,更努力维持李冰治水干吏原有的形象。儒家文化本是精英型文化,贵族意味实是浓厚。约自中唐以来,中国社会发生新的转折,民间社会力量显著增长,民间造神运动也随之高涨,佛道平民化,儒教也不能无动于衷;为了统治的利益,封建政府不断将民间"淫祀"收为儒家正祀,而正祀向平民开放的趋势也不可遏制。宋元明清政府对"二郎神"的敕封建庙就是典型的说明。明清时期,皇朝强化专制体制,对宗教的控制相应加强,佛、道难以再自由地吸收民间信仰习俗,只好尽量向已被儒教收编的民间祭祀渗透①。然而,儒家以"实践理性"作为其思想体系的基本特征②,基于不语"怪力乱神""事鬼神而远之""重人事而轻鬼神"等信条,在造神问题上造神运动中,采取慎重的态度,受到诸多的束缚。道教与儒教血缘较近,在这种渗透中自然比佛教及其他民间宗教更有优势,儒教祠庙由官府主祭,照例不设常驻祠庙的人员,于是明清儒教新立祠庙有不少被道士入驻。道士常驻二王庙大约始于明,此庙原先属正一,遭明末兵燹,原有道士散失,至康熙年间武当山道士张清世来此占据,遂属全真龙门派。二王庙及其前身李冰祠,本来属于儒教场所。二王庙属于道教,乃是历史发展逐渐形成的结果。儒教比较现实而理性,所以注重李冰的功德;道教比较浪漫而感性,所以突出二郎神的神迹。缺少文化的民众对理性比较隔膜,对感性容易亲近。二王庙因为道士的经营而更加具有群众性,也更加兴盛。其时二王庙虽顶着儒庙的名分,实际上已成为一座以二郎神为主尊的道观;"二王庙"之名又显不般配,有的径呼为"二郎庙"。民

---

① 钟国发:《也说都江堰二王庙——兼评〈李冰父子做梦都不会想到〉》,载吴孟庆、罗伟虹主编《宗教问题探索》,宗教文化出版社2004年版。
② 参见李泽厚《孔子再评价》,《中国社会科学》1980年第2期。

国时期，二王庙本庙有道士数十名，加上十余座"足庙"（下属分庙），共有道众百余。辛亥革命后，儒教瓦解，上述祠庙自然就完全转归道教名下。儒、道两家创造的神灵，于是名正言顺地转归道教之下了。道教是根植于中国文化土壤之中的宗教，造神善于借助儒教的手段又高于儒教，且更多的自由，遂往往把儒家所信奉的神灵，塑造成道家神灵。反过来，儒家则缺少这种造神的机制。以致在道教造出新神或破坏旧神之后，儒家最后往往不得不予以承认。都说是儒道合一，其实在这合一的过程中，双方还是有不少利益冲突的。处于半民间半官方道教造神则更为专业，也更为系统，作用和影响也更大，主导着造神运动。

许逊尽管自始至终作为道教人物，但其身上亦表现出浓厚的儒家情结。许逊形象在儒家的眼中，是孝、忠的代表，道家也有意识地强化这一特点，净明中孝道的忠孝伦理就是显著的说明。神仙思想尤其是道教形成以后，儒家的孝道、忠义都成了修炼的手段。俗信认为这样做即使不能长生不老，死后也能有好的归宿，如前蜀杜光庭《墉城集仙录叙》曰：

> 又有积功未备，累德未彰，或至孝、至忠、至贞、至烈，或心不忘道，功未及人，寒栖独炼于己身，善行不加于幽冥者，太上以其有志，太极以其推诚，限尽而终，魂神受福者，得为善爽之鬼，地司不制，鬼录不司，逍遥福乡，逸乐遂志，年充数足，得为鬼仙。然后升阴景之中，居王者之秩，积功累德，亦入仙阶矣。

因此，推崇许逊（许真君）也是唐宋以来历代统治阶级的需要。唐宋时期西山道教盛行的南朝、西抚，是许逊崇拜的民俗祭祀活动。许逊仙仗所至之处，"士庶焚香迎谒者以千数，凡所经由聚落，人民男女长幼动数百人，焚香作礼，化钱设供，至有感激悲号者"①。民间还绘制许真君神像，张挂于神堂以奉祀。唐代以来，许逊西山道教，其斋醮活动蔚为壮观。《孝道吴、许二真君传》载："从晋元康二年真君举家

---

① 《玉隆集》卷三四《续真君传》，《道藏》第 4 册，第 764 页。

飞升之后，至唐元和十四年，约五百六十二年递代相承，四乡百姓聚会于观，设黄箓大斋。邀请道流，三日三夜，升坛进表，上达玄元，作礼焚香，克意诚请，存亡获福，方休暇焉。"白玉蟾曾目睹西山道教的祭祀活动："诸乡士庶，各备香华，鼓乐旗帜，就寝殿迎请真君小塑像幸其乡社，随愿祈禳，以蠲除旱蝗。……六旬之间，迎请周遍。洪、瑞之境八十一乡之人，乃同诣宫醮谢，曰'黄中斋'。"白玉蟾注释说："黄中仪式，真君所流传也。"① 正是在民间道教活动的影响下，北宋的西山玉隆万寿宫，已升格为国家斋醮的坛场。《玉隆集》卷三四《续真君传》记载宋徽宗玉册醮告词文曰："维政和二年太岁壬辰五月丁巳朔十七日癸酉，皇帝御名谨遣入内内侍省内殿程奇，请道士三七人，于洪州玉隆观建道场七昼夜，罢散日设醮一座三百六十分位，上启神功妙济真君。"② 南宋西山仍保持国家斋醮坛场的地位。南宋嘉熙元年（1237）理宗举行的祈嗣法会，《宋理宗祈嗣表》曰："伏为保延国祚，恭祈嗣续，敬赍香信，祈荐冲科。命道官二十一员，于隆兴府逍遥山福地玉隆万寿宫，启建灵宝道场一昼二夜，满散三百六十分位，告盟天地，诞集嘉祥。谨依旧式，诣逍遥山投送金简玉龙。"③ 许逊被视为江西福主，至清末西山的香火伯然隆盛。

作为净明道祖庭的万寿宫，史称兴于晋而盛于唐，尤盛于宋。宋徽宗时玉隆万寿宫仿西京崇福宫例，成为江南一大道观。《玉隆集》卷三四《旌阳许真君续传》说宋徽宗命采访许真君别有遗迹去处，如未有观，即勒本属取官钱建造；如有宫观屋宇损坏，即如法修换。南宋王义山《龙沙道院碑》："洪有玉隆万寿宫，亦祠所也。环数十里间，祠宇鼎峙。"④ 南宋杨至质《谢运使江古心万里请住玉隆》："试言道家之大山，莫若旌阳之故宅，冠袍所聚之地，领袖必得其人。"⑤ 明张宇初

---

① 《玉隆集》卷三四《续真君传》，《道藏》第 4 册，第 763 页。

② 《道藏》第 4 册，第 761 页。

③ （清）金桂馨、漆逢源：《逍遥山万寿宫志》卷二，光绪戊寅（四）年南昌铁柱宫刊本。

④ （元）王义山：《稼村类稿》卷八，文渊阁《四库全书》第 1193 册，第 55 页。

⑤ （宋）杨至质：《勿斋集》卷上，文渊阁《四库全书》第 1183 册，第 476 页。

《妙灵观记》记："天下名山川，古今真仙之名迹，在大有焉。而大江之东西，尤为仙真窟宅，晋许旌阳兴于豫章，以地灵而法阐。"① 白玉蟾曾赞叹说："真君垂迹，遍于江左湖南北之境，因而为观府、为坛靖者，不可胜计。"② 北宋乐史《太平寰宇记》，详记江南各地许逊遗迹传说，凿凿有据，可见白玉蟾所说不虚。明清以来，以许逊信仰为中心，借助道教而形成万寿宫系统，成为独树一帜的道门分支。凡有江西人到的地方，就有万寿宫的存在，尤其明清时期，随着江西商人的脚迹，万寿宫遍布全国，它几乎成了江西的象征，也影响到全国民众的信仰。许逊原来传说中的活动范围，遍及赣、闽、湘、鄂、蜀、粤、台等地域，深刻地影响了民间社会。

总之，道教是善于造神的宗教，不仅能从民间神信仰中吸收新神，而且还能改造历史人物并编入其神仙系谱。以"治水"著名的李冰、许逊，经当地道教出于信仰或利益需要的改造，李冰治水神迹不断被分割、地位下降，而许逊治水神迹不断丰富、社会地位不断上升，一抑一扬，形成了相当鲜明的对比。值得注意的是，中国封建时代对一些重要"神灵"的造神运动，儒、道、佛三者都进行，民间、官方都参与，这些造神运动往往相互影响、相互促进，充满着矛盾和统一。正因为如此，中国的神灵系统，丰富多彩，生动活泼，但往往又分不清来自何种造神系统，当然素重实用而不重实质的人们也不会真正去予以认真区分的。

---

① （明）张宇初：《岘泉集》卷三，《道藏》第33册，第217页。
② 《玉隆集》卷三四《续真君传》，《道藏》第4册，第763页。

第四章　文昌帝君信仰与净明道文化

　　萌芽于东晋，初创于南宋，正式创立于元朝前期的豫章西山（在今南昌市新建区境内）的净明忠孝道（简称"净明道"），兼收并蓄儒释道三教文化以及民间信仰，形成了一个以"净明忠孝"为特色、包容宽广的著名全国的地方道教宗派。由此其他的一些道教宗派或道教信仰体系在形成发展中，也往往有意无意地借助净明道特有的神灵、思想，来构建自己的宗教文化。文昌帝君（梓潼神、梓潼帝君）信仰是源于东晋时期蜀地越西、梓潼一带的民间地方神灵信仰，其在宋元时期"科举神"形象的树立及其道教文昌信仰文化的正式确立，成为中国传统社会中影响最为广泛的道教神灵之一[①]，是蜀地道教"造神"运动的典型产物。这其中又在相当程度上受到了赣地净明道派的影响与作用，因为其信仰文化系统中不仅有意地吸收了净明道的思想内容，而且也呈现出净明道的某些特征。

一　文昌帝君信仰是蜀地道教造神的产物

　　融合文昌星宿神崇拜与梓潼神信仰而建构的"文昌帝君"信仰，是宋元时期道教造神运动的一大成果。研究者所指出，"文昌帝君"的

---

　　① 参见李远国、刘仲宇、许尚枢《道教与民间信仰》"文昌帝君信仰研究"，上海人民出版社 2011 年版，第 358—389 页；宁俊伟《近三十年文昌文化研究综述》，《中国史研究动态》2010 年第 3 期；王兴平、黄枝生、耿薰编《中华文昌文化——国际文昌学术研究论文集》，巴蜀书社 2004 年版。另外，笔者在电子网络上做比较全面的搜索，也不见专门讨论"文昌帝君与净明道"的相关论著。

来源主要有二：一是天上的星辰"文昌"；二是地上的梓潼神。道教正是在这二者的基础了构造出了"文昌帝君"。① 换言之，文昌帝君信仰是蜀地地方民间神灵信仰道教化的产物。

"文昌"本星名，源于中国古代的星辰信仰、崇拜。古人认为星辰运行体现了人间秩序，各星都各自有其对应人间帝王社会的职守、功能。《史记》卷二七《天官书》载："斗魁戴匡六星曰文昌宫，一曰上将，二曰次将，三曰贵相，四曰司命，五曰司中，六曰司禄。在斗魁中，贵人之牢。"其中，上将（威武）、次将（正左右）分另主管对外战争和国内安全；贵相（理文绪）是丞相，掌管文武百官；司命（主灾咎）、司中（主右理）神职人员，是大祭司；司禄（赏功进士）则职司文运功名利禄②。民间社会传言"文昌宫"为"文星"、"文曲星"或"魁星"。至迟自西汉起，文昌星的司文主禄功能就受到了较大的重视。隋唐时代，随着科举制度的创立与兴盛，科举倡导的"学而优则仕"、"学也，禄在其中"的文化理念流行，使文昌的主持文运功名利禄的功能开始得到文化人士的重视。

众所周知，道教是星辰崇拜、信仰的积极弘扬者。早在南北朝前期，道教典籍中就已有了文昌信仰的内容。例如，北魏寇谦之《老君音诵诫经》托名太上老君降言："吾当赦下九州四海之内，土地真官之神，腾籍户言，其有祭酒道民奉法有功，然后于中方有，当简择种民，录名文昌宫中。"③ 至迟于唐代，已有了专门祭祀文昌的道教科仪，晚唐五代高道杜光庭所编纂的《道教科范大全》中即收载有《文昌注禄拜章道场仪》。

梓潼神本是梓潼地区的地方神，是东晋以来蜀地张育与张亚子（或称"张恶子"）两位人物融合、演化而成的神灵。传说，晋朝越西（今

---

① 本节关于"梓潼神"的历史，除了回归文献资料外，主要参考了下列论著：沈泓、陈瑀《禄神文化》，中国物资出版社 2012 年版；张泽洪《论道教的文昌帝君》，《中国文化研究》2005 年秋之卷；祝尚书《科举守护神"文昌梓潼帝君"及其社会文化意义》，《厦门大学学报》2009 年第 5 期。

② 参见沈泓、陈瑀《禄神文化》，第 2、13 页。

③ 《道藏》第 18 册，第 211 页。

四川西昌一带）氏人张亚子因报仇杀人，举家奉母逃至梓潼七曲山避难，死后为神。北魏崔鸿《十六国春秋·后秦录》载：前秦建元十二年（376），羌人姚苌至七曲山，"见一神人谓之曰：'君早还秦，秦无主，其在君乎！'苌请其姓氏，曰'张亚子也'，言讫不见。至据秦称帝，即其地立张相公庙祠之"。又一说：东晋孝武帝宁康二年（374），蜀人张育举兵抗击入侵的前秦苻坚，自称蜀王，建元"黑龙"，后英勇战死。蜀人为了纪念张育，在梓潼七曲山建祠，尊之为雷泽龙神。由于两人姓氏相同，祠庙毗邻，后人将两祠神名合称梓潼神张亚子。唐宋时期是梓潼神崛起的重要阶段。天宝十五载（756），唐玄宗因避安史之难而逃奔蜀地，途经蜀道旁之七曲山，有感张亚子抗击前秦之英烈，又为之显灵预示其不久将当太上皇，遂隆重祭祀，追封张亚子为左丞。广明二年（881）唐僖宗避黄巢起义入蜀，行至七曲山，又亲祀梓潼神，追封张亚子为"济顺王"，并解佩剑赠神。《太平广记》卷三一二《陷河神》载："僖宗幸蜀日，其神自庙出十余里，列伏迎驾，白雾之中，仿佛见其形，因解佩剑赐之，祝令效顺，指期贼平。"可见，唐朝的两个帝王对梓潼神的封赐还是帝王在社会动乱之际，安抚民心、镇定自心的举动。宋朝时期，梓潼神的信仰又在帝王的封赐下得到强化。《文献通考》卷九〇《郊社考》载：北宋咸平（998—1003）初，巴蜀王均为乱，官军进讨，"忽有人登梯冲，指贼大呼曰：'梓潼神遣我来，九月二十日城陷，尔辈悉当夷灭！'贼射之，倏不见。及期，果克城。"故宋真宗于咸平三年（1000），敕封梓潼神张亚子为英显武烈王，并为之修饰祠宇。南宋时期，由于兵连祸结，梓潼神更受崇祀。宋高宗赵构于绍兴十六年（1146），大修梓潼神庙，敕封为灵应祠。后来，宋光宗追封张亚子为忠文仁武孝德圣烈王，宋理宗追封张亚子为神文圣武孝德忠仁王。两宋政权在国家总体战略上奉行"偃武兴文"，但又苦恼于对外军事斗争不断且总是失败，故而对张亚子的封赐尽管有"文武全才"的色彩，但仍重在"武功"，以求得政治心理的某种安慰。唐宋帝王的封赐使梓潼神的神格地位得到大幅度上升，意在使梓潼神成为皇权的保护神。这自然是统治者"神道设教"的需要。梓潼神因唐帝王的崇拜、封赐，使一介地方小神梓潼神由"左丞"骤迁为"王"，声名大起，不过仍然只是护佑一方的地方神灵，以"武功"名世而已。

然而，随着唐宋科举文化的发展与兴盛，首先在蜀地，梓潼神的"武化"色彩日渐"文化"，主要功能也逐渐发生变化，趋向于科举。至迟到北宋真宗时期，梓潼神已开始涉及科举文化。据《说郛》卷三〇《隽永录·来岁状元赋》载，北宋真宗大中祥符年间，梓潼神干预了西蜀二子的科举考试结果。至南宋时期，梓潼神与科举之间的故事更是纷出。例如，南宋委心子在《新编分门古今类事》卷八《梦兆门下》中，收有"刘悦第三""孙策题""文缜状元""元珍赠诗""彦同文学""士美金堂""允蹈甲门""何某二子"等故事，均是言说梓潼神前定科名之事。又，南宋洪迈《夷坚甲志》卷一八《席帽覆首》、《夷坚乙志》卷五《梓潼梦》等，亦记北宋徽宗时梓潼神君预兆科名灵验事。① 南宋陆游《老学庵笔记》卷二载：李知几少时，祈梦于梓潼神。是夕，梦至成都天宁观，有道士指织女支机石曰："以是为名字，则及第矣。"李氏遂改名石，字知几，后来果然省试及第。又，蔡絛《铁围山丛谈》卷四载："长安西去蜀道有梓潼神祠者，素号异甚。士大夫过之，得风雨送，必至宰相；进士过之，得风雨则必殿魁。自下传无一失者。"王安石幼年祭拜张亚子，果然官至宰相。虽然梓潼神最初只是个普济型的神灵，举子乞科名只是其中的一种需求，一种例行的祷告。至少在北宋前期，该神并无主文之说。② 但是梓潼神向科举神方向转移，与科举的兴盛这个社会大背景有关。由上引文献资料也可以在一定程度上看出，宋代蜀赣两地是科举大省，故而两地信仰梓潼神的氛围亦相当浓厚。

正是在宋代梓潼神与科举发生关系的背景之下，道教原本就信仰的负责人间功名官禄寿命的文昌星受到了特别的瞩目。巴蜀道士首先致力于将文昌帝信仰与科举文化结合。道教是善于造神的宗教，举凡历史上、传说中的各类或实或虚的知名神灵，道教都有意将之道教化，列入

---

① 祝尚书：《科举守护神"文昌梓潼帝君"及其社会文化意义》，《厦门大学学报》2009年第5期。

② 同上。

自己的神灵的系统。梓潼神作为得到帝王封赐的一个有影响的地方神，自然为道教人士所关注，但它毕竟只是一个地方神灵。作为道教而言，要使自己塑造的神成为全社会共同信仰的神，必须与现实政治、主流文化相结合、相一致。道教造神必然基于自己的信仰、宗教特点，道教是中国星辰文化的倡导者与践行者，将"文昌"与科举文化结合是最自然也是最好的选择。科举是国家的抢才大典，具有全性的重大影响。作为地方神的梓潼神，借助科举之力，自然能很快地走向全国，成为举国上下崇拜、敬奉之神。本来，文昌神的功能很多，人世间的诸多大事几乎无所不包，但随着各种"专业神"的不断确立，"文昌神"大而全的功能开始趋于减少、单一，由于"文昌"二字颇为符合文人士子们以文章求取功名事业的迫切愿望，于是"文昌"与科举文化结合起来，而其他功能则日渐淡化。道教将梓潼神和文昌神在职司上完全合并。首先将梓潼神张亚子与文昌星融为一体而著经立说的，是南宋孝宗时期的蜀中道士刘安胜[1]。刘安胜托"鸾笔降书"撰造宣扬"文昌"的《高上大洞文昌司禄紫阳宝箓》，文曰："尔时九天开化主宰真正观宝光天尊，于重光赤奋若之岁、日躔鹑尾月望东壁之辰，降于蜀都宝屏山中和诚应之楼，玄会玉虚之坛，告鸾府侍仙真人刘安胜曰：吾昔奉上帝敕掌桂籍，兴文儒而擢贵品，进贤德而佐明时，故得隶天曹，秩专司禄。"[2]即用"宝光天尊"（文昌帝君）的名义，假"鸾府侍仙真人刘安胜"之手造作了此一部文昌经籍。降坛时间为"重光赤奋若之岁"，即干支辛丑年，南宋孝宗淳熙八年（1181）；降坛地点在"蜀都宝屏山"。这或说明此经是南宋刘安胜在成都宝屏山所创造。经书的主要内容为叙说此箓来历、功用及修行之法，宣示文昌帝君主掌选才、进贤、定贵、考功、司禄等职能，列述帝君圣诰、圣诞、谱系和仙官列神，更多的是求拜神灵的各种符箓、神像、神咒、颂诗等，宣称凡文儒贤士欲求功名而被妖魔障碍者，受此文昌宝箓，即可以"增进才华，开明鉴识，断除魔障，斥逐妖邪，显擢科名，进登禄位"。经书中最后的"文昌应梦八品

---

① 王兴平：《刘安胜与文昌经》，《中国道教》2006 年第 2 期。
② 《道藏》第 28 册，第 504 页。

图"，所列载的玉猫、白马、白鹿、黄牛、大鬼、黑犬、法斩五鬼、怒击三人等八图，谓梦见此八图者大吉，唐代姚伟、高庆孙、朱涣、宋代苏轼、苏迨、黄亚夫、晁公武、庞武、刘浩然、虞允文10人皆梦此图应验而获科名。经书总体上构建了"上帝命梓潼神掌文昌府"的说法，文昌星与梓潼神得以合二为一；同时，经书还明确揭示了文昌信仰与封建社会中科举制度的特别关系，"文昌帝君"主文运、司禄籍的形象也得以完成。此外，当时道士们制作了多种文昌经书，如《文昌大洞真经》《元始天尊说梓潼帝君本愿经》等经籍达20多种，使之在道教神仙系统中拥有崇高的地位。其主要内容之一，也无不是如刘安胜一样将"文昌"与科举结合起来。《元始天尊说梓潼帝君本愿经》载元始天尊说："迩者蜀有大神，号曰'梓潼'，居昊天之佐，齐太乙之尊，位高南极，德被十方。掌混元之轮回，司仕流之桂禄……"定帝君之职为："桂禄籍汝司，文章为汝全，若要登仕径，赖汝为衡权，善恶是祸福，通达在因缘，把笔为直书，荣枯岂偶然，有福必有报，无善亦无偏。"总之，道教将文昌神和梓潼神合在一起，完成了星人合一，并尊之为"帝君"，纳入道教神仙体系，并将之塑造成了世间崇高的文化尊神。南宋西蜀道士吕元素《道门定制》卷三中载，文昌星是主持文运功名的星宿，有紫微垣文昌将相君、太微垣文昌三公内座星君、少微垣文昌处士博士星君，以及紫微外座的"文昌上将星君、文昌次将星君、文昌贵相星君、文昌司禄星君、文昌司命名星君、文昌司寇星君"①。

道教创造的与科举密切相关的"文昌神"，在社会上的影响日益扩大，得到了广大文人士大夫的认同、崇奉。南宋马廷鸾《梓潼帝君祠记》：

> 梓潼当两蜀之冲，帝君故蜀神也。五季不纲，神弗受职。宋兴，乾德三年（965）平蜀，明年丁卯，五星聚奎，文明之祥，芳郁万世，君之灵响暴震西土久矣，而尤为文士所宗。今世所传《化书》，吾不能知其说，惟石林叶公《燕语》称，凡蜀之士以贡入京

---

① 《道藏》第31册，第211页。

师者，必祷于祠下，以问得失，无一不验者。自吾有敌难，岷峨凄怆，君之灵与江俱东，今东南丛祠，所在崇建，自行朝之祠于吴山者，天华龙烛，昼夜严供，四方士子并走乞灵，亦宜也。

马氏所说"行朝之祠于吴山"，指的是建于杭州吴山的梓潼帝君庙。南宋吴自牧《梦粱录》卷一四《外郡行祠》："梓潼帝君庙，在吴山承天观。此蜀中神，专掌注禄籍。凡四方士子求名赴选者悉祷之。封王爵曰'惠文忠武孝德仁圣王'。"同书卷一九《社会》又载："二月初三日梓潼帝君诞辰，川蜀仕宦之人，就观（承天观）建会。"说明其时南宋都城道观已祭祀梓潼帝君，南宋末期，各府州亦立梓潼帝君祠。又，南宋宝祐元年（1253）状元姚勉在所作《明州奉化县梓潼帝君殿记》中，论证了作为科举神的梓潼帝君的重要性：

科目之设，士敝敝然日趋于文，置德行之艺为何等事。糊名考校，懵不知贤否谁孰，眩有司目则得，焉论行。而潜搜冥索而得之者，往往皆文行相称士，士浮薄儇浅者鲜克有成，成亦莫克远到。若是者人无所置力矣，意必有主张是者，不曰寄之天乎！主宰之谓帝，妙用之谓神，欧阳公所谓朱衣吏首肯者，未必无是事也。矧梓潼神君庙食西蜀，启封王社，载在祠典，昭不可泯者哉，祠之者宜遍天下也，岂独奉化！

宝祐四年（1256）状元文天祥借诸生之口也说：

今三岁大比，试者以文进。将文而已乎，意必有造命之神执其予夺于形声之表者，盖元皇（指梓潼神）也。士之所自为，行为上，文次之；神所校一是法，合此者陟，违此者黜。人谓选举之权属之有司，不知神之定之也久矣。

以上这些事例，都在相当程度上说明，至迟到南宋时期，在道教人士的努力下，文昌的"科举文化"色彩已相当浓郁。

元朝前期，尽管统治者一时还没有进行科举考试，但随着统治者汉化程度的不断加强、儒家文化的不断复兴，重新恢复科举制度是早晚之事。因此，道士们依然构建着文昌（梓潼神）与科举的特别关系，塑造文昌的科举形象。例如，成书于元代、撰者不详的《元始天尊说梓潼帝君本愿经》宣称：

> 蜀有大神，号曰梓潼。居昊天之佐，齐太乙之尊。位高南极，德被十方，掌混元之轮回，司仕流之桂禄，考六籍事，收五岳形，历亿千万劫，现九十余化，念念民生，极用其情。是以玉帝授之如意，委行飞鸾，开化人间，显迹天下。

又如，《太上无极总真文昌大洞仙经》（简称《文昌大洞仙经》），其作者，据原书序称：文昌帝君于"乾道戊子秋，降于鸾台，刘安胜捧，至景定甲子秋再降，重校正于鳌头山摩维洞金莲石著仪坛，罗懿子捧。继后岁在玄默摄提格菊月重九日，再降书于西陵桂岩卫生总真坛"①。则该书经三次编辑，出于三人之手：其一为刘安胜，后经宋理宗景定年间四川甘山摩维洞主罗懿子重新校刊，最后元朝东蜀蓬莱山中阳子卫琪于元武宗至大三年（1310）撰成《玉清无极总真文昌大洞仙经》（《玉清无极总真文昌大洞仙经注》）十卷，奉送给朝廷。作者立论注经，博采儒释道三家之说，"本之以道学性理，参之以丹诀禅机，圣贤千古心法，透彻发露，更无余蕴"②。重在述内丹易学原理。注文中记载了许多有关元代巴蜀信仰文昌的情况，并就文昌神系官属的结构一一加以介绍，其重点内容仍在强调文昌的"文运"职能。该经宣称：文昌者，言天地之文理盛大也。其星乃太上九炁所化：

> （文昌）是为南昌上官，今南岳衡山朱陵洞天，上应奎轸。始因奎壁垂芒，帝命主持斯文，壁位居亥，专主图书；奎位居戌，专

---

① 《道藏》第 1 册，第 497 页。
② 《道藏》第 2 册，第 598 页。

主文章。盖奎宿有文彩，壁宿能藏书。昔嬴火之后，于屋壁得古文，故壁之于文典有功焉，是以文昌宫有东壁图书府。太微垣中有南斗第五星文昌炼魂真君，又有太上九炁文昌宫，文昌上相、次相、上将等星，又有文昌图，流运以化生文物。是故天地之间，生成变化之道，莫大于些。故曰开明三景，是为天根，无文不光，无文不明，无文不立，无文不成，无文不度，无文不生等，实基于此……故文昌之在世者，教化之本源。①

又该书的《文昌准易》章言：

按帝君内、外传并化书及经，帝君于周武帝乙巳岁生于吴会，即今平江日也。受三真人《文昌大洞经》，后以看诵之勤，屡获感应，受金像法箓，行持救济有效，遂证大洞妙行圣果。故作叙并玄契，以开化天下，四海未尝无之，然以累经兵火，或绝而不嗣者有之矣。今行于蜀，而蜀人深信者，以帝君在蜀为大神，自唐至今，累朝崇重封王建庙。

《玉清无极总真文昌大洞仙经》的重点内容，还在于宣扬道教文昌帝君与科举文化的关系，文曰：

大帝世称硕儒，刻意坟典，于晋庆康中举家归风洞登仙，累朝崇重，以为斯文宗主，先遇太上赐丹，获证道果；后遇释迦授记，又证大乘。故于三氏门中，维持正教。今皇元累降玺书，褒崇易灵应庙，为右文开化之祠。祠者，国家之祠祀也，与诸神庙号不同。又加封辅元开化文昌司禄宏仁帝君，诸神中加膺帝号极鲜。②

由经书的内容可以十分清楚地看出，卫琪有借助"文昌"的重视

---

① 《道藏》第 2 册，第 606 页。
② 同上书，第 607、608 页。

"文化"的功能，以发展道教的思想。他向元仁帝奉献此经书，就是希望迎合元仁帝通过科举复兴儒家文化、实现统治方式转型的思想，最终使道教文昌文化能发扬光大，实现道教的振兴。

总之，正是在道教人士的努力下，在元仁宗之前的宋元时期，文昌星辰信仰与蜀地梓潼神崇拜相结合，创造出了道教神灵"文昌帝君"，并着重将"文昌帝君"塑造为主掌科举功名禄位之神——科举神，社会影响日益张大。故元仁宗重开科举之后不久，即于延祐三年（1316）七月，遵照道教所定名号，正式封梓潼神为"辅元开化文昌司禄宏仁帝君"（简称"文昌帝君"），并钦定为"忠国、孝家、益民、正直、祀典之神"。据《正统道藏》洞真部谱录类《清河内传》载，元仁宗为此特别制诰略曰：

> 蜀七曲山文昌宫梓潼帝君，光分张宿，友咏周诗。相予泰运，则以忠孝而左右斯民；柄我坤文，则以科名而选造多士。每遇救于灾患，彰感应于劝惩。贡举之令再颁，考察之籍先定。贲饰虽加于涣汗，徽称未究于朕心。于戏！予欲人才辈出，尔丕炳江汉之灵；予欲文治昭宣，尔浚发奎璧之府。庶臻嘉眖，以答宠光。

《明史》卷五○《礼志四》曰："道家谓帝（玉皇大帝）名梓潼掌文昌府事及人间禄籍，故元加号为帝君。"至此，由宋元道士努力构建的融文昌信仰与梓潼神一体的道教"文昌帝君"，通过元仁宗的赐封，正式得到了国家（皇权）认可、推崇。正是在世俗政权的积极支持和尊崇下，最迟于元仁宗时，蜀地道士终于完成了对文昌帝君的道教化塑造。"文昌帝君"由蜀中小神演化为全国大神，得到了民众的广泛信仰。

二 文昌帝君信仰构建与净明道忠孝文化

就文昌帝君信仰或其文化体系而言，文昌文化与净明道文化的关系比较隐密，罕有直接言及者。这也许就是研究者没有将文昌文化与净明道联系起来进行认识的基本原因。但就《道藏》第 2 册、《藏外道书》第 6 册所收的有关文昌帝君的文献而论，则两者还是有着相当的联系。据元代东蜀蓬莱山道士卫琪所作的《玉清无极总真文昌大洞仙经注》载，文昌帝君在道界中的地位颇为崇高，仅次于道教最高领袖玉皇大帝，拥有众多的部属僚佐。其中，文昌帝君的左司之神为独孤氏，乃东晋高道许旌阳（许逊、许真君）的后身，因斩邛州妖蜃之功，累朝封为八字王。"（左司独孤氏）今掌文昌左班，领官属一千二百人，封广佑嘉庆昌泽孚惠王。"又，明代刘文杉校正、清代刊行的《太上玉清无极总真文昌大洞仙经》，其书末附有徐元绅《文昌大洞仙经符诀跋》宣称：文昌帝君系元始天尊分生，生于文王周初，"姓张名亚，号通真先生，誓在救劫运，镇纲常。于周宣王时，化身为张仲孝友以辅相。复化为张仙，驱天狗，逐狼藉，释孤刑，广嗣息，以继其后，使人无失其宗祀。昔宣圣父乏嗣，祷之于尼丘，文昌化身为孔子，兴儒教为万世帝王师"。"到汉时见世出魔鬼，化身为张天师，驱魔伐祟，保国安民。至魏蛟螭作害，化身为许旌阳，斩蛟退水，以安国祚。"以上关于文昌帝君与"许逊"的关系，一说"许逊"是文昌帝君的僚属——左司之神；一说"许逊"是文昌帝君的化身。虽然两说有较大的差异，但都表明文昌帝君与"许逊"有着较为密切的关系。由此可知，文昌帝君信仰中尽管没有大张旗鼓地宣扬自己与净明道的关系，但在构建自己的文化体系时，还是极其着意地将净明道教主许逊（许旌阳）纳入自己的文化体系，使"许旌阳"成为其中的一个重要内容。文昌帝君在道教中的形象与地位由此也得到了一定的反映。而文昌帝君信仰文化之所以将"许旌阳"纳入自己的文化体系，显然并不在"许旌阳"个人本身，而是在"许旌阳"所承载的净明道文化。

净明道萌芽于奉许逊为教主东晋隋唐的豫章西山道教"孝道"组织，是宋、元时期在江西南昌兴起的一个融会儒释道三教思想的伦理型道教流派。其中，"忠孝道德"是净明道创立的主要理论依据以及所极力倡导的基本内容，故其道派又称为"净明忠孝道"。忠孝，是中国传统伦理的核心内容，也是道教创立以来所强调的重要内容。道教把"忠孝"视作是得道成仙的基础，认为学道之人务要力行忠孝。葛洪《抱朴子内篇·对俗》言:"欲求仙者,要当以忠孝和顺仁信为本。若德行不修,而但务方术,皆不得长生也。"道教在自己的戒律中也往往强调这一原则,例如《虚皇天尊初真十戒文》之第一戒说明言:"不得不忠不孝,不仁不信,当尽节君亲,推诚万物。"尽管如此,道教中将"忠孝"推向极致的是净明道。净明道将"忠孝"确立为其教义的核心,其经典反复强调"忠孝"。例如,《净明大道说》曰:"忠孝,大道之本也。是以君子务本,本立而道生,孝弟也者。"净明是派,忠孝是纲。"净明只是正心诚意,忠孝只是扶植纲常"。净明道强调修道必须忠君孝亲,"人当忠孝而答君亲之恩",主张以"忠孝为本,敬天崇道,济生度生为事",并提出忠、孝、廉、谨、宽、裕、容、忍的"八字垂训"。《太上灵宝净明四规明鉴经》认为心性"净明"的修炼,重在修心,贵在"忠孝",曰:"上士学道,忠孝以立本也,本立而道胜矣。""力忠孝,不求道,道自备。下有豺狼父子,蝼蚁有君臣,物且尚能忠孝,况于人乎?"《净明忠孝全书》云:"万物之中,惟人最贵,不忠不孝,不如豺狼蝼蚁乎?"《玉真先生语录内集》说:"孝至于天,日月为之明;孝至于地,万物为之生;孝至于民,人道为之成。大哉,孝乎!世人但能以孝道二字常蕴在方寸内,则言必忠信,行必笃敬。忿亦渐消,欲亦渐寡,过亦能改,善亦能迁,人道备矣。然后可以配天地,曰三才。"值得特别注意的是,净明道基于"忠孝"为修道之"本"的思想,将"忠孝"列为"大道""仙域"之前,认为修道者只要"忠孝"俱备,即便修炼不够也可速达玄理,得道成仙。《净明大道说》宣称:"要不在参禅问道,入山炼形,贵在乎忠孝立本,方寸净明,四美俱备,神渐通灵,不用修炼,自然道成。"又《净明黄素书》云:"孝道之本散而为忠孝,忠孝二节成于大道,超于仙域。"《太上灵宝净明四规明鉴经》云:"学道以致仙,仙非难也,忠孝者先之,不忠不孝而求乎道而冀乎仙,未之有也……忠孝之道非必长生,而长生之性存,在而不昧,列于仙班,谓之长生。"《太上灵宝净明法序》云:"以孝悌为之准式,修炼为之方术行持之秘要,积累相资……神人伏役,一瞬间可达玄理。"简言之,净明道正是从"净明忠孝"为核心的教义出发,将忠孝的观念在教内推向了极致,使忠孝伦理道德成为自已道派的基本内容和显著特色，在道门内外产生广泛的影响，它也必然会与信奉、宣扬"忠孝"的其他道教教派或神灵信仰体系产生联系。文昌帝君信仰也不例外。

文昌帝君文化尽管自发生伊始就在很大程度上表现为儒家的官僚文化、科举文化，但却赋予了浓厚的"忠孝"文化色彩。这突出表现为，文昌帝君在形成发展过程中，其"忠孝"形象不断丰富，其文化内涵充满着"忠孝"的情怀。不少研究者认为，文昌帝君的"忠孝"形象及其思想源于儒家。笔者以为，宋元以来的文昌帝君形象本是儒释道三教合一的产物，其"忠孝"形象和思想吸收了儒家内容自是当然，但若仅限于此，则无疑狭隘。文昌帝君既然是道教创造的神灵，自然离不开道教文化的滋养哺育。

道教创造的梓潼神形象是以"忠孝"为本的。宋元时期，以蜀地为主的道士利用民间信仰文昌（梓潼神）之习俗，降笔作书撰经，以叙文昌帝君神迹。《道藏》《藏外道书》中即有《梓潼帝君化书》《清河内传》《太上无极总真文昌大洞仙经》《高上大洞文昌司禄紫阳宝箓》《文昌大洞治瘟宝箓》《元始天尊说梓潼帝君本愿经》《元始天尊说梓潼帝君应验经》《文昌帝君阴骘文》《文昌帝君本传》《文昌正朝全集》《文昌孝经》《文昌心忏》《文昌注生延嗣妙应真经》等。这些经书的一个重要内容，即是构建文昌帝君的道教"忠孝"形象。笔者在此仅以《清河内传》和《梓潼帝君化书》为例略作说明。出于南宋时期的《清河内传》，为道士假托文昌帝君自述之传说，内称文昌帝君者，"本吴会间人，生于周初，后七十三化，累为士大夫，未尝酷民虐吏，性烈而行察，同秋霜白日不可犯"。是为忠烈之士。又据《梓潼帝君化书》所言，梓潼神张亚子乃集忠孝一体的神灵。一方面，张亚子生前忠勇救民，为抗敌英烈。死后成神，又有护卫唐宋帝王（国家）之功绩。所以唐、宋、元帝王在封赐张亚子（文昌神）的过程中，都无不强调其忠心护国的特色。另一方面，道教文化中的张亚子又是践行孝道典型人物。约成书于元代中后期至明前期间的《梓潼帝君化书》，又名《文昌忠孝化书》《文昌化书》，假托梓潼帝君（文昌帝君）降坛自述，详述其历世显灵的"九十七化"事迹。序曰：

　　三纲五常，是非邪正，上以风动其下，下以献替其上，此教化之化也。今吾所降，前后九十七化。元命者，序太始也。流形者，本太质也。生民者，明性习也。易俗者，变夷礼也。稽古者，觉后知也。奉真者，遵道法也。宁亲者，报劬劳也。幽婚者，戒苟合也。渊石者，重有子也。驯雉者，诚感通也。回流者，护先茔也。降瘟者，显箓验也。好生者，习医业也。天官者，医业成也。荐贤者，公道开也。格非者，和圣贤也。荣归者，知止足也。敦宗者，念本枝也。归寂者，遇释法也。君山者，喜幽清也。感生者，不能忘情也。奉先者，思继志也。孝友者，继绝绪也。沔水者，杜谗慝也。白驹者，冀留贤也。举仇者，忘私憾也。恤孤者，敦友义也。慈训者，传内观也。尽忠者，坚臣节也。栖真者，居雪山也。山王者，始护蜀也。刑赏者，罚淫而举孝也。存褒者，悯无辜也。回风者，罪狂夫也。明冤者，恤无告也。莒邑者，滋生齿也……北廓者，诲求嗣者。返火者，败奸计也。平莒者，现阴佑者。费丁者，贱勇力也。石牛者，恶好财者。五妇者，谏重色也。显灵者，不忍蜀之亡也。大丹者，遇圣师也。巴都者，嫉赃污也。婆娑者，明天性也。戒龙者，和邻祇也。凤山者，尊所生也。鱼腹者，矜老苦也。口业者，彰恶报也。东郭者，惩巧伪也。牛山者，分善恶也。天威者，戒逆女也。尚义者，贵同义也。旌隐者，厚士风也。佑正者，高烈女也。杀生者，远庖厨也。酷虐者，戒害物也。悯世者，念黎元也。咸阳者，奉帝命也。邛池者，报父母也。解脱者，谓冤不可成也。仁政者，悟前非也。幽明者，戒欺暗也。筹帷者，偿宿业也。如意者，大有为也。丁未者，兆命佐圣也。水漕者，司天泽也。桂籍者，司文衡也。孝廉者，济太平也。感时者，悼王化也。神扶者，显八公山也。诛暴者，戒污吏也。明经者，显先圣也。护圣者，显大圣也。明威者，戒士夫不欺也。济顺者，奉帝保民也。济迷者，惩不信也。忠显者，佐皇国也。圣治者，歌太平也。标忠者，济时也。兴国者，忠良也。止足者，辞王旨也……。拔苦者，悼亡也。福泸者，平凤冤也。昭明者，见毕工也。摩维洞天者，显后化也。放生者，戒杀鱼子也。弭蝗者，拯救万民苦也。是故圣人神道设教，始有天人相因、人神共理之化。①

由"序"文可知，文昌帝君的历世各化皆以历史事迹、民间传说、宗教异闻为例证，宣扬的主要是忠孝仁义的伦理道德。事实上，该书也以文昌帝君的口吻宣扬"忠孝"教义，诸如："三纲五常，是非邪正，上以风动其下，下以献替其上，此教化之化民。……神道设教，始有天人相因、人神共理之化。""元元天道，无形无名，始自肇判，挺生圣真，乾坤并德，日月齐明，天上天下，莫不孝钦。""植立古今之名教，弥纶天地之旋纲，全十华十德之大元，朗八景八真之妙善。分身应化，不外乎忠孝之两端。救劫度人，必本乎慈仁之一念。"

自东晋以来，张亚子就享有"孝悌"之名，在巴蜀地区有张亚子"水淹许州救母"的民间传说：梓潼七曲山张公、张婆，勤俭持家，上山砍柴割破手指，滴血入清泉，幻化为男童，活泼可爱，名张亚子。张公张婆上街卖柴，男孩化作云彩蟠龙，布云蔽日保平安。许州知府认为是不祥之兆，把二老投入牢房。张亚子向二郎神借箭，三箭射穿许州北30余年的白阳洞，旨涪江水灌许州，投箭杆入水，化作乌木冲开牢门，救出父母乡亲，从此孝敬父母，得道成神。而《梓潼帝君化书》更是把张亚子的孝道行为进行了详细的记述、赞叹。该书云：当张亚子既冠成年时，其年届六旬的母亲，因少时勤于织劳，饮食失时，"尝致疾疹，逮此衰暮，重之以六气所淫，遂成大苦，疽发于背。始以巫觋祈祷，中更医工砭剂，月余皆不效。予不离卧内，日夕省视，未尝解衣而息，计穷矣。乃为吮疽，出大脓血，疾少间。医曰：疽根附骨，未易出也。越三日，复吮之，忽觉口中充满，吐而视之，有膜如绵纩，脓乳如米粒，母氏渐安。而以病久食少，复成羸瘵。医曰：此痼疾矣。以人补人，真补其真，庶可平复。予因夜中自剔股肉，烹而供之。忽闻空中语曰：上天以汝纯孝，延尔母一纪之寿。翌日勿药，果符神告。"其后，父亲寿高85岁，母亲73岁。父母同日而逝后，张亚子"自持畚锸，以营大事，乃于路傍倚庐枕块，以终三年。常有白雉一双，栖于林上，每遇祭

① 《道藏》第3册，第292页。

奠，飞鸣而下，俯仰伊哑，如欲言乾，及终制而去"。父母的坟冈，去居之南才百余步，自以为便于省视。但葬之五年，坟西洪水暴发，平陆成溪，以坟为岸，水源不竭，势颇浚急。"吾心惧焉，欲改葬之，无及矣。乃斋戒守坟，日夜诵《大洞经》不辍，并取家藏金像而严事之，泊于无虞。次年秋雨霖霪，傍溪涌涨，数流为一，吾益恐。及水落，视之则坟前溪谷变成坚陇，广一里余。自是松楸无害矣。"另外，在梓潼帝君张亚子，字"孝友"，也说明其以"孝"为本的形象。总之，为表现文昌帝君的仁德神格，提升文昌帝君的凡圣一体的形象，文昌帝君的信仰者、构建者在文昌文化形成发展过程中，积极融合儒释道三家思想，大力宣扬"忠孝"，诸如"立身唯存忠孝，莫负君禄亲恩"，"忠孝敬信"，"利国利物，为国安民"等话语，已成为文昌文化的重要内容，文昌帝君事实上也成为"忠孝"神仙的典型代表者。研究者指出，文昌信仰反映了"后期道教神仙观念中的道德决定论"，"积德成仙的道德决定论得到了强化，伦理道德逐渐取代了刀圭仙药，成为一个人可否升仙的制约因素"[1]。

文昌帝君自唐代以来，附着科举制度的兴起、发展，尽管已由功能齐备的"全职神"日渐演化为主文运利禄的"科举神"，但其文化核心仍然在于"忠孝"。这从前述唐宋元统者封赐梓潼神的"封号"多重"忠孝"的历史可以推知。此后，"忠孝"仍是文昌帝君的基本形象。例如，明朝进一步强化文昌信仰。"景泰五年，敕赐文昌宫额，岁以二月初三为帝君诞生之辰，遣官致祭。"少保大学士丘濬仲曰：帝君以至孝而居文昌上位，其慈孝仁化所感，"诚大罗命世至宝，实为吾儒立教不易之宗"。翰林学士王鏊说："文昌，先天之孔子也；孔子，后天之文昌也。"并称文昌"大有功于儒教"[2]。又如，清朝康熙、乾隆年间，崇文昌之风颇盛。大学士朱珪推行文昌崇拜最力，注解、编刻多种文昌经籍，呈献朝廷，广为颁授，并多次著文颂扬文昌功德。其主要之点也

---

① 卿希泰、姜生：《文昌帝君信仰与神仙思想的道德决定论》，王兴平等编：《中华文昌文化——国际文昌学术研究论文集》，巴蜀书社 2004 年版，第 1 页。
② 《文昌孝经序》，《藏外道书》第 4 册，第 300—301 页。

在于文昌的"忠孝"。朱珪在所编《文昌书钞》"序"中称：文昌帝君言教身教，"皆本之忠孝，而以为善诱天下万世，使人自求多福，而消沴气于无形。盖不忍之心，天地之心。故功德配于天，而主宰是"。

以"忠孝"立派的净明道正式创立于宋元时期，文昌帝君文化的形成也是在宋元时期，这或是宋元时代社会对"忠孝"文化的基本要求。但自此之后，"忠孝"思想就成为文昌文化与净明道文化不可分离的内容。值得一提的是，诸多研究文昌文化者，基本上将文昌帝君的忠孝文化的渊源归之于儒家；也有的说，文昌帝君的忠孝文化，源于统的道家（道教）文化。① 笔者以为，孝道是儒家的根本文化，文昌信仰与儒家文化关系相当密切，"忠孝"源于儒家，的确并无什么问题，但如果仅仅认为其渊源在于儒家，肯定是不足的。毕竟道家的孝道文化并不亚于儒家，文昌信仰毕竟是道家所正式树立起来的信仰。然而，如果仅仅是泛泛而言源于道家，而无视文昌信仰形成之时正是净明道大倡"忠孝"文化的历史事实，这不符合道教"造神"的实际，毕竟文昌帝君构建的宋元时期正是净明道方兴未艾、兴盛大张的时期。净明道不可能不影响到文昌帝君信仰，何况，"文昌帝君"还有意借助于"许旌阳"呢。

文昌帝君信仰之所以要比较隐秘地将许旌阳纳入自己的文化体系，这其中的原因或许很多，但其中的主要原因之一，当是许逊及其净明道文化有助于文昌帝君形象及文昌文化的构建与弘扬。因为"许逊"的文化形象及净明道的核心思想，与文昌帝君形象及文昌文化相契合。有意思是，借助"许旌阳"创造文昌帝君形象及其文化者，又不希望"许逊"及其净明道文化置于其上，以免弱化文昌帝君的功用、影响，因而采取了比较隐密的方式来进行构建。这大概是人们不大清楚文昌帝君信仰与净明道文化关系的原因。

---

① 参见詹石窗《文昌信仰与孝道传播及其社会疗治》，文载梓潼县文广新旅局编《中华文昌文化——第二届海峡两岸学术研究论文集》，2016 年 3 月。

三　文昌帝君信仰对净明道文化的弘扬

受文昌帝君信仰"以我为主"的宗教文化性格的影响，宋代以来道教在构建和发展文昌帝君信仰的过程中，并没有公开宣称自己的"孝道"思想渊源自净明忠孝道，由此也不可能公开宣扬净明忠孝道文化。然而，在事实上，文昌帝君信仰是以忠孝为本的，其形成发展过程中不断阐发宣扬"忠孝"。这自然在相当程度上有利于净明忠孝道的弘扬，有助于净明忠孝道的发展与进步。

文昌帝君信仰在构建与形成发展的过程中，大力宣扬"忠孝"。有关文昌帝君的典籍，"忠孝"无疑是其一大内容。清道光二十八年（1848）龙翔云在《文昌帝君全书序》中说：

> 帝君历九十七化，一十七世，谆谆觉世，数千万言，可以孝经中"孝"登先一言蔽之。何也？孝者德之本，仰观则天之经，俯察则地之义。六官之言教行，敬何以此也？四字之言为仁，为以此也。极之居处亦庄亦孝也，事君忠亦孝也，莅官敬亦孝也，朋友信亦孝也，战阵勇亦孝也，溥之而倾乎四海，施诸后世，即无朝夕。孝之一言，洵取初于世道人心，谓非探本之论哉。[1]

检阅《文昌大洞仙经》（《太上无极总真文昌大洞仙经》），"孝"多见于其行文，其中，卷一出现了 3 次，卷二出现了 37 次，卷四出现了 1 次。托名"北府枢相集福真君"作的《九天开化本经经序》对于"孝道"更有提纲挈领的说明：

> 凡显名青编而受此经者，岂非欲生之徒，求免兵戈疫疠之苦者

---

[1] 转引自梓潼县文广新旅局编《中华文昌文化——第二届海峡两岸学术研究论文集》，2016 年 3 月，第 92 页。

欤！予谓受经未善者，必诵之而后可。诵之又未善也，必行之而后可。行者何？孝悌忠顺公恕是也，孝悌忠顺公恕非难，亦惟曰安本分本字而已。吾言如是，可以清劫，疑之行之，吾何有焉！

在此，作者先说得到仙经传授的人旨在避免兵戈疫疠侵害之苦；接着强调了修持的程序为"诵""行"此仙经。其中，"行"就在于"孝悌忠顺公恕"，"孝"行为首。

又《梓潼帝君化书》《清河内传》亦都大力提倡孝道。检阅《梓潼帝君化书》各卷，"孝"字的出现频率颇高。其中，序言有 10 次，卷一有 2 次，卷二有 16 次，卷三有 4 次，卷四有 14 次。《清河内传》中，"孝"字先后出现 30 次。由于社会教化的需要，《梓潼帝君化书》《清河内传》力图通过感性故事叙说来示范社会大众力行孝道，尤其是提倡参加科举考试的文人士子在社会上作出表率。明代大学士丘濬在为《文昌孝经》作序言时指出：

> 帝君以至孝而居文昌上位，一十七世为士大夫身，现九十七化，行藏无在不以孝显。敬诵经文六章：父母育子之劳，曲尽其心；人子体事之怀，精悉其义。网维至性，经纪民物。达自一孝，准诸万物。执而加切，约而加详。广宣教化，敷扬妙道。集众孝之大成，而创千古之子则者也。①

在丘濬看来，文昌帝君之所以能够成为掌管文运的至上神，就是因为他"至孝"：文昌帝君经历 17 次降生，都是士大夫身份，97"化"，无论是显于世间还是遁迹家中，都力行"孝"。文昌帝君是"孝"的榜样，广大民众应仿效行之。丘濬郑重地推荐《文昌孝经》，因为他有诸多功德利益。《文昌孝经》，从父母养育儿女入手，论述了行孝的理由以及孝道的内涵以及行孝的方式。由此说明，人伦孝道是天地法则，行孝可以感动神明。这种思想几乎就是净明道的翻版。《文昌孝经》凡六

---

① 《文帝书钞》卷一，光绪壬午年永盛斋刻本。

章:《育子章》《体亲章》《辨孝章》《守身章》《教孝章》《孝感章》。全书以四言、五言、七言诗句为基本体裁,借助鬼神监督,强化了孝道的神圣性,尤其是其中的感应故事对于文人士子来说还是颇有威慑和引导作用的。如该书最后的《孝感章》:

> 帝君曰:吾证道果,奉吾二亲,升不骄境。天上聚首,室家承顺。玉真庆宫,逍遥自在。吾今行化,阐告大众。不孝之子,百行莫赎;至孝之家,万劫可消。不孝之子,天地不容,雷霆怒殛,摩煞祸侵;孝子之门,鬼神护之,福禄畀之。惟孝格天,惟孝配地。惟孝感人,三才化成;惟神敬孝,惟天爱孝,惟地成孝。水难出之,火难出之,刀兵刑戮,疫疠凶灾,毒药毒虫,冤家谋害,一切厄中,处处佑之。孝之所至,地狱沉苦,重重救拔,元祖宗亲,皆得解脱,四生六道,饿鬼穷魂,皆得超升,父母沉疴,即时痊愈。三十六天,济度快乐;七十二地,灵爽逍遥。是以斗中,有孝悌王,下有孝子,光曜乾坤,精贯两仪,气协四维,和遍九垓,星斗万象,莫不咸熙。神行河岳,海波不扬;遐荒是莫,遐尔均孚。孝之为道,功德普遍。

《孝感章》这一段紧紧围绕"天人感应"的思想立场,且引入佛教的万物化生理论和道教的"三十六天""七十二地"等思想,阐述孝行功德深广,可以感应天地神明的道理。值得注意的是,作者在这里提到了天上星斗之中的"孝悌明王",这似乎又与净明道结合起来了。按:唐代豫章西山高道胡慧超为了构建以许逊为中心的孝道派,在前人的基础上,创作了斗中神人孝悌王授许逊"孝道之秘法"的故事。《兰公》传记:

> 兖州曲阜县高平乡九原里,有至人兰公,家族百余口,精专孝行,感动乾坤。忽有斗中真人,下降兰公之宅,自称孝悌王。云:"居日中为仙王,月中为明王,斗中为孝悌王。夫至孝于天,日月为之明;孝至于地,万物为之生;孝至于民,王道为之成。且其三

才肇分，始于三气。三气者，玉清三天也。玉清境曰元始大圣真王治化也。太清者，玄道流行；虚无自然，玉皇所治也。吾于上清已下，托化人间，示陈孝悌之教。后晋代尝有真仙许逊，传吾孝道之宗，是为众仙之长。因付兰公至道秘旨。……所传孝道之秘法，别有宝经一帙，金丹一盒，铜符铁券，得之者唯高明大使许真君焉。

另外，诚如研究者指出：《文昌孝经》的最大特点是从神明监督的立场来阐述行孝的意义。既然人的一言一行、一举一动，都被天地神明所监察，那就容不得个人不孝，因为"举头三尺有神明"，人的一切举动神明都鉴识清楚，不孝定会得到天地神明的惩罚，而行孝则可以得到天地神明的护佑。《文昌孝经》通过展示自身因为尽孝而上升仙境，为文人士子指明了努力的方向。这种论述方式，无疑具有不可替代的威慑力和诱导功效，对于维护社会正常道德秩序具有强大的作用。

据《文昌孝经》，孝道修行并非只是个人之事，而是全社会的事。因为个人与社会是不可分的，所以孝道应该贯彻到社会生活的各个领域。正是基于这样的思考，该经特别创作了《辨孝章》，阐述了"孝"的广泛内容。一方面，《文昌孝经》从正面指出了"孝"的适用范畴不仅包括生身父母，而且包括了后母继父，该书还特别指出了母亲因故改嫁，依然是自然的母亲，也应该为之尽其孝道。推而讨论行之，兄弟姐妹、连枝妯娌间，应该怀有爱心，和顺相处。另一方面，该经又从反面列举出了"于孝有亏"的诸现象：不敬叔伯，不敬祖曾，不爱子孙，不敦宗族，不和姻娅，不睦乡党，不忠君上，不信师友，不爱人民，不恤物命，不敬天地，不敬三光，不敬神祇，不敬圣贤，不远邪佞，不顺性命，知过不改，见善不为等。这些现象涉及人与社会、人与自然、人与神明三大系列的绝大部分关系。《文昌孝经·辨孝章》所述的上述行为，无疑是一种直言的谴责、批判。该经倡言力行孝道，就要扭转上述社会病，治疗这种社会病。《文昌孝经·教孝章》指出了治疗社会病的基本途径："孝自性具，教为后起。世多不孝，皆因习移。意既罔觉，智又误用。圣人在上，惟教为急。救人之责，重在师傅，尤当慎择。贤良之师，化恶为善；不贤之师，变善为恶。"《文昌孝经》的这种以孝医世，端正社会风气的思想，又与净明道"忠孝立功"的思想庶几一致。净明道重视"忠孝建功"，即"忠孝"的社会作用。《太上灵宝首入净明四规明鉴经》：

> 忠孝备而可以成本，可以立功，立功之道无阳福，无阴愆，无物累，无人非，无鬼责，所以上合于三元，下合于万物也。下士呼符水治药饵已人之一疾，救人之一病而谓之功？非功也，此道家之事方便法门耳。吾之忠孝净明者，以之为相举天下之民跻于寿，措四海而归太平，使君上安民自阜，万物莫不自然。以之将三军之众而神于不战以屈人之兵，则吾之兵常胜之兵也。以吾之忠，使不忠之人尽变以为忠，以吾之孝，使不孝之人尽变以为孝，其功可胜计哉！

净明道除了要"忠孝立本"外，还需要"忠孝建功"，从而将"忠孝"从个人修养扩展到社会实践方面。净明道批判了旧道教的符水治病等符箓法术，认为符水等只能治人一疾，因此不能算"立功"，而"忠孝"却能让天下人长寿，使整个天下归于太平，这是符水治病所无法比拟的。并将"忠孝"立功比喻为不战而屈人之兵的常胜之兵，认为只有将个人修养的"忠孝"扩展到整个社会，让天下不讲"忠孝"的人都悔悟，其功劳才是不可胜计的。同书还说：

> 仙学始乎孝，至道而学成。上士以文立忠孝，中士以志立忠孝，下士以力致忠孝，昧道者反此不有于忠孝。何谓上士以文立忠孝？以言为天下唱；何谓中士以志立忠孝？以行为天下先；何谓下士以力致忠孝？以身为众人率。如此者南昌上官著名升籍入仙，而忠孝之道终矣。

从而将"忠孝建功"者分为上士、中士、下士三类人，以此说明不论能力大小，只要将"忠孝"落实到社会实践中，就都能够升入仙籍，这里实际上给"忠孝建功"的思想赋予了具体的内容。①

总之，在构建与发展文昌帝君信仰的过程中，孝道文化成为其弘扬重要内容，而这在一定程度上也吸收了净明道的文化思想和传教方式。这不仅有助于文昌帝君文化的传播发展，也有助于净明道的传播发展。由此，两种信仰文化相辅相成，共同进步。

四　文昌帝君信仰与净明道结合的文化意义

众所周知，"忠孝"是中国人的民族意识。"忠孝"也是道教文化的重要内容，在道教神灵中，基本上离不开"忠孝"。净明道创建的道教"忠孝"文化体系紧紧抓住了中国传统文化的核心内容，以至于其他任何文化系统几乎都不可能回避这一内容。由此一些道教宗派或道教信仰体系，也不得不甚至有意识地借助净明道特有的神灵、思想，来构建自己的宗教文化系统。"文昌帝君"就是一个成功地借助净明道文化的典型代表。

宋元时期，是中国道教造神运动的高峰时期，也是各种道派纷起的历史时期。净明道形成发展时期也正是文昌帝君的形成发展时期，且许逊长期以来在蜀地有相当的影响，文昌文化也是始于蜀地的文化，许旌阳及净明道的"忠孝"思想又与文昌文化相合，两者产生交集或许是自然之事。然而，"许旌阳"被文昌文化的构建者纳入其文化系统，还有更深刻的考量：前文昌帝君信仰时代的"文昌神"或"梓潼神"信仰，只是比较简单的信仰，没有多少比较深刻的道教理论基础，所以长期以来流传不广、信仰者有限。宋元时期的信仰文昌帝君的道教人士在构建这一信仰系统时，遂有意赋予文昌帝君深厚宗教理论的色彩，从而提高其宗教文化形象。因此，就近借用净明道的"忠孝"思想不能不说是一个方便而且易获绩效的做法。

文昌信仰是以道教为纽带的流传广泛的神祇信仰。文昌文化系统将

---

① 黄小石：《净明道研究》，巴蜀书社 1999 年版，第 174—175 页。

净明道的"荣誉"创始人许逊纳入其中，成为自己文化系统的一个构成部分，不仅光大了文昌文化的形象，而且在一定程度上提高、丰富了其道教文化的理论水准。可以说，文昌信仰之所以能广泛普及，与其充分吸收净明道的思想文化有着一定的联系。文昌信仰利用净明道较好地宣扬、发展了自己。值得注意的是，由于净明道的教主许旌阳的"忠孝"形象在东晋时代已形成，净明道以"忠孝"立教又为道教界和社会上普遍所知，许旌阳及净明道"忠孝"的影响远大于文昌帝君的"忠孝"，也正是在这个意义上，文昌帝君信仰于是有意无意之中就把"许旌阳"纳入自己的文化系统，并且通过"许逊"为文昌帝君部属或化身的方式，暗示净明道的"许逊"及其忠孝文化源于文昌帝君，从而更好地维护文昌帝君及其文化的优势。不是净明道要进入文昌系统，而是文昌文化需要借助于许逊、净明文化。这也反映出道教信仰的实用主义特点。

基于神灵信仰构建和发展的需要，文昌帝君信仰有意识地借助净明道。由此使"忠孝"成为文昌信仰文化的重要内容，或者说净明道强化了文昌帝君信仰"忠孝"的内容。文昌信仰承载了忠孝之道，无论对文昌信仰的传播还是对忠孝文化的发扬，都是具有积极意义的。正是因为文昌帝君有了根基于"忠孝"文化理论而成就的"科举神""道德神"的符号，由此得到朝廷认可、重视、弘扬，很快被儒释道三教所共同尊崇，从而发展成跨教派、跨阶层、跨地域的影响甚巨的文昌文化。

从总体上而言，道教教理教义比较贫乏，理论性不足。文昌帝君在构建过程中，无疑也遇到了理论性不足的问题。文昌帝君信仰能够取得如此大的成功，其原因之一不能不说是很好地借助了净明道的"功力"。净明道文化成为文昌帝君信仰的理论来源之一，没有净明道文化，文昌帝君的形象及其文化体系也许不会那么完满。当然，文昌帝君信仰，也在很大程度上宣扬着道教的"忠孝"之道，从而又对净明道文化的发展进步产生着积极影响。净明道之所以在元代以来迅速发展，深入人心，也在于道教借助诸如文昌帝君式的神灵积极宣扬"忠孝"的结果。

第五章　净众—保唐宗与洪州宗异同论

有唐一代，佛教禅宗兴盛，其重要的表现就是由禅宗五祖弘忍大师开创的"东山法门"一改先前一脉单传的情形，在大江南北纷纷建立自己的禅法弘扬的基地，形成攻城略地的形势。其中，蜀地净众宗、保唐宗①与赣地洪州宗是相当活跃的禅派。宗密《圆觉经大疏钞》②卷三之下所列同时代的禅宗"七家"，其中三家便是净众禅、保唐禅与洪州禅。净众宗、保唐宗与洪州宗不仅同源于弘忍东山门下，相互之间也有若干的渊源关系，但两者无论禅法思想还是传法方式都差异巨大，其发展传播的形势及其产生的影响更是不可同日而语。自唐后期佛学大师宗密判教以来，学界对净众宗、保唐宗与洪州宗的各自特点素有关注，卓论迭出。然就两者的同异及其同异产生的根源，迄今学界少有论析。其实，探究它们之间的同异问题，不仅可以更加深刻地认识蜀、赣两地禅学的思想、发展特色，而且可以从一个较新的层面认识唐代禅宗发展及其演变的实质。

一　净众—保唐宗与洪州宗禅派发展的异同

唐朝前期，以蕲州（今湖北蕲春）黄梅双峰山东山寺为基地的禅宗五祖弘忍禅师（602—675）门下，学徒丛聚，龙象纷出，得法弟子

---

① 蜀地净众宗和保唐宗两大禅宗宗派，不仅有师承关系，而且禅学上有内在的密切联系。为叙述简便，本文借用惯例一般将它们视作一个禅派，称作净众—保唐宗。

② 宗密：《圆觉经大疏钞》（简称《大钞》），《续藏经》第 1 辑第 14、15 套。

在大江南北各处开法弘禅。其中，蜀地传东山禅法者首推智诜。智诜（609—702），俗姓周，原籍汝南，幼年至资州（今四川资中），遂为资州人氏。智诜自幼好佛，13岁于资州丹山削发为僧，曾师从大唐名僧玄奘法师学经论，后投蕲州黄梅冯茂山禅宗五祖弘忍。据净觉《楞伽师资记》，智诜禅功、教理深厚，是弘忍认可而有资格"传吾道者"十大弟子之一，与神秀、慧能等齐名。智诜学成后归资州德纯寺，致力于弘传"东山法门"①，成为弘忍门下开法最早的禅师。因智诜之名声，武周万岁通天年间（696—697），曾受女皇武则天诏令至东都洛阳，接受朝廷的礼敬、供养，但不久后智诜决意重回资州，得赐《华严经》、袈裟及弥勒绣像等物品，荣耀一时。智诜住持德纯寺30年，化导一方，影响很大。智诜"兼有文性"，撰有《虚融观》三卷、《缘起》一卷、《般若心疏》一卷等禅门经疏。在以"不立文字"为特色的弘忍群徒中，他的"文性"显示出特别禅风。智诜的理论著作今存者仅《般若心经疏》一种，杨曾文先生指出：此疏大概是智诜在唐初著名学僧慧净所著《般若心经疏》的基础上作的，增加了禅宗以心性为万有本源和解脱之本的内容②。智诜禅法基本继承了东山禅法，要点在教、禅并重。不过，其主张"有欲"，与其同门师兄神秀、玄约等人主张"无欲"异。据《历代法宝记》载，万岁通天二年（697），武则天敕请禅师赴京内道场供养；久视元年（700），又分别请神秀、玄赜、玄约、老安等人入京。有一次，"则天咨问诸大德，和上等有欲否？神秀、玄约、老安、玄赜等皆言无欲。则天问诜禅师，和上有欲否？诜禅师……答有欲。则天又问：何得有欲？诜答曰：生则有欲；不生则无欲。"智诜的后学撰《历代法宝记》③，似不解祖师此言深意，称是"恐则天不放归"，乃

---

① 东山，位于黄梅县冯茂山上。"东山法门"是指五祖弘忍所传的禅法，因弘忍直接继承四祖道信，所以后世也把道信、弘忍的法称为东山法门，如《宋高僧传》卷八《神秀传》说："忍与信俱住东山，故谓其法为东山法门。"见《大正藏》第50册，第756页上。

② 杨曾文：《唐五代禅宗史》，中国社会科学出版社1999年版，第258页。

③ 《历代法宝记》是敦煌留存的早期禅宗史书之一。在敦煌文献中，现存有9个卷号，分别为S. 516、S. 1611、S. 1776、S. 5916、P. 2125、P. 3717、P. 3727、Φ. 216及日本石井光雄藏精编本。大约成书于唐代宗大历年间（766—779），作者不详，从所记载的史实内容和倡导的禅宗思想论，当属四川保唐派与净众派的著作。该书收入《大正藏》第51卷。

"顺则天意"所言。其实，"不生不灭"本是般若空观的第一命题，智诜以有生则有欲，不生则无欲，把"生"与"不生"对立起来，从而为一切众生，包括诸大德在内的有欲作辩解。智诜所言"有欲"真谛是：生心起念则有欲，妄念不生则无欲。既为有情众生不会无欲，要真正做到无欲，并非禁绝欲望，而是要生生离欲，即破除贪执欲，从而妄念不起或"息灭妄念"。宗密《禅源诸诠序》即这样阐释智诜禅法："说众生虽本有佛性，而无始无明覆之不见。"故须"依师言教，背境观心，息灭妄念。念尽即觉悟，无所不知"；其修习方法也相应为"远离愦闹，住闲静处，调身调息，跏趺宴默，舌拄上腭，心注一境"。所以其宗又称"息妄修心宗"。智诜的师父弘忍，以《金刚经》为弘法之要，主张"心是十二部经之根本"，"身心本来清净"，"如能凝然守心，妄念不生，涅槃法自然显现"①。显然，智诜的禅法在一定程度上创新发展了弘忍的理论，与神秀、慧能等人的禅法有明显差异，使其后学弟子深受其启发，进一步发展为"无忆无念莫忘"的净众禅法。

智诜圆寂之前传衣钵于处寂。处寂（648—734），俗姓唐，人称唐和尚，绵州（今四川绵阳）人。年10岁时，父亡，随智诜住资州德纯寺。处寂"行头陀行"，"涉四十年足不到聚落。坐一胡床宴默不寐"，为"资民所重，学其道者臻萃"②。处寂同样受到过武则天的诏见和敕赐，可见其禅法不凡、名气不小。就目前所见资料，处寂本人没有留下什么有关禅宗的文献，大概可以认为他对禅宗没有什么理论的贡献，但他认真地秉承了智诜念佛"净心"的修习方法，由此深刻影响到传法弟子无相。

无相（684—762），俗姓金，人称金和尚，世称"东海大师"。据《历代法宝记》载，无相本为新罗国（今属朝鲜）王族之子，早岁感其妹闻聘"授刀割面，誓言志归真"，遂于本国郡南寺落发受戒。唐玄宗开元十六年（728），无相随入唐使浮海西渡，达于唐都长安，为唐玄宗召见，并敕隶禅定寺。无相寻师访道，周游涉历。后谒资州德纯寺智

① 参见袁宾主编《禅宗词典》"弘忍"条，湖北人民出版社1994年版，第171页。
② 《宋高僧传》卷二〇《唐资州山北兰若处寂传》。

诜遗迹，并礼处寂禅师为师。处寂初以患疾不接，无相于是燃一指供养，处寂知其为非常人，遂留于左右两年之久，并改其名曰无相。开元二十四年（736）四月，处寂临终，又密传袈裟信衣予无相。无相受法印后至天谷山岩下坐禅苦修，颇多灵应。后受地方长官章仇兼琼等人之坚请，至成都净众寺、大慈寺等寺院弘法，以"无忆、无念、莫忘"为总持法门，创净众宗，誉满三巴。安史之乱中，明皇幸蜀，驻跸成都，迎无相入内殿供养。据《佛祖统记》，玄宗驻跸成都时，有僧英干于广衢施粥救贫馁，愿国运再清，克复疆土，欲于府东立寺为国崇福。玄宗于是敕无相"为立规制"。寺成后共 96 院，8500 区。玄宗为之御书"大圣慈寺"扁额①。无相除奉敕制订大圣慈寺的建设蓝图外，还兴造了菩提寺、宁国寺以及外邑兰若、钟、塔等。无相在成都化导众生达20 余年，至唐肃宗宝应元年（762）付法及袈裟给无住后，坐化于当寺。塔号"东海大师塔"，资州刺史韩泫为之撰碑。据《全唐文》卷七八〇，唐文宗开成中（836—840），李商隐作《唐梓州慧义精舍南禅院四证堂碑铭并序》云："圣敬文思和武光孝皇帝陛下在宥七年，尚书河东公作四证堂于梓州慧义精舍之南禅院，图益州静（众）无相大师、保唐无住大师与洪州道一大师、知（智）藏大师四真形于屋壁。化身作范，南朝则阁号三休；神足传芳，东蜀则堂名四证。"这一记载既可佐证无相的寂灭地点，也说明了他在禅宗历史上的地位和影响。

无相有弟子多人，有名者如保唐寺无住、荆州明月山融、汉州云顶山王头陀、净众寺神会和武诚、遂州克幽，此外还有洪州马祖道一、西域迦叶贤者等。其中，净众寺神会（720—794），俗姓石，祖籍西域，祖父辈移居凤翔，遂为凤翔人氏。神会 30 岁入蜀，谒无相禅师，利根顿悟，冥契心印，无相称"吾道今在汝矣"，当是无相的正宗传人。其禅法，据《宋高僧传》卷九《唐成都府净众寺神会传》，大略谓："寂照灭境，超证离念，即心是佛，不见有身，当其凝闭无象，则土木其质；及夫妙用默济，云行雨施。蚩蚩群氓，陶然知化……上中下性，随分令入。"实际上，净众神会在佛教理论上并无多大建树。然而，净众

① 《大正藏》第 49 册，第 376 页。

神会活动于蜀地时，得到当时镇守剑南的成都尹、剑南西川节度使韦皋的竭诚信奉。据《宋高僧传》神会本传载："（韦皋）最归心于会，及卒，哀咽追仰。盖粗入会之门，得其禅要。为立碑，自撰文并书。禅宗荣之。"又《宋高僧传》卷一九《唐西域亡名传》载，韦皋"末涂甚崇释氏，恒持珠诵佛名，……又归心南宗禅道，学心法于净众寺神会禅师"。可见，权势显赫的韦皋因倾心禅宗，视净众神会为南宗禅高僧，十分敬重之。这当然对于净众禅派的发展是十分有益的。① 另外，遂州克幽也是无相禅法的重要传人，据遂宁《广德寺志》载，他颇有些神通，曾受到"刺史于公曼、皇叔李公朴"等人的敬重，一时"学徒云集"。但其说法无非是"具福智二门，行住坐卧，皆不离此心，即六识清净，妙周三界"，并无多大创见。故净众禅派于神会、克幽之后便不见记载，实际上已归于沉寂。②

让净众宗以另一种方式发扬光大的是保唐无住。无住（714—774），凤翔眉县人，俗姓李。年二十从军朔方，时信安王充河、朔道节度使，留充前游弈先锋官，主要为抗御吐蕃和契丹侵扰。后弃官访道，得遇弘忍十大弟子之一的老安（嵩山慧安）③ 的再传俗家弟子陈楚璋（号陈七哥，也作"陈楚章"）。据《历代法宝记》载，"时人号为维摩诘化身"陈楚璋"说顿教法"，与无住"密契相知"，遂"默传心法"予无住。无住由此"绝思断虑，事相并除"，白衣修行约三、五年。唐玄宗天宝（742—755）年初，无住闻说慧能弟子明和尚在到次山、神会和尚在东京洛阳、自在和尚在太原府，都在从事传法活动，传授顿教禅法，心生羡慕，遂到太原礼谒自在。自在对无住说法，用"净中无净

---

① 参见杨曾文《唐五代禅宗史》，中国社会科学出版社1995年版，第221页。

② 本段内容参考秦彦士《智诜与净众——保唐禅派》一文相关论述，该文载《巴蜀文化研究》第1期，巴蜀书社2003年版。

③ 老安禅法的具体内容，现已难考。《景德传灯录》卷四《嵩岳慧安国师》记载了老安接引学人的一段事迹：有坦然、怀让二人来参，问曰："如何是祖师西来意？"老安答曰："何不问自己意？"又问："如何是自己意？"答曰："当观密作用。"问曰："如何是密作用？"老安"以目开合示之"。坦然"言下知归，更不他适"。而怀让却"机缘不逗，辞往曹溪"。就此看来，老安的禅风与慧能南宗相近，不重禅定的渐修而重当下的顿悟自证，并注意以行为动作来启发学人摆脱言相的执著。也许正因为如此，他才时常推荐自己门人去慧能曹溪处参学。

相，即是真净佛性"的道理启发他。无住听后，心中欣然，便从此剃发出家。天宝八载（749），圆具出游，去五台山清凉寺。居一年后至西京安国寺、崇圣寺；十载（751），又北上灵州，住贺兰山二年。因听往来剑南的商人曹瑰传说金和尚在剑南教"三句总持门"，遂于唐肃宗至德二年（757）出走，经定远、凤翔入太白山，转梁州而到成都府净众寺见无相，时在唐肃宗乾元二年（759）正月。宗密《禅门师资承袭图》（《承袭图》）云："（无住）后游蜀中，遇金和尚开禅，亦预其会，但更咨问，见非改前悟，将欲传之未闻，意以禀承俗人，恐非宜便，遂认金和上为师。"董群先生研究指出：无住在陈楚章处开悟，后又遇金和尚，经过参问，并没有改变他在陈楚章处的所悟，但仍决定拜金和尚为师，这是考虑到陈楚章只是个白衣居士，如果他拜一个在家俗人为师，恐怕不太合适，还是应该拜个正式僧人为师，这样就成为金和尚的弟子①。笔者以为，无住拜无相为师的确有董先生所说理由，但绝不会如此简单，主要原因当是出于无相禅法的吸引以及无住欲在蜀地站稳脚跟、发展势力的考虑。诚如陈景富先生所分析，无住从陈楚璋处所悟之法与他从金和尚处听说之法是不相同的，而他所信仰、所想弘传的是"前悟之法"，投师于金和尚主要是想借用他这面旗帜，掩盖其禀法于"俗人"这一缺点，以便消除弘法上的障碍。除此，恐怕还有一点便是借助金和尚在僧俗之中的广泛影响：一是此系的传法袈裟无论是否慧能那件，那付法并信袈裟的规矩已被世所公认；二是无相本人与唐室有过密切的关系；三是智诜传下来的法系在当时七家禅法中势力和影响都比较大，特别在三巴是如此。无住如果成为无相弟子，并最终继承衣钵，无疑会增强其权威性②。据《历代法宝记》载，无住初到，谒见金和尚，得金和尚欢喜。"随众受缘三日三夜"时，金和尚见其悟性甚高，便"高声唱言：'缘何不入山去，久住何益？'"于是无住遂入茂州（治所在今四川茂汶羌族自治县）白崖山③修行。"志行孤劲"的无住也以

---

① 董群：《融合的佛教》，宗教文化出版社2000年版，第113页。
② 陈景富：《中韩佛教关系一千年》，宗教文化出版社1999年版，第247—248页。
③ 袁宾主编《禅宗词典》"无住"条谓白崖山在河南南阳。见《禅宗词典》，湖北人民出版社1994年版，第62页。

"无念"为"见佛"，"绝思断虑"，不忏礼念，"只空闲坐"。据说无住出山之前，"寇盗竞起，诸州不熟，谷米涌贵，百姓惶惶"，及至被迎出山，"谷米倍贱，人民安乐，率土丰熟，寇盗尽除，晏然无事"。这固然是宗教的虚夸，但起过一定的稳定作用，是完全可能的。唐代宗永泰二年（大历元年，766），即无相去世后五年，由地方长官杜鸿渐、崔宁（崔旰）等主持，请无住回成都，先住惠空寺，后居保唐寺至终。无住以"无忆无念莫妄"为总持门所开禅派，并作了精深阐发，与南宗接近，并在传法中实践，一时在蜀地僧俗四众之中影响很大。所开创禅派史称保唐宗。

据《历代法宝记》，无住禅法在四川非常受信众欢迎，影响非小。无住出行，"到州，州吏躬迎，至县，县令引路，家家悬幡，户户焚香，咸言苍生有福。道俗满路，唱言：无相和上去，无住和上来。此即是佛佛授手。化化不绝，灯灯相传，法眼再朗，法幢建立。大行佛法矣"。保唐宗形成以后，以保唐寺为中心，继承了净众宗的地盘，传播于巴蜀以及与唐境相连的吐蕃地域。值得注意的是，无住禅法在驻军将兵中间影响很大。据《历代法宝记》载，杜鸿渐在调查成都府佛教现状时，当地知名的"诸军将"即共推白崖山无住为金和尚衣钵所在；有牛望仙者，曾被差充十将领兵马上西山打当狗城，"未进军，屯在石碑营，寄住行营"，地近无住道场，"诸军将赍供养到彼"，因见无住与金和尚容貌相似，以致认作"是金和尚化身"。可知无住在当地军将中拥有很高的威望，且主要由军将供养，最后由军将们推荐给杜鸿渐。杜、崔两位地方长官之所以瞩意无住，很大因素即是因无住久住边境区域，弘法于与吐蕃、契丹等异族接壤地区，在军将和诸族中有一定的威望。另外，杜鸿渐从蜀地回京后，退而乐静，曾赋诗曰："常愿追禅理，安能挹化源"，朝士多和之。及病，令僧为之剃顶发，遗命"依胡法塔葬"。保唐系禅理对杜氏的晚年，可能有不小的影响。

据《历代法宝记》称，无住有弟子多人，男女僧俗都有，直至圭峰大师宗密（780—841）的时代，"子孙承嗣"仍然绵延不绝。由于净众保唐禅派在唐中叶盛极一时，并在社会上吸引了不少信众，故其对唐中叶至晚唐的文人也产生了明显的影响，杜甫、柳宗元、李商隐等人对净宗保唐颇有深情。吕温《南岳弥陀寺承远和尚碑》、柳宗元《南岳弥陀碑并序》、李商隐《唐梓州慧义精舍南禅院四证堂碑铭》，这类碑铭传记不仅对传主生平作了客观的记载，而且流露出对禅僧的敬重与对佛法的倾慕。如李商隐《唐梓州慧义精舍南禅院四证堂碑铭并序》① 一文，即对净众保唐禅派充满敬重之情，尤其是对无相与无住倾注了一往深情。文章生动形象地记载了无住弃武学佛，并历经磨难，艰难跋涉，寻访其师的感人事迹。其中写到师徒二人师资道合，甚至连容貌也十分相似。又提到无相的信衣曾误托奸人，流落于四方，但最后终于得归。最后又说到无处弘扬无相禅法，受到杜鸿渐、崔旰的尊崇和恳请，弘扬了净众保唐禅法。凡此种种记载，都与《历代法宝记》所合，可见李商隐对这一禅派相当熟悉。从文中流露的感情看，李氏对保唐禅派的倾慕达到了非常强烈的程度。

然而，由于无住在成都开法仅九年便圆寂，其禅法也因无杰出弟子继承而中断。这样净众保唐禅派便因其一方面在禅法宗风上日益接近南宗而失去独立性（详后论），另一方面，则因宗脉无人承继而归于消亡。无住以后，其弟子辈事迹不明，说明保唐宗已趋于衰微。所以其后蜀地的传统禅风又复兴盛。如《五灯会元》卷七《德山宣鉴禅师》载，简州（今四川简阳）宣鉴（782—856），童年出家，精通律藏，经常讲授《金刚般若》。当他听说南方禅宗大兴、并主张见性成佛时，心中大为不服，声言："出家儿千劫学佛威仪，万劫学佛经行，不得成佛。南方魔子敢言直指人心，见性成佛，我当搂其窟穴，灭其种类，以报佛恩。"由此可见，宣鉴在蜀地学的还是传统佛法，主张累年逐世的修行，对慧能、马祖等人提倡的顿悟成佛的禅学很难接受。宋代，关于保唐禅的历史和思想似已鲜为人知，以至《宋高僧传》没有为无住立传②。不过，净众保唐禅虽然在蜀中失传，但它的影响却引起了神秘色彩较浓厚的藏传佛教的兴趣。藏史《八史陈述书》载，赤松德赞在朝见唐王返藏途中曾遇金和尚，并对其神通多有渲染；藏史《大臣布告》多次提

---

① 《樊南文集补编》卷一〇，又见《全唐文》卷七八〇。
② 潘桂明：《中国禅宗思想历程》，今日中国出版社 1992 年版，第 207 页。

到无住，而且敦煌发展的吐蕃写本经卷亦有无相等人的语录；宗喀巴改革之后的文献亦曾有《历代法宝记》部分释文；藏传佛教禅宗的顿门派也与净众保唐禅系有相当的关系。①

与净众宗相比，马祖道一的洪州宗形成要晚得多，大约与保唐宗同时。道一（709—788），俗姓马，因其在禅宗史上的崇高地位，人称马祖或马祖道一，汉州什邡（今四川什邡）人。童年时从资州（今四川资中）"唐和尚"处寂出家，后来到渝州（今重庆市）圆律师处受具足戒。据《圆觉经大疏钞》卷三之下载，马祖还曾受法于成都净众寺"金和尚"无相禅师，后住长松山，"高志节道，随处坐禅"。唐睿宗景云元年（710），慧能曹溪门下弟子怀让至南岳般若寺弘法，逐渐闻名远近。约唐玄宗开元二十二年（734）前后，马祖听说怀让在南岳般若寺传慧能"顿门"之禅法，便前往挑战，结果"论量宗运，徵难至理，理不及让，又知传衣付法，曹溪为嫡，便依之修行"。关于马祖在怀让座下受法而开悟的情形，《景德传灯录》卷五《南岳怀让禅师》中有生动的记载：

　　开元中，有沙门道一住传法院，常日坐禅。师知是法器，往问曰："大德坐禅图什么？"一曰："图作佛。"师乃取一砖于彼庵前石上磨。一曰："师作什么？"师曰："磨作镜。"一曰："磨砖岂得成镜邪？""坐禅岂得成佛邪？"一曰："如何即是？"师曰："如人驾车不行，打车即是，打牛即是？"一无对。师又曰："汝学坐禅，为学坐佛？若学坐禅，禅非坐卧。若学坐佛，佛非定相，于无住法不应取舍。汝若坐佛，即是杀佛。若执坐相，非达其理。"一闻示诲，如饮醍醐，礼拜问曰："如何用心即合无相三昧？"师曰："汝学心地法门，如下种子。我说法要，譬彼天泽。汝缘合故，当见其道。"又问曰："道非色相，云何能见？"师曰："心地法眼，能见乎道。无相三昧亦复然矣。"一曰："有成坏否？"师曰："若以成坏聚散而见道者，非见道也。听吾偈曰：心地含诸种，遇泽悉皆萌。三昧华无相，何坏复何成。"一蒙开悟，心意超然。

---

① 参见杨曾文《唐五代禅宗史》，第274—278页。

正是受怀让"磨砖成镜""打车打牛"的启发，马祖由此大悟，而志心修持"心地法门"，在怀让门下学法达十个春秋，成为怀让最得意的嗣法弟子。

开元、天宝之际，马祖到福建建阳佛迹岭聚众传法，略有小成。其后迁至江西临川西里山（又名犀牛山），有虔州人智藏、丹阳人道岸等前来归依。又辗转至南康龚公山（今宝华山），此山常有野兽出没，人迹罕至。马祖与弟子在此辟地建寺，逐渐成为一个远近知名的传法中心，"学侣蚁慕"①。海门郡齐安、福州人怀海、尉氏人无等人前来投奔受法。超岸禅师，天宝初年于抚州兰若得道一开发，"四方髦侣依之"②。另外，据《宋高僧传》卷十《唐洪州开元寺道一传》载，虔州刺史河东裴谞，家奉佛法，敬信马祖，"躬勤咨禀"。大历、贞元年间，马祖至洪州传法，得到洪州刺史、江西观察使路嗣恭、鲍防和李兼的积极支持。《宋高僧传》道一本传载：路嗣恭，大历七年至十三年（772—778）在任，期间迎请马祖从虔州到洪州开元寺。"连率路公，聆风景慕"；鲍防，建中元年至三年（780—782）在任，期间朝廷"有诏僧如所隶，将归旧壤"，按规定应遣返马道回原籍所隶属的寺院，但鲍防"密留不遣"；李兼，贞元元年至七年（785—791）在任，对马祖"素所钦承"。权德舆《唐故洪州开元寺道一禅师塔铭》说："成纪李公（李兼）以侍极司宪，临长是邦，勤护法之诚，承最后之说。"

唐朝在京都、诸州郡都设有官寺。武则天命诸州置大云寺；中宗神龙元年（705）命各州置中兴寺，后改龙兴寺；玄宗开元二十六年（738）命将各州形胜寺改名开元寺。官寺的重要功能是为皇室祈福，为国家求平安、富足。洪州开元寺作为官寺，自然承担了此责任与义务。马祖在当地军政长官的支持下，以开元寺为中心向僧俗信徒传授南宗禅法，开启洪州禅风，声名大振，前来参学者日多。《宋高僧传》卷一一《唐常州芙蓉山大毓传》称："于时天下佛法，极盛无过洪府，座下贤圣比肩，得道者其数颇众。"《传法正宗记》卷七称：马祖"以其

① 《宋高僧传》卷一一《无等传》。
② 《宋高僧传》卷一一《昙藏传附超岸传》。

法归天下之学佛者，然当时之王侯大人慕其道者，北面而趋于下风，不可胜数"①。著名僧人普愿、智常、惟宽、太毓、道行、宁贲、玄策、神鉴等人都是在洪州皈依马祖成为弟子的。马祖俨然为一方教主，开创了洪州禅（或称"江西禅""洪州宗"）。洪州宗在马祖及其弟子的努力下，快速成长为南禅的大宗，江西也成了曹溪之后的又一处禅宗圣地而被人称为"选佛场"②。马祖的开元寺与南岳衡山石头希迁的石台寺，成为当时倾慕南禅宗的僧俗信徒往来参学的两大禅学中心。据《景德传灯录》卷六《江西道一禅师》注引，唐宪宗时国子博士刘轲在应请为石关希迁写的碑铭中写道："江西主大寂（马祖），湖南主石头，往来憧憧，不见二大士为无知矣。"马祖因创立洪州宗，成为中国禅宗史上最有声望的人物之一。唐德宗贞元四年（788），马祖圆寂后葬于靖安宝珠峰下，江西观察使李兼为其营塔于建昌（今江西永修）鄙山。唐宪宗追赠赐号"大寂禅师"，唐宣宗命地方官于马祖葬地重修马祖塔，并赐匾额"宝峰"，泐潭寺遂又名宝峰寺。

据宗密《圆觉经大疏钞》卷三之下，马祖道一在创立洪州宗的过程中，"或山或廓，广开供养，接引道流，大弘此法"，带来门下著名弟子极多。据《五灯会元》卷三《江西马祖道一禅师》称"入室弟子一百三十九人，各为一方宗主，转化无穷"。陈诩《唐洪州百丈山怀海禅师塔铭》言："大寂之徒，多诸龙象，或名闻万乘，入依京辇，或化治一方，各安郡国。"据《五灯会元》所记，马道门下禅林的地望，大略分布于当时 15 道中的江南西道、江南东道、河东道、京畿道、都畿道、山南东道、岭南道等。道一弟子的禅林，散见 30 余州，共 70 余处③。洪州宗第三世以下弟子，继续不断地开辟丛林，更使洪州禅大大扩展。唐末五代形成的遍布天下的南禅"一花开五叶"的情势与洪州禅（洪州宗）密切相关。其中"五家"中的沩仰宗、临济宗则直接由

① 《大正藏》卷五一，第 750 页。
② 《祖堂集》卷四《丹霞和尚》："江西马祖，今现住世说法，悟道者不可用记，彼是真选佛之处。"
③ 马祖系"禅林地望"的统计，参见张弓《汉唐佛寺文化史》，中国社会科学出版社 1997 年版，第 444—445 页。

洪州宗演绎而来。可以说，以江西为基地的洪州宗发展迅猛，丛林快速弥满中夏，马祖禅法遂因此广布大江南北。特别是使洪州禅进入政治文化中心京师长安与皇帝对话，在文人士大夫中弘传了新的禅思想，又因为他们清理门户争得了正宗地位，使洪州禅在贞元、元和间迅速崛起并成为南宗禅的主流。

从蜀赣两地禅宗的产生和发展来看，无论是净众宗、保唐宗还是洪州宗都注重禅法的创新与弘传，都得到了当地军政长官的有力扶持，而成为当时有影响的宗派，被宗密列入当时唐代禅宗七大派之列。相较之下：洪州宗积极传播，努力的向大江南北，乃至蜀地、京师弘教，影响范围广大。而净众保唐宗传播的范围主要在巴蜀一带及其相邻的藏区，空间地理范围虽不能说狭窄，但与洪州宗相比则差距甚大。在发展和传播过程中，洪州宗最后成为禅宗的主流，成为代表中国禅宗的一系。而净众保唐宗最后归于沉寂。这其中的基本原因，当是两地禅法思想的差异及传法方式的不同所致。

二 净众—保唐宗与洪州宗禅法思想的异同

作为唐代新发展起来的净众—保唐宗与洪州宗，迅速成为当时重要的禅派，根本原因是它们的禅法思想及其禅法弘传在当时僧俗四众中产生了较大的影响，激荡了佛教（禅宗）界。因此，认识净众—保唐与洪州，就必须从其禅法思想出发。从某种意义上说，净众宗、保唐宗的思想，就是无相、无住的思想；洪州宗的思想就是马祖道一的思想。

关于无相净众禅法，宗密《圆觉经大疏钞》卷三之下云："言三句者，无忆、无念、莫忘也。意令勿追忆已过之境，勿预念虑未来荣枯等事，常与此智相应，不昏不错，名莫忘也。或不忆外境，不念内心，翛然无寄。戒定慧者，次配三句也。离开宗演说方便多端，而宗旨所归在此三句。"又据《历代法宝记》载，无相以"三句语"与"戒、定、慧"相配，认为"无忆是戒，无念是定，莫妄（忘）是慧"，"念不起是戒门，念不起是定门，念不起是慧门：无念即戒定慧具足。过去未来现在恒沙诸佛，皆从此门入。若更有别门，无有是处"。所说以"无忆无念莫忘"统一戒定慧三学，称为"总持门"（总纲），实际上以"无念"为宗，将有念视作染污不净加以清理。

无相"三句"与智诜禅师的禅法有一定的师承，尤其是"莫忘"明显与智诜"息灭妄念"有关，但他将智诜的"无念"说发展为著名的"无忆、无念、莫忘"三句，并以此来统摄取、解释戒定慧三学，却是对智诜禅法的发展创新。据《历代法宝记》载，无相本人强调云："我此三句语，是达摩祖师本传教法，不言是诜和上、唐和上所说"。事实也大致如是。据释道宣《菩提达摩传》载，公元6世纪前期（南北朝中后期）由天竺度海而来的禅宗初祖菩提达摩，以四卷《楞伽经》为创宗依据，其禅法讲究"行入""理入""四行"①，反对一味讲究呼吸调息等琐碎方法，而以"安心"作为宗旨，要求"契悟真性，无念无著，随缘适分"。无相主张"无念"是"于相而离相"，以得到真如智慧，正与达摩禅法相通。无相还曾引《大乘起信论》阐释自己的理论，称"无念即真如门，有念则生灭门"。其说更从早期印度佛教那里吸收了思想营养。例如，龙树《中论·观法品》曰："佛说实相有三种，若得诸法实相，灭诸烦恼，名为声闻法。若生大悲发无上心，是为大乘。……世间有应得道者，少观厌离因缘，独入山门，远离愦闹得道。"无相正是一位行头陀行的僧人。另外，无相的言行，偏向于大破大立，甚至有点与其祖师分道扬镳的意味，他公然宣称智诜和处寂"不说了教"②，所以不引师说，还扬言"许弟子有胜师之义"。无相所创的"三句"尚有不少传统禅法的痕迹，但其中也有与代表新禅法的慧能禅法相通之处，或者说是参用了慧能禅法。慧能《坛经》云："我此法门，从一般若，生八万四千智慧。何以故？为人有八万四千尘劳。若无尘劳，智慧常现。悟性法者，即是无念、无忆、无著。不起狂妄，用自

————————————

① "理入"也叫"坐观"，即凭借经教的启示，面壁而坐，寂然无为，"深信含生同一真性"，追求"舍伪归真"、"自无无他，凡圣等一"的境界。"行入"包括报怨行、随缘行、无所求行、称法行，以达到"直指人心，见性成佛"。

② "了教"指的是执生死与涅槃为"一相无二"的不义之教，与执厌生死、乐涅槃不了义教相对。在禅宗，除上述含义外，"了教"可能还专指最上乘的顿悟法门。

真如性，以智慧观照，于一切法，不取不舍，即是见性成佛道。"这里的"无念无忆无著"与无相的三句说相比较，从字面上看只有两字的差别，从内容、本质上看则没有什么不同，即都是告诫行者不要追忆思念已过的或未来的境（事相），更不要执著于境，始终保持一种"寂然无寄"的精神状态，才能发生智慧，最后达到成佛、证菩提的目的。所不同的是，慧能禅法是以"无著"为终结，亦即认为一旦解缚去粘，不再执著于任何的"境"，心便可回复其"净性"而明心见性（成佛）。其间不须诸如坐禅、行善等辅佐的办法。而无相禅法除按"三句用心"说证法之外，还借助于坐禅等行法。值得注意的是，无相"三句"创立时，慧能《坛经》尚未在大范围中流传，蜀地偏于一隅，受其影响的可能性也便很小，如果不是其禅派后人附会的话，那么，无相学说创新性、独立性便相当强，蕴含的意义当然也非同一般。

无相在具体的修行方式上则直接承袭处寂，与北宗禅重视坐禅相似而与南宗禅反对执著坐禅不合。无相不但自己坐禅，"每入定，多是五日为度"，而且开法传禅继承智诜教禅并举的方法。《历代法宝记》云：无相"每年十二月、正月，与四众百千万人受缘，严设道场，处高座说法。先教引声念佛，尽一气，念绝声停。念讫云：'无忆、无念、莫妄。'"① 又据《圆觉经大疏钞》卷三之下，无相"开缘"，先修方等忏法，一七或二七；然后传授禅法。传授分三个步骤：①念佛：教大家引声念佛，也就是尽一口气而念。念完多少口气，才停止下来；②开示：总不离"无忆无念莫忘"三句禅法总纲；③坐禅："授法了，便令言下息念坐禅。至于远方来者，或尼众俗人之类，久住不得，亦须一七、二七坐禅，然后随缘分散。"简言之，无相所传禅法，先引声念佛，然后息念坐禅。众所周知，念佛净心是一种比较保守传统的禅法，被后世禅宗视作"着相"而遭轻蔑。不过，无相沿用这一套方法时，也似乎已有所怀疑。《历代法宝记》记：无相在天谷山修道时，既不礼忏，也不念诵佛经，只是一向闲坐。他的行为受到同学的嗔怪，但其师唐和尚反

① 《大正藏》第51册，第185页。笔者认为，文中的"莫妄"，当为"莫忘"，应系保唐宗无住后人作《历代法宝记》时为符合无住思想所改。

而为此"倍加欢喜",在行将入寂之时,将衣钵传给了他。由此不仅可
以概括出其修行方法,同时也展示出了他们之间的承传关系。这种关系
不只是付法并予以表信的袈裟,而且还有更为广泛的内容。《历代法宝
记》中说到"缘诜、唐二和上不说了教,曲承信衣,金和上所以不引
诜、唐二和上说处",这可能是受到了当时荷泽神会一系的影响。荷泽
系以秉持慧能南宗禅为自得,对这一类具体方法总是持一种轻蔑态度,
认为否定得不彻底,不是真"了"。据《历代法宝记》记,荷泽神会曾
批评说:"汝剑南诜禅师是法师,不说了教,唐禅师是诜禅师弟子,亦
不说了教";但他却对无相网开一面,说"益州金是禅师,说了教亦不
得,虽然不说了教,佛法只在彼处"。可见无相内心对传统禅法有别种
认识,但依然如故地维持它的形式,或以此证明他乃是智诜的正宗传
人。总之,无相说禅开法方便,与弘忍东山法门"齐念佛,令净心"
一脉相承,和神秀的"一行三昧"渐修方式相通,但其开法的重点可
能更在于"无忆、无念、莫忘"总持门上,又是对前辈禅师的某种
超越。

　　保唐无住师从多门,禅法中显示出思想的多样性与复杂性,但核心
仍是发挥、深化无相的思想。保唐禅的总持门是"无忆无念莫妄",其
理论上的一个重大变化是将乃师无相的"莫忘"改为"莫妄"。无住为
何改"莫忘"为"莫妄"?据宗密《圆觉经大疏钞》卷三之下解释,这
是因为:"无忆、无念即真,忆念即妄。不许忆念,故云莫妄。""无
忆、无念、莫妄"三句实际上也就是慧能《坛经》中所说的"无相、
无念、无住"。其中,莫妄即无相,《金刚经》云:"凡有所相,皆是虚
妄。"宗密《圆觉经大疏钞》卷三之下说无住"亦传金和上三句言教,
但改忘字为妄字,云诸同学错预先师言旨"。事实并不如此,从无相的
"莫忘"到无住的"莫妄",其实是净众—保唐禅宗的一大理论突破。
净众无相以妄念为净心的障碍,不知妄念本空,无妄念可除,所以时时
不忘除妄,忆念不起,也是不忘佛智,这和神秀北宗的时时拂拭相近,
是有修、渐修;保唐无住也讲一切皆妄,但强调妄念之空,只要一念不
起,心无分别,就是无妄,就是灭识了。因此讲莫妄,这同慧能南宗的
看法接近,是无修、顿修。宗密《承袭图》中谈到北宗禅法时,有一

段注云："复有保唐宗，所解似同，所修全异。"从师门承传渊源关系看，无住虽是无相嫡传，但在其身边不过三日夜，而且是"随众受缘三日三夜"，因此所受净众禅法应是有限，而他更长时期追随陈楚璋居士、太原自在禅师，近似于南宗禅的思想当更为丰富。

无住三句，与无相一样，是和佛门"三学"相结合："无忆是戒，无念是定，莫妄是慧。"表明无住也试图建立定慧合一、戒禅合一的禅法，这又极大地继承了智诜以来的传统。《历代法宝记》记，无住认为，"不忆、不念。一切法并不忆，佛法亦不忆，世间法亦不忆"。这表明无住之说与无相之说并无原则分歧，因为他们都把重心落在无忆无念上。就无忆无念而言，无住立足于"无心离意识"的无念。据《历代法宝记》，无住特别强调："一切众生，依无念者，是孝顺之子；著文字者，是不孝之子。"《历代法宝记》以大量的篇幅记述了无住对"无念"说的认识。如："《起信论》云：心真如门、心生灭门。无念即是真如门，有念即生灭门。""念不起是戒门，念不起是定门，念不起是慧门。无念即是戒定慧具足。""为众生有念，假说无念。有念若无，无念不自；灭三界心，不居寂地；不住事相，不无功用；但离虚妄，名为解脱。"无住将三句语进一步发挥为自己的独特禅法："见境心不起，名不生。不生即不灭，既无生灭，即不被前尘所缚，当即解脱。"方家指出："从本体论上说，无念即是实相；从解脱论上看，无念即是涅槃。对客体而言，无念就是'离相'；对主体来说，无念就是'不起心'。"① 无住的这种修习之法则与后来的南禅"五家七宗"极为相近。

无念为宗，这是慧能及其弟子荷泽神会的主张。《坛经》曰："顿渐皆立无念为宗，无相为体，无住为本。"对于参禅者所要达到的至高境界，慧能认为是"无念"。《坛经》曰："无念法者，见一切法，不著一切法，遍一切处，不著一切处。常净自性，使六贼从六门走出，于六尘中不离不染，来去自由，即是般若三昧，自在解脱，名无念行。若百物不思，当令念绝，即是法缚，即名边见。悟无念法者，万法尽通；悟无念法者，见诸佛境界；悟无念顿法者，至佛位也。""无念"是基于

---

① 黄燕生：《唐代净众—保唐禅派概述》，《世界宗教研究》1989 年第 4 期。

"有念"的。"有念"是指特定的"正念"（指念见性成佛，指念真如本性）。慧能说："世人离见，不起于念，若无有念，无念亦不立。""若百物不思，念尽除却，一念断即死。"也就是说，无念不是百物不思，不是一切皆空。慧能之"念"，分"正念"与"妄念"，所谓"真如是念之体，念是真如之用。自性起念，虽即见闻觉知，不染万境，而常自在。""缘迷人于境上有念，念上便起邪见，一切尘劳妄念，从此而生。故此教门，立无念为宗。""无者，离二相诸尘劳。"简言之，"无念"是在念真如佛性的正念上，摒除一切邪念、杂念，以达到明心见性成佛的宗旨。又，《坛经》言："何言为相，无相者，于相而离相。""但离一切相，是无相；但能离相，性体清净。此是以无相为体。"是说不执著事相，虽即见闻觉知，不染万境，而常自在，性体清净。至于"无住"，《坛经》言："无住者，为人本性，念念不住，前念、今念、后念，念念相续，无有断绝。若一念断绝，法身即离色身。念念时口，于一切法上无住，一念若住，念念即住，名系缚。于一切上，念念不住，即无缚也。此是以无住为本。"这里，"本"是人的真如本性（人本有的佛性），"无住"意在不执著，不缚于他法。研究者指出，慧能明确地规定自己的禅法是"立无念为宗，无相为体，无住为本"，也就是说，慧能是以大乘佛教所表达的真如（实相、佛性）作为自己禅法的依据的。既然真如佛性无生无灭，超言绝象，是无念、无相、无住的，那么作为与真如佛性相适应的禅法也必须是以"无念、无相、无住"为基本宗旨。[1] 荷泽神会作为慧能的嫡传，很好地继承了慧能的思想，大力主张莫作意的"无念"，发挥出"无念禅"[2]。无住的无念说，或出自慧能、神会南宗禅的这一主张。《历代法宝记》充分肯定荷泽神会"为天下学道者定其宗旨"，且认为这"宗旨"就是"说无念法，立见性"。由此，无住不过是对南宗禅"无念"的阐发而已。据徐文明先生考证，无住的禅法较多地引入了神会的思想，并加以发展。神会的"无念为宗"，倡言无念无任，法本空寂，而又于空寂体上立"知

---

① 杨曾文：《唐五代禅宗史》，中国社会科学出版社 1995 年版，第 147 页。
② 参见胡适《看破不说破》，群言出版社 2015 年版，第 132 页。

见"，认为"本空寂体上，自有般若智能知，不假缘起"。无住则以无念扫一切相，除一切病，申言"知见立知即无明本，智见无见即涅槃，无漏真净。又破知病，知行亦寂灭，是即菩提道。又破智病，智求于智不得，智无智亦无得。已无所得，即等菩提"；又谓"圆满菩提无所得，无有少法可得，是名阿耨多罗三藐三菩提"。无住禅理虽然没有超出荷泽神会的"无念"，却更多地引用经说，使"无念"的内涵有所丰富与充实。他说："圣者内证，常住于无念"，"内自证不动，是无上大乘"；这种"内证"界说"无念"，强化了"无念"的禅性质，也改变了"内证"原本的直观意义。又说："若以心分别，一切法邪；若不以分别，一切法正。无心法中，起心分别并皆是邪。"因此，"见佛闻法，皆是自心分别；不起见者，是名见佛"，"无心、离意识，是即沙门法"。这样，"无念"等于"无分别""不起心"，也等于"无心""离意识"，使无住的禅观念与其他禅系和佛教宗教派的用语联系起来，更清晰地揭示"无念"的实际内容。无住曾对名叫"史法华"的僧人说："无念即是史法华，有念即是法华史。无念即是转法华，有念即是法华转。"这与《坛经》"心迷法华转，心悟转法华"同出一辙。另外，在广引经教中，无住尤其注重《楞伽经》与《金刚经》，这与慧能的传统也是一致的。总之，无住承袭无相禅法，以"无忆无念莫妄"为总持门，又借助慧能、神会南宗禅的思想意识和禅学理念，以"无念"统摄全部佛法，这是无住对净众禅法的发展与深化，已趋近于南宗。

如前所述，无住由于受陈楚璋、太原自在等人思想的影响，已有即心是佛、顿悟心性等思想，与慧能南宗禅相近。《历代法宝记》记，无住认为，成佛与见性、无念之间有本质的联系，说："众生本性，见性即成佛道"；"见性成佛道，无念为见性"；"说顿悟之门，无忆无念"；"若于外相求，纵经尘劫，终不能得。于内觉观，刹那顷便成阿耨多罗三藐三菩提。"因此，无住所传禅法名"顿悟大乘禅门"。无住的"顿悟"，应来自陈楚璋、太原自在，但他却强调"顿门"始于禅宗初祖菩提达摩。据《历代法宝记》记，菩提达摩在中土传"顿悟教悟法"，但其后继承者违背了达摩宗旨，而追求"四禅八定"①。因此，净众—保唐系声明，就是要在彻底否定这类传统上，建立起新的禅系。这个禅系的创建可以从无相起，由无住完成。这显然是净众—保唐宗强调自身独立创法而为正统的结果。无住禅法有充分维护保唐宗独立性格，并不轻易的附和南宗禅，如对荷泽神会的观点并不一概赞同，在其禅学思想中，有不少观点是针对神会的批评，其中突出的一条就是反对知见和言说。无住说："知见立知，即无明本。"又说："法无言说，云何说法。夫说法者，无说无示。""我无上大乘，超过于名言，其义甚明了。"这一观点与乃师无相对神会的批评十分合拍。据《历代法宝记》，无相在净众寺开法时曾指出："东京荷泽寺神会和上，每月作坛场，为人说法；破清净禅，立如来禅；立知见，立言说；为戒定慧，不破言说。"以与荷泽神会的观点不合为起点，保唐禅在修行实践方面同样显示出自己独特的风格。无住创保唐禅系，绝非出于他对南宗禅的简单承袭，保唐禅与同时代的其他禅派一样，有自己完整的思想体系和修持原则②。保唐宗的思想，甚至足以影响南宗。例如，无住听说剑南诸僧欲住五台山礼拜文殊师利，即劝阻他们说："佛在身心，文殊不远；妄念不生，即是见佛，何劳远去？"这种思想也成为南宗反对净土否定偶像的重要指针。无住思想在为南宗开路，特别是清除义学和律学的障碍方面，功效是显著的。他说："经云离相、无相、常寂灭相；律师、法师总违佛教，着相取相，妄认前尘。"可以说这是南宗用来对抗一切其他佛教宗派正统僧侣的宣言。这不能不说是保唐无住对禅宗发展的一大贡献。

考察《历代法宝记》可以发现，无住用批判或重释道儒经典的方式，阐发自己的禅理禅法。例如，他解"易"说："易，不变不易，是众生本性"，"果报不求，果报自至，烦恼已尽，习气亦除，梵释龙神咸皆供敬……"此是"感而遂通"。释"五常"云："若不变不易，不思不相，即是行仁义礼智信。"无住释《老子》"为学日益，为道日损"

① 佛教所谓"四禅八定"是指色界四禅和无色界四定的合称，即初禅、二禅、三禅、四禅、空无边处定、识无边处定、无所有处定、非想非非想处定。四禅八定是禅定的基础。

② 潘桂明：《中国禅宗思想历程》，今日中国出版社1992年版，第209页。

说："道即本性。至道绝言，妄念不生，即是损之；观见心王时，一切皆舍离，即是又损之，以至于无为。""无为"即是"性空寂灭"；"无不为"即是"不住无为，修行无起，不以无起为证；修行于空，不以空为证。"又释《庄子》云："'生生者不生'，妄念不起，即是'不生'；'杀生者不死'，不死义者，即是无生。"无住认为，众生解脱的关键在"无为"。他说："知法即是佛法，离相即是法宝，无为即是僧宝。"从解脱主体说，应该从"无为"做起，"以无为为方便"，一切烦恼痛苦产生于执著即"有所求"，有所求便是不失得，其结果反而无得。而以无为为修行原则，自然任运，便可返璞归真，虽无所得，却成就佛道。从对道体的悟入角度，也应取"无为"的方式。无为的直接效果，是达到对道体"性空寂灭"的体悟。继而又不住无为，进入"无为而无不为"境界。从"无为"发端，进入"无不为"领域，体现出保唐禅自然无为思想的概貌，反映了它对老庄学说的协调和融合。无住说："道可道，非常道，即是众生本性，言说不及，即是非常道。名可名，非常名，亦是众生本性，但有言说，都无实义，但名但字，法不可说，即非常名也。"这是无住把真如佛性的超越性和禅的日常自然性与《老子》所说予以融合。无住认为，老子的"道"，相当于众生"本性"，此本性非言说所及，只有采取神秘的体悟，才能成就佛道。道的超越性、抽象性，法的永恒性、神秘性表明，一切人为的、着意的加工雕琢，只会扩大与道的差距，而只有无修无证、来去自由，方能契合佛道。无住的保唐禅，就是要保持道的本来状态，以禅者的自然无为态度与之契合。不过，无住为了表示出自己纯然佛学的立场，着力强调：佛学与老庄道家不能混然为一，它是高一层次的学问。无住认为：庄子、老子尽说无为无相，道家净说自然。"佛即不如此说，因缘、自然俱为戏论。一切圣贤皆无为法而有差别。佛即不住无为，不住无相……是以超过孔丘、庄、老子。佛常在世间而不染世法，不为别世间。"意思是说，佛外诸贤，都以"自然""无为"为理想境界，独有禅宗才可能将"自然"与"因缘"、"无为"与"无不为"统一起来，做到身在世而不染，出世间而不离世间。《历代法宝记》中有一段有趣的记载，说无住曾与剑南著名的数十名道士、山人（在野的儒者）、和尚一起谈论，无住批评道士"只学谤佛"，儒者"不识本性"，用佛教的佛性、空、无念等道理来解释道教、儒家的经典语句，虽然表示佛教与儒、道有一致之处，然而最后仍强调佛超过孔子、老子、庄子，佛教超越儒、道二教。总之，无住用批判或重释道经典的方式，阐发自己的禅理。在禅学中引进老庄思想的同时，又极力回避与道家的联系，甚至把道学作为遁世的靶标来批判，应该说是他矛盾心理的反映。这一矛盾使他表现出特殊的孤傲、自恃的保唐禅道家化倾向，又在一定程度上反映了保唐禅系强烈的入世欲望。这在当时的禅宗学界有典型的意义：一方面它体现了禅宗各派系一致的中国化趋势；另一方面，它反映禅宗各派系致力于维护自身独立性的立场。

宗密在《禅源诸诠集都序》中，将智诜、无住与神秀一起划入"息妄修心宗"，虽然不无考虑，但其实是缺乏充分理由的。尤其是无住保唐禅，虽然在形式上继承了智诜禅法，但无论在理论上还是在法统上都更近于南宗，与神秀北宗差别甚大。宗密在《圆觉经大疏钞》卷三之下论禅宗七家时又将无住列入"教行不拘而灭识"的一流，则较为接近无住禅法实际。所谓教行不拘，是以不修为修，无行为行，释门事相一切不行。剃发后便挂七条（七条之袈裟，即三衣中之中衣），不受禁戒；礼忏、转读、画佛、写经一切毁之，统治被视作妄想；所住之院不置佛事；所谓灭识，就是"不起心""无分别""但贵无心"，无心即妙极。它意味着取消世人的一切正常的主观愿望、追求或执著，放弃一切世俗认识活动，从而灭识也成了"教行不拘"的前提。此外，无住"莫妄"，又毁诸教相，目的在于熄灭"分别"（妄）而存真。"三句"言教的主旨便由"用心"变成了"灭识"。据《历代法宝记》载，无住向弟子们反复强调："活泼泼，一切时中总是禅"；"不入三昧，不住坐禅，心无得失，一切时中总是禅"；"无忆是道，不观是禅"。又据宗密《圆觉经大疏钞》卷三之下，无住甚至于采取比慧能更为开放、自在的态度，于"释门事相，一切不行"。唯以"不起心""无分别"为妙道，主张行住坐卧一切时中总是禅而心又不住于禅。《历代法宝记》载无住说法的特点，云："每为学道四众、百千万人及一人，无有时节，有疑任问，处座说法，直至见性。以直心为道场，以无为为方便，以广大为方便，以平等为方便。"这种说法对禅的推广很有价值。从禅的历史趋势看，为了适应社会的需要，最终要完成出世与入世、佛祖与凡人、彼岸与现实的统一，这就需要将神圣的宗教活动寄寓平凡的日常生活。《圆觉经大疏钞》卷三之下记无住偈云："我今意况渐好，行住坐卧具了。看时无物可看，毕竟无言可道。但得此中意况，高床木枕到晓。"这里表现的便是"无系无缚"、不拘形式的"活泼泼"的禅，它反映出无住对禅的世间性、现实性和日常性的体验。更具体地说，在寺院生活中，也表现出自由任运的独特风格。无住所住之院不议衣食，任人供选，选即暖衣饱食，不送即任其饥寒，不化不乞；入院之人无论贵贱，概不起动逢迎，被赞叹供养，还是被怪责损害，都不在乎，一切任他，都示以"无分别"之法。无住不恪守传统的禅法，甚至连无相依然保留的传统仪式也不再使用。《历代法宝记》记，"无住禅师，不行礼忏、念诵，空闲坐"。"诸郎官因此问（无住）和尚：'缘何不教人读经念佛礼拜？弟子不解。'和尚云：'自证究竟涅槃。'"所谓"自证究竟涅槃"，就是完全转向内心自觉体验而摒弃一切外在开拓相执著，念佛没有必要，甚至于坐禅也将失去意义。修行方法显示出某种程度的颓废主义，实为禅法发展的末流①。无住在偏向自然主义的理路上似乎比荷泽一系走得更远，可能也正是因此，西蜀禅门失去了约束人心的规范和诱导人心的理想，也失去了自己特出的方法与思想。无住之后，保唐系就逐渐湮没在南宗禅的主流之中而徒留历史云烟了。

读经、念佛、礼佛等是佛教寺院最常见的佛事。但无住依据其无念禅法，对此几乎持全面否定态度。在成都的剑南西川节度使衙的"幕府郎官侍御"，某日参访无住，询问为什么"不教人读经，念佛礼拜"？又为什么"不教事法相"？无住解释说，按照"自证究竟涅槃"的道理，是应当这样做的，不能把自己理解的"不了教"来教导别人。他又说"大乘妙理，至理空旷，有为众生，而不能入经教，指众生本性。见性即成佛道，著相即沉沦。……转经礼拜，皆是起心。起心即是生

①　董群：《融合的佛教——圭峰宗密的佛学思想研究》，宗教文化出版社 2000 年版，第 134 页。

死，不起心即是见佛"；"起心即是尘劳，动念即是魔网"。这就是说，大乘的至高真理，不是外在的有相事物可以表现的，只是与众生的本性相通；如果能够体认空寂清静的自性，就达到觉悟的境地；相反，一切执著事相、言教和世俗事务的思想行为，都将带来烦恼、导致三界轮回。

无住与慧能、神会等人一样反对执著语言、文字。他引《楞伽经》《维摩经》等说"真实离文字"，"诸法寂相灭，不可以言宣"，"无有言说，是真入不二法门"，"一切诸文字，无实无所依"。他认为语言文字不能真正反映佛教的至高真理、觉悟境界、反对读经和套用经文。他在会见来访的经师、论师、律师时，也大致用同样的道理对他们进行批评，劝他们奉持他的无念禅法。当年慧能曾用觉、正、静来解释"自性三宝"——佛、法、僧（见敦煌本《六祖坛经》）。无住也对三宝作出新的解释。也说："知法即是佛法，离相即是法宝，无为即是僧宝"，而所谓"知法""离相""无为"在无住那里不外乎是"无念"，这就是说，达到无念就可以自具三宝。于是，外在的三宝便成了内在的三宝。这也是无住不主张礼忏读经、画佛写经、经办佛事的理由。

传统的佛教主张遵守戒律，按不同名目的禅法程序修持禅观。无住对此也有自己的看法。他用无念，"无思虑"的道理来对戒律作新的解释。他对某位律师说，"戒体"（受戒后对持戒的信心和意志）即不是色，也不是心，而是"众生本性"，它本来是清净的，如果有妄念产生就是违犯戒律，"妄念不生，即是戒律满足"；如果有意去持戒，"即大破戒"；实际上"戒相"（如五戒、十戒等戒的具体规定）虚空，无相可得；批评当时的律师"说触说净，说持说犯"，他竟然说"见犯重比丘不入地狱，见清静行者不入涅槃"。这样一来，传统的戒律在他那里就已经失去存在的价值。如宗密所说，在保唐寺无住门下出家，剃发之后，就披袈裟，既无授戒仪式，也无净众禅派那种"受缘"仪式，僧人是"不受禁戒"的。

无住对按既定程序的禅观持反对态度。他说："无忆是道，不观是禅，不取亦不舍，境来亦不缘"；又引《禅门经》说，不可为贪求禅的意境（禅味）而坐禅，否则就是"菩萨缚"；说"定无出入"，应当

"不入三昧，不住坐禅"，即否定带有特定意图的坐禅。但他并不彻底否定一切禅。在无念的前提下，他提出所谓："一切时中自在，勿逐勿转，不沉不浮，不流不住，不动不摇，不来不去，活泼泼，行坐总是禅"；说他的禅虽没有沉浮，流住，但却有实在作用——"用无生寂，用无垢净，用无是非，活泼泼，一切时中总是禅"。这不外是说，做到"无念"，舍弃一切是非、垢净等差别观念，那么，无论在任何情况下都是处在禅定之中。无住本人也坐禅，所以他不是从形式上反对坐禅，而是着眼于修行者是否做到无念，只要能无念，就无所谓坐禅不坐禅。

无住虽然继承无相，但将其主张发展到一个极端。在禅法思想上将一切大小乘教法归结为"无念"，却不能从"不二"的角度加以灵活地解释，而实际上信奉佛教乃至日常思维都不可能绝对地做到无念，由此表现出保唐禅法的超现实性。否定维护教团正常秩序的条规、戒律，忽视寺院应有的宗教职能，在佛事活动和教团运作经营方面的放任自然，又凸显出保唐禅派超出一般佛教范围的异端性。这样势必引起僧俗信徒乃至社会各方面人们的怀疑和非议，虽然在当地官僚的庇护下可以盛行一时，但却不可能流传长久。保唐禅派的历史正是如此，在无住之后很快就衰微下去。[1]

洪州宗的禅法，宗密概括为"一切是真"，"念念全真为悟，任心为修"，"触类是道而任心"，属于"直显心性宗"。马祖洪州禅秉承慧能以来"识心见性，自成佛道"的宗旨，主要围绕着人达到觉悟解脱的心性和应当如何对待修行的问题，进行理论创新。《景德传灯录·马祖传》载，"僧问：和尚为什么说即心即佛？师云：为止小儿啼。僧云：啼止时如何？师云：非心非佛。僧云：除此二种人来如何指示？师云：向伊道不是物。僧问：忽遇其中人来时如何？师云：且教伊体会大道"。马祖认为，人人都有与佛一样的本性，性离不开普通的众生，既然众生不知自己生来俱有佛性而到处求道，就以"即心是佛"，引导他们产生自信、自修、自悟；然而如果众生就此认定"即心是佛"而仅依此修行，却也谬误，因为佛是不可局限于方位、场所的，否则会出现

---

① 杨曾文：《唐五代禅宗史》，第 274 页。

"认心为佛"的现象。所以一旦信徒自修自悟了，就要告诉他们"非心非佛"，佛"不是物"，应当认真去"体会大道"。在马祖的心佛论体系中，"非心非佛"是对禅宗理论的重大发展，通过这种否定方式，促使信徒跳出具有危险倾向的执著心与执著佛思维定式。

在修行问题上，马祖提出"道不用修，但莫污染"和"平常心是道"的思想①。宗密《圆觉经大疏钞》卷三指出："洪州意者，起心动念，弹指动目，所作所为，皆是佛性全体之用，更无别用，全体贪嗔痴，造善造恶，受乐受苦，此皆是佛性。"马祖认为，真如、佛性以及自己的本性、本心，是用不着有意地去修行，去对治。只要使它保持自然，不被污染即断除一切造作、取舍、好恶、是非、凡圣等观念，做到"无念"，达到佛、菩萨的解脱境地的"平常心"。马祖指出："若了此心，乃可随时著衣吃饭，任运过时，更有何事！"修道不必脱离日常生活，"平常心是道"。为何可以由平常心而"随处任真"修道，就是因为"各信自心是佛，此心即是佛心"②，"著衣吃饭言谈祇对，六根一切施为，尽是法性"③，所以可把"饥来吃饭，困来即眠"当作修道功④。马祖由此反对刻意修道，宣称"道不属修。若言修得，修成还坏"⑤。又说："今有本有，不假修道坐禅，不修不坐，即是如来清净禅。"⑥ 这种"平常心是道"和"道不属修"的思想，实际上进一步弘扬了六祖慧能的"顿悟"学说，对于后世修禅定的人影响很大。

洪州禅继承和发展了慧能以来"不立文字，教外别传，直指人心，见性成佛"的禅宗宗旨。裴休为希运《传心法要》作序时盛赞马祖一系思想是"独佩最上乘，离文字之印，唯传一心，更无别法"；而且陈述这一系思想是"证之者无新旧，无深浅，说之者不立义解，不立宗主"⑦。洪州禅修道弘法的重要特点是"触类是道而任心"或"触类是

① 《景德传灯录》卷六《马祖传》。
② 《祖堂集》卷一四《江西马祖》。
③ 《古尊宿语录》卷一《大鉴下二世道一》。
④ 《景德传灯录》卷六《大珠慧海传》。慧海是道一的弟子。
⑤ 《古尊宿语录》卷一《大鉴下二世道一》。
⑥ 《江西马祖道一禅师语录》，载《续藏经》第119册。
⑦ 《全唐文》卷七四三《裴休·黄檗山断际禅师传心法要序》。

道，任心为修"。"触类是道"是指人的生心起念、一举一动生命现象皆是佛性的表现，"所作所为，皆是佛性；贪嗔烦恼，并是佛性；扬眉动睛，笑欠声咳，或动摇等，皆是佛事"。"任心"是指禅的实践，即只要能养神存性，不断改造，任运自在，就能进入成佛的境界。既是凡碰到的都是道，就是随时为道，随心皆为修行。这个本来就是佛；所以不起心造恶，修善，也不修道，"不断不修，任运自在，名为解脱，无法可拘，无佛可作"。他只教人"息业养神""息神养道"，这叫"任心为修"。本着"触类是道而任心"，马祖反对一切繁杂的宗教仪式，简明直接地采用诸如隐语、暗示、象征乃至棒喝等机动灵活的手段传递禅法。有僧要求马祖直接指示何为"祖师西来意"。马祖让他去问智藏，智藏托头痛让他去问怀海，怀海说自己"不会"。此僧转了一圈又回到马祖处，向马祖转述经过。马祖对此不置可否，只是说"藏头白，海头黑"。这段公案在禅宗史书中经常提到。按照南宗的禅法理论，对于达摩西来的目的是不能用语言表达清楚的，因此历代禅师故意对此作出种种不着边际的答语，或以动作示意。《古尊宿语录》卷一《怀海》载，一日，怀海去参见马祖，见马祖竖起拂子，他便按自己的理解解释说："即此用，离此用。"马祖便把拂子放到了原处。过了一会，马祖问："你已后开两片皮，将何为人？"意为将来如何传法，怀海也照着马祖的做法竖起拂子，马祖反过来也说："即此用，离此用。"怀海便把拂子放回原处。"祖便喝，师直得三日耳聋"。这种哑谜之中含有禅机，大概是说看待体与用的问题，例如真如佛性与万事万物、真谛与俗谛、菩提之道与语言文字等，应做到相即不二，在向人们讲授前者的道理时，既不能离开后者，又不能执著于后者。马祖之喝，好像是表示对这一点也不能执著。马祖在禅修弘法中倡导冷峻刚烈的"接机"。宗密《圆觉经大疏钞》卷三记马祖禅法"接机"云："或有佛刹，扬眉动睛，笑欠声咳，或动摇等，皆是佛事。"这种从眼前信手拈来的日常事物中迅速悟禅的方法，机锋峻峭，变化无方，卷舒擒纵，灵活自如，从而使禅的实践与人们的日常生活的情感、行动一体化，建立起更为直接的成佛说和更为简易的禅法实践，顿使历来坐禅入定、举止凝重、反应迟滞的出家人面貌为之一新，引发出禅门的大机大用。这不仅在当时影响相当广泛，而且一直影响到后世禅宗各派，其中临济宗、沩仰宗就是直接出于他的禅系。

马祖洪州禅之所以成为中唐之后南禅宗的正脉，并不仅仅在于马祖门下禅师众多，广布四方，还在于他的禅法思想建立起了逻辑演绎严密的新佛教心性论，是对慧能、神会以来"以无念为宗，无相为体，无住为本"的进一步修正和对南禅宗"令自本性自悟"的进一步确认①，极大地消解了禅思想史一直存在的内在理论上的隐患与缺失。洪州禅修行不重经教、任心直行，自然地超越了"无念"的范畴，比慧能的一行三昧更加无拘束，完全等同于自然地生活。洪州禅尊重一切人自性和人格，直截明快的传法方式，简便易行的修持方法，奠定了彻头彻尾的中国禅"自然适间"的思想基调。从而极大地吸引了各阶层的信仰，终于凌驾他宗而尊于天下。

当然，马祖的洪州禅法任心为修也带来了不少负面的影响。自大历中开始，马祖禅风已在江南僧俗间扇起一股狂放逸荡的生活作风。《古尊宿语录》卷一所记马祖一事，最能说明问题。"洪州廉使问曰：'吃酒肉即是，不吃酒肉即是?'师（马祖）曰：'若吃是中丞禄，不吃是中丞福。'"吃酒肉不吃酒肉，当随遇而安，既然如此，其后学之饮酒食肉，也就是顺理成章之事。洪州宗将禅理完全融入日常生活中的"世上禅"，显然更带有狂荡躁动的玩世不恭色彩，而与慧能的禅中隐相背道而驰，"佛不远人，即心而证；法无所首，触境皆如"②的佛性学说，也必然带有更强烈世俗化功利化倾向。同时也造成"流荡舛误"，"颠倒真实，以陷乎己而又陷乎人"的流弊③。《景德传灯录·五台隐峰》载，邓隐峰一日推土车次，马祖展脚在路上坐。因马祖不肯收脚，隐峰竟推车碾过，"祖脚损，归法堂，执斧子云：'适来碾损老僧脚底，出来！'峰便出于祖前引颈，祖乃置斧"。说明马祖思想行为已显示出接近后期禅宗"呵祖骂佛"的迹象。潘桂明先生指出："（马祖）撒下了

---

① 郭朋：《坛经校释》，中华书局1983年版，第31—32页。
② 《权载之文集》卷二八《唐故洪州开元寺石门道一师塔铭》。
③ 《柳宗元集》卷二五《送琛上人南游序》。

佛教危机的新种子。这种危机，表现在它从佛教内部造成的破坏上。道一把'道'贯彻到日常生活的一切方面，将'禅'融化于人的生命活动的每一部分，同时还抛弃了传戒、忏悔等佛教传统的形式，从而使禅宗的宗教色彩和神学意义大为逊色，佛教的世俗化有了更为坚实的基础。道一开创的自由活泼的禅风，经过辗转模仿、改铸，有可能逐渐流于空洞无聊或自欺欺人。"① 这种危机的结果，至明代显著地表现出来。

洪州宗也从老庄道家中吸收了不少思想，乃至有老庄化的趋势。老庄之"道"，在洪州禅学中，已成为真如、法界、法性、实相、佛性等代名词。马祖不尚"真如""佛性"之空谈，而直示"会道""体道""修道""达道"。洪州禅反复申述："若欲直会其道，平常心是道"；"只如今行住坐卧，应机接物，尽是道。道即是法界"；"教伊体会大道"。洪州禅"道"，本质上乃是佛教真如、法界的翻版，但它与老庄的"道"十分接近，将"道"视为最高的精神实在，它不可言说，不可认识，只有切身体验方可"达道"。老庄的"道"，具有本体论上平等的价值。在洪州禅方面，"道"既然能与"真如"等佛学范畴一视同仁地被应用，而《楞伽经》如来藏思想又重新受到重视，则沟通本体界和现象界的条件完全成熟，从而，"平常心是道"学说的确立也就有了更为现实的基础。洪州禅认为，众生在本质上都具如来藏佛性，人与佛无差别，平等一如，众生即佛。为此，人的自由任运，每一举止行为都具有由现象所显示的本体意义，日常生活的任何自然任运都达到成佛的境界。

根据道的性质，庄子哲学强调"不可知"，否定认识，保持无知，无所用心，这便是最大的知。同时，庄子强调"体道"可以使个体意识在与超越自然的"道"直接交往中领悟到宇宙人生的全部奥秘，获得不知之知（大知）。这种道家思想学说，无疑对洪州禅影响相当深刻。洪州禅不仅给予精神本体"道"以充分重视，而且使意识主体的地位不断升华。洪州禅以"平常心是道"为立宗根本，从"顺乎自然"入手，不断不作，任运自然，直指众生本来面目。洪州的道一及其弟子

---

① 潘桂明：《中国禅宗思想历程》，第240页。

怀海辈均反对读经看教，视知识为体道的一大障碍，极力否定认识的作用。他们反复申述，体道、达道不属于知识范围，所以要以"无造作，无是非，无取舍，无断常，无凡圣"的平常心去实现。洪州禅指出，真如（道体）是"言诠不及，意路不到"的本体世界，是以真如的契合不必通过思维、语言这一中介，人的精神意境难以用语言文字表达。洪州禅一系列由"平常心"发展而来的极端化行为如扬眉瞬目等，都只是通过这些象征的、暗示的、启发的方式，说明真如世界的不可认知性，令禅僧反身自悟本来面目，这需要强化主观意识。从解脱境界来看，老子以自然无为、还归于朴为世人追求的解脱境界，庄子十分真挚地追求物我一体或超然物外纯粹精神领域的自由生活。洪州禅通过"平常心"的自然无为作用或即生命活动的自然流露，达到对"道"的体悟。事实上，当马祖要求禅僧由"即心即佛"而"非心非佛"，又进而体验"不是物"时，已直示他们抛弃一切执著，超然物外，"教伊体会大道"，把解脱视之为体得"道"以后个体与自然融为一体的高度精神自由境界。怀海再三告诫弟子们"割断两头句""透过三句外"，不只是为了防止文字语言的执著，更为了"教伊体会大道"，发挥洪州特色。洪州禅不为传统佛教所拘，风格平易而又直接，认为成就佛道的关键是要破除一切执著，以"平常心"的自然任运发现"本来面目"。行住坐卧，只要出于平常心，便纵横自在，获得解脱。可见，洪州禅与老庄学说不只是表现为某种形式风格上的相似，而是还直接体现在内容上洪州对老庄的继承与发挥。洪州禅积极发掘老庄"自然无为"学说的价值，使禅成为活生生的、多姿多彩的、充满世俗生活情趣的实践。

综上所述，净众保唐宗与洪州宗的禅法思想及传法方式有同有异。相同方面：两地禅宗都是源于五祖弘忍禅法，且洪州宗与净众宗的渊源关系（详见第五章论述），其禅学思想自有其根本的相同性；都是融合了多路禅派思想，经过不断的改造而发展起来的新禅法，南宗化是主要的趋势；禅宗各系的老庄化，走的是相同道路，即接受"自然""无为"学说①，保唐、洪州都从老庄中寻找适合本土化的思想，发展自己的禅派；都沿着禅宗思想发展的共同轨道运行，都没有脱离禅学个性化、自由化、庶民化的方向。此外，值得注意的是，唐后期宗密对洪州、净众、保唐各有批评。宗密认为，洪州宗大致有指黑为珠、以事为理、任病、没有指示灵知、缺菩提义、缺拣辨迷悟倒正之用、不懂渐修、缺少方便等七点不足；净众宗则与北宗一样，滞于染净缘相，失天真本净性德。禅修的方式显现的弊端，实际上也属于灭病一类，又不知心体之灵知；保唐宗也有四点不足：缺少方便、毁教、灭病、不知灵知。虽然宗密的判教并不一定十分准确，但从宗密对洪州宗和净众保唐宗的批评可以看出洪州宗与净众保唐宗的相似相同之处，当然也可以看出两者思想的异同之处。

从禅理或慧的角度看，净众宗、保唐宗尽管不断的积极创新，趋近于南宗，但其禅教合一的传统禅法还是相当明显的。洪州宗则直承南宗，追求禅道自然，无疑比净众、保唐更为适合中国化的禅法理念。从禅修的角度，净众宗已开始向南宗转移，至保唐宗已是无修之修。不过，保唐宗的禅修既有慧能、荷泽神会的无修之修，又有洪州的任运为修，还有从净众的头陀行，却没有弘忍门下和洪州宗的"作务"或农业劳动的经济伦理。无住的禅行生活虽然不主动化缘、乞食，却仍然受人供养而不自食其力，这与南宗门下的"农禅并作"仍然有一定的距离。特别是保唐禅在任运为修的方式上，力图远离世俗生活，修行中过于刻意，因而又走向了另一个极端、陷于另一种执著了。保唐从彻底的般若性角度立论，未免破多立少；过分强调"无为"，则容易偏于消极，"说不到自性妙用的一边"；坚守"无修无证"的立场，则容易给人以种种误解。洪州宗的修行方式也是慧能倡导的无修之修，但具体化为任运而修、任心而作，将禅努力地融入世俗生活之中，是实实在在的生活禅。至于更具体的任运方式，则诸师各有特色，尽显其不同的个性，所谓宗风也常常体现在此处，这也是洪州宗最为吸引人的地方。禅

---

① 关于洪州宗与老庄关系的论述，参考潘桂明《中国禅宗思想历程》之"洪州老庄化问题"一章。

宗思想和风格的老庄化和玄学化是一个历史过程，发端是慧能禅，在南宗化的过程中，保唐宗、洪州宗都自觉不自觉地吸收老庄思想，作用于自己的禅学。保唐禅由于受社会环境和时代条件及无住思想的制约，它们的儒、道化，还只能是开创性，局部的和有限的。洪州禅则在此基础上，根据中国传统文化的特点，展开了全面而深入的儒道化，不仅从组织上、体制上展开了儒家化，而且从思想上、风格上完善了老庄化。总之，尽管净众、保唐禅也符合中国禅宗发展之大势，但比起洪州宗来则显现得力量不足，还有更多的缺陷。真正全面负担起禅的中国化，使之最终成为禅的主流的，乃是洪州禅。

三　净众—保唐宗与洪州宗异同产生的原因

从根本上说，净众宗、保唐宗与洪州宗，都是源于五祖弘忍东山禅法，经各自的传承与地域文化影响而形成的禅派，都是禅学中国化进程中实践的产物，南宗化是蜀赣两地禅学的一致选择；都在创新中发展与弘扬禅宗，使禅宗文化更加丰富多彩，并在更广阔的领域内得到了传扬，适应了禅宗发展的要求。然而，两地禅宗在发展传播的过程中，无论传法的思想、方式、结果都有极大的差异。这种同异的产生，是禅宗发展过程中颇有意思的现象，也是值得关注的现象。

禅法思想是决定禅派发展的基本因素，禅宗宗派的形成与该创宗者的思想有密切关系，创教人的思想意识在很大程度上决定了禅宗的走向和命运。净众禅、保唐禅、洪州禅的禅法思想都并非直接源于曹溪，而是辗转经过了他人之手，都是创宗者积极创新发展的产物。在注重创新的禅宗理念中，禅法的思想取决于传承者的思想，同时受制于客观或主观条件。以传统的观点而论，弘忍授法并将信衣给慧能，慧能创立顿悟法门，是为禅宗的"正脉""嫡传"；此外尚有"旁出"高足十人，"并是一方领袖"，或"阖国名僧"①。智诜作为傍出高足的第一人，与

---

① 宗密：《圆觉经大疏钞》卷三之下。

慧能完全是两个不同的弘法人物，他虽然不乏创新思想，但大致维持的是传统的"渐门"禅法。由此深刻影响到净众宗、保唐宗的开宗人物无相、无住。由于禅宗发展的主流是慧能南宗，处于南北宗派之间的净众、保唐禅系，尽力附和这种形势。但无相、无住欲在蜀地立足，就不得不继承智诜以来的禅法思想，因此他们处于矛盾之中，造成了发展的困境。以保唐无住为例，由于无住的师承多元，本以净众宗思想为核心，却又极力贯通到慧能南宗中，反而在相当程度上造成了自身禅法的混乱，逐渐丧失了本土化优势，其发展无疑受到了相当大的限制，加快了衰败的进程。而洪州宗则明显与此不同，"智诜是净众寺和保唐寺两大派的开山祖师，又是马祖的远祖"①。洪州宗的创始人道一有蜀地学法的经历，了解蜀地禅法，并吸收了蜀地禅法有利于传法的因素（详见第五章论述）。马祖得心印于南岳怀让，与南宗的趋同发展更无矛盾性。可以说，洪州宗创立伊始就站在时代潮流之上，并大力指引着潮流。

受慧能曹溪成为禅宗正统的影响，由于传承的问题，保唐宗不但趋附南宗，而且必须花费相当大的精力来争夺正统。据大历九年（774）以后写成的《历代法宝记》大体由三部分组成。其一是据《付法藏经》列禅宗天竺28祖名单，为汉地到慧能为止的六祖作传。其二是记弘忍门下十弟子，并为慧能受衣钵传法作传，然后写武则天授衣给智诜，智诜传处寂、处寂传无相的法系，最后以神会印证袈裟和佛法即在智诜禅系结束（关于净众保唐传信法衣问题，详见第五章有关论述）。其三分量最大，集中阐述无相的传人无住的生平、思想。无相以"引声念佛"的外修方便与"无忆"的内修法门，加上"此（袈裟）是则天皇后与诜和上，诜和上与唐和上，唐和上与吾"的护身法符使得这一禅法重新赢得信众。这些杂乱的说法，一方面承认慧能不可动摇的嫡传地位，另一方面又着力鼓吹智诜禅系亦是禅法正宗之所在。这充分反映了智诜系想独立于南北宗之外建立自己的正统的企图。特别是保唐宗为了争夺正统，禅法激进，比马祖禅有过之而无不及。《历代法宝记》云："故所住持，不议衣食，任人供逆。逆即暖衣饱食不送，即任饥任寒，亦不求

---

① 姜义华主编：《胡适学术文集·中国佛学史》，中华书局1997年版，第59页。

化，亦不乞饭。有人入院，不论贵贱，都不逢迎，亦不起动。赞叹供养，怪责损害，一切任他。"这种"任人供逆""任饥任寒""一切任他"的任运，虽然在当时社会背景下（安史之乱后）不乏傲岸自信、独立无依、自我完善的积极意义，却也无疑显示出过于激烈、愤然和极端，其消极作用也十分显著。保唐禅又没有进行自我的调适，昙花一现的结局是必然的。相比之下，洪州宗是生活禅，也不苦心争夺正统，显得任运自在、随缘适性，更能有效地传播与发展。

净众、保唐、洪州宗都有强烈的开法精神，努力弘法，这是它们成为当世著名禅派的原因之一。但两地禅法的弘传方式却有较大的差异，因而引起的结果也极为不同。净众、保唐宗重视大众开法，但比较轻视对弟子个体教育方式，也缺乏主动培育精英弟子的意识，加上弟子的来源也不广，因此导致门下衰弱，自然直接影响到宗派的衰弱。净众、保唐处于一种排斥的状态下进行传法（既被人排斥，也排斥他人的孤傲性格），自然影响了其传法效果。

禅宗在发展传播过程中形成一套独特的传法方式。从道信、弘忍始，面向僧众或僧俗大众公开说法。禅师登台（坛、高座）带领众人发心、忏悔、传授佛法等，是一种最常见的传法方式。这种传法方式，后来被称为"开法""普说"。除此之外，禅师对弟子分别进行教导，根据每人"根器"予以启发开导。马祖除有上堂示众的普说之外，对众弟子采取灵活多样的教诲引导方法：暗示、隐喻、动作、喝、打等。这些方法本来取自现实的日常生活。洪州禅将这些做法用到师徒之间的传授禅法，传递某种信息，彼此交流参禅心得和悟境，充实了以正面言教为主的传统佛教的传授模式和交流方式，从而使禅宗丛林生活带有一种吸引世人注意的粗犷气息和朝气。然而，后来由一些禅僧离开禅宗本来宗旨，片面强调不用语言文字，盛行模仿乃至东施效颦的形式主义，动辄棒喝交驰，拳脚相加，致使禅风日渐庸俗和败落①。洪州宗注重个体与大众说法相结合，传法的方式也生动活泼，极其重视门下精英弟子的培育，门下龙象辈出。由于大量吸收外来的禅僧，这些僧人都极为诚

---

① 杨曾文：《唐五代禅宗史》，第320页。

恳学禅。如怀海等人，本就是学有所成的僧人，在马祖处更得精进。另外，净众保唐孜孜以求正统，构建的"正统"袈裟信衣，以早期禅宗的袈裟密传式，本是一种相对落后于时代的保守的传法方式，给开法扬宗带来相当大的束缚限制。这早为慧能所抛弃，而净众保唐却仍以此为圭臬，自然落后于开法时代。洪州宗抛弃了袈裟传信，极有利于禅法的弘扬和禅派的发展。

建立丛林上，道一要主动积极得多。道一自唐玄宗开元后期从南岳来赣，历经玄宗、肃宗、代宗、德宗四朝，在长达半个多世纪的岁月中，他的开拓创业极为艰辛困苦。起初他由湖南出发，转道福建，跋山涉水，不知几许摧磨。进入江西境内后，无论是临川，还是南康，因穿梭于深山老林，所至皆为蛮荒无人烟之处。如《宋高僧传》卷十《唐洪州开元寺道一传》载，"先是，此（龚公山）峰岫间魑魅丛居，人莫敢近。犯之者灾衅立生"。当马祖来到这里后，有神紫衣玄冠，致礼云："舍此地为清净梵场。"语终不见。从此"猛鸷毒螫，变心驯扰，沓贪背僧，即事廉让"。这虽然有神奇的故事成分，但开册的艰难曲折以及道一的不畏艰险的情形是可想而知的。道一在江西开辟丛林不限于赣中、赣南，几乎在江西全境都留下了他踏堪的足迹，并以个人之力创建寺庵数十所，其中仅丰城一县就有8所。史传记载，他先后开法于宜黄石巩寺、赣县龚公山宝华寺、南昌市佑民寺、靖安县石门山泐潭寺（今宝峰寺），如果再把他所创建的各地区数十所寺院计算进去，其毅力与胆魄实在是惊人的。据何明栋先生《马祖道一大师在赣弘法圣迹述略》一文，马祖当年与弟子的传法活动几乎遍及现在江西全境，至今尚保存或有资料可考的遗迹28处[①]。正因为马祖开堂说法，广收徒众，门下学人云集。这与当年慧能门下除神会外"无有一人敢滥开禅门"的做派简直不可同日而语。其入室弟子多达139人，面对社会积极活动。既散居南方诸省，也扩展到北部一些地区。高足如鹅湖大义、章敬怀晖、兴善惟宽等人，相继北上京师，把马祖的新禅法传布到中原，上及于朝廷，各为一方宗主，大弘禅法，极盛一时，发展为前所未有的大宗派，

---

① 何明栋：《马祖道一大师在赣弘法圣迹述略》，文载《禅》1996 年第 3 期。

因此人称洪州宗、洪州禅。从佛教史发展看，诸宗最发达的是禅宗，而禅宗最壮观的派系是洪州宗，它的思想代表了禅宗中晚唐的基本思想，它的队伍实际是禅宗的基本力量①。

道一善于组织队伍，网罗宗门、教门的新生力量，颇有细大不捐，因器接近的本事。其自由活泼的门风，新颖独特的思想，接引了无数禅子学人。如新建县西山的亮座主，精于经论，自以为"无人及得"，在南昌开元寺一参马祖，平生功夫尽释，礼谢后，隐于西山，终生不出。百丈法正本通律学，后参马祖成为弟子。尤其是牛头宗系的禅子，转眼而从道一的更多。本来，牛头禅的历史比洪州禅悠久，势力也更强大，但洪州禅后来居上，遂使学人望风影从。如常州芙蓉山的太毓禅师，"年才一纪，志在出家，乃礼牛头山忠禅师而师事焉"，"后巡礼道场，遂谒洪州大寂禅师，睹相而了达法身，刹那而顿成大道"。洛京伏牛山的自在禅师，出家于浙江余杭的径山，那正是牛头宗法钦禅师（国一）开辟的丛林，自在于此受具，又"诸方参学，从南康道一禅师法席，县解真宗"。长沙东寺的如会，也是"止国一禅师门下，后归大寂法集"，马祖去世，如会法席鼎盛，时谚谓东寺为"禅窟"。还有丹阳的超岸和尚，先投牛头宗师玄素，在润州鹤林寺修学牛头禅法，"处众拱默而已"；来江西抚州兰若，得道一开启，成为"四方毳侣依之"的名僧。当然，也有相反的例子。如幼年起跟从道一于龚公山的西堂智藏，"后谒径山国一禅师，与其谈论周旋，人皆改观"。这些事实说明，洪州禅兴起的过程中，它对周边禅派散发出的亲和力量，反映出牛头禅与洪州禅的势力消长和融合。双方人才的交流推动了禅宗的发展进程。

道一的广收门徒还有其特别的做法，这就是开启了参禅选佛的方便法门。道一主张应选者回归自心，自悟成佛，故有"心空及第归"之说，靖安宝峰寺，是马祖藏塔之地，建筑有"选佛堂"。北宋张商英《洪州宝峰禅院选佛堂记》云："吾宗之论禅宗也，凡与吾选者，心空而已矣。弟子造堂而有问，宗师踞坐而有答。或示之以元要，或示之以

---

① 段晓华、刘松来：《红土·禅床：江西禅宗文化研究》，中国社会科学出版社 2000 年版，第 76 页。

料拣，或示之以法镜三昧，或示之以道眼因缘，或示之以向上一路，或示之以末后一句，或示之以当头，或示之以平实，或扬眉瞬目，或举拂敲床，或画圆相，或画一划，或拍手，或作舞，契吾机者知其心之空也。知其心之空，则佛果可选矣。余曰：世尊举花，迦叶微笑，正法眼藏，如斯而已。后世宗师之所指，何纷纷之多乎！吾恐释氏之教，衰于此矣。"张商英是临济宗大师印可的俗家弟子，熟悉禅宗历史和北宋世俗禅悦之内情。叙述的选佛情景，马祖道一当年挑选门人的方式，也是整个江西禅门的机锋道悟的接引风格。

地理因素也是影响两地禅宗发展出现重大差异的重要原因。禅宗的中国化，其实在一定意义上就是地域化。净众、保唐、洪州都是禅宗地域化的结果。智诜是由东门法门的弟子回乡建立宗派，保唐宗的创始人无住虽然也是外来人，但主要也是适应地方的结果。因此虽有开创性，但有地方主义的色彩，最后成为地方的禅派，受到当地民众的欢迎。保唐无住早期学法于陈楚章、太原自在，虽然形成了自己"顿门"禅法思想，但进入蜀地，不得不适应蜀地实际，不仅形式上接受了蜀地净众的传承，而且在思想上也接受了净众禅法。在宗教传播发展中，地域的因素无疑是相当重要的因素。保唐宗偏于蜀地一域，对外的交往主要于北方，因此接受的神会思想。四川可以独立为一体，虽与京兆联系密切，但交通依然艰难。特别是当京师政治混乱时，其宗教传播也受到较大的影响。净众保唐宗由于地域的关系，向边缘的吐蕃传播，产生了一定的影响。

蜀地虽地域广阔，毕竟居于西南一隅，与外联系的路途比较艰难、崎岖，外地进入蜀地的僧众不多，从蜀地外出的僧众也有限，这极大地限制了蜀地禅宗的发展。另外，由于受地理形势的影响，蜀地禅宗界不免形成狭隘的地方主义，无论是无相、还是无住，都曾受到蜀地禅宗界的排挤，这也使净众、保唐宗的发展多了几分艰难。赣地则地处长江中下游，唐代已是全国重要的交通基地，地理形势上处于比较优势的地位。特别是与岭南相接，更容易接受来自曹溪的思想。当道一在江西弘传洪州宗时，江西地域内还有不少有一定影响的禅师在弘传曹溪思想。道一创洪州宗是以外人进入江西，其弟子的来源极为广泛，得法后弟子亦分布大江南北，乃至进入京师长安，成为势力强大影响深远的一大禅派。有意思的是，一个是以寺名作为宗名，说明以净众、保唐寺为中心，向蜀地传播禅法的思想；另一个是以洪州作为宗名，表明以洪州为中心向天下传播的气势。两者气势的差异，在一定意义上，也折射出二者的发展不同。

　　禅宗，不仅对有儒道修养的士大夫、普通读书人有吸引力，对手握军政大权镇守一方的官僚士大夫也是有吸引力的。净众、保唐宗与洪州宗的形成、发展过程中，还有一个共同的特点，就是与中央和地方的政治密切相关。随着禅宗的发展，唐代从中央到地方都极有意识地加强控制与利用。智诜、处寂的声望很大程度上取决于武则天的诏见与供养、赐物。智诜能在德纯寺传法 30 年，没有地方官的扶持是不可想象的。无相净众宗的形成与影响的扩大，不仅与章仇兼琼的礼请有关，也与唐玄宗的重视有关。无住保唐宗，同样与受世俗政权的支持有关。如前所述，无住本居白崖山，受到成都僧侣的排斥。永泰二年（766），宰相兼剑南西川节度使、"酷好浮屠"的杜鸿渐在平定安抚蜀乱之后，亲自去请无住主持佛法，并将无住作为无相的传人确定下来，使这一禅系大振。另外，韦皋（746—806）兼成都尹、剑南西川节度使，归心净众神会。及神会卒，亲为撰文立碑，"禅宗荣之"。韦皋对神会的推崇，不只对蜀地禅宗的发展起了促进作用，也为禅宗向云南和西藏的传播提供了条件。然而，处西南地区的保唐宗受政治、军事因素影响的打击较大，除了唐后期蜀地受南诏等的军事打击比较严重外，还深受统治者一次反佛活动的影响。《新唐书》卷一八〇《李德裕传》：李在剑南西川时（830—832）曾拆毁浮屠、私庐数千所，给当地佛教以相当大的打击。会昌四年至五年（844—845），武宗李炎诏令灭佛，拆毁佛寺 4600 所，招提、兰若 4 万余所，强令僧尼 26 万余人还俗。在晚唐，废寺普遍存在。晚唐蜀州（今四川崇州）唐求《古寺》诗云："路傍古时寺，寥落藏金容。破塔有寒草，坏楼无晓钟。乱纸失经偈，断碑分篆踪。日暮月光吐，绕门千树松。"曾经香火不断的古寺成为废寺，也许是由于年久失修，宗派式微，但更有可能是李德裕及武宗毁佛造成的结果①。随着时间的推移，蜀地禅法衰微不堪。

洪州宗的形成和发展，也与地方长官的支持密不可分，这在前文已有叙述。另外，隋唐以来，江西的经济发展迅速，奠定了佛教兴盛的基础。安史之乱后，江西成为全国著名的社会仍能安定、经济仍能持续发展的区域所在，也是北方人口南移的重心所在，不少禅徒南流其中。不仅到北方说法的南僧回归，连北方的许多僧人也望南而来。如唐戴叔伦《送僧南归》诗所云："兵尘犹须洞，僧舍亦征求。师向江南去，予方毂下留。"吴融《送僧南游》："战鞞鸣未已，瓶屦抵何乡。"而以岭南为中心的南派禅宗要北上扩大影响，江西地区也是重要的途径。因此，南北禅宗往往融汇于此，招致更多的信徒和参学之流进入江西。自安史之乱起，以京畿为中心的北方多年战乱，使京派禅师遭受严重打击，其禅系势力大为削弱，统治地位随之而动摇。南宗无形之中夺得禅宗领袖地位，这促使南宗的迅猛发展。而各宗门间，加剧了争夺正宗法嗣的斗争。仅宗密撰《禅源诸诠集》所收"殆且百家，宗义别者，犹将十室"。这种状况，一直延续到唐武宗发动的会昌灭佛运动，前后约 90 年。江西地区离朝廷较远，所受政治影响相对薄弱，中央的抑佛活动在此变得无力，加上经济自主性强，遂使本区许多寺庙仍然可维持"禅侣云集"的盛况。

净众保唐宗与洪州宗禅法的趋同性，说明禅法发展的自有其一般规律；而其相异性，说明禅派的发展受禅派开创者的思想及地域文化的影响很大。由以上的异同，我们或可这样认为，净众保唐宗与洪州宗成为唐代的重要禅派是其来有自的，保唐宗到晚唐时衰落、洪州宗在中唐以后成为禅学的主流也是自有原因的。尽管保唐宗欲争为南宗正统，在蜀地影响大，对洪州宗进入四川起了强烈的抵制作用。但它只能固守于巴蜀一隅，最终抵制不了洪州宗的喧嚣之势。禅派的正统与否，不仅取决于所受禅法是否"正宗"，更取决于该禅派的势力是否强大。保唐宗本

---

① 秦彦士：《智诜与净众——保唐禅派》，《巴蜀文化研究》第 1 期，巴蜀书社 2003 年版。

欲在蜀地发展起南宗，然而诸多因素的影响和作用，使它在形成不久以后法系衰落而退出了历史舞台。由此，导致对净众保唐宗的创新性的研究过于低估，认为净众保唐只是向南宗趋附。南宗发扬光大的责任，便落到洪州禅肩上，洪州宗最终成为禅宗的代表。

第六章　马祖洪州宗与蜀地禅学

长期以来，研究者极其重视马祖道一与南岳怀让的传法关系，视为开创洪州宗的根基。然很少关注马祖洪州宗与蜀地禅学的联系，甚至有意地把二者割裂，更不用说探讨蜀地禅学对洪州禅的影响与作用了。其实，马祖修法创宗与蜀地禅学密不可分，没有蜀地禅学就可能没有马祖洪州禅。笔者在此试图从马祖在川赣两地的活动轨迹及其禅法思想的发展演变，来认识马祖洪州禅法与蜀地禅学的密切关系，并剖析它们之间关系被割裂的深层原因。

一　马祖洪州禅法与蜀地禅学渊源

据佛籍史料，马祖道一（后文视情形简称为"马祖"或"道一"）系汉州什邡（今四川什邡）人，幼年于资州（今四川资中）从德纯寺唐和尚处寂出家，20 岁左右至渝州（今重庆市）圆律师处受具足戒。处寂死后，再师处寂得法弟子无相。然关于道一蜀地学法的具体情形，史籍记载阙如。研究者一般也不重视探究道一学法蜀地的事实及所得禅法，大概他们认为，这段经历对马祖洪州禅法的影响甚微，或可以忽略。其实，道一在蜀地生活 20 余年，较长期地学法于著名的智诜禅系，蜀地禅法对道一及其后来所创洪州禅的影响不可小觑。

唐初以来，蜀地禅宗开始发展，日渐兴盛。有与双峰、东山法门"齐念佛，令净心"一脉相承的智诜、处寂、无相开法，流行于以资州为中心的巴蜀地域的净众禅系；也有源于五祖弘忍门下，其传授方式和宗旨与净众颇有相似之处的，在果州（今四川苍溪）、阆州（今四川阆中）一带流行的果阆宣什传香念佛一宗①。

　　道一生于、长于蜀地，受到这一地区正蓬勃发展的禅宗的熏陶，应是没有多大疑问的。特别是，道一师从处寂、无相，自然由此接受了智诜禅系之净众禅法。尽管净众禅法传授与当时禅宗其他宗派一样，多是集合大众而进行的，道一当时仅为一普通学佛者，文献记载也看不出他与处寂、无相有何直接的思想交流。但这并不能否定为他以后的思想转变发展奠定了基础。对照道一以后的思想历程，可知蜀地禅法其实对他影响浅。

　　据《历代法宝记》载，智诜、处寂的"息妄修心"禅法，本与"时时勤拂拭，勿使惹尘埃"的渐教神秀相类似，需要远离闹市，住闲静处，调身调息，跏趺宴默，心注一境，"依师言教，背境观心，息灭妄念"。经无相的改造，作为净众宗主旨"无忆无念莫忘"，则已近乎曹溪禅法的思想，有向顿悟转变的趋势。无相弟子净众神会，据《宋高僧传》本传所载，入蜀初谒无相时，因"利根顿悟，冥契心印"，无相并叹曰："吾道今在汝矣！"道一所学无相之法，自然在某些方面已接近曹溪，成为顺利沟通净众宗与南禅宗的大前提。后道一出川游学，开元中在衡山传法院遇怀让受心印。南禅宗强调悟性、灵根，道一得法于怀让，是典型的"顿悟"。道一"顿悟"正是建立在他长期求禅以及探究顿悟法则的基础上，所以才可能在怀让门下，"同参九人，唯师密受心印"②，从智诜系禅徒一变而为慧能再传弟子。"即心即佛"是马祖洪州禅法的核心之一，素来被认为源自慧能禅系，其实无相禅法中也有。净众神会为无相的正宗传人，其禅宗大略谓："寂照灭境，超证离念，即心是佛，不见有身，当其凝闭无象，则土木其质；及夫妙用默济，云行雨施。蠢蠢群甿，陶然知化……上中下性，随分令入。"③ 作为同为无相弟子的马祖，其"即心即佛"或许也受到了无相的影响。

――――――――――

　　① 《圆觉经大疏钞》卷三之下载："（宣什宗）正授法时，先说法门道理、修行意趣，然后令一字念佛，初引声由念，后渐渐没声、微声乃至无声，送佛至意，意念犹粗，又送至心，念念存想，有佛恒在心中，乃至无想盍得道。"

　　② 《景德传灯录》卷六《马祖传》。

　　③ 《宋高僧传》卷九《神会传》。

　　马祖及洪州禅主张禅法为上，积极创新，具有反教条、反传统、反权威的批判精神与实践勇气。马祖视创新为禅的生命，本人就是修正与发展前师才取得了巨大的成就，对弟子的创新行为甚至是离经叛道的行为予以宽容、鼓励。如《古尊宿语录》卷一《马祖道一大寂禅师》载："有小师耽源行脚回，于师（马祖）前画个圆相，就上拜了立。师曰：'汝莫欲作佛否？'曰：'某甲不解挦目。'师曰：'吾不如汝。'"正是这种鼓励创新与特立独行的精神，怀海提出"超师之见"，认为"见与师齐，减师半德，见过于师，方堪传授"①。希运得马祖"大用"，但并不以嗣马祖为最终目标，"若嗣马祖，已后丧我儿孙"②。总之，超越祖佛，突出当下听法参学的人自己，成为马祖禅系普遍的风气。马祖及其洪州宗的这种思想，除了源于禅学的传统外，还在于蜀地净众禅的深刻影响。据《历代法宝记》，师承智诜、处寂的无相，"不言是诜和上、唐和上所说"，勇敢而大胆地在禅宗界提出了一个令人刮目相看的原则："许弟子有胜师之义。"马祖及其洪州禅素以言行大胆、泼辣著称，这似乎亦与智诜禅系有若干渊源关系。据《历代法宝记》载，当智诜与神秀、玄赜、玄约、老安等人在长安受武则天供养时，一次，"则天咨问诸大德，和上等有欲否？神秀、玄约、老安、玄赜等皆言无欲。则天问诜禅师，和上有欲否？诜禅师……答有欲。则天又问：何得有欲？诜答曰：生则有欲；不生则无欲。则天言下悟"。"不生不灭"本是般若空观的第一命题，这里以有生则有欲，不生则无欲，把"生"与"不生"对立起来，从而为一切众生，包括诸大德在内的有欲作辩解，这在佛徒中是相当大胆的言论。另外，依《历代法宝记》所言，无相道场说法的"尽一气引声念佛"的法门大概是由智诜、唐和尚传下来的。杜胐《传法宝记》云："及（弘）忍、（法）如、大通之世，则法门大启，根基不择，齐速念佛名，令净心"，显见"念佛"当时已成为禅宗普遍采用的令学者净心的方便法门。然念佛只是上代传下来的方便法门，只是净心之手段，学道之阶梯，无相本人对此并不特别看重。曾有

---

① 《五灯会元》卷三《百丈怀海禅师》。
② 《古尊宿语录》卷二《黄檗希运断际禅师》。

人向无相告状，说其弟子无住不行礼忏念佛，只空闲坐，也不许别人如此。无相便声称过去他在天谷山"亦不礼念"，而是一向闲坐，有人向其师唐和尚告他的状，唐和尚却"倍加欢喜"。这说明无相并不十分注重形式上的"礼念"，后来马祖及其洪州宗轻视礼忏念佛，不能说与此毫无关系。另外，马祖创立洪州宗以后，没有全然放弃坐禅、诵经等传统的禅法，这固然与传统和当时的禅风相关，却也是基于道一早年在蜀地学法修禅的经验。

由上所述，道一最初出家并游学于剑南，蜀地禅法在他的思想打上了深深的烙印。道一在诸多方面直接或间接地师承了蜀地以净众禅宗为主的禅法思想与特色，成为他转为南禅宗信徒的契机和创立洪州宗的重要基础。事实上，唐中期的洪州禅法里能隐隐约约地看到蜀地禅法的灵魂在游荡。可以说，道一如果没有多年的蜀地学法及其禅学根基，就难以有衡岳的开悟，也难以有后来喧嚣天下的洪州禅宗。

二　马祖返蜀弘法事实的推证

中唐以来的禅宗史上，马祖洪州宗在大江南北乃至京师影响甚巨，为何在蜀地几无声息？据《宋高僧传》《祖堂集》《景德传灯录》《五灯会元》《古尊宿语录》及权德舆《洪州开元寺石门山马祖塔碑铭》等佛教典籍，马祖在南岳怀让处得法之后，进入闽、浙、赣一带进行弘法创宗活动，没有再返归蜀地。唐德宗建中年间（780—783），朝廷"有诏僧如所隶，将归旧壤"，马祖将归蜀地，也为江西观察使鲍防"密留不遣"[1]。这大概可解释为何马祖禅法在蜀地几无声息。然而，集禅法大成且雄心勃勃的马祖，积极弘法中竟然置广阔的巴蜀地区不顾，没有作返回家乡弘法的思想与行动？何况江西与四川相去不远，又有长江水道之便，两地经济文化（包括宗教）交往素来密切。这一现象不免让人不得其解。

---

① 《宋高僧传》卷一〇《马祖传》。

　　事实上，马祖在衡岳得法之后，曾有一次回乡弘法的经历①。宋人释绍昙《五家正宗赞》卷一《马祖》记：江西马祖禅师，"得法南岳，后归蜀乡，人喧迎之。溪边婆子云：将谓有何奇特，元是马簸箕家小子。师遂云：劝君莫还乡，还乡道不成，溪边老婆子，唤我旧时名。再返江西"。明代曹楷在《什邡绍宗》记："……马祖既得心印，复归什邡罗汉寺，右筑说法台，台角穿一井，为众说法。"清代李调元《罗汉寺新建五百罗汉碑》记，马祖得到怀让心印之后，"……复归什邡罗汉寺，筑说法台，台角穿一井，为众说法，大阐宗教，邑人称为活佛。中有老媪来观云：'此吾并舍马簸箕子也，何云活佛？'祖闻之，作偈云：'学道不还乡，还乡道不香'。遂往江西开元寺演教"。李氏该文，作于清嘉庆元年（1796），嘉庆二年刻于罗汉寺②。民国年间，释太虚《希迁与道一》称："他（马祖）从南岳得法后，也曾回到什邡罗汉寺，但他后来常住江西所开龚公山。"又信法师在《一千二百年之古罗汉寺》言："马祖在什邡披裟，渝州受具，南岳学法，悟道归里，筑台说法，可见开元间寺院仍佳。"另外，嘉靖、万历、乾隆、嘉庆、同治、民国十八年、1988年版《什邡县志》中也都有马祖返蜀弘法的记载。如嘉庆《什邡县志》卷四八《艺文志·碑》记，嘉庆五年（1800）尝以汉州代理什邡知县的彭锡光所撰的《重修罗汉寺山门碑》称"什邡城成寺，马祖道场也"，认定马祖为僧以后，尝回该寺弘法。1988年版《什邡县志》卷二四《社会风土制》载："……会返什邡阐述禅宗教义，《高僧传》有'马祖还乡开坛说法'的故事。"虽然本文作者并没能在《高僧传》中找到这样的记载。除此之外，在以什邡、成都为中心的广大地区，广汉、成都龙泉驿、彭州、灌县、梓州郪县、什邡等地均建有马祖寺。在广汉龙居寺、成都及什邡马祖故居及附近农村至今还广泛流传有关马祖返蜀弘法等民间传说和碑文。现在罗汉寺还存有清道光二十六年（1846）灌邑马祖寺良钝全两序合堂大众和尚为恭贺罗汉寺住持

---

　　① 马祖回蜀地的资料及论证，主要参考郭辉图先生《马祖道一返蜀的时间、动机及其影响》一文，该文收于杨曾文、蒋明忠主编《马祖道一与中国禅宗文化》，中国社会科学出版社2006年版，第134—144页。

　　② 詹杭伦：《李调元学谱》，天地出版社1997年版，第100—106页。

印山本寿大和尚复建罗汉堂、藏经楼等开光法会的"法相天台"古匾一道。罗汉寺内还遗存有马祖手掘故井及古说法台遗迹。更值得注意的是，与马祖道一同时代的著名诗人王维曾作《投道一师兰若宿》诗。诗云："一公栖太白，高顶出云烟，梵流诸壑遍，花雨一峰偏。迹为无心隐，名因立教传。鸟来还语法，客去更安禅。昼涉松路尽，暮投兰若边。洞房隐深竹，清夜闻遥泉。向是云霞里，今成枕席前。岂惟暂留宿，服事将穷年。"诗中所说太白山距离长安尚有二百多里，地处京畿道、山南西道和剑南道交接之处。这似乎表明马祖以什邡、成都为中心，周游剑南道一带进行弘法，最远到达了接近当时京都长安的太白山中。又日本高楠顺次郎、望月信亨等编著，1933 年东京有雅堂出版的《大日本佛教全书》第 95 册《大觉禅师语录》卷下《颂古》中记录了一首题为《马大师与西堂、百丈、南泉玩月》的诗，诗云："戏出一棚川杂剧，牛头马面几般多。夜深灯火阑珊甚，应是无人笑依栏。"作者释道隆，南宋四川涪州人，少年出家。南宋淳祐六年（1246）入日本，为建长寺开山第一祖。南宋祥兴元年（1278）圆寂，谥号大觉禅师。释道隆所作《马大师与西堂、百丈、南泉玩月》诗，极其清楚地标明了马祖与其三个高徒一道赏月看川杂剧的情形，川杂剧在唐代已经具其雏形，演出地点称之为乐棚。根据当时戏曲的分布和发展，以及交通状况，在四川之外是难见"川杂剧"的，诗题及内容都没有交代看戏的时间、地点。但我们可以从中推断出应是在马祖的晚年，在四川某地与门下三大士一道活动。以上种种材料，无论是典籍，还是实物，建筑遗存，以及民间口传历史传说，都说明马祖返蜀传法是禅史事实。

关于马祖道一返蜀弘法的时间，学界亦有不同的意见，宋志远《佛教禅宗八代祖师马祖》曰，马祖返乡的时间为"唐贞元初"。韩国学者闵泳圭在《有关禅宗史的几个问题》中认为，马祖并不是从南岳回到罗汉寺的："……马祖还乡是在处寂唐和尚和无相金和尚处，经过了削发和得法后，不是从远在江西的南岳会下回来的。"[①] 前揭郭辉图先生

---

① 转引自张子开《马祖道一在其故乡四川什邡的化迹遗韵》，日本京都《禅文化研究所纪要》第 25 号，2000 年。

文认为，马祖返蜀是在衡岳得怀让心印后传法赣地龚公山时。笔者认为，这些说法恐怕并不准确。据上述资料，马祖并非独自返蜀弘法，而是与得力弟子西堂智藏、百丈怀海、南泉普愿一起的。检阅禅史，开元、天宝之际，马祖于江西临川西里山传法时，虔州人智藏前来服依；后辗转至南康龚公山，福州人怀海前来投奔受法；当马祖于大历七年（772）之后、开法洪州创立洪州宗时，普愿才前来皈依。在创立洪州宗前后，马祖弘法都是亲自领着弟子进行的。因此马祖返蜀传法的时间应是发生在大历七年马祖 63 岁之后，创立洪州宗后不久。

马祖重返蜀乡，除了对故土的思念外，更主要是为了在蜀地弘扬自己的新禅法，开拓蜀地的洪州禅林。一方面，马祖要在蜀地弘扬洪州禅法。以无相为代表的净众宗，主张"无忆、无念、莫忘"三句总持门，并声称其禅法直承达摩，为禅法正统。无相在唐玄宗避乱入蜀期间，受到玄宗礼敬住于净众寺，并为"敕建大慈寺""立规制"，影响极大。正是由于唐玄宗崇礼无相，后来主政四川的杜鸿渐也对无相及其弟子无住相当礼遇，西川一地的禅学禅法基本上为其笼罩。在马祖看来，蜀地禅法属于旁门，有必要正本清源。另一方面，蜀地与当时的政治文化中心长安经济、政治关系紧密，要将洪州禅法扩展到京都，取得禅宗主流地位，蜀地是一个非常重要而且必须弘传的区域。总之，正如郭辉图先生所说的，马祖返蜀是一次经过了深思熟虑的大行动，其目标不只是于蜀地弘法，而且在于通过蜀地向京师发展。另外，马祖至蜀地弘法身体力行，除了其传法传统精神外，也考虑到蜀地的人文地理环境，自己是生于斯长于斯的人，相对熟悉；又与无相禅师有着师承关系，此时与自己具有同门师承渊源的无住犹在，或许有弘法的便利。

三 无住禅法与马祖蜀地弘法失败

然而，马祖返回蜀地弘法却没有取得预期的效果，甚至可以说是一次极其失败的行动。其根本原因在于：马祖在蜀地的弘法，遭到以保唐无住为代表的蜀地禅派坚决而有力地抵制。

　　无住在继承净众无相禅法的基础上，结合师从嵩山慧安弟子陈楚璋、慧能弟子太原自在获得的禅法思想，创立保唐宗。无住以"无忆、无念、莫妄"为禅法总持门，吸收神会"无念为宗"的思想，并加以发展①，倡言以无念扫一切相，除一切病，申言："知见立知即无明本，智见无见思即涅槃，无漏真净。又破知病。知行亦寂灭，是即菩提道。又破智病，智求于智不得，知亦无得。已无所得，即菩提萨埵。""圆满菩提无所得，无有少法可得，是名阿耨多罗三藐三菩提。"又其主"见境心不起，名不生。不生即不灭，既无生灭，即不被前尘所缚，当即解脱。"又说："一切学道人，随念流浪，盖为不识真心，真心者，念生亦不顺生，念灭亦不依寂。不来不去，不定不乱，不取不舍，不沉不浮。无为无相活泼。平常自在此心体，毕竟不可得，无可知觉，触目皆如，无非见性也。"无住宣称："达摩祖师宗徒禅法，不将一字教来，默传心印"；"示无念之义，不动不寂；说顿悟之门，无忆无念。"② 显见无住禅法，已与曹溪慧能禅法近似了。曹溪《坛经》的般若法门，就是"无念"法，而在方便上，也安立为三句："我上法门，从上已来，顿渐皆立无念为宗，无相为本，无住为本。"③ 如与"无忆无念莫妄"相对比，那末"无念"不消说是"无念"了；"莫妄"与"无相"相结合，"凡所有相，皆是虚妄"；离一切相，称为无相。"无忆"于过去而不顾恋，不忆著，那就是"无住"。《坛经》又说悟此法者，即是无念、无忆、无著、莫起诳妄。两者的相似性乃至一致性，是因为两者传承都是达摩、道信、弘忍以来的禅门心要。无住的另外一些说法也与《坛经》非常相近。比如他曾对名叫"史法华"的僧人说："无念即是史法华，有念即是法华史。无念即是转法华，有念即是法华转。"这与《坛经》"心迷法华转，心悟转法华"同出一辙。另外，在广引经教中，无住尤其注重《楞伽经》与《金刚经》，这与慧能的传统也是一致的。又，无住听说剑南诸僧欲住五台山礼拜文殊师利，即劝阻他们说："佛

　　① 徐文明：《智诜与净众禅系》，《敦煌学辑刊》2000 年第 1 期。
　　② 《大正藏》卷五一，第 180、195 页。
　　③ 《大正藏》卷四八，第 338 页。

在身心，文殊不远；妄念不生，即是见佛，何劳远去？"这种思想也成为南宗反对净土否定偶像的重要指针。总之，在无住的努力下，保唐禅系的禅法号称"顿悟大乘禅门"，庶几成为曹溪南宗门下，保唐寺成为西蜀顿门大镇，保唐禅宗成为西蜀大宗。

慧能主张"戒本源自性清静"与"还得本心"的不二。《坛经》云："得悟自性，亦不立戒定慧。……自性无非、无乱、无痴、念念般若观照，当离法相，有何可立！"继承这一精神发展起来的保唐、石头、洪州门下，则直指人心，见性成佛，不再提戒法传授了。其中，保唐无住最为激进，他对于戒律的看法，如《历代法宝记》所言："律是调伏之义，戒是非青黄赤白，非色非心是戒体。戒是众生本（性），众生本来圆满，本来清净。妄念生时，即背觉合尘，即是戒律不满足。念不生时，即是究竟毗尼；念不生时，即是决定毗尼。念不生时，即是破坏一切心识。若见持戒，即大破戒。戒非戒二是一相，能知此者，即是大道师……今时律师，说触说净，说持说犯。作相受戒，作相威仪，及以饭食皆作相。假使作相，即与外道五通等。"无住的"教行不拘"，达到了否定一般（出家）戒律的边缘。据《圆觉经大疏钞》载：无住"故所住持，不议衣食，任人供送。送即暖衣饱食，不送即任饥任寒，亦不求化，亦不乞饭。有人入院，不论贵贱，都不逢迎，亦不起动。赞叹供养，怪责损害，一切任他"。这种"任人供送""任饥任寒""一切任他"的任运，虽然在当时社会背景下（安史之乱后）不乏傲岸自信、独立无依、自我完善的积极意义，却也无疑显示出激烈、愤然和极端。又据《圆觉经大疏钞》卷三载，无住"释门事相，一切不行。……礼忏、转读、划佛、写经，一切毁之，皆是妄想。所住之院，不置佛事。但贵无心，而为妙极"。据《历代法宝记》，无住对于处寂、无相的禅法更具有反叛性，更加放浪形骸，"只空闲坐"。他认为禅不只是坐，"于一切时中自在，勿使句转，不浮不沉，不流不传，不动不摇，活泼泼，行坐总是禅"。这无疑是曹溪门下激进派对于禅的看法，与洪州宗不相上下，甚至有过之而无不及。

关于无住说法，《历代法宝记》云："保唐寺无住和上，每为学道四众百千万人及一人，无有时节，有疑任问，处座说法，直至见性。"

无住的说法，是不定期的；普说或应机说法，以直说为主。这是上承弘忍以来的，不择根机，普为大众的开法方式。无住认为，说法之中不仅内容不必一致，形式也可变化。因此，他创造一种"说缘起"的说法形式。他与诸阇黎"说一缘起，有聚落，于晨朝时有孩子啼叫声，邻人闻就看，见母嗔打。邻人问，何为打？母答：为尿床。邻人叱母：此子幼稚，何为打之！又闻一啼哭声，邻人闻就问，见一丈夫年登三十，其母以杖鞭之。邻人问：缘何鞭？母答：尿床。邻人闻说，言：老汉多应故尿，直须打。如此僧等类，譬如象、马，拢悷不调，加诸楚毒，乃至彻骨。"禅宗僧人有时讥讽论敌为"尿床婆罗门"，其典故当是从此开始。这种说法方式，便于普及教义和吸引僧俗四众。相比较而言，怀让、道一门下更重视个别的启发。弟子间、同参道友间的问答，多数是悟入的机缘，与禅心深入的表示。"多是随问反质，旋立旋破"，并以行动来表示。洪州宗显然是在固有的普说形式上，倾向于个别摄受，方便巧说①。显然，无住的普说比马祖强调根机更有力量，至少在吸引信众方面。另外，《历代法宝记》称："（无住）和上所引诸经了义，直指心地法门，并破言说。和上所说，说不可说。今愿同学但依义修行，莫著言说，若著言说，即自失修行分。"也说"无念"。无住"寻常教戒诸学道者，恐著言说"，引归"无念"。着重在破言说，所以说"达摩祖师宗徒禅法，不将一字教来，默传心印"，成为离教传禅的一派。他"直指心地法门，并破言说"，所以"不教人读经"，认为"转经礼拜，皆是起心，起心即是生死，不起即是见佛"。保唐宗风，不重教与不离教的倾向，大致与洪州门下相近。其修习之法则与后来的"五家七宗"相近："不来不去，不定不乱，不取不舍，不沉不浮，无为无相活泼。"因为无住禅法的魅力，深受蜀地民众的欢迎。据《历代法宝记》的记载，永泰元年（765），副元帅兼剑南西川节度使、"酷好浮屠"的杜鸿渐在平定安抚蜀乱之后，亲自去请无住主持佛法，当时的仪式十分隆重，"和上（无住）到州，州吏躬迎，至县，县令引路，家家悬幡，户户焚香"，以杜鸿渐为首，各等官员如杨炎、杜亚、岑参等都出来迎接，

---

① 印顺：《中国禅宗史》，江西人民出版社1999年版，第265页。

"和上容仪不动，俨然安详，相公顿身下拜，礼拜合掌"。

由于南宗的强大势头，从无相开始，就有依附南宗的趋势。无住由于与慧能禅法上的师承关系，禅法与慧能南禅十分相近，遂公开尊曹溪慧能为六祖。但他又深受智诜禅系的影响，欲自创禅宗系统，形成与曹溪并立的禅统。故其宗门资料《历代法宝记》虽承认慧能的正统地位，但同时尽力证明由智诜禅系而来的保唐宗是东山法门下独立特行的一支。经过无相、无住的努力，由弘忍—智诜禅法改造为净众保唐禅法，并成为蜀地禅法的正统（详见后论）。净众保唐系的禅法类似于慧能思想，形成了独立的有力量的传法体系。仅从破旧立新否定传统禅法的激进程度而言，无住禅法比马祖禅有过之而无不及。当马祖返蜀宣扬自己禅法时，因无住禅法大多相似，显现出新意无多，加上激进程度又低于无住，难以激荡民心，更不用说动摇原来的地方力量。大概马祖早期的计划是经过蜀地与无住禅师击难论辩，弘传"心地法门"直显心性宗，然后过梓州、越秦岭，直上京师。但由于在蜀地受到以无住为代表的本土禅的阻遏，马祖并没有达到激扬名声的目的，在蜀地弘法的努力顿挫，自然更难以达到通过蜀地向京师弘法的意图。因此，实现预期目标的机缘还未成熟。马祖只能止于太白山中，无功而返。马祖有感于现实的残酷，悲愤不已："劝君莫还乡，还乡道不成。"

马祖蜀地弘法遇到顽强的抵抗，最后不得不铩羽而归洪州，这无疑是对马祖的沉重打击。马祖有名的嫡系弟子中没有四川的，再传弟子只有一个是德山宣鉴，但得法以后，也没有回到四川地区，说明马祖禅法思想与蜀地的地理文人有一定的抵触。但对马祖禅法而言，意义却不可轻视。一方面，马祖在蜀地宣扬了自己禅法的思想，有蜀地僧人随后至江西学法。另一方面，由于此次蜀地弘法的失败，使马祖重新考虑其禅法思想。马祖总结经验教训，大力推动禅法的改革，其晚年越加激进的思想应与此相关。同时马祖弘法活动中，也吸收了蜀地禅法的一些思想。我们看到，后来洪州禅无论是思想，还是传法方式，都与无住禅法有较大的相似性。道一说："佛不远人，即心而证。法无所著，触境皆如。"① 越州大珠慧海初到江西参谒马祖，求问佛法。道一说："即今问我者，是汝宝藏一切具足，更无欠少，使用自在，何假外求？"② 这就是说，佛法天生在人心中，不必向外去追求。这些说法或思想简直就是无住禅法的翻版。又如马祖的顿教法门，也与无住的相差无几。马祖门下常用"顿悟法门"教人，如百丈怀海就和门下有这样的问答："问：'如何是大乘入道顿悟法要？'师云：'你先歇诸缘，休息万事，善与不善、世出世间，一切诸法并皆放却，莫记、莫忆、莫缘、莫念。放舍身心，全令自在。心如木石，口无所辩，心无所行。心地若空，慧日自现，如云开日出。'"③ 这显然与蜀地禅法有渊源关系。尽管是慧能禅宗的一致性所决定，但受到无住禅法的影响是显而易见的。总之，马祖返蜀之行，促使了洪州禅法的最后形成，从而洪州宗发展至如日中天，影响大江南北，成为中国禅宗的主流。

四　马祖洪州宗与蜀地禅学关系疏远析论

如上所述，马祖与蜀地禅僧、洪州宗与蜀地禅宗都有不小的关系，甚至是比较密切的关系。或者可以说，马祖若没有蜀地禅学的因素，就不可能有洪州宗的创立和发展。那么，在禅宗史上，马祖禅系为何只强调源于慧能、怀让？而净众保唐禅系也避免提到与马祖及其洪州宗的关系？双方甚至都有意无意地抹杀马祖与智诜禅系、洪州宗与蜀地禅法的联系？根本原因是，禅宗的正统之争（法统之争）造成了马祖与蜀地禅学关系的疏远和事实的掩盖。

其一，马祖道一事实上得印可于南岳怀让，怀让—马祖禅系又有树立正统的需要。在唐开元二十二年（734）前后，困惑于顿渐之教的道一，听说怀让在南岳般若寺传六祖慧能"顿门"之法，便前往较量学

---

① 《全唐文》卷五〇一权德舆《唐故洪州开元寺石门道一禅师塔铭并序》。
② 《五灯会元》卷三《大珠慧海禅师》。
③ 《百丈怀海禅师广录》，《续藏经》第 1 辑第 2 编第 24 套第 5 册，第 441 页。

识。《圆觉经大疏钞》卷三之下记：道一"高节志道，随处坐禅，久住荆南明月山。后因巡礼圣迹，至让和上处。论量宗运，征难至理。理不及让，又知传衣付法，曹溪为嫡，便依之修行"。对于道一衡岳得怀让心印的事迹，《祖堂集》和《景德传灯录》《五灯会元》等禅史都有很清楚的记载。如《景德传灯录》卷五《南岳怀让禅师》载：开元中，怀让禅师住衡岳般若寺时，道一住传法院，常日坐。"禅师知是法器，往问曰：'大德坐禅图什么?'一曰：'图作佛。'师乃取一砖于彼庵前石上磨。一曰：'师作什么?'师曰：'磨作镜。'一曰：'磨砖岂能成镜?'师曰：'磨砖既不成镜，坐禅岂得作佛耶?'"怀让又借势开悟道一，曰："汝学坐禅，为学坐佛? 若学坐禅，禅非坐卧，若学坐佛，佛非定相，于无住法不应取舍。汝若坐佛即是杀佛，若执坐相，非达其理。"道一于是"一闻示诲，如饮醍醐"，"一蒙开悟，心意超然，侍奉十秋，日益玄奥"。道一的禅学思想和禅法实践由此发生了质的飞跃，禅法转向顿悟法门，禅机独脱峻峭，奠定了创立洪州宗的基础。因此，马祖归入怀让门下是极其自然的。相比之下，马祖道一虽然早年在蜀地从处寂、无相学禅，属于智诜一系，但只是一名极为普通的修法者，是无名者。道一在蜀地学禅时，虽然兼得渐、顿的一些禅法思想，但禅法理论和实践都不深，而且显得有些混乱，无法因此省悟得心印，所以不被认为是智诜禅系法徒也在情理中。

禅宗自北魏中期菩提达摩在嵩山开法后，历二祖慧可、三祖僧璨、四祖道信、五祖弘忍的单一法嗣传承后，至弘忍东山法门，则门下有能弟子竞相独立开法，在大江南北蔚成新的气象。禅宗内部一源多流，宗派山头由此纷起林立，各禅派之间为了自身的宗教利益，往往相互攻击、激烈争斗。其中，"依草附木，自称正统"①，"师传"的正门、傍门成为正统之争的关键。随着洪州宗的声誉隆盛，马祖成为南岳怀让门下最卓越的大禅师，也使怀让成为慧能门下的著名弟子。怀让—马祖禅系为了扩大自己的影响，构建自己的正统体系，大力宣传马祖。据《祖堂集》《景德传灯录》《五灯会元》《六祖坛经》等禅宗史籍记载，慧

---

① 姜义华主编：《胡适学术文集·中国佛学史》，中华书局1997年版，第84页。

能曾向怀让说，"西天二十七祖般若多罗"为其谶记，谓从怀让向后，"马驹踏杀天下人"，预示马祖及其禅法将称雄天下，成为禅宗主流。其实，马祖随怀让学法时，慧能早已圆寂，"马驹踏杀天下人"不大可能是慧能之语。即使真是慧能之语，也难以认定"马驹"就是"马祖"，因为"马驹"也可指其他勇猛精进的禅门后生。因此，这一说法极有可能是怀让—马祖禅系的有意创造或附会，意在证明马祖禅法直接源于慧能，并成其门下令人惊叹的龙象。又怀让一系的智炬作《宝林传》，为怀让、马祖大加鼓吹，使之成为曹溪的正传。如其中借二十七祖般若多罗之口作一谶语："震旦虽阔无别路，要假侄孙脚下行。金鸡解衔一粒粟，供养十方罗汉僧。"以金鸡喻怀让出生地金州，以十方喻道一出生地汉州什邡，表明只有怀让、道一系才是六祖慧能正传。又，据《天圣广灯录》卷一三载，克符道者作诗偈《马祖麟》曰："麟眠法苑分千叶，马踏曹溪迸万泉。古佛传中亲授记，月转碾破海中天。"总之，由于怀让—马祖禅系的努力，马祖成为曹溪正宗传人，遂与被认作旁门的智诜禅系脱去了关系。

其二，马祖禅系为了自己的宗教利益，竭力掩盖或否定与蜀地禅法的关系。马祖以曹溪为正宗，其传法法系即是慧能—怀让—马祖；如果马祖承认蜀地的禅学体系，那么他的辈分很可能是智诜—处寂—无相—马祖，在极为讲究辈分的中国禅宗中，低一辈分的影响极大。另外，无相净众系在正统僧侣，尤其是在律师心目中，地位始终是低的。《历代法宝记》载，诸律师答蜀地官僚杜鸿渐的问话说："金禅师是外国蕃人，亦无佛法；在日亦不多说法，语不能正；在日虽足供养，布施只空。是有福德僧，纵有弟子，亦不闲佛法。"因此，"外国蕃人""不闲佛法"被视作无相的主要罪状。智诜、处寂被称为法师，皆居资州德纯寺，并无山居坐禅、行头陀行的习惯，无相却长期"退从谷隐，草衣蒗履"，"橡栗以尽，练土为食"。如果不是地方长官章仇兼琼的百般请求，无相也许要在山中隐修终世。无相虽然下山，却未回到德纯寺，而是别创禅院，始居草堂寺，后受玄宗崇礼，为造净众、大慈、菩萨、宁国四大寺，并住持净众，使本派根基更加牢固。无相未能回到德纯寺，大概与他在处寂门下的时间不长，又是外国和尚，未能得到同门承认、支持有关。然德纯寺本支无出名禅师，还是靠无相将智诜一系发扬光大。这种"发扬光大"毕竟后劲丧失，无力为继。这是无住重构禅系的原因，这也是马祖不承认蜀地派系的原因。另外，如前所述，马祖洪州禅法，在一定程度上受到了无住禅法的影响，而无住禅法又有相当部分源于曹溪，在各大禅流竞争的激烈形势下，马祖不愿意也不可能承认自己辗转从无住处学得禅法。特别是，由于无住保唐禅系的抵制，马祖不能在蜀地有效弘法，难以立足，成为心中的隐痛。值朝廷驱僧回本籍时，马祖留居洪州，虽系江西观察使"密留"，本人不愿返蜀才是主因。正因为如此，马祖道一在蜀地学法、建洪州宗后回蜀地弘法、蜀地禅与洪州禅关系密切等事实，被有意地掩饰了，在禅宗史籍中亦若明若暗。成书于南唐的由净、筠二禅僧编撰的《祖堂集》卷一四《江西马祖》即未言其在四川的经历。宋代洪州宗宗人东吴道原《景德传灯录》卷四中把智诜列入弘忍旁系所出的 13 人之一，说他"无机缘语录"而没有给他立传，显然在一定意义上也是出于贬抑的考量。另外，马祖圆寂后，信奉洪州宗的著名文人士大夫权德舆作《唐故洪州开元寺石门道一禅师塔铭》云："达摩心法，南为曹溪，顿门巍巍，振拔沉泥，禅师宏之，俾民不迷……"对马祖弘扬禅宗宗法再造之功予以了高度评价，强调马祖得法于"曹溪"，而根本没有提到马祖与蜀地禅的关系。

其三，保唐禅系为了构建自己的系统，也有意排斥马祖禅系。8 世纪中叶以来，禅派正统之争中，曹溪禅甚嚣尘上、势成主流，已达到"凡言禅皆本曹溪"[①] 的地步。即使是作为智诜—处寂嫡系的净众无相，也不得不承认这一系统。为了避免被曹溪禅系所压制，无相及其弟子们努力构建自己的禅法系统，突出表现就是直接从禅宗初祖菩提达摩处寻找渊源。无相移化到成都净众寺，形式上仍继承处寂的法统，禅法思想却发生了很大的变化，逐渐跟曹溪接近。如《历代法宝记》载："金和上所以不引诜、唐二和上说处，每常座下教戒真言：我达摩祖师所传……"并喊出"胜师"的口号。无相的净众禅"无忆无念莫忘"三

---

① 《全唐文》卷五八七柳宗元《赐谥大鉴禅师碑》。

句，庶几接近曹溪，而无相弟子无住保唐禅更是直接与曹溪相接了。作于唐代宗大历九年（774）之后的成书于成都保唐寺无住一派的《历代法宝记》，阐明出自智诜之后的净众、保唐禅派在禅法上是尊奉"达摩祖师宗旨"的，属于"顿悟法门"。并且在据《付法藏经》列禅宗天竺二十八祖名单，特地为达摩、慧可到慧能的六代祖师作传，认可了南宗的正统地位。同时着力突出净众保唐正是正统所在，在介绍弘忍十大弟子时，把智诜置于首席弟子之位，又集中阐述无相的传人无住的生平、思想。特别是在标榜禅宗正统的"传法袈裟"上大做文章，宣称慧能从弘忍处得来的传法袈裟，在武周万岁通天元年（696）被女皇武则天请去宫廷，次年又转赐给在宫中供养的智诜。其后智诜将袈裟带回蜀中，以次传授，如此禅宗的正统又从慧能曹溪禅系转到了保唐禅系之中。其实智诜所谓的传法法衣，只是武则天赐给他的磨衲袈裟，绝非慧能得自五祖弘忍的传法衣。无住禅法主要来自慧能弟子太原自在和尚，不能不以慧能为正统，但他又是无相的传人，不能不照顾蜀地禅宗及他本人的利益，只好将法与衣分离，编造了武则天将"转赐法衣"的故事。无住或其弟子此举，既可以借此公开引入南宗禅法，也提高了净众保唐禅宗的地位——与曹溪禅系并驾齐驱，向北宗和慧能以后的南宗表示自己的正统合法地位①。同时也否定了马祖所说慧能的传法袈裟又到了他那里，从而以釜底抽薪的方式否定了马祖的正统法系。在南北宗并行传播，并在洪州宗迅速兴盛的形势下，保唐禅派的作法煞费苦心，不过也是可以理解的。

当然，由于马祖及其洪州禅与蜀地禅宗的密切关系，事实上要把这种关系完全割裂或掩饰也是不大可能的。马祖于唐德宗贞元四年（788）年卒，三年后，在马祖的家乡什邡罗汉寺建有马祖塔，其后罗汉寺被称为"八祖道场"②。据时为东川节度使幕书记晚唐诗人李商隐所作的《唐梓州慧义精舍南禅院四证堂碑铭并序》载，唐宣宗大中七

---

① 杨曾文：《唐五代禅宗史》，中国社会科学出版社 1999 年版，第 255 页。
② 参见《什邡县志·社会风土志·宗教》及《什邡县志·传记》有关记述。见《什邡县志》，四川大学出版社 1988 年版。

年（853）时，梓州（治所即今三台县，距什邡仅100公里）刺史、东川节度使柳仲郢造于本州慧义精舍南禅院作四证堂，墙壁上图绘了益州无相禅师、保唐无住禅师、洪州道一禅师及西堂智藏四人真形，以其"化身作范""式扬道风"。显见在四川地区，当时人们是非常清楚道一与净众保唐禅系的密切关系，因而把他们看作是相同一体的禅师来尊崇。另外，蜀地某些禅众为了对马祖洪州禅进行批判，就有意指出马祖及其洪州禅与蜀地净众保唐禅系的关系。如蜀地禅宗代表圭峰宗密在其著作《禅门师资承袭图》中宣称："洪州宗者，先即六祖（慧能）下傍出，谓有禅师称马，名道一，先是剑南金和尚弟子也。高节至道，游方头陀，随处坐禅。"又在《圆觉经大疏钞》卷三下，叙述禅法的"第四家"（洪州宗）时强调："其先从六祖分出，谓南岳观音台和上，是六祖弟子，本不开法，但居山修道。因有剑南沙门道一，俗姓马，是金和上弟子，高节至道，随处坐禅，久住荆南明月山，后因巡礼圣迹，至让和上处，论量宗运，征难至理，理不及让；又知传衣付法，曹溪为嫡，便依之信。"这里，宗密着力强调道一原是净众寺金和尚弟子，因自附于怀让门下，而就成了南宗"六祖"的再传弟子。宗密还在其所述禅学七家中，列第一家即"北宗"；第二家即净众无相派，第三家即保唐无住派，第四家即洪州宗。似乎也有意地说明，洪州宗源于净众保唐宗。按：圭峰宗密因属荷泽宗，故以神会为禅宗七祖，有意贬抑南岳怀让—马祖道一一系。但他仍不得不正视当时洪州宗的势力及其影响，乃云："让即曹溪门下傍出之派徒（曹溪此类数可千余），是荷泽之同学，但自率身修行，本不开法。因马和上大扬其教，故成一宗之源。"

总之，马祖生于蜀地，早年师法于智诜禅系的处寂、无相，蜀地禅法在其身上留下了深刻的印记。马祖在此基础上，得怀让心印，禅法大进。遂在闽、浙、赣等地传法，是后于洪州创立了洪州禅。洪州禅与净众禅不仅有一定的师资相承关系，而且禅学上有内在关系。为了扩大禅法的影响，马祖曾回蜀地进行弘法，遭到蜀地保唐无住禅法有力抵制，使洪州禅不能在蜀地有效弘传，却促使了洪州禅的进一步改进。洪州禅法其实是马祖融会蜀地禅法与衡岳禅法，并结合自己弘法实践和思想的综合产物。或许可以这样说，没有蜀地禅法，就没有马祖的洪州禅。而禅宗史上马祖与巴蜀地区关系疏远，除了马祖禅法不能在蜀地有效传播外，还在于赣、蜀两地的禅徒，为了树立自己是禅学正统，有意割裂与刻意掩饰的结果。

第七章　圆悟克勤与蜀赣禅宗文化交流

　　两宋时期，蜀赣两地的佛教禅宗都得到很大的发展，且交流更加紧密和频繁，共同蔚成长江流域佛教禅宗兴盛的情势，由此在一定程度上引发了中国禅宗发展格局与形势的变化。在这一交流活动中，圆悟克勤禅师无疑是一位杰出的人物。克勤（1063—1135），字无著，号佛果，赐号圆悟，俗姓骆，彭州崇宁（今四川彭县境）人，为临济杨歧宗四世，是两宋时期蜀地贡献最大、影响最著的一代禅僧。关于蜀僧圆悟克勤（后一般简称为"克勤"）与江西禅宗的关系，禅史一般不大重视。如丁福保先生主编的《佛学大词典》"圆悟克勤"条，袁宾先生主编的《禅宗词典》"克勤"条，吴立民先生主编的《禅宗宗派源流》，杜继文、魏道儒先生的《中国禅宗通史》，麻天祥先生的《中国禅宗思想发展史》等重要的著作，在叙述克勤生平履历时，均没有提及他在江西活动的事迹以及与江西禅宗的关系；谢军总纂《江西省宗教志》仅一语带过克勤在江西云居山的活动。当然，也有研究者对此予以了一定的关注，如杨曾文先生《宋元禅宗史》和释法演、段玉明主编《圆悟克勤传》就有若干文字涉及。总体而言，学术界、禅宗界对克勤与江西禅宗的关系认识不足，更缺乏深入的研究。笔者不揣谫陋，基于有限而零散的史料，考察圆悟克勤和江西禅宗的关系，试图说明克勤的修禅履历、禅学思想、禅法实践与江西禅宗密不可分，离开了江西因素，也许就不能成就其禅宗功业。在此基础上，进一步认识历史上蜀赣两地禅宗文化交流的若干特色。

一 圆悟克勤巴蜀学法深受江西禅宗的影响

宋僧普济《五灯会元》卷一九《昭觉克勤禅师》载:"(克勤)世宗儒,师幼而颖悟,日记千言,偶游妙寂寺见佛书,三复怅然,如获旧物依自省祝发,从文照通讲说,又从敏行授《楞严》。俄得病濒死,叹曰:'诸佛涅槃,正路不在文句中,吾欲以声求色见,宜费无以死也。'遂弃去。至真觉胜禅师之席。胜方创臂出血,指示师曰:'此曹溪一滴也。'师矍然良久,曰:'道固如是乎?'即徒步出蜀。"又,宋人孙觌《鸿庆居士集》卷四二《圆悟禅师传》载:"(克勤)学禅于真觉胜公。胜公方创臂出血,指示师(克勤)曰:'此曹溪一滴也。'师矍然。于时大善知识名闻四海,为世导师相望也。"以上引文中的"真觉胜",又称昭觉胜,即黄檗惟胜禅师。

据《五灯会元》卷一七《黄檗惟胜禅师》载,惟胜禅师,潼川(今四川梓潼)罗氏子。出家后居讲肆,学习经论。一日,惟胜不经意间用扇子拍击窗棂,发出啪啪的声响,忽然想起教下经文中所宣称的"十方俱击鼓,十处一时闻",当下豁然大悟。惟胜于是把自己的所悟告诉了本讲(负责讲经的法师)。本讲听后,遂劝他出川行脚参问,以精进学业。临济宗黄龙派的著名慧南禅师住黄龙山(今江西修水境)时,惟胜参谒至此。两人一见相契,慧南视惟胜为根器。当瑞州(治今江西高安市)太守委托慧南遴选黄檗寺(今江西宜丰黄檗寺)住持时,慧南挝鼓集大众于室中常举曰:"钟楼上念赞,床脚下种菜。若人道得,乃往住持。"惟胜一听,于大众中走出,下一转语道:"猛虎当路座。"慧南推举惟胜前往。就现存禅史资料所见,惟胜在黄檗开堂,留有两则开堂语。(一)上堂:"临济喝,德山棒,留与禅人作模范。归宗磨,雪峰球,此个门庭接上流。若是黄檗即不然,也无喝,也无棒,亦不推磨,亦不辊球。前面是案山,背后是主山,塞却你眼睛,拶破你面门。于此见得,得不退转地。尽未来际,不向他求。若见不得,醍醐上味,翻成毒药。"(二)上堂:"寂兮寥兮,蟾蜍皎皎下空谷。宽兮廓兮,曦

光赫赫流四海。曹溪路上，剿绝人行。多子塔前，骈阗如市。直饶这里
荐得偶倪，分明未是衲僧活计。大丈夫汉，须是向黑暗狱中敲枷打锁，
饿鬼队里放火夺浆。推倒慈氏楼，拆却空王殿。灵苗瑞草和根拔，满地
从教荆棘生。"从这两则上堂语推测，惟胜禅师的禅法思想，充分体现
了临济禅宗不立一法、直下承当、作风峻烈的风格。慧南对惟胜在黄檗
开法极为关注，据南宋释净善《禅林宝训》载，慧南曾寄书惟胜，论
说住持以"见情"而"得众"，表达拳拳之意。书曰：

> 黄龙曰："住持要在得众，得众要在见情。先佛言：'人情者，
> 为世之福田。'盖理道所由生也。故时之否泰、事之损益，必因人
> 情。情有通塞，则否泰生；事有厚薄，则损益至。惟圣人能通天下
> 之情，故易之别卦。乾下坤上则曰泰，乾上坤下则曰否，其取象，
> 损上益下则曰益，损下益上则曰损。夫乾为天、坤为地，天下下，
> 而地在上，位固乖矣，而返谓之泰者，上下交故也。主在上，而宾
> 处下，义固顺矣，而返谓之否者，上下不交故也。是以天地不交，
> 庶物不育，人情不交，万事不和，损益之义，亦有是矣。夫在人上
> 者，能约己以裕下，下必悦而奉上矣，岂不谓之益乎。在上者蔑下
> 而肆诸己，下必怨而叛上矣，岂不谓之损乎。故上下交则泰，不交
> 则否。自损者人益，自益者人损。情之得失，岂容易乎。先圣尝喻
> 人为舟，情为水，水能载舟，亦能覆舟，水顺舟浮，违则没矣。故
> 住持得人情则兴，失人情则废，全得而全兴，全失则全废。故同善
> 则福多，同恶则祸甚。善恶同类，端如贯珠；兴废象行，明若观
> 日。斯历代之元龟也。"

慧南的与"黄檗胜书"，入情入理，不仅饱含佛家智慧，而且也是
活学活用儒、道文化的代表作品。从此信中，也可以看出慧南并非只以
"三关"的峻烈考验学人，也是以老母慈父心态哺育后辈，成为一代名
师。惟胜禅师住持黄檗，道行大播，由是诸方宗仰之，人称之为"黄檗
惟胜"。谥"真觉"之号。黄檗惟胜门下弟子较多，嗣法弟子有 16 人。
其中，成都昭觉纯白禅师最为有名。据明僧居顶《续传灯录》卷一八

《成都府昭觉纯白禅师》等禅史记载：纯白为蜀地梓州（今四川梓潼）人，俗姓支，其父支谦，素来信佛。纯白自小受父影响，亲近佛教，常独自寻师人生大事。一日过溪，忽然有所省悟，便往峨眉山华严寺落发出家。父子俩相依游讲蜀地，通性相宗经论。因求法出川南游，首谒澧州太平俊禅师。俊禅师视之为"真法子"，付以十三条说法大衣。纯白谦辞不肯受。因听闻江西黄檗山惟胜禅师禅法特殊，遂转至黄檗山拜谒惟胜禅师。"诣黄檗山礼真觉胜禅师亲近岁余。未始一顾，师奉事益勤"。有一天惟胜忽抬眸视之。纯白遂叫曰："这老汉把不定作么？"惟胜大笑乃为他印证心地。宋神宗元丰（1078—1085）末，宗室南康郡王（赵宗立）自黄檗邀惟胜诣輦下，纯白侍行。不久惟胜因卷入禅宗事务的纠纷，被朝廷下旨放归蜀地，门人星散，只有纯白负巾钵以从。时成都府帅奏改昭觉寺为十方丛林，询问惟胜谁可任住持。惟胜遂推荐了纯白，自己则随同纯白入住到昭觉寺。此时成都佛教已臻鼎盛，呈现一派繁荣景象。当地佛门的信众特别注重修持，禅宗和净土宗法门尤其兴盛，纯白晋院昭觉寺后，《续传灯录》说他"遵南方规范，一变律居"，改昭觉寺律仪为禅庭，鼎力建树临济黄龙家风，虽然遭到同辈嫉谤也在所不计，使"蜀之净侣靡然向风，经肆讲席为之一空"。朝散郎冯敢，奉议郎段玘，天台山隐者宋放、唐安，文士祖思昱，皆执弟子礼，宋哲宗元祐（1086—1094）末，丞相蔡京镇守成都，时白水寺缺住持，于是命纯白住持白水寺。纯白不愿，遂以年事日高，亦辞昭觉寺住持。请归旧刹，建立纲宗。蔡京见其不能相强，仍请复领旧刹。纯白为人孤硬峭整，"大为同辈所嫉，谤蠚盈路，师不恤也，久而自定"。后示寂于昭觉寺中。纯白圆寂时作偈颂曰："风高月冷，水远天长，出门无影，四面八方。"怡然而寂。世寿五十九，僧腊三十四。惟胜、纯白师徒遂以昭觉寺为中心弘传临济黄龙宗法，虽然时间并不是太长，但在蜀地影响很大。

由此可知，惟胜是被敕令返回成都的，因其被卷入了一桩政治冲突之中。其法嗣著名者，有昭觉纯白，再传信相宗显。明河《补续高僧传》卷八《黄檗生·昭觉白·信相显三师传》引太常卿苏元老序称：

顷者吾蜀，但以讲席、律坛、为无等等法，未知祖道之高。晚得真觉禅师自黄檗，阐化成都昭觉寺。初会易之广大变动周流六虚者，又原道之微妙混成先天地生者，遂言曰："吾法函盖乾坤不为大，销殒虚空不为难，当体现成，随用立具。"西南缁素，骤闻者多瞪瞢不入。久各忧然，莫不失喜落涕，恨遭遇之晚。胜禅师既殁，绍禅师继之，其法犹胜禅师也，而化度加众。绍禅师既殁，显禅师继之，其法犹绍禅师也，而缘合加盛。……皈依之侣未可计，济拔之功未有艾也。

说唐宋巴蜀佛教以讲教为盛应比较符合事实，但说惟胜之前禅宗影响不至则嫌过分。以此记载，惟胜、纯白、宗显在宋代巴蜀禅宗的弘扬上，应该起过相当重要的作用。正受《嘉泰普灯录》卷七《隆兴府九仙齐辅禅师》：

蜀之阆苑（今四川阆中）人，丞相陈公尧叟之孙也。幼聪敏，趣向异伦辈。年二十四得度，学于成都讲聚。会真觉胜禅师与之议论，指令南游。元丰间出峡，遍迹祖闱，后造黄龙之室。

卷十《嘉州九顶寂悝慧泉禅师》：

成都灵泉（今成都龙泉驿区）人，族张氏，自幼业儒。尝从真觉胜禅师游，有省。

慧洪《禅林僧宝传》卷二九《禾山普禅师》：

禅师名德普，绵州（今四川绵阳）蒲氏子。少尚气节。博观有卓识。见富乐山静禅师，合爪作礼曰：此吾师也。……年十八得度受具，秀出讲席，解唯识起信论，两川无敢难诘者，号义虎。……时惟胜禅师还自江西，吕大防微仲由龙图阁直学士出镇成都，执弟子礼，日夕造谒。普衣禅者衣，窃听其议终日。

惟胜在巴蜀禅宗弘扬上的巨大影响。

值克勤因学禅困惑而至昭觉寺参谒惟胜禅师时，惟胜并没有给克勤直接的开示，而是以偶然的"创臂出血"进行暗示，"曹溪一滴"（正法眼藏）不在外生而在内出（自心血出），让圆悟明白了"道固如是"的道理，毅然决定出蜀参学；同时"于时大善知识名号闻四海，为世导师相望也"，推测应该是惟胜告知克勤的话，意在鼓励克勤出川学禅修法。毋庸置疑，克勤与惟胜之间的良性互动，含有较多的江西禅宗因素。一定意义上或可以说，克勤出川学禅正是受江西禅宗影响和作用的结果。

二　圆悟克勤首次出川主要学习江西禅法

检阅禅史，克勤出川游学至得法开悟之前，依其行走的路线，先后礼谒玉泉承皓、金銮信、大沩喆（真如慕哲）、黄龙祖心、东林常总（一说东林常总弟子东林秘度）等禅师。玉泉承皓（1010—1091），蜀眉州丹棱人，天圣年间（1023—1031），投大力院出家，后游学诸方，至复州参北塔思广禅师，体达玄旨，得大自在三昧。曾制犊鼻裈，书历代祖师之名，故丛林称其为"皓布裈"。元丰年间（1078—1085）住襄阳谷隐山。晚年住持荆州玉泉寺13年，勤勉于禅业，为玉泉寺的兴复作出了较大贡献。克勤首谒玉泉承皓，除了承皓所住荆州玉泉寺是其出川所逢见的第一大禅寺、承皓又是寺中最有名的禅师外，或许还因承皓为蜀人的缘故。关于金銮信，除了知其为玉泉寺禅僧外，笔者就目前所见禅宗史籍未能查阅到其明确的事迹，难以断言。真如慕哲，江西临川闻氏子。幼年依建昌（今江西南城一带）永安圆觉律师为童子。后随洪州西山（今江西南昌市附近）翠岩可真禅师20年，又与黄檗山禅僧往来。可知真如慕哲是江西禅宗之种子。真如慕哲得法后住持潭州（今湖南长沙）大沩寺时，克勤曾参访至此。《圆悟佛果禅师语录》卷一三载："（克勤）初到大沩，参真如和尚。终日面壁默坐，将古人公案翻覆看。及一年许，忽有个省处，然只识得个昭昭灵灵，驴前马后，只向四大身中作个动作，若补上难拶著，一似无见处。"克勤在真如处获益颇多，真如告诉他参禅事宜："大疑大悟，小疑小悟，不疑不悟，疑情应当恒起不灭，通身内外只是一个疑团，疑团不破，誓不休心。"克勤师从的晦堂祖心、东林常总更是与江西禅宗密不可分，两人均为黄龙慧南最为得意的弟子，深契临济黄龙宗法，并在江西境内广为弘法，影响大江南北。祖心、常总等人一见克勤，即叹为法器，而克勤在他们的教导下也颇有收获。宋僧正受《嘉泰普灯录》卷一一《克勤》载，祖心对克勤说："他日临济一派属子矣！"祖心的赞叹尽管是对克勤的期待与鼓励，却由此张大了克勤在禅林中的地位和影响，有利于克勤的进步。宋僧祖琇《僧宝正续传》卷四《圆悟克勤禅师》云："（克勤）尝谒东林照觉（东林常总），顷之谓庆曰：'东林平实而已。'"宋僧悟明《联灯会要》卷一六《成都府昭觉克勤禅师》认为克勤"得照觉（常总）平实之旨。据宋僧惟白《建中靖国续灯录》卷一二《江州东林兴龙禅寺照觉禅师》记，曾有僧提起坐具发问："请师答话。"常总答："放下着。"僧复展开坐具，常总曰："收。"常总又曾就"昔年寻剑客，今朝遇作家"问僧："这里是甚么所在？"僧喝。常总问道："喝老僧那！"僧又喝。常总道："放过又争得！"遂痛打此僧。由此可见，常总禅风平实切要，既不作惊奇，也不乱下针锥，但保持着临济宗棒喝的峻烈作风。克勤能一针见血地指明常总禅法特色，说明他对常总的禅法深有了解与体会。另外，上述《僧宝正续传》卷四《圆悟克勤禅师》中所提到的僧人"庆"，是当时知名禅僧"庆藏主"（亦称"自庆"）。藏主，就是寺院里管理大藏经的知事僧。居顶《续传灯录》卷二七："（宗杲）遂去之，至真如喆座下，入庆藏主、贤蓬头之室。又与庆同往黄龙见晦堂、东林参照觉，俱不合。"《大慧普觉（宗杲）禅师语录》卷一载："自庆藏主，蜀人，丛林知名，遍参真如、晦堂、照觉诸大老。"又大慧宗杲《宗门武库》"一诟而卒"条载："自庆藏主者，蜀人，丛林知名，遍参真如、晦堂、普觉诸大老，游庐阜，入都城，见法云圆通禅师。与秀大师偕行到法云，秀得参堂，以庆藏主之名达圆通。通曰：'且令别处挂搭，俟此间单位空，即令参堂。'庆在智海，偶卧病，秀欲诣问所苦，而山门无假，乃潜出智海见庆。庆以书白圆通，道秀越规矩出入。圆通得书知之，夜参大骂：'此真小人！彼以道义，故拚出院来讯汝疾。返以此告讦，岂端人正士所为！’庆闻之，遂掩息。丛林尽谓：庆遭圆通一诟而卒。”由此可知，庆藏主是真如慕哲门下知名的高僧，亦曾向于黄龙宗的晦堂（晦堂祖心）、照觉（东林常总）学习，受江西禅宗的影响不言而喻，在江西丛林中也有一定的影响。《僧宝正续传》卷四《圆悟克勤禅师》载：“时庆藏主，众推饱参，尤善洞下宗旨，师（克勤）从之游，往往尽其要。”引文中的“洞下宗旨”是指曹洞宗的宗旨。曹洞宗创立于唐代江西宜丰洞山良价和宜黄曹山本寂，为“五家禅”的主流之一，在禅宗中影响巨大。克勤在庆藏主处尽得洞下宗旨之要，其所修禅学无疑又大大增加了江西禅宗的元素。

克勤在师从祖心、常总之后，尽管禅法精进，但依然徘徊于法门之外，最后拜五祖法演座下而得开悟。按：法演（1024—1104），号五祖，俗姓郑，绵州巴西（今四川绵阳）人。35 岁出家受具足戒，游学成都，习《百法》《唯识》诸论，究其奥义。一日，于教门生疑惑，欲身证体解，乃负籍南渡淮浙，遍咨所见尊宿，所疑终不破。又谒圆照宗本，咨问古今公安百则，又参浮山法远，受其指点，往白云山参守端禅师，参究精勤，遂廓然彻悟，作偈以明见地：“山前一片闲田地，叉手叮咛问祖翁。几度卖来还自买，为怜松竹引清风。”为守端印可，嗣其法，为临济宗杨歧派传人。依命分座，开示来众。初住四面山，迁白云山，后住蕲州（治今湖北蕲春）五祖山东禅寺，随机答问，因事举扬，不假尖新，自然奇特，龙象盈门，极一时之盛①。虽然法演开示克勤时并不活动于江西，但其禅法却与江西有着非常密切的关系。法演是白云守端禅师的得法弟子，即杨歧宗创始人方会之嫡孙，得法后住湖北蕲州五祖弘忍的道场，号“五祖法演”。杨岐宗是由江西宜春人方会（992—1049）创立于江西萍乡杨岐山的一大禅派，为南宋以来临济宗的主流与代表。法演在五祖山“中兴临济法道”，广纳子弟。因此，或也可以说克勤开悟正是在江西禅法下的开悟。

克勤一生南北辗转，结交的知名禅师很多。《圆悟佛果禅师语录》卷二〇载，克勤自言：“老汉生平，久历丛席，遍参知识，好穷究诸宗

---

① 袁宾主编：《禅宗词典》“法演”条，湖北人民出版社 1994 年版，第 352 页。

派，虽不十分洞贯，然十年八九。"从其出川以来所参来看，不离临济（杨歧、黄龙）、曹洞两宗。无论是曹洞宗还是临济宗之杨歧、黄龙都是以江西为中心创立并发展的禅宗派别，克勤所学大致不离江西禅法之外。关于克勤学杨歧宗法毋庸多言，因为他本人后来就成为杨歧宗的主要传承者和领军人物。明代释如惺所撰《大明高僧传》说他"得杨歧真髓"，集杨歧方会一派之大成。其实，克勤受黄龙宗影响非常深刻，也是黄龙宗的传承者，所师从的晦堂祖心、东林常总就是黄龙宗的主要代表人物。只不过，因为杨歧宗后来取代了黄龙宗而成为禅宗主流，遂不大为人所提起。研究者指出，宋代融合各家已成为潮流和风气，但黄龙慧南反对这一风气，克勤与黄龙慧南一样反对广泛学习五家宗旨的学风。《圆悟心要》卷上《示法济禅师》曰："自此便喧西来旨意，世间随流，将错就错，满地流行，分五家七宗，递立门户提唱。就实穷之，端的成得什么边事。"可见克勤不肯定五家宗旨的实在性。又《圆悟心要》卷上《示隆知藏》曰："所以流传七百余年，技分派列，各擅家风，浩浩轰轰，莫知纪极。鞠其归著，无出直指人心。"克勤认为这个"直指人心"的教诲才是唯一的宗旨，各个派别的宗旨则是虚假不实的。克勤的这种预设一个原理来消解各派差别的作风与慧南一样。① 另外，由于克勤广泛地学习了江西禅宗，使其禅学理论和思想得以极大的丰富，其名著《碧岩录》《圆悟心要》就有不少是反映和阐述江西禅法的。

克勤在游学期间，多与文人士大夫往来，这其中又往往包含着江西禅宗的因子。例如，北宋徽宗政和年间（1111—1118）在荆南时与大官僚张商英的交往是其重要的经历。《五灯会元》卷一九《昭觉克勤禅师》载，克勤曾跟张商英谈起理法界、事法界、理事无碍法界、事事无碍法界四法界。当谈到理事无碍法界时，克勤便问："此可说禅乎？"张商英道："正好说禅。"克勤笑曰："不然，正是法界量里在，盖法界量未灭。若到事事无碍法界，法界量灭，始好说禅。如何是佛，干屎橛。如何是佛，麻三斤。是故真净偈曰：'事事无碍，如意自在。手把猪头，口诵净戒。趁出淫房，未还酒债。十字街头，解开布袋。'"张

———————

① ［日］土屋太祐：《北宋禅宗思想及其渊源》，巴蜀书社 2008 年版，第 217—218 页。

商英听完这一段开示，如醍醐灌顶，赞叹道："美哉之论，岂易得闻乎！"此段文字表明，克勤对江西黄龙宗法十分的了解，并已深刻融合到自己的禅法理念之中。笔者认为：克勤之所以与张商英交往，不仅有同为蜀地人乡谊的因素，也有江西禅宗的因素。张商英（1043－1121），字天觉，号无尽居士，四川新津人。张商英在任江南西路转运副使期间，在真净克文法嗣兜率从悦的指导下获得大悟，又与江西禅僧惠洪等人交往甚密。因此，《五灯会元》将张商英列为黄龙宗居士。①又，克勤与徐俯的交往也是典型的例子。徐俯（？—1140），字师川，自号东湖居士，洪州分宁（今江西修水）人。靖康（1126—1127）初，为尚书外郎，与朝士同志者挂钵于天宁寺之择木堂，力参圆悟。圆悟喜其见地超迈，多与拈提。《五灯会元》卷一九《枢密徐俯居士》载：一日至书记寮，指圆悟顶相曰："这老汉脚跟犹未点地在。"悟曰："瓮里何曾走却鳖？"俯曰："且喜老汉脚跟点地。"悟曰："莫谤他好！"徐俯休去。二人所论为识取自性，从这段对话，颇见徐俯诃佛骂祖之风。因为有这段力参的经历，故《五灯会元》以徐俯为克勤法嗣。

　　北宋徽宗崇宁（1102—1106）初，本欲继续游方东南的克勤因母亲老病而归省蜀地，先后住持成都六祖寺（六祖院?）、昭觉寺。此中缘故，却也江西因素有一定的关系。一是克勤因学习了江西禅法而使自己的学识与名声得以名冠丛林。二是当年出川之时就因师从惟胜禅师而与昭觉寺结缘。如今回川所得禅法，又与惟胜、纯白师徒在昭觉寺所传相近。克勤住持成都六祖院，与成都帅郭知章密切相关。孙觌《鸿庆居士集》卷四二《圆悟禅师传》载："成都帅、翰林郎（郭）知章闻师名，疏请住六祖院。撰日开堂，摄齐登坐。嗣演公说法，词义卓然，缁素悦服，欣踊抃蹈，如佛出世。"郭知章（1040—1114），吉州（今江西吉安）龙泉人，治平二年（1065）进士中举而进入仕途后，曾较长期在江西活动，与江西禅僧结成了密切关系，江西宜丰名僧惠洪就是其中之一。郭知章虽然不是佛教居士，却也是当时有名的佛教护持，这当与他的江西生涯有关，而这又使他与克勤联结起来。

---

　　①　（宋）普济：《五灯会元》，中华书局1984年版，第1198页。

总之，克勤因受江西禅宗僧的建议而出川游学，在其游学参禅之中，江西禅宗又是其学习与实践的主要内容，江西禅宗人物也是其交游的重点对象，最后他又在江西禅法之下得法开悟。由此而言，克勤深受江西禅宗的影响是毫无疑义的。

三　圆悟克勤开法江西云居山的禅宗功业

研究者指出，克勤嗣法五祖法演后，遂以弘禅扬法为己任，曾在大江南北的多处寺院开法，主要有成都六祖寺（或称"六祖院"）、成都昭觉寺、江陵天宁寺、潭州道林寺、江宁蒋山寺、开封天宁寺、金山龙游寺、云居真如寺。[①] 在这些开法寺院中，江西的云居真如寺无疑是其重要之地。云居山，又名云山，原名欧山，位于江西永修境内。方圆大约二百多公里。其主峰高度为 1143 米，因终年云雾缭绕，风光绮丽，有"冠世绝境，大士所庐"，"四百州天上云居"之美誉。岑学吕编《云居山志》卷一《山水》描写山况，云："层峦叠嶂，望若插霄，及蹑顶入山，复为平地。群峰环抱，天然城郭；田园陂泽，鸡犬白云，真若桃源蹊径。"云居山的禅寺最早建于唐宪宗元和三年（808），道容禅师住此。唐晚期洞山良价高徒道膺来此住持开法，经道膺及其弟子们几近二十年的开创经营，"法轩大敞，玄教高敷"，聚众千余，大振曹洞宗风，风被海内外，遂成曹洞宗在江西的第三大道场（另二大道场是宜丰洞山、宜黄曹山），朝廷赐额"龙昌禅院"。宋大中祥符元年（1008），真宗亲书"真如禅院"赐额。云居山自中唐云居道膺开法以来，即为曹洞宗的祖庭之一。五代北宋时期，法眼宗、云门宗、黄龙宗等禅宗宗派先后在此兴盛发展，颇有声势，影响江南。两宋之际，云居山在佛教禅宗界享有崇高的地位。与此同时，江西地区正是中国禅宗的重要区域，中唐以来有"选佛场"之称。清元鹏禅师《云居山志》"缘起"云："自马大师西江腾踏，选佛场开，竿影星罗，法道冠冕乎华

---

① 杨曾文：《宋元禅宗史》，中国社会科学出版社 2006 年版，第 378—383 页。

夏。数传之后，门槌拍板，云居又冠冕乎神州。若佛果敕黄之亲到，坡翁涪老之记载，佥谓四百州天上云居。觉范亦曰：'天上欧峰寺，历四十余代。诸老麟奔凤翥，响震传灯。'"《云居山志》卷二《创建》言其寺院"历奉敕建"，唐宋最盛。明代张位《重修云居寺记》曰："云居，江右名刹也。"① 可见，云居寺自唐以来一直是佛教名刹，影响远近。自唐中期以来素为禅宗大德所看重。

　　云居山在佛教禅宗界享有相当高的地位，江西地区又是中国禅宗的重要区域，游历大江南北、颇有禅宗阅历的克勤对云居山倾慕不已，有意驻锡。《僧宝正续传》卷四《圆悟克勤禅师》载：南宋建炎元年（1127）十一月七日，高宗赵构在扬州曾召见克勤至"行朝"，询问"西竺道要"。克勤回答说："陛下以孝心理天下，西竺法以一心统万殊。真俗虽异，一心初无间然。"克勤以"孝心"对，"孝心"就是"佛心"，真俗不同，心无间然。高宗大悦，赐以"圆悟禅师"之号，并许以"天下名山，惟师择住"。克勤禅师乘机向宋高宗提出移住云居山真如寺的请求，次日敕下，准予他前往云居山。《云居山志》卷六《敕翰》："佛果克勤禅师，奉天下名山，惟师择住之，诏敕住持云居，锡号圆悟。师捧起敕曰：'龙床角头亲赐得，天上云居古道场，安乐树边藏拙讷，更无佛法可商量。'"

　　克勤之所以择住云居山，除了浙江、江苏一带战乱频仍不利佛法传播外，当也是感于云居山的声名以及云居山"有传法的基础"。② 另外，受中国禅宗发展情势的影响，曾经喧嚣南方的云门宗、黄龙宗至北宋晚期，虽然维持着相当大的势力，但已开始失去了向前发展的动力，随着杨岐宗的兴盛，日渐逊位于杨岐宗已是不可避免之势。值克勤有意住持云居山时，云居山的禅僧为了维持云居山的声势和自身利益，也有意借重克勤的声名以维持发展自身禅宗事业。《圆悟佛果禅师语录》卷七："（克勤）到南康军开堂，于知府手中接得疏示众云：'见么？当阳显示直截现成。百匝千重七通八达。一一宗师巴鼻，头头向上宗乘。直下承

① （清）元鹏：《云居山志》，江西人民出版社 2002 年版，第 254 页。
② 释法演、段玉明主编：《圆悟克勤传》，成都昭觉寺印本 2010 年版，第 83 页。

当犹较些子，苟或未证，却请僧正重为敷宣。'"文中之"疏"系以寺院名义出具的礼请文书。此"疏"载于《云居山志》卷九《启》，题为《请圆悟和尚住云居》，由当时江西宜丰禅僧惠洪所撰，文曰："地号云居，非石梁隔分凡境；世传天上，有山神常护法幢。须求魁垒之耆年，来辖英灵之衲子。恭惟圆悟禅师，具竖亚顶门之眼，行全提祖令之权。舌覆大千，入语言之三昧；身分刹海，为游戏之神通。岂暇夺人境于笑中，何止分宾主于句内。愿垂巧便，俯徇时机，大震海潮之音，用祝后天之算。"表明云居山对克勤的钦重与急切之意。另外，克勤自得法出山以来，勤勤恳恳于禅宗事业，奔波多地，劳累逾年，年近古稀，也渴望有一平静之地于弘法扬禅之际兼得修心养性，以安度晚年。云居山真如禅寺相比起他原先住持的一些长江中下游沿岸的寺院来说，更为符合他弘法兼"养生"的选择。①

建炎二年（1128）三月，克勤至云居山。克勤驻锡云居山伊始，即以发扬光大云居禅事自许，积极弘禅说法，力图将云居山打造成临济杨岐禅的重地。诚如其《示若平禅人住云门庵》一诗所云："赞弼住山功已立，荷担长久志弥坚。云门庵创立欧阜，天上高天更有天。追复古来清静刹，他时会见美声传。宾主相投胶漆合，相与弘持临济禅。"②据《圆悟佛果禅师语录》《僧宝正续传·圆悟克勤禅师》及《云居山志》等文献载，克勤入院至方丈，云："个是天下丛林。锻佛祖大洪炉。奕世宗师烹衲子钳锤底处所。以山僧到此，潦潦倒倒，跛跛挈挈，百事无能，向个里如何施设。然虽如是，当炉不避火，还委悉么？铜头铁额如龙虎，看取金圈栗棘蓬。"上堂："耳闻不如眼见，眼辨不如手亲。四百州天上云居，今之日竹舆亲到。岩峦回合，林岭崔嵬，白云深处见楼台，恍如别造一世界。到个里亦不必穷玄说妙，立境立机，论性论心，究理究事。只如今人人分上，一切坐断，正当恁么时。亲到一句作么生道。祖佛妙玄穷彻底，白云深处好安居。"复云："赐得云居养

---

① 关于圆悟克勤至云居山的原因分析，另可参见段玉明等《圆悟克勤传》，第79—81页。

② （清）元鹏：《云居山志》，第363页。

病身。半千衲子倍相亲。攀萝直上青天上，投老依栖安乐神。"蒋运使寄云居山三大字，仍请升座。乃云："法法融融，心心虚寂。大包无外，文彩已彰。细入无间，眼莫能观。所以道万法是心光，诸缘惟性晓，本无迷悟人。只要今日了。"复有颂云："众峰盘屈屋耽耽，天上泓澄雨碧潭。渴骥怒猊三大字，高踪千古振名蓝。"上堂："孤迥迥，峭巍巍……有时霡微雨，逗到大晴明，依前突兀地，且道是心耶，是境耶？为复在心内，为复在心外。鸳鸯绣出从君看，不把金针度与人。"建炎二年（1128）十月，大宗慧杲来云居省觐，克勤深器之，立即举宗杲为首坐，召僧上堂云"鹃儿未出窠，已有摩霄志。虎子未绝乳，已有食牛气。况复羽翼成，况复爪牙备。奋迅即惊群，八面清风起。一条脊梁硬似铁，一条白棒掀天地。相以建法幢，展衲僧巴鼻。"克勤又举丹霞裕长老为人入室，上堂云："大众摩醯首罗，揭示顶门正眼。摩竭陀国全提向上钳锤，壁立万仞，绝承当。孤光烁破四天下。所以道杀人刀，活人剑。将错就错。上古之风规，亦是今时之枢要。和泥合水。若论杀人刀，不存毫末。活人剑，横尸万里。须知杀中有活，擒纵人天。活中有杀，权衡佛祖。直饶说得杀活。倜傥分明，山僧更问你觅剑在。正恁么时，见么？万仞悬崖垂只手，高峰共唱太平歌。"复云："赵州道，赵州南，石桥北，观音院里有弥勒。祖师留下一只履，直至如今觅不得。诸人要知落处么，问取丹霞和尚。"克勤一日入室，问绍隆藏主："见见之时，见非是见。见犹离见，见不能及。"举拳云："还见么？"藏主云："见。"禅师云："头上安头。"藏主闻脱然契证。禅师叱曰："见个甚么？"藏主曰："竹密不妨流水过。"禅师肯之。寻俾掌藏教。有问克勤："隆藏柔易若此。何能为哉？"禅师曰："瞌睡虎耳。"诸如此类之事，不胜枚举。以上所引克勤之语，无不反映出克勤笃诚于禅宗事业，力图张大杨歧禅风以及光耀云居山的深切思考和不懈努力，同时也显示出克勤说法继承的是临济杨歧禅的特色。

克勤居云居山期间，是其禅法最为成熟、声望最为显赫的时期，因此弘法的收获也可以说最大。孙觌《鸿庆居士集》卷四二《圆悟禅师传》称："（克勤）度弟子五百人，嗣法得眼领袖诸方百余人，方据大丛林，领众说法，为后学标表，可谓盛矣!"在这些弟子中，对后世影响最大的是大慧宗杲、虎丘绍隆，他们二人的法系分别形成临济宗大慧派和虎丘派。而他们因师从克勤也富于江西因素。据《五灯会元》卷一九《径山宗杲禅师》及《大慧普觉禅师年谱》载，宗杲（1089—1163），宣州宁国（今安徽宁国）人，早年曾随湛堂文准禅师学禅法。文准是黄龙派二代真净克文的嗣法弟子，住泐潭宝峰寺（今江西靖安宝峰寺），在当时丛林中颇有影响。宋徽宗政和五年（1115），文准寂灭之际，宗杲问曰："和尚若不起此疾，教某甲依附谁可以了大事？"文准曰："有个川勤，我亦不识他，你若见他，必能成就此事。若见他了不得，便修行去，后世出来参禅。"所谓"川勤"，即指圆悟克勤。宋徽宗宣和七年（1125）四月，宗杲辗转至东京（汴梁、开封府）天宁寺，拜谒了时任该寺住持的克勤。一个月后，克勤"著《临济正宗记》以付之，俾掌记室，分座训徒"，宗杲"乃握竹篦为应机之器，于是声誉蔼著，丛林咸归重之"；宗杲在东京很快就声名大振，"士大夫争与之游"，钦宗赐号曰"佛日大师"。当克勤于云居山开法时，宗杲又追随之。《五灯会元》卷一九《径山宗杲禅师》载："时圆悟诏住云居，师往省觐，至山次日，即请为第一座。时会中多龙象，以圆悟久虚座元，俟师之来，颇有不平之心。及冬至，秉拂昭觉元禅师出众问：'眉间挂剑时如何？'师曰：'血溅梵天。'圆悟于座下，以手约云：'住！住！问得极好，答得更奇。'元乃归众，丛林由是改观。"克勤住云居时，常与宗杲切磋佛法。据《大慧宗杲书信集》载，克勤常言："近来诸方尽成窠窟，五祖下我与佛鉴、佛眼三人结社参禅，如今早见漏逗出来，佛鉴下有一种作狗子鹁鸠取笑人，佛眼下有一种觑灯笼露柱指东画西如眼见鬼一般。我这里且无此两般病痛。"宗杲曰："大好无病痛。"克勤曰："何谓也？"宗杲曰："击石火闪电光，引得无限人弄业识，举了便会了岂不是佛大窠窟？"克勤不觉吐舌，乃曰："休管他，休管他，我只以契悟为期，若不契悟，断定不放过。"宗杲曰："说契证即得第，恐后来只恁么传将下去，举了便会了，硬主张击石火闪电光，业识茫茫未有了日。"克勤深以为然。据《大慧普觉禅师年谱》，建炎四年（1130），"妙喜（宗杲）庵于云门，方成法席"。绍兴八年（1138），住持杭州径山能仁禅院，聚集僧众多达 1700 余人，"宗风大振，号临济再兴"。表明宗杲正是在江西云居山期间,由于克勤的勤加钳锤与大力护持,得以名声大著。又,绍隆(1077—1136),南宋初年江苏平江虎丘寺僧,字号俗姓不详,和州含山(今安徽省含山县)人。绍隆9岁出家,居本邑佛慧院,15岁受戒。年20以后,出外参学,先后拜谒长芦崇信禅师、宝峰湛堂禅师、黄龙死心禅师,次诣建昌云居山依圆悟克勤,得印可,为其嫡嗣。《五灯会元》卷一九《虎丘绍隆禅师》载:"(绍隆)次谒圆悟。一日入室,悟问曰:'见见之时,见非是见。见犹离见,见不能及。'举拳曰:'还见么?'师曰:'见。'悟曰:'头上安头。'师闻脱然契证。悟叱曰:'见个甚么?'师曰:'竹密不妨流水过。'悟肯之。寻俾掌藏教。有问悟曰:'隆藏主柔易若此,何能为哉!'悟曰:'瞌睡虎耳。'"南宋高宗绍兴初期,绍隆奉克勤之命东归,先住开圣寺,继主彰教寺,其后担任虎丘寺的住持。所至之处,大张法筵,传灯弘教,僧俗钦从,英衲云集。

　　除了宗杲、绍隆外,克勤在云居山时培养的龙象还有不少,如昭觉道元、宗振首座、袁觉禅师(象耳袁觉)、弘光禅师、应庵昙华,等等。这些禅林子弟,也颇有作为,一定程度上改造了当时南方禅林之生态。其中,宗振首座,丹丘人,依圆悟克勤于云居,以为首座。一日,"仰瞻钟阁,倏然契证"。有诘之者,酬以三偈,其最后曰:"我有一机,直下示伊。青天霹雳,电卷星驰。德山临济,棒喝徒施。不传之妙,于汝何亏。"深得圆悟克勤嘉许。"竟以节操自高,道望愈重"。尝书壁曰:"住在千峰最上层,年将耳顺任腾腾。免教名字挂人齿,甘作今朝百拙僧。"① 同书同卷《象耳袁觉禅师》:"眉州象耳山袁觉禅师,郡之袁氏子。……既受具出蜀,遍谒有道尊宿。后往大沩,依佛性。顷之,入室陈所见。性曰:'汝忒煞远在。'然知其为法器,俾充侍者,掌宾客。师每侍性,性必举《法华》'开示悟入'四字,令下语。又曰:'直待我竖点头时,汝方是也。'偶不职,被斥。制中无依,寓俗士家。一日诵《法华》至'亦复不知,何者是火,何者为舍。'乃豁然,制罢归省。性见首肯之。圆悟再得旨住云居,师至彼,以所得白

———————————

① (宋)普济:《五灯会元》,中华书局1984年版,第1297—1298页。

悟。悟呵云：'本是净地，屙屎作么？'师所疑顿释。绍兴丁巳，眉之象耳虚席，郡守谓此道场久为菹臒囊橐，非名流胜士，莫能起废。诸禅举师应聘，尝语客曰：'东坡云：我持此石归，袖中有东海。山谷云：惠崇烟雨芦雁，坐我潇湘洞庭。欲唤扁舟归去，傍人谓是丹青。此禅髓也。'又曰：'我敲床竖拂时，释迦老子、孔夫子都齐立在下风。'有此举语似佛海远禅师。远曰：'此觉老语也，我此间即不恁么。'"同书卷一九《郡王赵令衿居士》："郡王赵令衿，字表之，号超然居士。任南康，政成事简，多与禅衲游，公堂间为摩诘丈室。适圆悟居欧阜，公欣然就其炉锤，悟不少假。公固请，悟曰：'此事要得相应，直须是死一回始得。'公默契，尝自疏之。其略曰：'家贫遭劫，谁知尽底不存。空屋无人，几度贼来亦打。'悟见，嘱令加护。"一些禅师也是受圆悟克勤的吸引，而过化于此，如昭觉道元禅师、妙觉慧悟禅师、天童昙华禅师等。《五灯会元》卷一九《昭觉道元禅师》："成都府昭觉彻庵道元禅师，绵州邓氏子。幼于降寂寺圆具，东游谒大别道禅师，因看廓然无圣之语，忽尔失笑曰：'达磨元在来这里。'道誉之。往参佛鉴、佛眼，蒙赏识。依圆悟于金山，以所见告，悟弗之许。悟被诏住云居，师从之。虽有信入，终以鲠胸之物未去为疑。会悟问参徒：'生死到来时如何？'僧曰：'香台子笑和尚。'次问师：'汝作么生？'师曰：'草贼大败。'悟曰：'有人问你时如何？'师拟答，悟凭陵曰：'草贼大败。'师即彻证。圆悟以拳击之，师指掌大笑。悟曰：'汝见甚么便如此？'师曰：'毒拳未报，永劫不忘。'悟归昭觉，命首众，悟将顺世，以师继席焉。"同书卷二〇《天童昙华禅师》："明州天童应庵昙华禅师，蕲州江氏子，生而奇杰。年十七，于东禅去华，首依水南遂禅师，染指法味。因遍历江湖，与诸老激扬，无不契者。至云居圆悟禅师，悟一见痛与提策。及入蜀，指见彰教，教移虎丘，师侍行。未半载，顿明大事。"由此道声蔼然，洽于丛林。《云居山志》卷四《过化》"妙觉慧悟禅师"条："到云居，上堂。圆悟引座，有曰：'撞着道件交肩过，一生参学事已毕。今朝幸遇大导师，宝华王座为拈出。'"

另外，居士是佛教的外护，是传扬佛法的重要人物。克勤门下的居士不少，见于灯录、僧传的即有枢密徐俯、门司郑谌、郡王赵令衿、侍郎李弥逊、祖氏觉庵道人、令人明室道人等。其中赵令衿就是克勤在云居山接纳的俗世弟子。赵令衿，字表之，号超然居士，是宋太祖的五世孙。据《居士传》载，赵令衿南宋初任职邻近云居山的南康，"政成事简，多与禅衲游"，于公堂间设摩诘丈室。他与克勤的关系相当密切，常至云居山问法于克勤。"参圆悟于瓯阜。圆悟曰：'此事要得相应，直须死一回方得。'表之得旨，尝自疏曰：'家贫遭劫，谁知尽底。不存空室无人，几度贼来亦打。'圆悟嘱令加护。"① 又《佛祖历代通载》卷二十："一日，圆悟饭超然居士赵公，（宗杲）师预坐，忽忘举箸，圆悟顾师而语超然曰：'是子参得黄杨木禅也。'"可见，由于克勤的训导，赵令衿在禅修上已有了不凡的见地，也深得克勤的重视。

此外，克勤住持云居山时，还与江西禅僧相往来，促进江西禅宗文化发展。克勤与惠洪的关系就是典型的说明。惠洪（1071—1128），筠州新昌（今江西宜丰）人，撰有《石门文字禅》《林间录》《冷斋夜话》等影响禅林的著作，是北宋文字禅的代表人物与禅门知名高僧。值克勤住持云居山之初，惠洪去世。克勤曾致力于弘传惠洪禅学。《楞严经合论》卷一〇《统论》："国朝寂音尊者（惠洪），于此经中得大受用，遂著《尊顶法论》，诋辟异说，疏通奥义。惜其未传，而入圆寂。圆悟禅师偶见之，叹曰：此真人天眼也。即施长财百缗，劝发盱江幕彭公思禹刊于南昌。"又卷一〇附彭以明《重开尊顶法论跋语》："建炎间，寂音既逝。伯氏思禹幕盱江，喜其徒之请，佛果禅师亦以百千为助，即镂板于南昌。"

克勤移锡云居时已差不多 65 岁了，在云居期间身体每况愈下。据《圆悟佛果禅师语录》卷七载，克勤在云居真如禅寺时，一次上堂时说的法偈："赐得云居养病身，半千衲子倍相亲。攀萝直上青天上，投老依栖老安神。"表明克勤因自己身体状况不佳，极其希望在江西禅宗胜地云居山终了一生。不过，南宋高宗建炎四年（1130），克勤因宋金之间纷战不休，加上年老怀乡，遂回归蜀地。据孙觌《鸿庆居士集》卷三二《圆悟禅师真赞》载，克勤"奏乞养老还蜀，诏许之"。克勤为此

---

① （清）彭绍升：《居士传》，成都古籍书店 2000 年版，第 159 页。

感激涕零，作偈向云居山告别："七处住持三十载，今朝方作地仙行。上蒙圣主从卑愿，亭毒之恩远似天。"克勤回到故乡后，又受成都知府王似之请，再次住持昭觉寺，直至绍兴五年（1135）圆寂。

克勤在云居山只有二年左右，时间并不太长，但对于克勤自身、克勤禅系以及云居山禅宗意义却非小。克勤居云居山期间，是其禅法最为成熟、声望最为显赫的时期，因此弘法的收获也可以说最大。在克勤的努力下，云居山禅事得到了新的发展，成为江南临济杨歧宗的重镇。杨歧宗取代黄龙宗并成为临济宗的主流，克勤驻锡云居山是一个重要标志。《云居山志》卷一五《诗》，克勤《示若平禅人住云门庵》曰："赞弼住山功已立，荷担长久志弥坚。云门庵创立欧阜，天上高天更有天。追复古来清静刹，他时会见美声传。宾主相投胶漆合，相与弘持临济禅。"值圆悟克勤进入、住持云居山时，力弘杨歧禅宗，培育了大宗慧杲、虎丘绍隆、昭觉道元等诸多禅门大德，云居山之前原本主要弘传的是云门宗、黄龙宗，而克勤的活动，使云居山本身传播发展了临济杨歧宗，而且使云居山成为南方广大地域临济杨歧宗传播发展的重地，以后作为禅宗主流的大慧系、虎丘系事实上都源于云居山。这里以大慧宗杲由于受圆悟克勤的影响而在云居山的活动，再略作申述。大慧宗杲在云居山已形成了较大的影响。《云居山志》卷七释戒显《重建古云门寺记》："去云居三十里，有古云门寺，乃匡真偃禅师住静处也。妙喜老人参圆悟克勤于云居，居首座寮将二载。更期深造，力追古人，卜静室于古云门寺墓。刀耕火种，一住四载。同龙门竹庵珪禅师坐夏，各成《颂古》百首，复编《禅林宝训》，为万古眼目。圆悟奖以偈曰：'天上云居更有天。'即此处也。"同书卷一三《书问》，克勤《与龙图学士耿公延祐》："妙喜示来教，见矻矻于此，意况甚浓，真不忘悲愿也。而以宗门正眼，照破义路情解，透见盱瞻，何明如此？禅宗久寂寥，后昆习窠臼，守箕裘，转相钝置，举世莫觉其非。大家随语生解，祖道或几乎息矣。不有超卓颖悟之士，何以规正哉？此真正念乃真外护也。杲佛日一夏，遣参徒踏逐山后古云门高顶，欲诛茅隐遁，其志甚可尚。今令谦去，山叟为书数语，及疏头，亦与辙长财成之可取一观也。渠欲奉锄，正在高裁也。"这两则史事说明，宗杲在云居山时，在克勤的奖掖扶助之下，已颇有作为。与此同时，克勤在云居山培育了大宗慧杲、虎丘绍隆、昭觉道元等诸多禅门大德，不仅使南方禅林虎虎生威，而且在一定程度上也改变了南方佛教文化生态。或可以说，克勤正是凭着云居山的禅宗功业，使他的禅宗生涯圆满而伟大。《云居山志》① 晦山戒显"序"云："云居一席，雄踞西江。方内祖山，实称弁冕。"云居山禅宗事业的发展与兴盛，主要是高僧大德引领的结果；而高僧大德在云居山的禅事活动，也往往能成就自己不凡的功业。南宋前期圆悟克勤在云居山的活动就是其中相当突出的典型。克勤在相当程度上光大了云居真如寺，成为云居山禅宗历史上最为著名的住持之一，对江西禅宗的发展与进步作出了贡献，展影响可谓至深至巨。

四　圆悟克勤与江西禅宗关系所见蜀赣禅学交流

蜀僧圆悟克勤之所以与江西禅宗形成密切关系，除了受唐宋以来佛教禅宗发展情势与分布格局的影响外，还在于佛教禅宗比较讲究亲缘（师缘、友缘）、地缘的宗教性格。克勤师从的禅师中，从地缘而言，黄檗惟胜、玉泉承皓、五祖法演都是蜀地人士；从师缘上言，除了玉泉承皓、金銮信外，其他的禅师都与江西禅宗相关，且基本上出于黄龙慧南或杨歧方会两派。而克勤交往及传法的对象，也往往包含着亲缘、地缘的色彩。或可以说，克勤禅学就是亲缘与地缘的产物。

在亲缘、地缘的关系之中，蜀赣两地的禅宗的生态起了特别的作用。自唐代六祖慧能禅师开创禅宗南派后，禅宗就先后形成了沩仰、临济、曹洞、云门、法眼五家，后临济宗又分演化成黄龙、杨歧两派，号称"五家七宗"。自唐中前期马祖道一创立"洪州宗"以来，江西就成

---

① （清）元鹏禅师编纂，何明栋、卢用校注：《云居山志》，江西人民出版社 2002 年版。按该《云居山志》系与《西山志略》《武功山志》《怀玉山志》《华盖山志》合卷出版，而《云居山志》排列第二，因而所用页码并不符合单一出版的版本，为避免误会，本文不引用该书页码。

为禅宗发展最为兴盛的区域，"五家七宗"基本上以之创立并发展的，由此吸引了全国的学禅修法者纷至沓来，江西以"选佛场"之名而喧嚣天下。宋代临济宗的重新兴盛，又是以江西黄龙、杨歧两派的创立为重要标志的，这两大支派又发展成为南方代表性的禅派，其子弟遍布大江南北，影响极大。江西禅宗形成了一个强大的影响全国禅宗的系统和力量，可以说唐宋时期的中国禅林在相当程度上由江西禅宗所决定。相比之下，蜀地禅宗尽管兴发较早，五祖弘忍的十大弟子之一资州智诜在唐初就回蜀地开法，境内的净众—保唐禅系在西南地区也自成一统且有一定影响，却远不如赣地禅宗。北宋时期，蜀地佛教尽管鼎盛，禅宗也有较大的发展，但与江西相较，仍有较大的差距。全国各地的学法修法者深受强大的江西禅宗的影响，往往自觉不自觉地拜服于江西禅宗之下，蜀僧克勤自然也难以例外。

在古代社会，地理形势严重地影响着政治、经济、文化。由于地理人文因素的影响与作用，在中国佛教禅宗史上，蜀赣两地虽然有相距千里之遥，佛教文化交流却是相当活跃。长江把巴山蜀水与吴头楚尾相联系，不少的佛教禅宗僧侣因对佛法的虔诚而跋山涉水、奔波两地。自六朝以来，两地佛教文化的交流就已展开，庐山成为江西佛教向巴蜀传播的基点。唐宋时代，两地的佛教文化交流臻于鼎盛。蜀地有影响的禅宗人物，往往都有学法、传法于江西的历史。创立"洪州宗"的马祖道一，以"德山棒"著名丛林的德山宣鉴，就是其中的代表人物。同样，江西禅僧也有进入四川弘法开法者。当然，绝大多数由江西进入四川弘法开法者，往往都是与四川有地缘联系的。他们在江西佛教禅宗向四川地区的传播发展起了相当大的作用。就以成都昭觉寺而论，据清同治十二年（1873）所修之《成都县志·舆地志·寺观》载，昭觉寺旧名建元寺，为唐贞观年间眉州司马董常舍宅所建。唐中后期，曹洞宗祖洞山良价的法嗣休梦禅师住持此寺，弘扬曹洞宗法。在以后长期间里，昭觉寺始终由曹洞宗人住持①。两宋时代，先有黄檗惟胜、昭觉纯白师徒在

---

① 参见（宋）李畋《重修昭觉寺记》，文载龙显昭主编：《巴蜀佛教碑文集成》，巴蜀书社 2004 年版，第 89—90 页。

此弘传黄龙宗，后有圆悟克勤在此弘传杨歧宗，遂使昭觉寺成为西南地区最有影响的临济禅寺之一。又据念常《佛祖历代通载》卷二〇记载，克勤第二次归蜀时，"蠡之同参辐辏川奔"。说明其离开云居山之时，曾有一大批弟子相随而来。其中，后来绍隆克勤昭觉事业的道元禅师就是直接由云居山而来。据《续传灯录》卷二八载，昭觉道元，号彻庵，俗姓邓，绵州（今四川绵阳）人。于降寂寺受具足戒，然后东游。谒大别心道禅师，因看"廓然无圣"之语，忽然有省，为师首肯。再参佛鉴、佛眼，均蒙赏识。后依克勤于金山，以所见相告，不蒙师许。高宗加群驾幸维扬，诏克勤说法，赐号圆悟，又赐侍僧十人紫衣，道元其一。克勤移住云居，随侍而至，"虽有信人，终以梗胸之物未去为疑"，后即"草贼大败"彻悟。复随圆悟克勤还蜀，驻锡昭觉，命为首众。圆悟示寂，"以继师席"。由此江西禅宗又一次以一定的规模进流入了蜀地。这个事实充分说明蜀赣两地禅宗的交流密切，且赣地禅宗对蜀地禅宗影响巨大而深刻。

正是比较浓厚的师缘、友缘、地缘宗教色彩，以及唐宋以来的禅宗形势，使蜀赣两地的禅宗形成了相当密切的交流关系。正因为有了这种交流，圆悟克勤才成为一代禅学大师。蜀赣两地的禅宗也正是在圆悟克勤之类的禅僧努力参学、融汇、弘传之下，不仅深入地理环境上比较闭塞的巴山蜀水之间，而且得以成为喧天下的一大禅宗势力，极大地影响了中国禅宗的发展情势及格局。蜀僧圆悟克勤与江西禅宗的关系，正是这一历史事实的典型说明。笔者进而认为，圆悟克勤与江西禅宗的关系，其实在一定程度上也折射出中国禅宗传播发展的大势与基本规律。

结　语

　　中国宗教（道教、佛教）发展的历史，反复证明了一个事实：宗教文化交流促进了宗教文化的发展，宗教的发展离不开宗教的交流。地域文化的发展往往伴随着对外部文化的接触、冲撞、交融，同处于长江流域的四川（蜀）、江西（赣）是中国古代佛教、道教比较发达的地区，在佛道历史上有着显著的地位。两地的佛教、道教不仅各自兴盛，而且相互之间密切交流，对两地乃至全国的佛教、道教的发展与传播产生了深刻的影响，成为中国宗教史上颇值得关注的现象。本书选择了六个专题，以点带面，时空交替，比较研究蜀、赣两地道教、佛教交流发展的历史情形及其异同。

　　东汉中期张陵基于巴蜀地域文化与教化当地夷汉民众的思想，创天师道于鹤鸣山。其后，张修在张陵天师道的基础上，结合汉中夷汉文化，创立了具有鲜明地域特色的"五斗米道"。张鲁建立政教合一汉中政权，天师道发展趋于鼎盛。张鲁政权主要因军政因素而覆灭，天师道虽在蜀地顿挫，却因此促成了向全国的发展与传播。曹魏时期，张盛龙虎山复教，奠定了龙虎山天师道坚实的地方发展基础。天师道自曹魏北迁至晋宋之际，道教出现了新发展形势，以寇谦之、陆修静为代表的南北道教改革，对天师道产生了积极与消极并存的影响。唐代重"老子"、崇道教，使龙虎山天师道得以崛起。宋元的道教政治以及龙虎山天师比较积极的政治依附，使龙虎山天师道终于成为南方最重要的道派。东汉至元代，天师道从鹤鸣山到龙虎山，是宗教地域转移与地域发展的结果。由于时代、政治、地域因素的影响，天师道曾采取了多种发展模式，最终衍化为依附于政治而较为世俗化的江湖庙堂共享的宗教。

　　唐五代以来，蜀赣两地的内丹思想兴盛，奠定了全真道南宗形成以及与北方全真道合流的基础。宋元明清时期，蜀赣两地成为南方全真道发展比较兴盛的地区，这是国家宗教政治与地域宗教环境影响和作用的结果。蜀赣全真道在各自的发展传播过程中，互相之间也不断交流和影响，有不少相似之处，但更有诸多差异。其突出表现就是蜀地全真道最终培养出自己独立的宗教性格，创立了龙门碧洞宗，成为南方全真道发展与传播的重心；而赣地全真道则基本趋附于正一道。蜀赣全真道差异的产生，根本原因在于两地的地域人文因素有很大的不同。

道教造神是道教发展史上的重要现象。李冰和许逊是中国历史上著名的治水英雄。其中李冰的治水功劳显著且事迹较为清晰，而许逊治水却充满着神异。两人的治水事迹都随着时间的推移而不断的被神化，也趋于一致。蜀赣两地道教为了自身的宗教利益，在民间信仰和官方意志的基础上，各自致力于对李冰、许逊的改造，从而形成了蜀地不断分割李冰治水功绩，赣地不断累积许逊治水功绩的现象。李冰和许逊治水功绩演变的历程与事实，揭示出中国儒释道文化和地域文化结合下的道教造神活动的若干特点。

在道教造神运动中，地方民间神灵的道教化，需要借助道教思想理论的支撑，否则地方民间神灵就不可能成为道教尊神。蜀地的梓潼神结合文昌星信仰而构建的文昌帝君信仰，其思想理论的重要来源即是赣地的净明道。净明道从根本上塑造了文昌帝君的"忠孝"宗教意识和性格特征，而文昌帝君信仰则张扬了净明道的"忠孝"文化。两者相辅相成，共同发展进步。虽然文昌帝君信仰的构建者，出于维护文昌帝君形象的考量，没有明确地说明与净明道的关系，但这一关系却是不言自明的。

在蜀赣两地的佛教发展过程中，蜀地净众宗、保唐宗，赣地洪州宗成为唐代禅宗的重要象征。两地的禅宗发展各有特色，其禅法有不少相同之处，也有诸多差异。这些同异的产生，有禅宗本身的中国化发展、禅师思想的影响、地域文化的作用，还有政治因素的介入。净众宗、保唐宗基于地域禅宗文化，树立起了自己的禅派特色，对禅学发展有所贡献。而洪州宗更得天时、地利、人和，成长为禅学主流。两地禅宗的发展都有地方长官的支持，除了其本身的宗教信仰之外，主要是出于控制宗教以神道设教的政治策略。

洪州宗的创始人马祖道一生长于蜀地，早年学禅法于蜀地，与净众宗有历史渊源关系。马祖在创立和发展洪州宗的过程中，汲取了净众宗的禅法思想。马祖曾返蜀地欲传播洪州宗，虽遭到蜀地禅法的坚决抵制而失败，但对洪州宗的发展不无积极意义。无论是蜀地禅宗还是赣地禅宗都力图掩饰马祖与蜀地关系的事实，根本原因在于两地禅宗为了各自的宗教利益而争夺禅宗正统。

宋代是蜀地禅师纷纷出蜀而大扬名声的时期。圆悟克勤是其中的典型代表。克勤在蜀地的早期学法，辗转出川之后就深受江西禅宗的影响，先是学习临济宗黄龙禅法，其后又成为临济宗杨歧派的法嗣。在出川之后的学法，也离不开蜀赣两地的禅师。形成一种文化的地缘关系。克勤弘法的过程中，蜀、赣两地是重要区域。由于克勤的活动，蜀赣禅宗文化的交流在两宋时期达到一个高潮。

蜀赣宗教的创立、发展与传播，受地域文化的影响与作用，产生出浓厚的地域特色和宗教地域化的倾向。两地宗教之间的互相交流与相互影响，一方面使两地宗教趋同，另一方面又强化了各自的宗教特色。在这相互的过程中，国家宗教政治的影响，宗教人物的活动，地方经济文化发展的水平，也起着显著的作用，总体上形成了蜀地宗教相对保守、传统，而赣地宗教相对开放、现代的格局。

区域宗教之间的交流是宗教文化发展的重要形态。区域宗教比较是认识区域与区域之间宗教交流的直接的、基本的研究方式。本书虽然只是选择六个专题，没有展开对四川、江西地区宗教的全面比较，专题之间也似乎没有多少逻辑关联，但一些问题还是在前辈时贤的基础上作了进一步解答，尽管提供的这些答案可能是不全面、不充分的，甚至可能是错误的。

受地理环境影响下的区域（地域）文化是宗教发生、发展乃至兴衰的基础。封闭的地理环境，更容易形成和维持区域宗教的特色。因地域文化的影响，鹤鸣山天师道、汉中五斗米道，尽管在蜀地都能兴盛发展，但很难形成全国性的宗教。全真道龙门派碧洞宗可以在蜀地形成，但不可能反过来推广到中原、江南。蜀地禅宗可以吸收、融合南宗禅法，形成颇有南宗特色的禅派，但最终难以汇入南宗禅的洪流。而龙虎山天师道在江西崛起、洪州宗在江西形成后，却都能迅速成为中国的一大教派。蜀地李冰治水功绩远远高于许逊，却只属于川西地方神，而赣地的许逊却可成长为全国性的神。这些现象的产生，无疑都与地理人文因素有密切的关系。另外，道教的三张天师道、龙门碧洞宗，佛教的净众宗、保唐宗很大程度上都是外来宗教与蜀地地方宗教文化交流的产物，是宗教的"蜀化"。龙虎山天师、马祖洪州宗是外来宗教与赣地宗教文化结合的结果，也可以说是宗教的"赣化"。另外，两地宗教发展的不同路径和内容，显然与各自的地理人文环境密切相关。而两地宗教在交流中趋同，又受本区域因素的影响变异，并没有改变各自的地域色彩。一个宗教或宗派地域化发展的结果，也必然对地域文化产生相当的影响和作用。天师道、全真道至今在赣、蜀两地发生深刻的影响，就是明证。

"教兴寄在帝王"①，中国封建社会中，任何宗教的传播与发展都受到来自政治的影响，因为政治是社会经济的集中反映，虽然它不能最终决定宗教的消灭，但掌握国家政权机器的统治者对宗教的态度和所执行的政策，无论是支持还是反对，都会对宗教的存在形式和发展趋向带来极大的影响。所以，《高僧传·道安传》记东晋高僧道安叹："不依国主，则法事难立。"《大唐内典录·序》记唐代道宣曰："自教流东夏，代涉帝朝，必假时君，弘传声略。"《集古今佛道论衡》卷丙载，唐初唯识宗的创始人玄奘也说："正法隆替，随君上所抑扬。"这里虽说的是佛教，但用来认识整个中国宗教也是恰当的。天师道在巴蜀的衰微与在龙虎山的崛起，全真道、禅宗在蜀赣两地的发展与传播，都可以看出政治权力对宗教的重要作用与巨大影响力。蜀赣两地天师道、全真道的历史，在一定程度上就是国家宗教政治的历史。即使缩小至诸如洪州禅"农禅合一"思想和实践，事实上也是国家宗教政治在禅宗领域中的折射。宗教立足于民间社会，有深厚的民众信仰基础，同时也有一套灵活的传播发展机制，如果宗教遇到政治的制约和阻碍，宗教自身就会作出

① 费长房：《历代三宝记》，《大正藏》卷49。

调适，寻求新的发展路径，才能维持发展、兴盛。当然，宗教也会对国家政治产生某些影响，但这一影响不足以动摇国家对宗教的主导权。所以龙虎山天师道最终还是不得不从民间走向官方，虽然保持了较大的独立性。

"唯物史观是以一定历史时期的物质经济生活条件来说明一切历史事件和观念、一切政治、哲学和宗教的。"① 一定的经济条件，是一定社会文化得以产生、发展的重要条件。一种宗教的发生发展、兴盛或衰微，不一定取决于经济，但总体而言，区域宗教的发生发展必须适应当地的经济状况，蜀地"天师道"与"五斗米道"以及中原与江南地区的"天师道"的发展生存模式，恰恰与经济关系密切相关；而马祖洪州宗在江西的产生和兴盛，正与江西社会经济文化大开发的历史背景相适应。

人缘、地缘及神缘（两地宗教神）的关系，是宗教交往中的重要因素，蜀赣两地也包含了这三种"缘"的关系。江西、四川分属中国背景下的两个不同的政治经济文化区，但同处长江流域，且距离较近，两地之间又有较为密切的经济、文化交流，在相对畅通的交通条件下，两地之间的人口移动相对频繁（僧侣、道士也是流动的群体之一）。作为人文因素中活跃因子的宗教更是在两地之间得到充分的交流。两地宗教的交流发展，显然就是沿着一定的人口流动路线而进行的。禅宗、全真道在四川、江西的发展，与外地人口流向四川、江西无疑有较大的关系。天师道从鹤鸣山到龙虎山，洪州宗源于蜀地而最终到赣地，这在相当大的意义上，也是人口流动的结果。许逊信仰在唐宋以后的兴盛，更是离不开众多的江西人口在江西境外的生产生活。

蜀赣宗教文化交流，是有时空距离的交流，无论是道教还是佛教禅宗，都或多或少地带有中间地（转辗地）的因子。因而两地的宗教文化既有本土创造的，也有外来宗教文化的渗透，并不单纯是两地宗教的互动而已。蜀赣两地宗教文化的交流，适应了宗教文化发展趋势的要

---

① 恩格斯：《论住宅问题》，《马克思恩格斯选集》第 3 卷，人民出版社 1995 年版，第 209 页。

求，逐步打破了地域的限制和狭隘性，对两地周边的文化交流也产生了积极的影响和作用，有利于宗教由地域走向全国乃至海外。宗教交流虽然往往不受人为因素的控制，但人为因素在其中起着重要的作用，也是不可否认的事实。宗教人士是推动宗教发展的基本动力，他们的活动是宗教发展与传播的基本方式。天师道从巴蜀到汉中再至中原、江南，进入江西龙虎山，最后成为中国道教大派；全真道由北方而进入江南，在四川、江西扎根、生长；净众宗、保唐宗、洪州宗蔚为一代大宗；李冰与许逊的"神迹"演变，这些都是宗教人士的积极而有效活动的结果。在宗教流传中，宗教人士的个人魅力和能力发挥着至关重要的作用，因张陵而创立天师道、张修成就五斗米道、张鲁发扬光大五斗米道、张盛龙虎山复教……一代代的天师终于成就天师道的地位。保唐宗的形成、洪州宗的创立和发展，就离不开无住、道一的艰苦努力。蜀地全真道的绵绵不绝并曾兴盛，也是一代代全真高道不懈努力的结果。尽管不应忘记作为两地宗教发展基础的普通的宗教信仰者，但高僧、高道的行为尤其值得关注。

本书立足于前辈时贤的研究成果，考察蜀赣宗教的产生、发展、传播、兴盛或衰微的历史过程，以比较研究的方式，着力分析探讨两地宗教的异同及其产生异同的原因，不仅构建了一个新的研究模式、提供了一个新的研究思路，而且在新的视角下，对诸多宗教问题作出新的解释。如对张陵入蜀的动机，并不完全强调蜀地的地理文化因素，而着眼于他的文化教化思想；站在夷汉文化、以汉化夷的历史情境之下，分析"天师道"与"五斗米道"的关系。这样一来，隐晦、混杂的"三张"传道事迹及其各自的贡献都更明晰了些，或许也更接近历史实际。以前，对于龙虎山天师道如何形成、崛起、发展、鼎盛，学人虽不乏关注，但对于其原因的揭示则无疑显得不充分。本书即在此作出了相当的努力，对于张盛龙虎山复教的过程和意义作了较为明确的阐述。另外，对于南北朝寇谦之、陆修静宗教改革的异同及其对龙虎山天师道的影响、对天师道宗教思想核心的"老子"与龙虎山宗教兴盛的关系、对于龙虎山天师道在全国道教中地位确立的关系，也都进行了一定程度的分析说明。至于比较全面地提出并分析了天师道的发展模式，道教的发展的认识，无疑也是一种新的思路。又如，南方全真道的问题，一直以来，不大为研究者所重视，因而留下了不少研究空白。本书对于宋元明清时期全真道在蜀、赣两地发展作了系统的论述，指出：全真南宗交流，蜀赣两地的全真道的传播与发展是接受北方全真道的结果，但本区内丹思想、道教环境则是兴起和发展的地域基础。同时，对全真道在蜀赣两地发展传播同异的原因，作了较为深刻的分析，其中的一些观点不无新意。再如，对于唐代蜀地禅宗，学界一般评价较低，总是强调它是欲附和南禅宗而最终不得成的一个禅派，没有什么创建，也没有什么特别的思想。本书则以蜀地丰富禅法思想的源流发展为基本事实，充分肯定了其独特的意义以及对包括洪州宗在内的南禅宗的积极影响。从而说明了蜀地净众宗保唐宗也是中国禅宗史值得重视的禅派，其禅法思想对于中国禅学有一定的贡献。又如，以前对马祖道一和蜀地禅学的关系相当不明确。本书通过比较细密的论证而揭示：马祖道一早年学禅于蜀地，思想深处烙上了蜀地禅学的印记，成为其衡岳得怀让心印以及创立、发展洪州宗的重要基础。蜀赣两地禅学关系密切，而两地禅派出于各自禅系建构的需要，均致力于弱化马祖及其洪州宗与蜀地禅学的关系，从而掩盖了洪州禅宗发展过程中一些重要事实。这一揭示，不仅加深了对马祖道一的研究，而且对于中国禅派的相互关系的理解，也不无启迪意义。

毋庸置疑，本书中还存在诸多不足：没有全面把握历史时期蜀赣两地的宗教文化发展与交流的情形；回避了蜀赣宗教交流过程的一些疑难问题、重要问题；没有很好地阐明蜀赣两地佛、道文化的特殊性，特别是较少探讨宗教对地域文化的影响与作用等问题。因此，本探讨对于宗教的"蜀化""赣化"的现象虽有所认识，但还相当不深入。由于受选题的限制，有些内容还没有完全思考成熟之时不得不把它纳入比较的系列之中，显得有些勉强。如讨论天师道"从鹤鸣山到龙虎山"，更多地关注到其转移的过程及其原因，而对于蜀赣两地天师道的异同认识就显得相当乏力。课题难度较高，也带来了实际写作中的困难。譬如，要是作"蜀地净众宗、保唐宗之比较"或"净众保唐宗与洪州宗之比较"、"李冰形象与儒道造神之比较"可能要容易得多。另外，对于一些具体问题：如民间宗教文化在蜀赣两地佛道文化交流中的表现、作用；蜀赣两地文化的特点与宗教文化交流的关系及其影响，由于资料准备的不足或思考的不成熟，也只得暂时放弃。本书最大的问题还在于研究课题中的一些重要问题没有展开：正一道背景下的蜀、赣道教的同异；魏晋南北朝时期蜀赣佛教比较；宋元明清时期的蜀赣佛教比较；宗教人士（包括普通宗教信仰者）对蜀赣宗教异同的认识，等等。这些问题都是本书内容中的有机组成部分，笔者也收集了不少相关资料，并作了一些整理，源于时间的关系，又不得不暂时搁置。这导致了本书的结构上显得不完整，逻辑上多显突兀，内容上也存在不少空白。

产生以上问题的原因，除了时间与精力不足的因素外，更为关键的是笔者宗教学知识水平的严重缺乏。数年前，对宗教学一无所识的我，为填进流动站的表格而挖空心思设计所谓的"博士后工作课题"，只是源于自己极其有限的感性认识，闭门造车般写了"中国古代四川江西地区宗教比较研究"这个题目。现在回顾起来，这是一个难度系数较高、很少有人涉及的课题。其研究方式方法都几乎没有参考模式；涉及内容相当广泛，兼及道教、佛教两大领域，所论述对象的时间跨度也相当长。大概是"无知者无畏"吧，我竟然就这样"糊涂"地进入了一个全新的知识领域，又"糊涂"地从事现在的这个课题。缺乏宗教学的基本知识与理论思维，更缺乏驾驭大题材、创新研究方法的功力，自然不可能使本书做得差强人意，更不用说圆满了。

以上这些不足和缺憾，都有待于笔者在今后的时间里，切切实实地不断修正、不断弥补。

主要参考文献

一　古籍文献

《道藏》，文物出版社、上海书店、天津古籍出版社 1988 年版。

《藏外道书》，巴蜀书社 1992—1994 年版。

《大正藏》，台北新文丰出版股份有限公司影印 1991 年版。

《大藏经》，九州出版社 2005 年版。

（南朝）慧皎：《高僧传》，中华书局 1992 年版。

（唐）道宣：《广弘明集》，上海古籍出版社 1991 年版。

（唐）慧能：《坛经》，收载《大正藏》第 15 卷。

（南唐）静、筠禅僧编：《祖堂集》，中州古籍出版社 2001 年版。

（宋）赞宁：《宋高僧传》，中华书局 1987 年版。

（宋）赜藏主：《古尊宿语录》，中华书局 1994 年版。

（宋）普济：《五灯会元》，中华书局 1984 年版。

（宋）道元：《景德传灯录》，成都古籍出版社 2000 年版。

（宋）张君房：《云笈七签》，中华书局 2003 年版。

（清）娄近垣：《龙虎山志》，江西人民出版社 1996 年版。

（清）曾国藩、李文敏等：《江西通志》，清光绪七年（1881 年）刊本。

（宋）李昉：《太平广记》，中华书局 1981 年版。

（清）董诰：《全唐文》，上海古籍出版社 1990 年版。

（清）顾祖禹：《读史方舆纪要》，中华书局 2005 年版。

（汉）司马迁：《史记》，中华书局 1982 年版。

（汉）班固：《汉书》，中华书局 1962 年版。

（晋）范晔：《后汉书》，中华书局 1965 年版。

（晋）陈寿：《三国志》，中华书局 1982 年版。

（唐）房玄龄：《晋书》，中华书局 1974 年版。

（梁）沈约：《宋书》，中华书局 1974 年版。

（北齐）魏收：《魏书》中华书局 1974 年版。

（唐）魏征：《隋书》，中华书局 1973 年版。

（后晋）刘昫等：《旧唐书》，中华书局 1975 年版。

（宋）欧阳修、宋祁：《新唐书》，中华书局 1975 年版。

（元）脱脱等：《宋史》，中华书局 1977 年版。

（明）宋濂：《元史》，中华书局 1976 年版。

（清）张廷玉等：《明史》，中华书局 1974 年版。

（宋）司马光：《资治通鉴》，中华书局 1956 年版。

二 今人著作

范文澜：《唐代佛教》，人民出版社 1979 年版。

郭朋：《隋唐佛教》，齐鲁书社 1980 年版。

汤用彤：《汉魏两晋南北朝佛教史》，中华书局 1983 年版。

汤用彤：《隋唐佛教史稿》，中华书局 1982 年版。

任继愈主编：《中国佛教史》（三卷本），中国社会科学出版社 1985—1988 年版。

潘桂明：《中国禅宗思想历程》，今日中国出版社 1992 年版。

方立天：《魏晋南北朝佛教论丛》，中华书局 1982 年版。

邢东风：《禅悟之道：南宗禅学研究》，中国人民大学出版社 1992 年版。

杜继文、魏道儒：《中国禅宗通史》，江苏古籍出版社 1993 年版。

袁宾主编：《禅宗词典》，湖北人民出版社 1994 年版。

韩溥：《江西佛教史》，光明日报出版社 1995 年版。

洪修平：《中国禅学思想史纲》，南京大学出版社 1994 年版。

张弓：《汉唐佛寺文化史》，中国社会科学出版社 1997 年版。

姜义华主编：《胡适学术文集·中国佛学史》，中华书局 1997 年版。

吴立民主编：《禅宗宗派源流》，中国社会科学出版社 1998 年版。

杨曾文：《唐五代禅宗史》，中国社会科学出版社 1999 年版。

杨曾文：《中国佛教史论：杨曾文佛学文集》，中国社会科学出版社 2002 年版。

印顺：《中国禅宗史》，江西人民出版社 1999 年版。

姜伯勤：《石濂大汕与澳门禅史——清初岭南禅学史研究初编》，学林出版社 1999 年版。

严耀中：《江南佛教史》，上海人民出版社 2000 年版。

陈景富：《中韩佛教关系一千年》，宗教文化出版社 1999 年版。

董群：《禅宗伦理》，浙江人民出版社 2000 年版。

董群：《融合的佛教——圭峰宗密的佛学思想研究》，宗教文化出版社 2000 年版。

段晓华、刘松来：《红土·禅床：江西禅宗文化研究》，中国社会科学出版社 2000 年版。

[日] 忽滑谷快天：《中国禅学思想史》，朱谦之译，上海古籍出版社 2002 年版。

徐文明：《中土前期禅学思想史》，北京师范大学出版社 2004 年版。

李映辉：《唐代佛教地理研究》，湖南大学出版社 2004 年版。

梁启超：《佛学研究十八篇》，天津古籍出版社 2005 年版。

方立天：《中国佛教哲学要义》，中国人民大学出版社 2005 年版。

张晓华：《佛教文化传播论》，人民出版社 2006 年版。

赖永海主编：《中国佛教通史》，江苏人民出版社 2010 年版。

胡适：《看破不说破》，群言出版社 2015 年版。

王明：《太平经合校》，中华书局 1960 年版。

陈垣：《南宋初河北新道教考》，中华书局 1962 年版。

陈国符：《道藏源流考》，中华书局 1983 年版。

卿希泰：《中国道教思想史纲》，第一、二卷，四川人民出版社 1980—1985 年版。

卿希泰：《道教文化新探》，四川人民出版社 1988 年版。

卿希泰主编：《中国道教史》（修订本，四卷本），四川人民出版社 1996 年版。

卿希泰主编：《中国道教思想史》（四卷本），人民出版社 2009

年版。

陈垣：《道家金石略》，文物出版社 1988 年版。

詹石窗：《南宋金元的道教》，上海古籍出版社 1989 年版。

任继愈主编：《中国道教史》，上海人民出版社 1990 年版。

任继愈主编：《中国道教史》（增订本），中国社会科学出版社 2001 年版。

张继禹：《天师道史略》，华文出版社 1990 年版。

张金涛主编：《中国龙虎山天师道》，江西人民出版社 1994 年版。

郭树森主编：《天师道》，上海社会科学院出版社 1990 年版。

郭树森主编：《道教文化管窥——天师道及其它》，江西人民出版社 1996 年版。

郭树森：《道教文化钩沉》，华夏翰林出版社 2005 年出版。

王家祐：《道教论稿》，巴蜀书社 1987 年版。

饶宗颐：《老子想尔注校证》，上海古籍出版社 1991 年版。

黄钊主编：《道家思想史纲》，湖南大学出版社 1991 年版。

刘国梁：《道教精粹》，吉林文史出版社 1991 年版。

李养正：《道教与中国社会》，中国华侨出版公司 1989 年版。

章文焕：《中华人杰许真君》，台北文芳印刷事务有限公司 1995 年版。

章文焕：《万寿宫》，华夏出版社 2004 年版。

李刚：《汉代道教哲学》，巴蜀书社 1995 年版。

陈兵：《道教之道》，今日中国出版社 1995 年版。

姜生：《汉魏两晋南北朝道教伦理论稿》，四川大学出版社 1995 年版。

张泽洪：《道教斋醮符咒仪式》，巴蜀书社 1999 年版。

胡孚琛、吕锡琛：《道学通论——道家·道教·仙学》，社会科学文献出版社 1999 年版。

黄小石：《净明道研究》，巴蜀书社 1999 年版。

唐大潮：《明清之际道教"三教合一"思想论》，宗教文化出版社 2000 年版。

唐大潮:《中国道教简史》,宗教文化出版社 2001 年版。

李后强主编:《瓦屋山道教文化》,四川民族出版社 2000 年版。

王志忠:《明清全真教论稿》,巴蜀书社 2000 年版。

[日] 小林正美:《六朝道教史研究》,李庆译,四川人民出版社 2001 年版。

汤伟侠:《汉魏六朝道教教育思想研究》,巴蜀书社 2001 年版。

张广保:《唐宋内丹道教》,上海文化出版社 2001 年版。

张广保:《全真教的创立与历史传承》,中华书局 2015 年。

李申:《道教本论》,上海文化出版社 2002 年版。

刘仲宇:《道教法术》,上海文化出版社 2001 年版。

金正耀:《道教与炼丹术》,宗教文化出版社 2001 年版。

刘宁:《刘一明修道思想研究》,巴蜀书社 2001 年版。

张兴发:《道教神仙信仰》,中国社会科学出版社 2001 年版。

钟肇鹏主编:《道教小词典》,上海辞书出版社 2002 年版。

孔令宏:《宋明道教思想研究》,宗教文化出版社 2002 年版。

孔令宏:《从道家到道教》,中华书局 2004 年版。

潘雨廷:《道教史发微》,上海社会科学院出版社 2003 年版。

李远国:《神霄雷法——道教神霄派沿革与思想》,四川人民出版社 2003 年版。

李大华、李刚、何建明:《隋唐道家与道教》,广东人民出版社 2003 年版。

葛兆光:《屈服史及其他:六朝隋唐道教的思想史研究》,生活·读书·新知三联书店 2003 年版。

周永慎:《历代真仙高道传》,中国社会科学出版社 2003 年版。

张崇富:《上清派修道思想研究》,巴蜀书社 2004 年版。

[日] 秋月观暎:《中国近世道教的形成:净明道的基础研究》,丁培仁译,中国社会科学出版社 2005 年。

郭武:《〈净明忠孝全书〉研究:以宋、元社会为背景的考察》,中国社会科学出版社 2005 年版。

盖建民:《道教科学思想发凡》,社会科学文献出版社 2005 年版。

陈立立等：《万寿宫民俗》，江西人民出版社 2005 年版。

王丽英：《道教南传与岭南文化》，华中师范大学出版社 2006 年版。

唐明邦：《论道崇真集》，华中师范大学出版社 2006 年版。

丁培仁：《求实集——丁培仁道教学术研究论文集》，巴蜀书社 2006 年版。

赵宗诚：《玄门探珠》，巴蜀书社 2007 年版。

冯友兰：《中国哲学史新编》（1—4），人民出版社 1964—1984 年版。

童恩正：《古代的巴蜀》，四川人民出版社 1979 年版。

［美］克莱德·克鲁克洪等：《文化与个人》，高佳等译，浙江人民出版社 1986 年版。

蒙文通：《蒙文通文集》（第一卷），巴蜀书社 1987 年版。

任乃强：《华阳国志校补图注》，上海古籍出版社 1987 年版。

四川省水利电力厅、都江堰管理局编：《都江堰史研究》，四川省社会科学院出版社 1987 年版。

罗开玉：《中国科学神话宗教的协合——以李冰为中心》，巴蜀书社 1989 年版。

许倬云：《中国文化与世界文化》，贵州人民出版社 1991 年版。

陈世松等主编：《四川通史》，四川大学出版社 1993 年版。

许怀林：《江西史稿》，江西高校出版社 1998 年版。

［德］马克斯·韦伯：《儒教与道教》，王荣芬译，商务印书馆 1995 年版。

潘显一、冉昌光主编：《宗教与文明》，四川人民出版社 1998 年版。

李泽厚：《中国思想史论》，安徽文艺出版社 1999 年版。

牟钟鉴、张践：《中国宗教通史》，社会科学文献出版社 2003 年版。

余敦康等：《中国宗教与中国文化》（四卷本），中国社会科学出版社 2003 年版。

吕大吉：《宗教学通论新编》，中国社会科学出版社 2004 年版。

梁庭望、柯琳：《中国南方少数民族宗教》，青海人民出版社 2011 年版。

何兹全：《三国史》，人民出版社 2011 年版。

麻天祥：《中国思想史钩沉》，大象出版社 2014 年版。

姜良存：《三言二拍与佛道关系之研究》，山东人民出版社 2014 年版。

三　今人论文

陈寅恪：《天师道与滨海地域之关系》，载《金明馆丛稿初编》，上海古籍出版社 1990 年版。

卿希泰：《有关五斗米道的几个问题》，《中国哲学》第 4 辑，1980 年。

卿希泰：《元代前期统治者崇道政策初探》，《宗教学研究》1999 年第 1 期。

卿希泰：《道教在巴蜀初探》（上），《社会科学研究》2004 年第 5 期。

卿希泰：《道教在巴蜀初探》（下），《社会科学研究》2004 年第 6 期。

张政烺：《〈封神演义〉漫谈》，《世界宗教研究》1982 年第 4 期。

钟国发：《前期天师道史论略》，《中国史研究》1983 年第 2 期。

钟国发：《试论南朝道教缔造者陆修静》，《魏晋南北朝隋唐史资料》第 11 期，武汉大学出版社 1991 年版。

钟国发：《也说都江堰二王庙——兼评〈李冰父子做梦都不会想到〉》，载吴孟庆、罗伟虹主编《宗教问题探索》，宗教文化出版社 2004 年版。

陈兵：《元代江南道教》，《世界宗教研究》1986 年第 2 期。

陈兵：《明代全真道》，《世界宗教研究》1992 年第 1 期。

王青：《东汉魏晋南北朝时期职业教徒的阶层分析》，《中国史研究》1997 年第 1 期。

王文才：《东汉李冰石像与都江堰"水则"》，《文物》1974 年第 7 期。

张泽洪：《许逊与吴猛》，《世界宗教研究》1990 年第 1 期。

张泽洪：《净明道在江南的传播及其影响——以道派关系史为中

心》，《中国史研究》2002 年第 3 期。

李刚：《唐太宗与道教》，《晋阳学刊》1994 年第 5 期。

李刚：《张修在道教史上的地位》，载李后强主编《瓦屋山道教文化》，四川民族出版社 2000 年版。

李刚：《曹操与道教》，《世界宗教研究》2001 年第 4 期。

黄燕生：《唐代净众——保唐禅派概述》，《世界宗教研究》1989 年第 4 期。

徐文明：《智诜与净众禅系》，《敦煌学辑刊》2000 年第 1 期。

秦彦士：《智诜与净众——保唐禅派》，《巴蜀文化研究》第 1 期，巴蜀书社 2003 年版。

刘仲宇：《道教对民间信仰的收容与改造》，《宗教学研究》2000 年第 4 期。

李远国：《白玉蟾生平事迹考略》，《道韵》第 7 辑，2000 年。

张子开：《马祖道一在其故乡四川什邡的化迹遗韵》，日本京都《禅文化研究所纪要》25—2000。

郭辉图：《马祖道一返蜀的时间、动机及其影响》，杨曾文、蒋明忠主编《马祖道一与中国禅宗文化》，中国社会科学出版社 2006 年版。

方广锠：《试论佛教的发展与文化的汇流——从〈刘师礼文〉谈起》，《华东师范大学学报》2007 年第 1 期。

丁强：《早期道教教职的研究》，博士学位论文，四川大学 2006 年。

后　记

　　本书系笔者 2007 年 6 月四川大学道教与宗教文化研究所博士后出站报告《中国古代四川江西地区佛道比较初论》修改的成果。趁本书有幸出版之际，自然而然地得感慨几句。

　　无论是佛教还是道教，都相当讲究因缘。我尽管辗转数地读书求学多年，但至少在 2004 年以前，是根本没有想到自己能来到著名的四川大学道教与宗教文化研究所博士后流动站学习、工作，更没有想到自己由此涉足到一个崭新的学术领域——宗教学领域。我于 1994 年 9 月至 2000 年 6 月在武汉大学攻读历史学硕士、博士学位（中国魏晋南北朝隋唐史），只是注重于这段历史时期的政治、经济、军事等问题，对深奥难测的宗教（佛教、道教）几乎是一无所知，敬而远之。2000 年 7 月之后，我忝职于江西师范大学历史文化与旅游学院，从事的是中国古代史的教学科研，与宗教学（佛道文化）也毫无联系。

　　或许也是冥冥中的定数，2003 年 6 月以来，我看到学院的几位同事都笃志于博士后研究工作，羡慕之余，也联系了北京、上海几所高校的有关历史学的博士后流动站，对方都以过了国家规定的博士毕业二年之内的时间而予以拒绝，弄得自己灰心丧气。2004 年 10 月，我参加武汉大学举办的"中国三至九世纪历史发展暨唐宋社会变迁国际学术研讨会"，遇到了平易近人的四川大学道教学者张泽洪先生。会议空隙，我向张先生聊起自己不能从事历史学博士后研究的苦恼，不得已准备去北京师范大学做历史学的访问学者。张先生说："如果你愿意改方向，我帮你联系四川大学。"我随口答道："那就敢情好了。"其实心里并没有抱什么希望，也没有真正打算做宗教学的学习与研究，毕竟自己对宗教学还是比较隔膜的。不料，一个月之后，张先生即通过湖北大学的吴成国教授转告我：准备好进站工作的相关事宜。有意思的是，当张先生帮我联系好四川大学的宗教学博士后工作站后，北京、上海的几家历史学博士后工作站竟又纷纷同意我入站，令我感慨不已，造化弄人啊。

2005 年 5 月，我到四川大学道教与宗教文化研究所报到，12 月正式开始学习阶段。由于没有宗教学的基础，进入博士后工作站后，面对着浩瀚如海的佛、道文化，我很窘迫也感到了相当巨大的压力。不得不花了差不多一年的时间，学习宗教学的 ABC，力图弥补自己的学识空白。其间，我不能完成制度规定的在进站三个月内做出研究的开题报告，也不能在规定的时期内阅读完指定的《道藏》《藏外道书》等基本的文献资料。我只能"删繁就简"地"偷工减料"，直接从他人的研究成果出发，规定自己每周必须阅读十本著作。如此投机取巧，一年下来，我竟然对宗教（佛、道文化）也有了一定的认识和了解。合作导师张泽洪先生是国内外知名的道教学者，当然希望我在道教学上着力，有所成就，但我并没有完全恪守张先生的意旨，在了解道教文化时，也努力地涉猎佛教文化，同时也不放下原来的历史学。我私下觉得：在江西这个地方，同时了解佛教道教才能有更好"生存与发展"的空间。而历史学是我的学术之本，自不可放弃，否则"学将不学"了。我忐忑不安地向张先生汇报了自己的想法，孰料张先生听后，不仅没有反对，反而予以积极的支持。

承蒙张泽洪先生不嫌我愚拙，得以随时聆听他的教诲。张先生的渊博的学识与高尚宽厚的人格，让我为学为人都如沐春风。学习中，诸多问题获得张先生的指点，出站报告中凝聚着张先生无量的心血。另外，研究所李刚先生、郭武先生、丁培仁先生都直接予我不少知识，受益良多。研究所的其他先生也给予我各种各样的学术指导与帮助。这些有力的扶持，使我以蹒跚的步履"完成"了本来完成不了的学习与工作任务。

博士后工作的时间相当有限，前后不足两年，源于我的"无知者无畏"，选择了一个对自己来说难度相当大的选题："历史时期四川江西地区的宗教比较"，更是时时使自己陷入茫然之中，头脑的思维总是处于阻碍的状态。两地佛道文化比较是一个比较庞大的系统工程，需要长期的沉积。故先做"个案研究"。江西、四川两地佛道比较研究，甚至全国的省区之间的佛道比较研究，前辈时贤很少涉及。我当时之所以选择这一选题，而又采用不求深入而蜻蜓点水的这一方法，一方面当然是为了藏拙，免得自己极其有限的宗教学知识被他人一眼识破。另一方面，也是力图探索一种宗教研究的新路径、新方法。我尽管在宗教学知识、能力方面严重不足，却有良好的历史学背景，对历史的时空把握能力自认为还是比较强的。我的性格又是喜欢尝试自己不熟悉的东西。尝试用一种宏观与微观相合、联系与发展兼顾的研究思想对江西、四川两地宗教（佛、道）生态作出比较全面、深入而动态的考察。就目前学术界而言，对于佛、道精细化的研究，成果极其丰硕。放宽历史的视野，用大历史的思维来考察佛、道问题，也是一种学术的潮流。

然而，由于自己的知识水平实在低下，学习效果不显著，我在写作过程中不时有汲深绠短的感觉。思想观点、论述语言总是难以尽意、深入。我的出站报告选题显然是"大而无当"的。当时，参与我出站报告评议的六位评委们也不约而同地笑话我颇具"无知者无畏"的精神，作为一个尚未真正进入佛道文化门槛的人，竟然选择了一个如此庞大的课题，简直是异想天开。毕竟许多硕士生、博士生或博士后选择宗教文化的毕业（出站）课题时，无不是在原有的成果基础上，选择一个较短的时段，集中于一个宗教、一个区域。而我则是时段跨得长，内容上选择了两个宗教，而且采用的是一般学人认为难度很大而很少使用的比较方法。评委们大概出于鼓励后进的考量，询问了我的学术背景之后，就不再深究报告的空泛、浅薄，一致肯定本报告的研究内容、研究思想与方法，以及研究的结论还是令人耳目一新，经得起考验的，于是共同鉴定本出站报告的成绩为"优秀"。

自出站以来，笔者将本书冷冷放置了将近十年，一直没有想到将之正式出版，个中原因，除了笔者惯于自由逍遥而至懒散无为外，还在于笔者认为所撰写的内容离原定的研究目标还有不小的差距。现在重新收拾起，不揣谫陋而公之于众，只是感于学院师友、同人著作纷出而自己光阴虚度，加上响应学院学科建设和满足个人科研工作量的需要，不得不就世应景或敷衍塞责。本书基于博士后报告，除了个别地方偶尔作了语言文字的修正外，并没有改变什么内容。只是增加了"文昌帝君信仰与净明道文化"、"圆悟克勤与蜀赣禅宗文化交流"二章，似乎使之更加全面。由于本书系个案研究，只是从不同层面体现出中国古代蜀赣两地的宗教文化（佛道文化）的关系，并不可能全面、系统、完整，但总体上还是可以看出历史上蜀赣两地佛道文化发展的若干内容、特点和规律。

我 10 年前于出站报告所作的"后记"中，有这么一段话："寓言说，一个猎人想一枪击中两只兔子，结果一只都没能打到。在四川大学二年（实际一年半）多的时间里，我在历史学、宗教学两个不同的领域同时展开学习，还得完成江西师范大学的相关教学、科研任务，因而可能连'兔子'的影子都没有捕捉到。我私下认为，自己现在的宗教学知识能力，可能还不如一个本科生。倘若有人说我现在基本达到了本科生水平的话，那么我将十分的自豪。南昌到成都二千公里的路程，火车上 30 个小时的来来往往。二年的时光转眼而过，虽然过得极其艰苦，但也特别充实。"逝者如斯夫，距我进入四川大学道教与宗教文化研究所学习，已过去 10 年。10 年间，不能说自己完全蹉跎，没有任何进步，但总的来说进步不大。该充实的仍没有充实，该弥补的仍没有弥补，这从"出站报告"到"本书"的历程就可以得到清晰的印证。

当时写出站报告时，我曾"衷心感谢"以下的单位、人物："四川大学及宗教所提供的良好学习条件、张泽洪先生及宗教所诸位先生的悉心指导、人事处易岗颖老师的关照；江西师范大学游海校长在经费上的直接支持，历史文化与旅游学院方志远院长、黄今言教授、梁洪生教授、人事处黄加文处长、历史研究中心张英明教授等诸多师友在学习、工作、生活中的热忱关怀；我就读武汉大学时的硕士导师杨德炳先生、博士导师牟发松先生多年的扶掖与鼓励。最后，向我的爱人梁琼道一声，辛苦了！感谢出站报告的评委的肯定与鼓励、批评与建议。当时参加报告审查的先生有：四川省社会科学院李远国研究员、四川师范大学蔡方鹿教授、四川大学张勇（张子开）教授、李刚教授、丁培仁教授、郭武教授、张泽洪教授。他们认真、细致，对本书提出了十分中肯、到位的意见。"至今，我依然要对以上单位、人员深表谢意。

　　本书能够正式出版，得益于江西师范大学"中国社会转型研究中心"以及重点建设学科"中国史学科"项目的特别支持，得力于同为魏晋南北朝隋唐史研究的友人、中国社会科学出版社宋燕鹏先生的倾情襄助。宋先生在诸多方面予以关照，并以专业的精神和认真细致的态度使本书的质量有了一定的提升和保证。当然，本书中仍然存在诸多问题，这都是我个人的责任。另外，本人慵懒成性，手头总有一些或大或小的研究项目而被拖延，以致总被人"苦苦逼债"，爱人梁琼女士不仅时常在耳边"唐僧念经"般督促，又无怨无悔地承担了许多本应属于我的责任和义务，无意之中使我在混沌不堪的学术上竟也有些鸿爪雪泥，想想，还是要特别对她说一声"谢谢"。

　　人生之路曲折崎岖，步履蹒跚地上下求索总归不完全是虚空，或深或浅的脚印默默地书写着生命的里程。本书是自己学问生涯中的一篇无意写就的旅行日记，莫问精彩生动与否，只要自然真实足矣。